MARTIN SCHLESKE · GEIGENBAUER
Der Klang

GOLDMANN
Lesen erleben

Martin Schleske · Geigenbauer

Der Klang

Vom unerhörten Sinn des Lebens

Mit Fotos von
Donata Wenders

GOLDMANN

Verlagsgruppe Random House FSC® N001967

7. Auflage
Vollständige Taschenbuchausgabe November 2014
© 2014 Wilhelm Goldmann Verlag, München
in der Verlagsgruppe Random House GmbH,
Neumarkter Str. 28, 81673 München
© 2010 der Originalausgabe
Kösel Verlag, München,
in der Verlagsgruppe Random House GmbH
Umschlaggestaltung: UNO Werbeagentur, München
Fotos: Umschlag und Innenteil: Donata Wenders, Berlin
SSt · Herstellung: cb
Satz: EDV-Fotosatz Huber / Verlagsservice G. Pfeifer, Germering
Druck und Bindung: CPI books GmbH, Leck
Printed in Germany
ISBN 978-3-442-22068-7

www.goldmann-verlag.de

Inhalt

Vorwort
Gleichnisse zum Leben schaffen

»Wir sind nicht mehr fähig, Gleichnisse zum Leben zu schaffen. Wir sind nicht mehr fähig zu gestalten, die Ereignisse um uns und in uns zu deuten, ja nicht einmal zu erkennen. Dadurch haben wir aufgehört, Ebenbilder Gottes zu sein, und unser Dasein besteht zu Unrecht. Wir sind eigentlich tot. (...) Wir zehren an längst verwesten Erkenntnissen.«

Das sind die Worte des Malers Friedensreich Hundertwasser (1928–2000). Er hatte sie auf eine seiner Grafiken geschrieben, die neben zahlreichen weiteren Werken in einer Ausstellung der Münchner Kultfabrik[1] zu sehen war. Ich stand vor jenem Bild, war wie elektrisiert und kritzelte mir die Worte in mein Notizbuch. Seine Mahnung wurde mir während der folgenden Jahre zum Leitmotiv – und es entstand daraus dies Buch. *Gleichnisse zum Leben schaffen* – Hundertwasser redet davon, dass die Ereignisse um uns und in uns nach Deutungen verlangen. Wie aber können wir Dinge deuten, wenn wir nicht lernen, hinzuhören und hinzusehen?

Immer wieder kommt es während der Arbeit an meinen Instrumenten zu sonderbaren Augenblicken: heilige Momente in meinem Atelier, durch die ich innere und äußere Dinge meines Lebens neu und anders begreife. Diese Erfahrungen gehen über gelerntes Wissen hinaus. Ich bin überzeugt, jedem Menschen können solche Offenbarungsmomente des Alltags zuteilwerden. Wir müssen nur lernen, darauf zu achten. Es ist auffällig, wie häufig die Gleichnisse, die uns von Jesus überliefert sind, mit den Worten enden: »So gebt nun acht darauf, wie ihr zuhört« und: »Wer Ohren hat, der höre.« Das ist die Deutungsfähigkeit, von der auch Hundertwasser spricht!

Wir können es uns nicht leisten, von »längst verwesten Erkenntnissen« zu zehren. Bloße religiöse Richtigkeiten können unser inneres Leben nicht nähren. Der Glaube, um den es mir geht, hat mit einer liebenden Suche und einer suchenden Liebe zu tun. Er ist nichts, worüber man einfach verfügen kann, viel eher etwas, dem man sich zur Verfügung stellt. Der Glaube ist ein entstehendes Werk – er ist dem Kunstwerk sehr ähnlich. Denn in ihm ist eine schöpferische Kraft wirksam, eine heilige Gegenwart, aus der man leben kann.

Wenn ich als Geigenbauer in diesem Buch den Werdegang einer Geige beschreibe, dann ist das äußerlich eine Führung durch meine Werkstatt, doch es ist zugleich ein innerer Weg in die Welt des Glaubens. Das Erkennen der Fasern und Markstrahlen des Holzes, die Suche nach Klangfarben, die Faszination angesichts der Tiefe des Lackes und der Vielfalt seiner Harze, die Schönheit der Wölbungsformen, die Auseinandersetzung mit leidenschaftlichen Musikern – aus all dem werden Gleichnisse zum Leben entstehen.

Ähnlich wie Hundertwasser hat es bereits Bonaventura (1221–1274) gesehen. Er sagte: »Die Menschen haben die Fähigkeit verloren, das Buch, nämlich die Welt, zu lesen. Darum war es nötig, ihnen ein anderes Buch zu geben, das sie erleuchte, auf dass sie die Gleichnishaftigkeit der Dinge verstehen, die zu lesen sie nicht mehr fähig waren. Dieses andere Buch ist die Heilige Schrift, die uns Gleichnisse der Dinge vorlegt, die in der Welt geschrieben stehen.«[2]

Auch wenn die Reihenfolge der Gleichnisse dieses Buches einer gewissen Logik folgt, ist es doch nicht zwingend, sich daran zu halten. Man kann die Kapitel durchaus wie eine kleine Büchersammlung sehen und mit demjenigen beginnen, das einen am meisten interessiert.

Martin Schleske

»Auch alle Bäume im Wald sollen singen«
Psalm 96

Für Jonas und Lorenz

»Die Gott suchen, denen wird das Herz aufleben.«
Psalm 69,33

Der Sängerstamm 1
Von der Suche des Herzens

Die Alten wussten, wie man die »Sänger« findet. An den reißenden
Stellen der Gebirgsflüsse – so berichten die, deren Familien von jeher
in der Tradition des Geigenbaus verwurzelt waren – standen ihre Väter
und lauschten dem Aneinanderschlagen der Stämme, die sie täglich
durch die Fluten hinab ins Tal flößten. Einige der Stämme begannen
im Wasser zu schwingen, zu singen, zu klingen. Unter den vielen
Stämmen erkannten die Meister so jene besonderen »Sängerstämme«
für den Bau ihrer Geigen.

Jahrhunderte zuvor hatten die winzigen Keimlinge der heute
mächtigen Stämme im kargen Boden des Bergwalds nach Wasser gesucht und waren im Laufe der Zeit zu stattlichen Bäumen herange-
wachsen. Für den Geigenbauer ist der enge Baumbestand in den
Hochlagen eine Gnade, denn er lässt die Grünastkronen der aufrech-
ten Bergfichten erst sehr weit oben beginnen. So formen die Bäume
ihre astfreien, gut vierzig oder fünfzig Meter hohen, stolzen Stämme.
Für die akustischen Resonanzplatten im Musikinstrumentenbau ist
ihr Holz allen anderen natürlichen Materialien weit überlegen.

Was hier über zwei oder drei Jahrhunderte hinweg langsam wuchs,
hat nichts mit den üblichen weitjährigen Fichten gemein, die in den
Niederungen wachsen. Diese sind schnell in die Höhe geschossen, und
ihre Zellwände sind darum nicht belastbar. Im milden Klima haben sie
breite Jahresringe und bis spät in den Herbst hinein ihr schweres Spät-

holz gebildet. Ihre Zellen sind dickwandig und kurzfaserig. Der hohe Spätholzanteil verdirbt den Klang, und ihre Äste reichen im Stamm bis weit nach unten. Da findet das Charisma der Geige – ihr Klang – keine Substanz.

Ganz anders ist es mit den Giganten der Gebirge, von denen ich nun schreiben will. Diese Bergfichten werfen im Laufe ihres langsamen Wachstums ihre unteren Äste ab. In den dunklen Bergwäldern strecken sie ihre Grünastkronen nach oben, dem Licht entgegen. Ihre unteren Äste sterben ab, denn ihre Nadeln erreichen nicht mehr das Licht. Doch dadurch wächst im lang gestreckten Stamm die für den Geigenbau notwendige astfreie Substanz heran. Auch wenn der Boden und das raue Klima knapp unterhalb der Baumgrenze für die Bergfichten zur harten Herausforderung werden – dem Klang wird es zum Segen. Denn durch die »Krise« des mageren Bodens erlangen sie eine große Festigkeit. In dieser Substanz liegt die Berufung zum Klang.

Im Steilhang des Windbruchs

Wann immer man sich im Gebirgswald auf die Suche nach solchen »Sängerstämmen« macht, entwickeln sich unvergessliche Abenteuer. Wie oft klopfte ich mit der stumpfen Seite der Axt die einzelnen Stämme an, spürte ihr Schwingen, hörte ihren Klang. Das Herz des Geigenbauers lebt auf, wenn er mit all seinen Sinnen nach dem Holz für die eigenen Geigen sucht.

Vor vielen Jahren – es war kurz nach meiner Lehrzeit in Mittenwald – brach ich mit einem Geigenbauerfreund in den Stuibenwald der Garmischer Alpen auf. Es war ein dunkler, bewölkter, kalter Wintertag. Nach vielen Stunden anstrengenden Bergmarsches mussten wir am Ende die gebahnten Wege verlassen und konnten uns nur noch durch kniehohen Schnee zu jenem Ort durchkämpfen, von dem wir bis dahin nur gerüchteweise gehört hatten: Es war ein Windbruch. Ein Teil des Hanges an der Baumgrenze war von einem starken Sturm heimgesucht worden. Als wir schließlich völlig erschöpft dort oben ankamen, waren wir schockiert. Unzählige gewaltige Fichten – gut bis zu siebzig Zentimeter im Durchmesser, dreißig bis vierzig Meter lang – lagen entwurzelt oder gebrochen kreuz und quer im Steilhang des Windbruchs. Doch dann riss die Wolkendecke auf, und die Sonne warf ihr Licht auf die weißlichen Stammquerschnitte, die jetzt offen und erhellt vor uns lagen. Der Verlauf der Jahresringe war überwältigend. Euphorisch boxten Andreas und ich uns gegenseitig an die Schulter: Dieser Wuchs, diese Regelmäßigkeit, die Feinheit ihrer Jahre! Da wurden Klangholzqualitäten beleuchtet, wie wir sie selten zuvor gesehen hatten. Sorgfältig inspizierten wir alles und traten dann beflügelt den Heimweg an. Wir stürzten uns wie junge Gämsen regelrecht den Berg hinunter, um möglichst noch am Abend des gleichen Tages das Forstamt zu erreichen und uns diesen Fund zu sichern. Als wir schmutzig, verschwitzt und überglücklich dort ankamen, wollte der Revierbeamte nicht glauben, dass wir tatsächlich zu dieser Jahreszeit dort oben gewesen waren. Wir hatten uns nicht erlaubt, die Schneeschmelze abzuwarten, denn natürlich hatten auch andere Geigenbauer von diesem Windbruch erfahren. Wir mussten also schneller sein. Wir waren besorgt, dass uns dieses außergewöhnliche Klangholz hätte abspenstig gemacht werden können, wenn wir auf die Schneeschmelze gewartet hätten.

Der Glockenschlag

Wir erhielten die Erlaubnis, in dem Windbruch Stämme zu schneiden. Wenige Tage später waren wir wieder mit Rucksäcken und Proviant, diesmal aber auch mit einer Kettensäge und zwei »Zappis« (das sind spezielle Holzfällerwerkzeuge mit langen Haken, die es erlauben, die Baumstämme zu führen) auf dem Weg nach oben. Angesichts der überwältigenden Ausmaße der Stämme kamen wir uns vor wie zwei Blattläuse auf einem Berg von Mikadostäben. Außer der Säge hatten wir keine weiteren Hilfsmittel, keine Seilwinden, keine Flaschenzüge. Wir waren blutige Anfänger, aber fest entschlossen, unter all diesen Stämmen das beste Holz zu gewinnen. Beim Sägen mussten wir äußerst wachsam und überlegt vorgehen, denn es bestand natürlich stets die Gefahr, dass sich die gigantischen Mikadostäbe unkontrolliert in Bewegung setzten und uns, befreit von der Last eines anderen Stammes, wie ein Katapult entgegenschleuderten. Unsere Arbeitsweise war leichtsinnig und gefährlich. Das muss man rückblickend sagen.

Die freigelegten Stücke mussten nun in einem zweiten Schritt auf den gut zweihundert Meter tiefer gelegenen Ziehweg gebracht werden. Auch dafür fehlte uns das Werkzeug. So legten wir uns auf den Rücken und stemmten mit äußerster Beinkraft gegen die freigesägten Stammabschnitte, bis diese ins Rollen kamen. Sie sollten über den felsigen Berghang hinabstürzen und sich in einer günstig gelegenen Felsspalte unten verkeilen und so zum Liegen kommen. Der erste Stammabschnitt, wenngleich gut eine viertel Tonne schwer, erwies sich als zu klein. Er ließ uns vor Schreck erstarren, denn er sprang über die Felsspalte hinaus, die wir ihm zugedacht hatten, und stürzte in weiten Sprüngen ins Tal. (Glücklicherweise kam niemand zu Schaden.) Wir erkannten, dass wir größere Abschnitte sägen mussten, denn nur diese würden sich vor Erreichen des Ziehweges in jener Felsspalte verkeilen. Es gelang, und die Stämme türmten sich bald zwischen den beiden Felsen auf. Von dort konnten wir sie auf den Ziehweg rollen.

Die Art, wie die Stammabschnitte den Steilhang bis zu jener Spalte hinabstürzten, erwies sich als eine faszinierende akustische Erfahrung. Naturgemäß schlugen sie in großen Sprüngen immer wieder auf den Felsplatten auf. Die kraftvollen Töne, die das auslöste, hallten durch das ganze Tal. Zu unserem Erstaunen waren die Klangunterschiede aber überaus groß. Einer der drei Stämme – wir hatten vielleicht acht oder zehn je knapp zwei Meter lange Stammabschnitte ein und derselben Fichte zurechtgesägt – klang bei jedem Aufprall wie ein Glockenschlag. Es war ein Schall, der nicht mehr ausschwingen wollte, klar und frei und hell im Ton. Die Abschnitte der beiden anderen Stämme gaben beim Aufprall nur einen dumpfen, hölzernen Ton ab. Nicht so dieser eine Stamm – er war ein Sänger! Da begriffen wir, was die Vätergenerationen gemeint hatten, wenn sie im Geigenbau von jeher die Stämme in »Sänger« und »Nichtsänger« zu unterscheiden gewusst hatten. Als wir die Stämme dann über den Ziehweg rollten, bestätigte sich diese klangliche Erfahrung. Die Stammabschnitte des Sängers rauschten! Bei ihnen entstand während des Rollens auf dem Schotterweg ein satter, rauschender Ton! Die Nichtsänger dagegen blieben fast stumm.

Alles in allem hatten wir wohl gut zwölf Stunden gearbeitet, waren zu Tode erschöpft und doch zugleich überglücklich. Die Stammabschnitte waren an ihre Stelle gebracht und mit unserm Zeichen versehen. Damit gehörten sie uns. Nach der Schneeschmelze, in zwei oder drei Monaten, würden wir unseren gewaltigen Fund ins Tal hinabfahren, um ihn in das Sammelbecken des Sägewerkes zu flößen.

Die Suche des Herzens

Ein großartiges Klangholz findet sich nicht nebenbei. Unsere Suche ist mir damals zu einem Gleichnis für eine viel umfassendere Suche geworden. Wenn schon ein guter Geigenklang diese Mühen und Wege verlangt, wie könnte dann der Klang unseres Lebens weniger verlangen? Es ist der Weg der wahren Pilgerschaft. Hat nicht Gott uns darum ein Herz gegeben, damit wir ihn suchen? Und wird nicht gerade diese Suche die Dinge unseres Lebens von Grund auf verändern? In einem Psalmwort heißt es: »Denen, die Gott suchen, wird das Herz aufleben« (69,33). Es ist bemerkenswert, dass dieses Wort nicht vom Finden, sondern vom Suchen spricht! Was dem Klang meiner Geigen das Holz ist, das ist meinem Leben der suchende und hörende Glaube.

Das Leben ist kein Weg im Flachland, wo die Dinge schnell wachsen und einfach zu finden sind, sondern es geht durch die Brüche, Widrigkeiten und Unwegsamkeiten hindurch. Eines ist allen Wegen der Gottessuche gleich: Ein leidenschaftsloser Geist ist der gefährlichste Feind des Glaubens. Es ist eine subtile Form des Unglaubens, wenn man sich an das, was man glaubt, gewöhnt hat. Es ist kraftlos. Ein wacher Glaube kann sich weder an Gott noch an die Welt gewöhnen. Denn in der Gewöhnung ist die Seele ohne Hoffnung, und der Geist ist ohne Fragen.

Das Leben wird reizlos, wenn man die Dinge hinnimmt und darum auf nichts mehr reagiert. Anpassung (biologisch: *Adaption*) bedeutet, dass die Reize ausgeblendet werden. Die Antwortrate der Zellen nimmt ab. Es kommt dann zu keiner Reaktion mehr. So ist es auch im Glauben: Antworten des eigenen geistigen Milieus beruhigen. Doch manchmal tun sie das so sehr, dass man über ihnen schläfrig wird. Es findet keine Reaktion mehr statt. Das Ende der Adaption ist ein reizloses Leben.

Die Frage, ob in den Windbrüchen und Steilhängen unserer Welt nicht doch ein gutes Tonholz zu finden ist (und was es bedeutet, danach zu suchen), wird oft genug mit dem beruhigenden Rat erwidert: »Setz dich an den warmen Ofen und warte die Schneeschmelze ab!« Es gibt Menschen, die sagen stets: »Bleib ruhig!«, denn sie halten Harmonie bereits für Frieden und halten eine ungetrübte Stimmung bereits für Stimmigkeit. Es gibt Antworten, die nehmen uns den Glauben, denn sie schläfern unsere Visionen und Leidenschaften ein.

Etliche unserer Kollegen hätten wohl gesagt: »Auch wir haben schon gutes Holz gesucht und hatten kein Glück dort oben. Setz dich zu uns und stör nicht die gute Stimmung derer, die sich mit der Realität abgefunden haben!« Manch ein vermeintlich reifer Mensch gibt seinen Ratschlag als »Erfahrung« aus, um sich nicht dem stellen zu müssen, was in Wahrheit dahintersteckt: Resignation. Man muss sich vor solcher Art erfahrener Menschen schützen! Sie vergiften jede Hoffnung. Nichts hindert den Weg eines Menschen mehr, als seine Weigerung, lieb gewonnene Enttäuschungen loszulassen. Da wird die Weisheit uns zur Warnung: Hüte dich vor einem Menschen, dessen Ratschlag aus den gehegten und gepflegten Enttäuschungen kommt, denn er hat seine Seele gefesselt, und wenn du ihm glaubst, dann geschieht das womöglich auch dir!

Es ist ein inneres Gebot des Menschengeistes, dass wir Suchende bleiben. Unser Weg an die Baumgrenze des Stuibenwalds wurde mir darin zum Gleichnis. Unsere Fragen sollen uns zu Suchenden machen, unsere Visionen zu Hoffenden, unsere Sehnsucht zu Liebenden. Um den Augenaufschlag des Lebens zu sehen und ihn zu erwidern, braucht man einen liebenden und suchenden Geist.

Die Klugheit des Suchenden

Wenn ich den Klang einer wunderbaren Geige höre, dann besteht mein Kopf nur noch aus zwei riesig großen Ohren. So ist auch meine Suche nach Gott vor allem Hören. Ich will mit Blick auf Gott kein Wissender, sondern ein Pilger sein. Auch als Menschheit sind wir nicht nur »Wissenschaft«, sondern, von Generation zu Generation, immer auch Weggefährten auf einer gemeinsamen Pilgerschaft. Wir sollten einander daran teilhaben lassen, was uns auf unseren Wegen führt und leitet.

Was ist ein Pilger? Der Pilger wird sich auf dem Weg, den er geht, seiner Herkunft, seiner Berufung und seiner Grenzen bewusst. Immer wieder erlauben wir uns die Dekadenz, Wissende zu sein, die nicht wissen, was sie sollen und dürfen. Ein sinnbewusster Mensch hingegen lebt in einem Gespür für seine Berufung, und er achtet seine Grenzen. Das aber ist die Frucht der Pilgerschaft.

Was wir glauben, zeigt sich nicht in dem, was unser Mund bekennt, sondern in dem, was wir von Herzen suchen. Es zeigt sich nicht an weltanschaulichen Lehrsätzen, sondern daran, womit wir unsere Zeit verbringen und wofür wir unsere Kraft verbrauchen! Zeige mir, was du tust, dann sage ich dir, was du glaubst. Wenn uns die Suche nach Sinn nichts kostet, dann haben wir uns auch nicht auf den Weg gemacht. Wenn die Glut der Sehnsucht in uns erkaltet ist, dann bleibt das, was einmal Glaube war, als die kalte Asche einer religiösen Lehrmeinung in uns zurück. Manchmal entzieht sich uns Gott, damit wir Fragende bleiben. Das macht uns als Menschen aus. Es bedeutet, dass ich im Angesicht einer Verheißung lebe, wie Jesus es in der Bergpredigt sagt: »Bittet, so wird euch gegeben; sucht, so werdet ihr finden; klopft an, so wird euch aufgetan« (Matthäus 7,7). Alle Propheten sprechen von diesem suchenden Geist des Glaubens![3]

Ohne Leidenschaft hätten wir damals wohl bereits im fetten Flachland gesagt: »Lass uns doch diesen Baum hier nehmen. Er wird zwar nicht wirklich klingen, aber er steht nun mal am Wegesrand. Sein einziger Wert besteht darin, dass er keine Mühe macht.« Wenn ich Gott finden will, muss ich manch eine Mühe auf mich nehmen. Ich darf die liebende Suche nicht durch ein religiöses Bekenntnis ersetzen. Was ist ein Bekenntnis wert, wenn dem Menschen die suchende Liebe verloren ging?

Wären wir damals nicht überzeugt gewesen, ein wunderbares Klangholz zu finden, dann hätten wir die Kraft nicht aufgebracht, den Weg unter diesen Umständen zu gehen. Die Suche nach Gott und die Suche nach Klangholz haben darin vieles gemeinsam. Man kann nicht damit rechnen, dass man das Kostbare im Vorübergehen am Wegrand findet.

In der empirischen Physik gibt es eine Grundregel, und in mancherlei Hinsicht gilt diese nicht nur dort, sondern auch für Dinge des inneren Lebens. Sie lautet: Der Erkenntnisgegenstand bestimmt die Erkenntnismethode. Wer also etwa die Temperatur eines Raumes bestimmen will, der muss sich fragen, welche Messmethode dieser Fragestellung angemessen ist, und er wird entsprechend keine Stoppuhr nehmen. Wenn es nun nicht um die Temperatur, sondern um die Frage nach Gott geht – welche Art des Erkennens ist dann angemessen? Die Temperaturmessung erfordert ein Thermometer. Was aber fordert Gott, um erkannt zu werden? Beim Propheten Jeremia findet sich ein Hinweis. Dort heißt es: »Ihr werdet mich suchen und finden; denn wenn ihr mich von ganzem Herzen suchen werdet, so will ich mich von euch finden lassen, spricht der Ewige« (29,13f). Wie sonst kann ich dies Wort verstehen, als dass Gott vom suchenden Menschen gefunden werden will? Alles Suchen, Fragen, Forschen und Beten ist gelebte Empfänglichkeit. Es ist der Aufbruch des inneren Menschen. Unser Aufbruch in den Stuibenwald ist mir darin zum Gleichnis geworden.

Der 69. Psalm sagt: »Die Gott suchen, denen wird das Herz aufleben.« Bezeichnenderweise ist auch hier vom Suchen und nicht vom Finden die Rede – denn es ist eine heilige und bleibende Unruhe, die uns aufbrechen und das Leben ergründen lässt. In ihr ist keine Gleichgültigkeit, denn sie weiß um eine Vision. Wie oft aber pendelt unser Leben zwischen der unreifen Ruhe des Gleichgültigen und der unreifen Unruhe des Getriebenen und erscheint darin so, wie ein Weisheitswort aus den Gleichnissen des Tschuang-Tse (300 v. Chr.) es sagt: »Ihr geht, und wisst nicht, was euch treibt. Ihr ruht, und wisst nicht, was euch trägt.«[4]

Mein Dasein soll eine heilige Suche sein. Es gleicht darin jener Suche nach dem Sängerstamm, denn es erfordert die Bereitschaft, die eigene Trägheit zu überwinden. Sicher gilt auch hier: Wer trägen Herzens ist, dessen Leben wird nicht klingen. Wir meinen heute, Spiritualität bedeute vor allem, dass unser Herz seine Ruhe findet. Doch es bedeutet eben auch das Gegenteil: Wenn mein Leben mir etwas wert ist, dann werde ich mich aufmachen und mein Dasein als eine Pilgerschaft des suchenden und hörenden Lebens verstehen. So werde ich aufbrechen, fragen, ausschauen und forschen.

Habe ich denn ein Recht zu hoffen, Erfüllung, Berufung und Sinn könne man so eben nebenbei finden, ohne etwas dafür zu tun? Auch einen Sängerstamm findet man nicht zufällig am Wegesrand stehen. Nein, eine Berufung muss und darf uns unruhig machen! Davon spricht auch der Prophet Zefanja, bei dem es heißt: »Ich will Jerusalem mit der Lampe durchsuchen und aufschrecken die Leute, die sich durch nichts aus der Ruhe bringen lassen« (1,12).

Selig sind die geistlich Armen

Unser Leben verläuft nicht auf festgelegten Bahnen. Es ist ein Pfad durch einen Dschungel an Optionen. Wir haben unentwegt Entscheidungen zu treffen, was wir tun und lassen wollen. In der Bergfichte begegnet uns hier eine besondere Weisheit. Sie bildet natürlicherweise eine Grünastkrone. Da strecken sich ihre Äste dem Licht entgegen und lassen wachsen, wovon sie lebt. Nur durch das Licht bilden sich Nadeln aus und werden dem Baum zur Kraft. Für alles Lebendige gilt: Was sich dem Licht entzieht, das stirbt, und es wird dem Organismus zur Belastung! In ihrer natürlichen Weisheit wirft die Bergfichte die im Dunkel liegenden toten und verdorrten Äste ab, denn in ihnen ist kein Leben. So aber entsteht gerade dort, wo sie das Tote abgeworfen hat, die Substanz des Klanges! Es ist das feinjährige, astfreie, langfasrige und tragfähige Klangholz, aus dem einmal die Geige wird.

Ein klingendes Leben erfordert darum Weisheit und Mut. Es bedeutet zu fragen, von welchen toten Dingen man sich endlich trennen soll. Ein ehrliches Herz wird die toten Äste erkennen, die ihm Kraft und Selbstwert rauben. All die Optionen unserer Freiheit machen uns hier dem Baum in gewisser Weise unterlegen: *Nichts* in unserem Leben ist selbstverständlich. Wir müssen lernen, uns in allen Lebensbereichen, allen Zweigen und Trieben unseres Daseins dem Licht entgegenzustrecken. Das Leben muss erlernt werden! Das meint Jesus, wenn er sagt: »Kommt her zu mir, und lernt von mir« (Matthäus 11,28). Denn: »Ich bin das Licht der Welt. Wer mir nachfolgt, der wird nicht in der Finsternis sein, sondern wird das Licht des Lebens haben« (Johannes 8,12).

Die Bergfichte lehrt uns abzuwerfen, was tot ist. Es bedeutet, sich von Dingen zu trennen, die nicht recht sind; Machenschaften, die sich vor dem Licht verbergen müssen, wo keine Aufrichtigkeit, keine Wahrhaftigkeit, keine Gerechtigkeit, keine Barmherzigkeit, keine Versöhnung ist. Ein klingendes Leben hat gelernt zu opfern, was tot und unrecht ist! »Nicht zu sündigen« hat tatsächlich etwas mit opfern zu tun. Denn da opfert ein Mensch eine Option. Der einzige Sinn der Sünde besteht doch darin, sie nicht zu tun! Obgleich man es könnte.

Wer das Licht Gottes sucht, der hat in all den Optionen seines Lebens Entscheidungen zu treffen, die ihn scheinbar begrenzen und ärmer machen. Und doch ist genau dies die Armut, die Jesus über alles lobt, wenn er in der Bergpredigt sagt: »Glückselig sind die geistlich Armen, denn ihrer ist das Himmelreich« (Matthäus 5,3). Es ist die Armut der Fichte, die edles Holz ausbildet. Es ist die Armut eines Menschen, der sich nicht mehr alles erlaubt. Doch gerade dadurch entsteht Substanz. Das Leben mag durch die Gnade begrenzt und langsamer werden – bestimmt aber wird es bewusster, konzentrierter, leidenschaftlicher und tragfähiger sein. Alle Vollmacht, alles Empfangen lebt aus dieser Armut vor Gott, aus Zeiten der Bewusstheit und Stille, in denen wir Zweige abwerfen und beschnitten werden.

Jedes Leben muss seine Brunnen graben und seine Quellorte suchen. Der reiche Mensch steht in der Gefahr, die Quellorte nicht zu finden, denn er ist nicht durstig. Darum wird er nicht suchen – und darum nicht finden. Im Lukasevangelium stehen nicht nur die Seligpreisungen Jesu, sondern auch dessen Weherufe: »Weh euch, ihr Reichen! Denn ihr habt euren Trost schon gehabt. Weh euch, ihr Vollgefüllten, denn ihr werdet hungern!« (6,24f). Sie haben ihren Trost schon gehabt, das bedeutet: Sie haben am falschen Ort gesucht! Das Materielle hat sie gesättigt. Das »Wehe« ist kein Gerichtsruf, sondern ein Ausruf des Schmerzes, wie etwa jemand aufschreit, wenn er in eine Scherbe tritt. So liegt in Jesu Worten tatsächlich ein Aufschrei, ein heiliger Schmerz darüber, dass die Reichen eine Sattheit haben, die sie hindert, von ganzem Herzen zu suchen. Darum werden sie das ihnen gesetzte Ziel verfehlen und ihren Sinn verlieren. Sie verletzen sich und die ihnen anbefohlene Welt, denn sie wissen nicht, was es heißt, zu harren, zu hören und zu suchen. »Wehe euch, ihr Vollgefüllten, weh euch, ihr Reichen!«

Der Arme vor Gott aber weiß, dass vieles schweigen muss, wenn er die Gnadengaben empfangen will. Die Armen, die Jesus seligpreist, haben ein Bewusstsein für einen Mangel, den nur Gott ausfüllen kann. In ihrem Durst werden sie sich auf die Suche machen. Sie werden Suchende und reich Empfangende sein. Es kommt hierbei eine sonderbare Erfahrung ins Spiel. Wir unterscheiden üblicherweise zwischen »aktiv« und »passiv«. Im Glauben aber gibt es noch einen dritten Weg: Es ist das Empfangen! Man könnte es das *Gesetz der Gnade* nennen, das besagt: Die wesentlichen Dinge kannst du nicht machen, sondern nur empfangen. Aber du kannst dich empfänglich machen!

Unsere Suche nach dem Sängerstamm spricht etwas Wesentliches in diese Empfänglichkeit des Menschseins hinein: Es ist nötig, dass wir um unserer Berufung willen arm werden können. Arm werden heißt, nicht alles zu wollen! Es heißt, an manchen Dingen bewusst vorbeizugehen. In dieser Armut ist die Kraft, Dinge zu verwerfen, weil aus ihnen kein Klang werden kann. Doch eben diese Art des Armwerdens heißt auch, empfänglich zu sein. So entsteht die Kraft, auf etwas hinzuleben, was noch nicht sichtbar ist. Eine altbekannte Geschichte macht diese Kraft, die man gemeinhin Hoffnung nennt, deutlich:

Auf einer Baustelle arbeiteten drei Männer. Jeder hatte einen Spaten, mit dem er in der Erde grub. Der Erste wirkte lustlos und müde. Jemand fragte ihn: »Was tust du da?« Er antwortete: »Ich grabe ein Loch.« Der Zweite wirkte fröhlicher. Auch ihn fragte man: »Was tust du da?« Er antwortete: »Wir legen das Fundament für eine große Mauer.« Auch der Dritte grub in die Erde. Er war unermüdlich in seiner Arbeit und trotz seiner Erschöpfung voll Freude und Geisteskraft. Auf die Frage: »Was tust du da?« antwortete er: »Wir bauen eine Kathedrale!«

Unsere Suche nach dem »Sängerstamm« ist dieser Geschichte ähnlich. In der Art des ersten Mannes hätten wir geantwortet: »Wir ersteigen einen Berg«, und als es zunehmend kälter, schmutzig und unwegsam wurde, hätten wir das Ganze wohl abgebrochen. In der Art des zweiten Mannes hätten wir gesagt: »Wir suchen nach Holz.« In der Art des dritten Mannes aber wurden wir getrieben von der Schönheit des Tonholzes, das wir vor unseren inneren Augen schon sahen, und die Vorstellung vom Klang unserer zukünftigen Geigen in ihrer Reinheit, Modulierbarkeit, Süße, Dynamik und leuchtenden Kraft beflügelte uns. Da lebten unsere Geigen längst schon in uns – ein Leben für den Klang! Dafür brauchten wir gutes Holz und vergaßen die Mühen. Alles, was wir tun, hängt doch davon ab, welche innere Vision unserer Suche Flügel verleiht. Es war schon ein erhabener, fast magischer Moment, dass gerade in dem Augenblick, als wir das Holz fanden, die Wolkendecke aufriss und die Sonne einen Strahl auf diesen Hang warf. So erkannten wir das gebrochene Holz in seinem Hirnholzschnitt.

Der »Baum der Berufung«, dem man sich zuwendet, geht durch ein Sterben hindurch: Er wird geschlagen oder vom Wind gebrochen. Er sieht den Abgrund und den reißenden Bach. Ins Tal geflößt, wird er aus dem Wasser heraus in die Werkstatt des Meisters gebracht. Es ist wie die Taufe hinein in ein neues Leben. Denn der Baum wird der Gestaltungskraft des Meisters gegeben und dort zu einem Klang geformt, von dem er im Wald nichts wusste. Ein Psalmwort sagt: »Auch alle Bäume im Wald werden singen« (96,12). Unter dieser Gestaltungskraft Gottes zu leben heißt, »geheiligt« zu sein. Nicht dass wir schon vollendet wären, aber wir leben als zur Heiligkeit Berufene in der göttlichen Kraft, der wir uns anvertrauen dürfen und der wir gehorchen – und das macht einen »Heiligen« aus.

Wir sollten wissen: Nicht das Kreatürliche und Gute, sondern das Unreife und Chaotische in uns wird sterben: Lieblosigkeit, Hoffnungslosigkeit, Ruhelosigkeit, Friedlosigkeit, Gottlosigkeit. Wie ein Meister den Baum zum Singen bringt, so ist ein Meister mit uns am Werk. Mit der Armut, die unser inneres Leben braucht, ist darum gemeint, dass wir verwerfen können, was in dem Reichtum, der Abwegigkeit und dem Überfluss unserer Optionen unserer Berufung schadet. Wer nicht fähig ist zu jener Armut, die Jesus seligpreist, der droht Schaden zu nehmen an seiner Seele und seinen Sinn zu verlieren.

Nicht alles Mühsame ist gegen uns, und nicht alles Einfache ist ein Segen. Auf fetten Böden, im milden Klima der Niederungen, wachsen die Bäume kraftvoll und schnell. So sind oft auch die Optionen unseres materiellen und geistigen Reichtums, den wir für Segen halten: fett und schnell gewachsen, doch ungeeignet zum Klang. Die Sängerstämme wachsen meist unter mühevollen, manchmal gar widrigen Bedingungen. Nur wenige Gegenden der Alpen erfüllen die Anforderungen an ein gut klingendes Holz. Nicht nur Höhe, Steigung, Himmelsrichtung, Windrichtung und Klima – selbst die Art des Bodens, auf dem das Holz wächst, wird dem Instrument zum Klang. Auf mageren Böden, wo sie in den Widrigkeiten und Anfechtungen des Alltags durchzuhalten gelernt haben, bilden sie das Klangholz. Dort wächst es in seiner Widerstandskraft und seinen schwingungsfähigen Zellen. Das schnell gewachsene Holz ist ohne Widerstandskraft. Es wird niemals ein brauchbares, frei klingendes Resonanzholz sein. Darin gleicht es einem Menschen, der in der Dickwandigkeit seines Überflusses und in seinem gedämpften Herzen nicht gelernt hat, auf den Geist Gottes zu hören, weil er die Sehnsucht nach Gott nicht kennt! Beim Propheten Jesaja heißt es hingegen: »Von Herzen verlangt mich nach dir des Nachts, ja, mit meinem Geist suche ich dich am Morgen« (26,9).

Der Sängerstamm, der das widrige Klima und den mageren Boden erfahren hat, gleicht unserer Berufung. Diesen Bäumen wird ein neues, ein zweites Leben zuteil. Sie werden singen. In der Hand des Meisters werden sie geformt, bearbeitet und am Ende als Geigen erklingen. Das neue Leben ist eine Qualität der Ewigkeit, die in unserer Mühsal und Anfechtung heute schon anbrechen kann. Unsere Berufung braucht diese Bewährung. Nur darin erwächst der gute Klang. Der Beginn des Werdegangs ist dieses Rauschen des Stammes, es steht für ein suchendes Herz. Es ist das glockenartige Klingen des »Sängers«.

Vom Wind geschlagen / den Abgrund gesehen
Und dennoch bleibt deine Berufung bestehen.
Von Neuem geboren / aus Wasser und Geist:
Sänger, der du Baum der Gerechtigkeit heißt.

»Seht die Bäume an, und lernt daran ein Gleichnis.«
Lukas 21,29; Markus 13,28

Die Weisheit des Baumes 2
Von den Anfängen der geistlichen Kraft

Als Geigenbauer entwickelt man im Laufe der Jahre ein starkes Einfühlungsvermögen in die Struktur des Holzes. Man bekommt einen Blick für den Verlauf der Jahresringe, beurteilt Gleichmäßigkeit, Glanz, Dichte und Spätholzanteil. Immer wieder fesseln mich die Zeichnung der Flammen und der klare Verlauf der Markstrahlen. Der Duft von frisch geschnittenem Holz weckt in mir starke Emotionen. Diese Leidenschaft hat einen existenziellen Grund: Nur dank eines guten Tonholzes kann der Klang entstehen, mit dem ich als Geigenbauer meine Familie ernähren kann. Ich bin abhängig von dem, was die Natur hervorgebracht hat und was sie mir für den Werdegang meiner Geigen schenkt. Darum wäre es ein Frevel, den Werdegang einer Geige zu beschreiben, ohne dabei den Baum anzusehen.

Alle großen Kulturen der Menschheit messen dem Baum eine starke symbolische Kraft zu. Der Baum hat den Menschen erst möglich gemacht. Seit Anbeginn war sein Holz lebensnotwendig. Das Holz der Bäume wurde uns – als Baustoff unserer Hütten – zum sicheren Lebensraum und diente uns als Brennmaterial. Brennendes Holz bedeutete Schutz vor wilden Tieren, es diente der Nahrungszubereitung und schenkte uns Wärme. Ohne den Baum wäre der Mensch inmitten der Widrigkeiten und Gefahren des natürlichen Lebens nicht überlebensfähig gewesen. Auch darin hat wohl die enge emotionale Beziehung des Menschen zum Baum ihren Grund.

Doch auch unser kulturelles und emotionales Leben, unsere Freude, Trauer, Leidenschaft, Besinnung und unser Tanz, sind aufs engste mit dem Baum verknüpft: Sein Holz wurde früh in seinen besonderen Resonanzeigenschaften erkannt und ging als eines der ältesten Materialien für den Bau von Musikinstrumenten in die Kulturgeschichte der Menschheit ein. Das Holz gab der Musik und damit dem menschlichen Seelenleben die Instrumente! Wie früh diese Bedürfnisse nach Kunst und Klang im Bewusstsein der Menschheit verankert sind, zeigt auch der alttestamentliche Stammbaum, wie er am Beginn des Buches Genesis steht. Dort sind Jubal, »von dem alle Zither- und Flötenspieler hergekommen« (4,21), und Tubal-Kain, »von dem alle Erz- und Eisenschmiede hergekommen« (4,22), bereits in der »achten Generation« als die Urväter aller Musiker und Handwerker aufgelistet.

Doch es gibt noch einen tiefer greifenden Grund, den Baum genauer anzusehen. Jesus sagte seinen Jüngern: »Seht die Bäume an, und lernt daran ein Gleichnis« (Lukas 21,29; Matthäus 24,32). Ich will diese Empfehlung ernst nehmen und hören, an welcher Weisheit der Baum mir Anteil gibt. Ich folge darin Hermann Hesse, der sagt: »Bäume sind für mich immer die eindringlichsten Prediger gewesen. (...) Bäume sind Heiligtümer. Wer mit ihnen zu sprechen, wer ihnen zuzuhören weiß, der erfährt die Wahrheit. Sie predigen nicht Lehren und Rezepte, sie predigen, um das Einzelne unbekümmert, das Urgesetz des Lebens.«[5]

Die Grannenkiefern

Unter allen Baumarten hat es mir eine Art besonders angetan. Nicht weil sie als Klangholz geeignet wäre oder in der Bibel Erwähnung fände, sondern wegen ihrer Reife, ihres Alters, ihres Wachstums: die Grannenkiefer. Grannenkiefern sind die ältesten lebenden Wesen unserer Erde. Etwa achtzehn Exemplare der Bristlecone Pine (wie sie im Englischen heißen) sind heute über 4000 Jahre alt. Die ältesten von ihnen keimten, als die Pyramiden Ägyptens erbaut wurden, und zur Blütezeit des Alten Israel unter König David waren sie bereits 1500 Jahre alt – und sie wachsen noch heute.

Überraschenderweise finden sich die ältesten Vertreter dieser Art unter den denkbar rauesten Bedingungen. In einer Höhe von über 3000 Metern über dem Meeresspiegel, östlich des Sierra Nevada Gebietes in den »Weißen Bergen« Kaliforniens, stehen sie in einem der trockensten Gebiete der Erde und wachsen unter großen klimatischen Widrigkeiten: Sie bekommen kaum Regen, stattdessen sind sie extremer Kälte und starken Winden ausgesetzt. Sie benötigen kaum Nadeln und nur wenig lebende Rinde, um zu überleben. Die ältesten Vertreter haben ein jährliches Dickenwachstum von nur wenigen Zehntel Millimetern und sind nur etwa 18 Meter groß. Doch sie wachsen noch immer und bringen nach wie vor Samen hervor, aus denen junge Sämlinge emporwachsen und in die nächsten Jahrtausende hineinsprießen.

Die älteste lebende Bristlecone Kiefer, die den Namen Metuschelach trägt, ist 4773 Jahre alt. Ihr exakter Standort wird von der US-Forstbehörde wegen der Gefahr des Vandalismus geheim gehalten. Ihren Namen verdankt sie dem im Buch Genesis (5,21) und im Lukasevangelium (3,37) erwähnten gleichnamigen Patriarchen – dem ältesten in der Bibel bezeugten Menschen.

Wie viel könnten wir von diesen Lebensgiganten für unser inneres Menschsein lernen. Selbst in ihrem fünften Lebensjahrtausend wachsen sie noch immer! Zu hören, was uns diese Bäume erzählen, ist nicht schwer: Was nicht mehr wächst, das lebt unweigerlich seinem Verfall entgegen und wird bald sterben. Der Stamm mag noch eine Zeit lang stehen, doch Windbruch oder Pilzbefall werden ihn innerlich schwächen, bis er unter seinem eigenen Gewicht zusammenbricht. Darin sind die Grannenkiefern ein unübersehbares Gleichnis:

Solange der Mensch in seinem Innern noch lebendig ist, wird er – auch durch Widrigkeiten, Krisen und Schwachheit hindurch – bis an sein Ende wachsen. Paulus redet davon im zweiten Korintherbrief, wenn er sagt: »Wir werden nicht müde; sondern wenn auch unser äußerer Mensch verfällt, so wird doch der innere von Tag zu Tag erneuert« (4,16). Ein Mensch, der diese innere Erneuerung nicht kennt, wird schließlich – von zerstörerischen Gedanken befallen und dem Wind der Umstände schutzlos ausgeliefert – geschwächt in sich zusammenfallen. Wir haben uns den Boden und das Lebensklima nicht ausgesucht. Doch manche Schmerzen, die wir erfahren, sind Wachstumsschmerzen des inneren Menschen. Wer, wie die Grannenkiefern, sein Leben auch unter Wind, Trockenheit, Anfechtung und Nöten durchzuhalten entschlossen war und sich dennoch das innere Wachstum nicht rauben ließ, dem gilt die gleiche Ehre und Bewunderung wie diesen Giganten des Lebens!

Der Schrei nach Wasser

Wie fing es mit den Bäumen an? Im Anfang war der Keimling. Die Baumsamen enthalten nur so viel Nährstoffe, dass sie den Keimling für einige Tage (große Baumsamen maximal für einige Wochen) ernähren können. Ohne Wachstum wird der Keimling unweigerlich sterben. Aber wodurch setzt dieses überlebensnotwendige Wachstum ein? Die Botanik lehrt uns: Es beginnt mit der Aufnahme von Wasser durch die Samenschale. Auch das kann man als ein Gleichnis verstehen.

Wer zum Glauben gekommen ist, der ist wie ein Keimling. Es gibt ein Leben in uns, das in gleicher Weise nach Wasser dürstet wie unser Körper. Es ist der Durst unserer Seele, wie es ein Psalmwort sagt: »Wie der Hirsch lechzt nach frischem Wasser, so schreit meine Seele, Gott, zu dir« (42,2).

Es gibt kein Leben ohne Wachstum, und es gibt kein Wachstum ohne Wasser. Darum ist es wichtig zu fragen, ob ich das lebendige Wasser, das meine Seele stillt, eigentlich kenne. Das Wasser steht in der Bibel für die Erkenntnis Gottes. Es ist sonderbar, doch wer dieses Wasser kennengelernt hat, in dem wächst zugleich auch der Durst nach

Gott. Wer den Schrei nach Gott nicht kennt, dessen Glaube wurde noch nicht ins Leben gerufen. Denn wo immer der Glaube eines Menschen lebendig ist, da entwickelt sich ein inneres Dürsten nach Gott. Es ist ein unstillbares Verlangen.

Nur was nicht lebt, kennt keinen Durst. Ein lebloser Glaube kann nicht viel mehr als ein trockenes Fürwahrhalten nicht beweisbarer und nicht widerlegbarer Behauptungen sein. Der Glaube aber, von dem die Evangelien sprechen, ist eine innige Gottesgemeinschaft. Ohne das Wasser aufzunehmen, wird der Glaube nicht am Leben bleiben. Was aber ist dieses Wasser des Glaubens? Im Johannesevangelium heißt es: »Am letzten Tag des Festes, der der höchste war, trat Jesus auf und rief: Wen da dürstet, der komme zu mir und trinke! Wer an mich glaubt, wie die Schrift sagt, von dessen Leib werden Ströme lebendigen Wassers fließen.« Und Johannes fügt hinzu: »Das sagte er aber von dem Geist, den die empfangen sollten, die an ihn glaubten« (7,37–39).

Wer dem Baumsamen gleicht, der noch in sich selbst verschlossen ist, kennt nicht diesen Durst nach dem Wasser des Heiligen Geistes. Der Durst des Keimlings aber, der zu wachsen beginnt, ist wie die Erfahrung des Menschen, der in der Gottesgemeinschaft seinen innersten Durst zu stillen beginnt.

Der Lebensboden

Als Erstes treibt der Keimling eine feine Wurzel nach unten, die ihn fixiert. Durch seine winzigen Wurzelhaare kann er so viel Wasser aufnehmen, wie er für Leben und Wachstum braucht. Der Boden gibt ihm Festigkeit und Halt. Auch hier spürt man, was Jesus meint, wenn er sagt: »Seht die Bäume an und lernt daran ein Gleichnis.« Der Baum sucht das lebendige Wasser nicht in sich selbst! Wir aber meinen, wir könnten den Durst unserer Seele aus uns selbst heraus stillen. Der Keimling sucht seinen Halt nicht in sich selbst. Was ihm Halt gibt, ist die Wurzel. Sie steht seit jeher für die Weisheit des Menschen, sich nicht selbst genug zu sein. Wir dürfen nicht nur stolzer Stamm, ausladendes Astwerk und prächtiges Blätterkleid sein, sondern müssen etwas dafür tun, eine Welt zu suchen, die uns im Inneren hält. Wie die Wurzel des Keimlings in der Erde mehr sucht als sich selbst, so kann jedes Leben nur lebensfähig sein, wenn es »aus sich herausgeht«. Mit dem Leben aus dem Glauben ist es nicht anders. Die spirituellen Moden unserer Tage behaupten, in uns selbst, in unserer Tiefe, sei Gott zu finden. Die spirituell aufgeladene Ichsucht ruft uns darum auf einen Weg nach innen. Doch nur ein Glaube, der bereit ist, »aus sich herauszugehen« und sich mit anderen Menschen zu verbinden, wird Leben finden. Es ist die Entscheidung zur Demut. Fulbert Steffensky schreibt dazu:

»Wie alt muss man werden, um zu erkennen, dass die Beschäftigung mit sich selbst, die Verwirklichung seiner selbst nichts abwirft, wovon man leben kann? Man müsste eine alte Tugend erlernen: die Demut. Sie ist das realistische Eingeständnis, dass wir für uns allein kein spannendes Programm sind. (...) Ich brauche kein mich isolierendes Treibhaus zur Findung meiner Wahrheit. Ich brauche Brüder und Schwestern und Väter und Mütter und Lehrer und Lehrerinnen und Bücher und Theorien und Geschichten, mit denen ich aushandle, was die Wahrheit ist und was die Wahrheit verlangt. (...) Erwachsenwerden und Altwerden heißt, sich eingestehen können, dass man selbst und aus sich heraus nicht so viel hat, wovon man sich ernähren kann. Die Hoffnung, die wir aus uns selbst schöpfen, ist zu gering. Der Mut, den wir alleine aufbringen, reicht nicht. Die Träume unseres eigenen Herzens sind zu banal und zu kurzfristig. Wir sind Bettler. Wir können uns nicht alleine ernähren, trösten und ermutigen.«[6]

Ein Glaube, der meint, er sei klüger als der Keimling und habe die Glaubensgemeinschaft mit anderen Menschen nicht nötig, wird in seiner Selbstüberschätzung kaum lebensfähig sein. Wachstum und Leben sind dem Menschen nur darum verheißen, weil er einen Boden bejaht, der ihn etwas kostet! Es kostet ihn die stolze Verschlossenheit. Ein

Mensch, der die Dinge seines Glaubens, seiner Zweifel, seiner Hoffnungen und Wege nur mit sich selbst ausmacht, ist wie ein Samenkorn, das in sich verschlossen bleibt. Es gibt zwei Gründe, das zu tun: die Selbstverliebtheit und die Angst.

Der Keimling stirbt in den Boden hinein und wird so zum Baum. Seine Wurzeln ruhen in einer Verheißung; aus ihr erstrebt er mit aller Kraft nur das Eine: das ihm innewohnende Gesetz zu erfüllen. Stolz und Angst hindern uns daran, sie verschließen uns. Über solch einen in sich selbst verschlossenen Glauben könnte man mit den Worten Jesu sagen: »Als die Sonne aufging, verwelkte er. Und weil er keine Wurzel hatte, verdorrte er« (vgl. Matthäus 13,6).

Leben schaffende Gegensätze

Nun hat der Keimling seine Wurzelhaare in den Boden getrieben und beginnt zu wachsen. Als Nächstes entfalten sich die Blätter. Auch hier wird die Botanik des Baumes ein Gleichnis des gemeinsamen Lebens inspirieren. Es mag unserm Alltagswissen widersprechen, aber nicht nur die Wurzeln ernähren den Baum. Es ist auch umgekehrt. Die Wurzeln bedürfen ihrerseits der Ernährung durch die Blätter. Das ist der Grund für das Zweiwegesystem, das sich in allen holzigen Stämmen findet: In den Leitungsbahnen des Holzes steigt der Saft aus den Wurzeln auf. Der Zuckersaft wiederum steigt von oben in der außen liegenden Bastschicht hinab zu den Wurzeln.[7]

Dieser Vorgang ist ein Gleichnis für das Geheimnis der wahrhaft charismatischen Gemeinschaft. Wollten die Wurzeln das Wasser für sich behalten, ohne es weiterzugeben, so wäre das der Tod der Blätter; wollten umgekehrt die Blätter das Licht für sich behalten, ohne es weiterzugeben, so wäre das der Tod der Wurzeln. Es ist eine Form des inneren Selbstmords, nur zu nehmen, aber nichts zu geben. Denn wenn die Blätter die Wurzeln sterben lassen, oder die Wurzeln die Blätter, dann sterben sie damit auch selbst.

Das Charisma der Wurzeln und das der Blätter könnte gegensätzlicher nicht sein. Die einen bohren sich tief in die Erde, die anderen strecken sich aus nach dem Licht. Beide aber bleiben ihrem Charisma treu. Sich treu zu bleiben bedeutet nicht nur, seiner *Gabe*, sondern auch der damit verbundenen *Aufgabe* treu zu sein: Die Wurzeln auf der Suche nach den Tiefen des Wassers, die Blätter geöffnet zum Licht!

Wasser und Licht sind in der Bibel starke Bilder für die Gegenwart des Heiligen. Wie Wurzeln und Blätter das Stärkende unterschiedlich erfahren – die einen das Wasser, die andern das Licht –, so werden auch die Menschen die Gegenwart Gottes unterschiedlich erfahren, werden den Anspruch an ihr Dasein unterschiedlich hören und werden der Fürsorge, zu der sie fähig sind, auf unterschiedliche Weise Ausdruck geben. Sie werden andere Dinge schätzen und werden von anderen Dingen überfordert sein. Doch was sie verbindet, ist, dass sie gerade in der Gegensätzlichkeit voneinander und füreinander leben. Wurzeln und Blätter sind ganz in ihrem Element und geben so dem anderen das Ihre. Sie teilen ihr Leben, da sie aufeinander angewiesen und füreinander da sind. Keiner versucht, sich selbst alles zu sein. Sie widerstehen dem Hochmut, nur Gebende oder nur Nehmende zu sein. In ihrer Unterschiedlichkeit leben sie nicht tolerant *nebeneinander*, sondern selbstbewusst *füreinander*. Sie wissen: Die Andersartigkeit ist kein ästhetischer Luxus zur Förderung der Vielfalt, sondern lebensnotwendig. Die Achtung vor dem anderen manifestiert sich darin, dass ich nicht fordere oder erwarte, er müsse mir gleich sein, sondern dass ich beginne zu begreifen, was das Seine ist.

Wir erkennen am Organismus des Baumes, dass die Liebe sich um des Ganzen willen unterschiedlich verkörpern muss. Es gibt Gaben und Berufungen, die würden vertrocknen oder verfaulen, wären sie gezwungen, den anderen zu kopieren. Das Blatt müsste ins Erdreich kriechen und verfaulen, anstatt zu verstehen, was die Wurzel dort treibt. Die Wurzel müsste sich wie ein Blatt in die Luft strecken und würde vertrocknen, anstatt das Blatt zu verstehen. Wahre Gemeinschaft aber beruht ja auch nicht darauf, dass wir einander *verstehen*, sondern darauf, dass wir einander *vertrauen*.

Dass unser Vertrauen auch schmerzhaft enttäuscht werden kann, nötigt unserm Miteinander manches ab. Jesus sagt: »Wenn dich jemand nötigt, eine Meile mitzugehen, so geh mit ihm zwei« (Matthäus 5,41). Oft müssen wir durch Enttäuschungen hindurch derartige Umwege gehen, um den anderen nicht aufzugeben. Wir sind einer für den anderen da. Das ist das innere Bewusstsein des charismatischen Lebens. Es bedeutet: Andere Menschen leben und lieben etwas vom Glauben, was ich selbst nicht begreife. Blätter und Wurzeln können einander nicht verstehen, doch sie sind füreinander da. Das ist ihr Geheimnis.

Vielleicht haben wir uns über all den historischen Errungenschaften des Ich-Werdens (dem Bewusstsein unserer persönlichen Freiheiten und individuellen Begabungen, dem Kultivieren unserer Selbsterfahrungen, der Befreiung von unzeitgemäßen Konventionen und lästigen Traditionen) in einer naiven Selbstverständlichkeit die Dummheit angewöhnt, Berufung als etwas zu verstehen, das vor allem mit »Selbstverwirklichung« zu tun hat. Diese selbstbezogene Vorstellung von Berufung ist nicht durchzuhalten. Wenn wir aufrichtig genug sind, die Welt anzuschauen – die Unbegreiflichkeiten, Ungerechtigkeiten und Brüche –, werden wir darüber erschrecken, dass uns keine Welt geboten wird, die dienend und freundlich nur darauf wartet, einen jeden Menschen persönlich und individuell »zu verwirklichen«. Die Berufung des Menschen hat in der Bibel mit der Berufung und dem Werden von Gemeinschaften und Beziehungen zu tun, in denen wir leben. Wer nur nach seiner eigenen Bedeutung fragt, der wird sie, je inbrünstiger er sucht, desto endgültiger verlieren; wer nur seine eigene Vollkommenheit und seine individuellen Gottesbegegnungen sucht, dem wird sich der Weg dorthin verdunkeln. Sich nur über sich selbst Gedanken zu machen, das wäre wie ein Blatt, das sich vom Baum löst und – während es lustig herabsegelt – darüber philosophiert, was denn nun seine Berufung sei. Der Glaube ist vor allem die Berufung, Gott und dem Nächsten *ein Du zu sein.*

Das alles hat mit einem Bewusstsein für die Geschwisterlichkeit des Lebens zu tun. In diesem Bewusstsein wird unsere Individualität und Identität nicht im Wir aufgelöst, sondern *für den anderen erfüllt.* Charisma bedeutet immer auch Profil. Doch hier profiliert sich keiner auf Kosten des anderen, sondern *für ihn.* Darin erfüllt er sein Charisma, wie der Apostel Paulus sagt, »zum Nutzen aller« (1. Korintherbrief 12,7). Wir sind in dem Bewusstsein gegenseitiger Achtung einander anvertraut. Es ist immer die Zuneigung zu »Christus im anderen«. In dieser Zugeneigtheit ist unserem Leben Segen verheißen.

Ich bin überzeugt, nicht nur Freunde, sondern auch ganze Gemeinschaften und Konfessionen sollen einander in ihrer Verschiedenartigkeit zu Wurzeln und Blättern werden und so ein sichtbares Zeugnis für jene gelebte »Freund-lichkeit« sein. Wir werden Christus in dem Maße erkennen, in dem wir ihn im Bruder und in der Schwester achten.

Jesus fragte: »Wem gleicht das Reich Gottes, und womit soll ich's vergleichen? Es gleicht einem Senfkorn, das ein Mensch nahm und in seinen Garten säte; und es wuchs und wurde ein Baum, und die Vögel des Himmels wohnten in seinen Zweigen« (Lukas 13,18–19).

Die Wurzeln und Blätter werden einander nicht darüber belehren, dass das Licht nicht feucht und das Wasser nicht hell ist, sondern werden dem gemeinsamen Leben dienen und Früchte bringen. Der Baum wird in unserer erhitzten Welt Schatten spenden und Vögeln einen Platz zum Nisten bieten. Wir leben inmitten dieser Bewegung der gegenseitigen Wahrnehmung und Achtung.[8] Das Neue Testament ruft zu einer Achtung auf, die über Kulturgrenzen und Völkerwelten hinweg Gemeinden miteinander verbindet (2. Korintherbrief 8,14). Die Zuneigung zu Christus im anderen wird nicht um ihrer selbst willen geschehen, sondern um jenes Baumes willen, den Jesus das Reich Gottes nennt.

Die Photosynthese des Geistes

Jedes Blatt des Baumes ist eine »Werkstatt«, in der sich das unsichtbare Licht in Lebensenergie verwandelt. Es ist der Vorgang, den Biologen Photosynthese nennen. Dabei wandelt sich das Element Kohlenstoff, das unsichtbar in der Atmosphäre vorkommt, in feste Form um. Die Sonnenenergie wird aufbereitet und »verkörpert sich« in Leben. So gibt es auch eine Photosynthese des Geistes, wenn der Geist Gottes uns erfüllt. Es ist ein heiliger Vorgang, der darin besteht, dass sich das Licht Gottes in uns in gelebtes Leben verwandelt.

Licht und Geist werden seit jeher miteinander in Verbindung gebracht.[9] Darum liegt es nahe, in der Betrachtung des Baumes die Photosynthese als ein Gleichnis zu sehen. Der Geist Gottes ist wie ein innerer Prophet und Lehrer. Er kommt nicht einfach über uns, und er ist auch nicht einfach in uns. Seine erste Frage wird immer sein: »Bin ich willkommen?« Er hört auf unser inneres Ja. Er ist ein mit uns Leidender, ein um uns Werbender, ein durch uns Liebender. Er wird sich nicht aufdrängen, wenn ein Mensch sich in seiner Finsternis davor verschließt, Gottes Wort zu hören und Gottes Willen zu tun. Nichts aber wird ihn stärker einladen und anziehen als der Ruf unseres Herzens: »Komm, Heiliger Geist, hilf mir Gottes Willen zu tun!« Wer so betet, der entfaltet sein Leben. Er ist wie ein Baum, der seine Blätter entfaltet und sie dem Licht entgegenstreckt. Sich zu entfalten heißt ja nichts anderes, als dem Heiligen Geist in diesem Ruf des Herzens sich selbst entgegenzuhalten.

Ein neuer Frühling

Das letzte Gleichnis über den Baum könnte mit den Worten beginnen: »Seht doch diesen Baum im Frühling an! Der Frühling gleicht einem hoffnungslosen Menschen, der nach einer langen Zeit der inneren Kälte zu sich kam. Die Zweige des alt gewordenen Baumes waren dürr wie der Tod, die Blätter waren längst verwelkt und abgefallen. Doch dann wurde es warm und ohne zu wissen, wie ihm geschah …«

Wie die Laubbäume im Frühling Wärme brauchen, um die leuchtende Kraft ihrer Blätter zu entfalten, so wird sich in einem Klima des Glaubens auch in uns eine neue Kraft entfalten. Nach der Kälte des Winters kommt mir der Frühling jedes Mal wie ein Wunder vor. Niemand weiß, wie viele Frühlinge er noch erleben wird, aber keinen davon sollte er versäumen. Gerade im Frühling gehe ich täglich in das Waldstück hinter meiner Werkstatt, sehe die Knospen der Kastanien. Was für eine Sinnlichkeit und Lebenskraft! Dieses aufbrechende Leben fragt mich: Du willst einen Gottesbeweis? Dann öffne deine Augen, deine Nase, deine Ohren! Es ist kein Beweis im Sinne der Logik. Natürlich nicht. Aber doch beweist sich hier das Leben meiner Seele. Wenn wir diesen Beweis nicht wahrnehmen können, nicht fähig sind zu staunen, dann haben wir unsere Seele verloren. Was sollte uns dann noch bewiesen werden? Wenn der Glaube ein Heiligtum ist, dann ist unser Staunen sein Vorhof. Wie können wir zum Glauben kommen, ohne zu staunen?

Ich verweigere mich der Dummheit, einen »zweiten Frühling« zu wollen. Meine Jugend ist gelebt. Doch ich weiß, es gibt einen Frühling des inneren Lebens. Wer ihn erleben will, der muss eine Entscheidung treffen. Wir müssen bereit sein, die Eiszeit unseres Unglaubens zu beenden und für möglich zu halten, dass die tot erscheinenden Äste Leben in sich tragen, wenn wir sie nur dem Klima des Glaubens aussetzen.

Es gibt diese leuchtende Kraft, die etwas Neues in uns schafft. Vielleicht muss allein darum die Erdachse geneigt sein und uns so die Jahreszeiten schenken, damit der Frühling unserer Hoffnungslosigkeit etwas anschaulich macht: Aus allem dürr und tot Erscheinenden kann wie durch ein Wunder Leben und Schönheit erwachsen. Doch wir sind daran nicht unbeteiligt. Das Aufbrechen der Knospen soll uns Anstoß sein, eine Mitverantwortung für die Kraft und das innere Klima unseres Lebens zu übernehmen.

Meine Frau erlebte die letzten Lebensjahre einer über neunzigjährigen Frau, die ihr trotz ihres hohen Alters zur Seelsorgerin geworden war. In all ihrer Gebrechlichkeit (und gegen Ende auch in ihren Schmerzen) blieb eine Frische, eine Glaubenshoffnung und eine Kraft in ihr, die schwer mit Worten zu beschreiben ist – ein junges Leuchten in ihren Augen und eine Jugendlichkeit in ihrer Stimme. (Es gibt *in jedem* Lebensalter attraktive, leuchtende und schöne Menschen, auch wenn die Schönheit dann zunehmend eine andere Quelle hat.) Wenn meine Frau in den Anfangsjahren meiner Werkstatt von Problemen erzählte, die die Existenzgründung mit sich brachte, dann hatte Ilse die rechten Worte: aufrichtende und stärkende und klare Gedanken. Ihre Worte gingen oft – wie von selbst – in Gebete über. Man hatte den Eindruck, über all ihre Gebrechlichkeit hinaus war sie so nah bei Gott, dass sie nicht zu merken schien, wie sie während des Redens immer wieder in ein segnendes Beten und während des Betens in die Weisheit des Redens kam. Wir erlebten, wie Ärzte und Schwestern – oft mehrere zur gleichen Zeit – selbstvergessen an ihrem Krankenbett verweilten. Nicht, dass es medizinisch notwendig gewesen wäre, sondern weil sie durch die Gebrechlichkeit dieser Frau hindurch etwas zu spüren schienen, was selten war. Sie war für uns in ihrer Gottesnähe eine Heilige. Körperlich wurde sie schwach und schwächer und behielt in ihrer Gebrechlichkeit doch bis zum Schluss eine gewaltige innere Kraft. Wenn ich je einen Menschen kennenlernte, für den die folgenden Worte des 92. Psalms (13–16) gegolten haben, dann war es sie:

»Der Gerechte wird grünen wie ein Palmbaum, er wird wachsen wie eine Zeder auf dem Libanon. Die gepflanzt sind im Hause des Herrn, werden in den Vorhöfen unsres Gottes grünen. Und wenn sie auch alt werden, werden sie dennoch blühen, fruchtbar und frisch sein, dass sie verkündigen, wie der Ewige es recht macht.«

»Er hat alles schön gemacht zu seiner Zeit,
auch hat er die Ewigkeit in ihr Herz gelegt.«
Prediger 3,11

Der Entwurf 3
Von der Harmonie der Gegensätze

Meine Hölzer haben viele Jahre im Klima der Werkstatt verbracht, bevor daraus Instrumente entstehen.

Es braucht Bergfichte für die Geigendecke und für den Bassbalken, Bergahorn für die Zargen, den Boden und die Schnecke, Ebenholz für das Griffbrett und die Wirbel, Weide oder Fichte für die Futterleisten und die Zargenklötze. Für den Einlagespan nehme ich häufig Nussbaum und Ahorn. Normalerweise verwendet man das schwarze Ebenholz auch für den Ober- und den Untersattel, doch diese fertige ich für meine Konzertinstrumente aus dem hellen Horn der afrikanischen Watussi-Rinder, das in Afrika häufig auch als Material für Schmuckstücke dient. Die aus diesem Horn gefertigten weißen Sättel, die die Saitenkräfte der Geige aufnehmen, sehen schöner aus und haben eine wunderbar harte, trotzdem aber nicht spröde Oberfläche. Außerdem geben sie meinen Geigen eine eigene optische »Handschrift«.

Einige besondere Stücke meines Deckenholzes wurden vor langer Zeit geschlagen. Sie lagerten über Jahrzehnte in der Werkstatt einer alten Geigenbauerdynastie in Bern. Durch den Hinweis eines Kunden hatte ich erfahren, dass der alte Meister seine Werkstatt aufgeben wollte. Ich zögerte keinen Tag, dorthin zu fahren. Bereits der Urgroßvater des alten Meisters war Geigenbauer gewesen. Er hatte das Holz, das ich nun in meiner Werkstatt habe, im Jahr 1884 in Davos geschla-

gen. Diese alten Hölzer haben im Lauf der Jahre eine ganz eigene goldfarbene Textur bekommen und haben einen anderen Ton. Sie sind die
besonderen klanglichen »Goldstückchen« meiner Arbeit.

Es ist nicht zwingend nötig, aber es ist faszinierend, mit derartig
lang gelagertem Holz zu arbeiten. Einige meiner besten Geigen sind
auch aus jungem Holz entstanden. Der Unterschied wird vor allem
während der Arbeit spürbar. Das alte Holz hat beim Abstechen der
Späne eine trocken-stumpfe Oberfläche, das junge Holz einen speckigen Glanz. Bei altem Holz muss man beim Arbeiten achtsamer sein.
Doch das ist es wert, denn dieses alte Holz hat einen besonders reifen
und samtigen Ton.

Vor der Arbeit mit dem Holz steht die Entwicklung des Modells in
seiner Form und seinen Proportionen. Der Umriss der Geige muss
entstehen – und mit ihm nun auch ein neues Gleichnis.

In seinem Buch über die Geschichte der Schönheit beschreibt Umberto Eco eine Epoche des sechsten vorchristlichen Jahrhunderts, in
der man Schönheit als Proportion und Harmonie begriff. Man erkannte diese Prinzipien in der Ordnung der Zahlen und den Harmonien der Musik, aber auch im menschlichen Körper, im Sakralbau und
im Kosmos: »Für die ersten Pythagoräer besteht die Harmonie im Gegensatz von gerade und ungerade, von endlich und unendlich, Einheit
und Vielfalt, rechts und links, männlich und weiblich, Gerade und
Kurve usw.«[10]

Die Harmonie dieser Gegensätze begriff man nicht darin, dass eines der beiden Elemente ausgeschaltet wurde, sondern darin, dass sie
beide in einem ständigen gegenseitigen Spannungsverhältnis existier-
ten. Harmonie ist damit nicht die Abwesenheit der Gegensätze, sondern deren Beziehung zueinander. Dass einander widersprechende
Aspekte miteinander harmonieren, da sie einander bewusst entgegengesetzt sind, wird auf der visuellen Ebene in der Antike zur Symmetrie. Die Forderung nach Symmetrie war in der griechischen Kunst
schon immer lebendig und wurde zum Kanon[11] der Schönheit, zum
Maßstab der griechischen Klassik.

Ich möchte in diesem Kapitel einen grundlegenden Aspekt zur Schönheit der Geige entfalten, von dem ich überzeugt bin, dass er uns helfen kann, die Schönheiten unseres eigenen Daseins tiefer zu begreifen. Auch können uns diese Maßstäbe inspirieren, grundlegende Wahrheiten der Bibel in einem neuen Licht zu sehen. Die Bibel offenbart eine überwältigende Fülle harmonischer Gegensätze, die die innere Schönheit einer Sache, eines Menschen, einer Erfahrung oder einer Weisheit beleuchten. Sie dienen nicht nur einer intellektuellen Orientierung. Vor allem dienen sie der moralischen Reife und Bewusstwerdung unseres Lebens. So vertiefen diese Gegensätze letztlich unsere Liebe zu Gott.

Schönheit und Musterstörungen

Was ist eigentlich Schönheit? Keine Frage hat mich als junger Geigenbauer stärker bewegt. Ich hatte damals gerade meine Ausbildung abgeschlossen und entwarf unentwegt eigene Modelle. Dabei fragte ich mich fortwährend: Welche Gesetze muss ich befolgen, um ein wirklich schönes Instrument zu bauen? Wie kommt es zu der Form der Geige, und welche Geheimnisse stecken hinter einem vollkommenen Klang? Mir war damals – es sind nun knapp fünfundzwanzig Jahre her – natürlich klar, dass ich all diese Fragen nicht würde beantworten können, wenn ich weiterhin lediglich die vorgegebenen Schablonen kopierte und mich an Maßtabellen hielt, ohne zu begreifen, auf welchen Grundideen ein Instrument eigentlich basiert. Warum ist die Geige so, wie sie ist? Welchen Gesetzen muss ihr Umriss folgen? Welchem Konzept folgen Wölbung und Plattenausarbeitung?

Es war mir klar, dass ich nicht einfach drauflosarbeiten konnte, wenn ich ein wirklich gutes Ergebnis erzielen wollte. Natürlich war es ein Unterschied, ob ich blind den vorgegebenen Schulmaßen folgte oder ob ich die inneren Maßstäbe begriffen hatte, die dem Werk zugrunde lagen. So hatte ich mir vorgenommen, alles zu vergessen, was ich bis dahin gelernt hatte. Dieser Versuch war natürlich – da nicht möglich – etwas naiv. Trotzdem zwang ich mich, so viel Übernommenes wie möglich zu vergessen, um die Grundlagen des Ganzen zu entdecken. Ich wusste, nur wenn ich durch eigene Schritte zu einem guten Ergebnis käme, hätte ich tatsächlich begriffen, warum die Geige so ist, wie sie ist. Dann könnte ich endlich beginnen, anstatt die vorgegebene Form nur zu kopieren, mit ihren Grundprinzipien zu spielen. Erst dann würde sich mir ein Raum der Kreativität und klanglichen Gestaltungskraft eröffnen. Ohne die Gesetze zu begreifen, die der klanglichen und optischen Schönheit zugrunde liegen, bleibt alles im Nebel und alles Schaffen und Werden ist nur die Beute einer hilflosen Stümperei.

Anfangs waren meine Versuche alles andere als erfreulich. Ich konstruierte ein Geigenmodell, doch immer wieder griff ich auf Maße zurück, die ich bereits kannte, aber nicht begründen konnte. Mit einem Wort: Wieder und wieder wurde ich zum Kopisten. Der zugrunde liegende Kanon der Schönheit war mir nicht klar. Da erfuhr ich von einer Ausstellung, die in der Würzburger Residenz anlässlich des 300-jährigen Geburtsjubiläums Balthasar Neumanns[12] ausgerichtet worden war.

Ich fuhr hin, denn ich erhoffte mir Einsichten in die Gedankenwelt des berühmten Barockbaumeisters. Seine Bauwerke zeugen von einer gewaltigen ästhetischen Kraft. Ohne eine überzeugende Grundidee wäre solch eine Schönheit nicht erklärbar. Zu meiner großen Freude hatten die Ausstellungsmacher einige der originalen Grundrisszeichnungen (hinter Glas zwar, aber immerhin) aufgehängt. Vor einem dieser übermannsgroßen Konstruktionspläne stand ich wohl den halben Tag und suchte fieberhaft nach Hilfslinien, Zirkeleinstichen, Rasterungen und was sonst noch an konstruktiven Grundlagen hätte erkennbar sein können. Mir war klar, dass ich hier mit etwas Glück in die ästhetische Ideenwelt einer ganzen Epoche eintauchen konnte. Vielleicht würde mir dies auf der Suche nach den Grundlagen sinnlicher Schönheit helfen, denn die Geige hatte ja in eben dieser Epoche ihre Blütezeit.

Tatsächlich wurde ich fündig, und was ich entdeckte, wurde mir rückblickend betrachtet zu einem Offenbarungsmoment, der mich bis heute begleitet. Die vielen Stunden des Betrachtens, mal mit großem Abstand, mal ganz aus der Nähe, hatten sich gelohnt. Eine der Fragen, die mich über all die Stunden in dieser Ausstellung geleitet hatte, war: Welcher Idee folgt die Linienführung? Wie entstehen die spannungsgeladenen und doch zugleich so ausgewogenen Formen? Folgen die Ovale Balthasar Neumanns einer mathematischen Funktion? Ist also am Anfang der Linie schon klar, was am Ende geschieht? Oder liegen den Linien schlicht und ergreifend gekonnte Freihandzeichnungen zugrunde, die hernach hingebogen wurden, bis es eben irgendwie passte? Oder waren es Biegelinien (Splines), wie man sie beispielsweise im Bootsbau seit alters her für die Konstruktion der Spanten verwendet hatte? Was war das Geheimnis der guten Form?

So stand ich mit meinem Notizbuch vor dem riesenhaften Pergament, übertrug Hilfslinien und Einstiche, verlängerte Symmetrieachsen – und erkannte dann doch ein verblüffendes Prinzip. Es ist ebenso einfach wie überzeugend. Die Ovale beschreiben weder eine einfache mathematische Funktion (wie es etwa eine Ellipse ist) noch eine willkürliche Freiform. Sie entstehen vielmehr durch das Ineinandergreifen gezielt gesetzter Kreissegmente. Die Grundlage bildet ein Quadrat, dessen verlängerte Kantenlinien die Umbruchstellen des jeweiligen Kreissegments in das nächste Segment bestimmen. (Im Anhang S. 350 findet sich eine Skizze, die das Grundprinzip in einigen nachvollziehbaren Schritten beschreibt.)

In seiner ästhetischen Kraft ist das Prinzip Neumanns der Art und Weise, wie man heute in den üblichen computerbasierten Konstruktionsprogrammen (CAD) Kurven erzeugt, um Welten voraus: Von einer über Splinefunktionen erzeugten Kurvenform strömt eine tödliche Langeweile aus. Am Anfang ist schon klar, was am Ende geschieht. Ein kleiner Anfangsteil der Kurve sagt bereits alles aus. Überraschungen sind nicht zu erwarten. Das Ergebnis ist eine Kurve, die in ihrer Banalität, ihrer Vorhersagbarkeit, ihrer Eindeutigkeit, ihrer Durchschaubarkeit ordinär ist. Ganz anders ist die Idee Balthasar Neumanns: Hier greifen zwei vertraute Muster an einer dem Auge nicht unmittelbar einsichtigen Stelle ineinander. Zwei Kreise, die, *für sich* genommen, langweiliger nicht sein könnten. Doch eben das ist das Prinzip. Unser Auge ist von einem unstillbaren Trieb besessen, Muster zu erkennen. Das ist die Aufgabe eines Netzwerkes aus Milliarden von Nervenzellen. So beginnt das Auge, die Linie zu erfassen, und ist schon im Begriff, sich abzuwenden, denn es erkennt die Idee. Doch eben in dem Moment muss es stolpern. Unvermittelt bricht das bis dahin gedeutete Muster! Ohne jede Vorahnung greift ein anderer Radius. Das Auge ist gezwungen, das vertraute Muster zu verwerfen. Es kommt zum Bruch. Ein Bruch des Musters. Es gibt bei Balthasar Neumann vier derartige Umschlagepunkte. Das bis dahin Gedeutete hält der Realität nicht stand. So werden die Übergangsstellen zwischen den Radien des Ovals zur optischen Krise! Weder die Steigung noch die Krümmung der Radien ist stetig. Lediglich der Weg lässt sich fortsetzen – das aber auf einer ganz anderen Bahn!

Man muss diese Erläuterungen nicht alle nachvollziehen. Das Entscheidende aber sollte man begreifen: Hier geht es um einen ständigen Wechsel zwischen Vertrautheit und Überraschtheit. Die Kreisbögen sind, für sich allein genommen, Inbegriff des Vertrauten. Sie stehen für vollkommene Stimmigkeit. Doch die Umbruchstellen zwischen den Kreisen sind Inbegriff der Krise. Sie kündigen sich nicht an!

Hier greifen also zwei Elemente in einer fantastischen Dialektik[13] ineinander, nämlich: *Vertrautheit und Überraschtheit.* Sie bilden einen harmonischen Gegensatz. »Harmonisch« sind diese beiden Elemente nur darum, weil sich in ihnen das Gegensätzliche zu einem Ganzen vereinigt. Das eine darf und kann in dieser Form nicht ohne das andere sein. Man wird sich leicht vorstellen können, was geschieht, wenn einer der beiden Gegensätze fehlt: Ohne Vertrautheit des Musters entartet die Überraschtheit zur *Willkür.* Ohne die Überraschtheit des Musters entartet die Vertrautheit zur *Langeweile.* Wenn die Harmonie des Gegensatzes gestört ist, tun sich somit zwei Abgründe auf:

- Der eine Abgrund: die Willkür. Sie *erlaubt* keine Aussage. Alles ist möglich. Es gibt keine Plausibilität, kein nachvollziehbares Muster. Die Willkür überfordert uns, da sie nichts zu erkennen gibt.
- Der andere Abgrund: die Langeweile. Sie *bedarf* keiner Aussage. Alles ist aus sich selbst erklärt. Sie ist ein in sich geschlossenes Muster. Die Langeweile unterfordert uns, da sie alles längst zu erkennen gab.

Die Konstruktion Balthasar Neumanns folgt in einer großen Klarheit dem Gedanken der harmonischen Gegensätze, und sie verfällt an keiner Stelle den Abgründen der Langeweile und Willkür.[14]

In meiner damals kleinen Werkstatt begann ich sofort, die neuen Erkenntnisse auf die Konstruktion der Geige zu übertragen. Ich fand schnell heraus, dass die Umrisse Stradivaris ganz ähnlichen Gesetzen gehorchten. Auch hier folgen die Bögen einem Wechselspiel der Radien und nicht etwa – wie es viel einfacher gewesen wäre – einer sich zunehmend krümmenden Funktion oder einer sich schließenden Einhüllenden. Auch den großen italienischen Meistern war das ästhetische Spiel zwischen Vertrautheit und optischen Umbrüchen ganz offensichtlich vertraut, und sie arbeiteten diesen Gedanken der Schönheit in ihre Werke ein.

Der Reiz der Musik

Der Grundgedanke, dass Dinge, die wir als attraktiv empfinden, mit dem Wechsel von Musterbildung und Musterstörung spielen, betrifft nicht nur optische Reize, wie etwa das Aussehen der Geige. Das Wechselspiel von Vertrautheit und Überraschtheit findet sich auch in Kompositionen, etwa darin, wie vertraute melodische, rhythmische und harmonische Klangstrukturen doch immer wieder bewusst »gestört werden«. Die Störung bedeutet: Es kommt anders, als wir es erwarten.

Mozart spielte meisterhaft mit diesem Prinzip. Manche Motive sind von solch einer Selbstverständlichkeit, dass man sofort beginnen möchte mitzusummen, selbst wenn man das Stück noch gar nicht kennt. Doch gerade dann, wenn es einem vertraut erscheint, wird alles anders. Das ist der Reiz des Musikhörens schlechthin. Es ist die typische Mischung aus regelmäßigen, geordneten Mustern, die sich mit Überraschung und Ungewissheit abwechseln.[15] Wir bauen beim Hören von Musik während eines kurzen Zeitfensters ein inneres »Voraushören« auf[16]. Es entwickelt sich eine Erwartung, was man im nächsten Moment wohl hören wird. Die Spannung besteht nun darin, ob diese Erwartung sich erfüllt. Um es in einem schönen alten Ausdruck zu sagen: Man will hören, »wonach einem die Ohren jucken«.[17]

Dieses ständige Wechselspiel zwischen vorausempfundener Erwartung und erfülltem Erleben ist wohl allen als schön beurteilten Wahrnehmungen gemeinsam. Wir empfinden ein Gefühl von Vertrautheit, wenn die Wirkung die vorausgehende Erwartung erfüllt. Umgekehrt entsteht ein Gefühl der Irritation, wenn diese Übereinstimmung sich zu selten einstellen will. Musik spielt mit dieser Ambivalenz von Vertrautheit und Überraschtheit. Ist das Maß der Vertrautheit zu hoch, empfinden wir den Vorgang in ästhetischer Hinsicht als banal, reizlos, ordinär. Es *beleidigt* unser ästhetisches Empfinden, da wir unterfordert sind. Ist andererseits das Maß der Vertrautheit zu gering, fühlen wir uns der Willkür des Kommenden gewissermaßen ausgeliefert. Es *demütigt* unser ästhetisches Empfinden, da wir überfordert sind.

Ein Beispiel für diese innere Erwartung ist etwa das Auflösen eines Septimakkordes. Es entsteht darin ein starkes Spiel mit unserer inneren Spannung, die sich erst dann auflöst, wenn sich die musikalische Erwartung erfüllt. Als Jugendlicher erlaubte ich mir in dieser Hinsicht einmal einen Spaß mit meinem Geigenlehrer Attila Balogh. Er war in jungen Jahren Solobratscher der Berliner Philharmoniker gewesen, hatte dann aber durch einen Unfall und die Verletzung der linken

Hand alles aufgeben müssen. So unterrichtete er fortan an der schwäbischen Dorfmusikschule einfache Geigenschüler wie mich. Sicher war sein tiefes und leidenschaftliches Begreifen von Musik, worin er mich all die Jahre meiner Jugend unterrichtete, der wesentliche Grund, warum ich dann später Geigenbauer geworden bin.

Wir waren jedenfalls zu dieser Zeit mit dem a-moll-Konzert (BWV 1041) von Johann Sebastian Bach befasst. Attila hatte die vorausgegangene Stunde an vielen Stellen die angemessene Phrasierung der Geigenstimme herausgearbeitet, hatte mir vieles erläutert und vorgespielt. Insbesondere hatte er (für meine jugendlichen Verhältnisse etwas zu viel) auf die Notwendigkeit der Spannungen in der Musik hingewiesen und entsprechend auch die Auflösung durch den Schlussakkord des Stückes betont. Während der nächsten Geigenstunde saß er konzentriert lächelnd, mit geschlossenen Augen im Sessel und lauschte meinem (mehr oder weniger erfreulichen) Spiel. Doch am Ende des ersten Satzes angekommen, ließ ich einfach den letzten Ton weg! Nach einer Schrecksekunde sprang Attila brüllend auf und riss mir vor Wut die Geige aus der Hand. Er war nicht darauf vorbereitet, dass ihm die Auflösung der Spannung, die hier natürlich im letzten Ton liegt, vorenthalten blieb.

Natürlich geht es nicht nur um den letzten Ton. Musik baut unentwegt emotionale Versprechungen auf. Unser Bewusstsein erlebt beim Musikhören sich selbst (aufgebaute Erwartung) und die Welt (erlebte Erfüllung) in einem ständigen Wechselspiel. Die Musik – so könnte man sagen – spielt mit uns.

Das starke Instrument

Nicht nur der Hörer, vor allem auch der Geiger selbst, erlebt unentwegt das Grundprinzip der harmonischen Gegensätze: Die Klangfarben des Instrumentes müssen ihm vertraut sein. Er muss in der Lage sein, im Instrument seine Stimme zu finden. Und doch muss die Geige ihn zugleich als ein lebendiges Gegenüber herausfordern und inspirieren. Die Vertrautheit lässt ihn den Ton formen, doch wenn die Vertrautheit *alles* ist, dann ist nichts da, was ihn klanglich fordert und sein Spielen belebt. Manche Töne, deren harmonische Komponenten in starken Resonanzen des Instrumentes ihren Widerhall finden, können, wenn sie ungut angepackt werden, geradezu hässlich sein. Andererseits lassen sich nur im Bereich der starken Resonanzen die Töne wirklich formen, nur dort lässt sich ihnen Farbe, Lebendigkeit und Kraft verleihen. Ohne Resonanzen ist das Spielen mühelos und einfach – doch zur gleichen Zeit banal.

Für die Saitenschwingungen sind die Resonanzen des Instrumentes eine Krise, denn sie stören das gleichförmige Schwingen. Je stärker (und damit reizvoller) die Resonanzen des Geigenkorpus ausgebildet sind, desto stärker wirken sie auf die schwingende Saite zurück – und stören deren Schwingungen. Ohne diese Rückkopplung wäre die Ansprache des Instrumentes zwar unproblematisch, aber auch banal.[18] Nur in den Bereichen des Resonanzprofils, die der schwingenden Saite markante Resonanzen »zu bieten« haben, kann der Musiker den Ton »kneten und formen«. Hier spürt er in seinem Instrument einen Widerstand, eine Kraft, ein lebendiges und starkes Gegenüber. Anders ausgedrückt und allgemein gesagt: Man kann nicht Leben suchen und zugleich Krisen verneinen! Banalität und Lebendigkeit, Gleichförmigkeit und Entwicklung schließen sich aus!

Das Resonanzprofil einer starken Geige stellt den Geiger vor eine zweifache, fast widersprüchliche Herausforderung: Es gilt, einzelne Töne zu *beleben*, andere Töne dagegen zu *zähmen*. Das gilt für all jene Töne, die auf starken Resonanzen liegen. Gelingt dies, dann entfaltet sich etwas ungeheur Attraktives. Es entsteht ein Wechselspiel mit der Kraft und den Klangfarben des Instrumentes. Anders ist es mit den Tönen, deren harmonische Komponenten keine Resonanzen im Korpus finden. Sie gilt es zu *beleben*. Das gelingt dann, wenn ihre Obertöne sich durch eine Veränderung des Bogenstrichs und des Vibratos an die seitlichen Flanken starker Resonanzen anlehnen lassen. All das tut ein guter Geiger intuitiv. Er muss beim Spielen nicht darüber nachsinnen, denn er spürt die Ansprache, die Lebendigkeit und den Widerstand der Töne unter den Fingern.

Eine gute Geige wird sich dem Musiker nie unterwerfen, sie wird mit ihm auf Augenhöhe sein. Sie wird sein zweiter Lehrer sein, denn sie wird ihn lehren, wie er ihren Klang formen und zum Singen bringen kann. Ein gutes Instrument fordert, dass der Musiker den Ton entdeckt. Das Banale kann und will man nicht entdecken. Es ist offenkundig. Eine banale Geige kann man zwar bedienen, aber ihre Töne lassen sich nicht wirklich beleben. Auch muss man sie nicht zähmen oder beherrschen, denn sie hat keine starken Resonanzen. Das macht den Unterschied aus. Nur in einer guten Geige bleibt das Wechselspiel von Vertrautheit und Fremdheit, Nähe und Widerstand erhalten. Darum erfüllt sich im guten Klang das gleiche Prinzip wie in den Bauwerken Balthasar Neumanns: Im bloß Vertrauten ist keine Inspiration, im bloß Fremden dagegen keine Kommunikation.

Die Frage nach den inneren Gesichtspunkten dessen, was eine Sache schön macht, ist damit bei Weitem nicht erschöpfend beantwortet. Aber dennoch ist jedem, der es mit sinnlichen Dingen (wie Klängen, Farben und Formen, aber auch Körpern, Gerüchen, Bewegungen, Abläufen) zu tun hat, intuitiv klar, dass es nicht eine Frage der Willkür ist, ob eine Sache eine Anziehungskraft entfaltet, einen Reiz, eine Vollmacht – etwas, das Anmut hat, etwas, das einem den Atem so verschlägt, dass man auch Jahre später das Bild und die Erfahrung noch in sich hat. Es gibt Gründe, warum etwas schön ist. Wer den Zugang zu einem Kanon der Schönheit oder der Lebendigkeit sucht, der muss diesen Kanon auch betreten und dessen Gesetzen folgen. Man *muss* sich nicht für die inneren Gesetze der Schönheit interessieren, zumindest dann nicht, wenn es einem reicht, das Gelingen des eigenen Lebens dem Zufall zu überlassen. Wir entscheiden selbst darüber, ob wir Konsumenten oder Künstler unseres Daseins sind. Der Konsument muss nichts begreifen. Der Künstler aber muss eine innere Gewissheit darüber haben, welche Gesetze es ihm erlauben und welche es ihm verbieten, das auszudrücken, was er sucht und will.

Dieses Grundgesetz der Schönheit finden wir auch in den Gesetzen unserer Beziehungen wieder. Auch sie werden, wo sie gelingen, das Spannungsfeld aus Vertrautheit und Überraschtheit, Erwartung und Erfüllung wahren. (Und auch hier: Wir sollten viel eher Künstler als Konsumenten unserer Beziehungen sein!) Wir können in unseren Beziehungen die Banalität des Kreises erfahren. Da werden Krisen die Vertrautheit des Miteinanders stören. Und wenn die Störung zu groß ist, trennt man sich. Doch es gilt auch hier, was für die Resonanzen einer guten Geige gilt: Entwicklung und Gleichförmigkeit, Lebendigkeit und Banalität schließen sich aus. Es wäre die Quadratur des Kreises, Entwicklungen des gemeinsamen Lebens zu suchen, zugleich aber Überraschungen zu verneinen. Das krisenlose Dasein, das resonanzlose Instrument, der bloße Kreis – sie haben eines gemeinsam: Sie sind ohne jede Entwicklung. So gibt man eine unterentwickelte Beziehung auf, anstatt daran zu arbeiten. Das beleidigt unsere Möglichkeiten, zu forschen, zu entdecken, zu kommunizieren, zu formen, zu wachsen und zu reifen!

In einer *banalen* Beziehung sucht man nichts vehementer als die eigene Ruhe und ist darum unfähig, Krisen zu begreifen und als Chancen anzugehen. Der zweite Abgrund der Schönheit aber ist die Willkür. In der *willkürlichen* Beziehung ist nichts zu erkennen. Es ist wie eine Saitenschwingung, die wegen einer überstarken Resonanz in keinen stabilen Schwingungszustand mehr kommen kann. Cellisten bezeichnen diese berüchtigten Töne als »Wolfstöne«. Ein »Wolfston« entzieht der Saitenschwingung ein Übermaß an Energie. Der Grund dafür liegt in der Hauptresonanz des Korpus. Die schwingende Saite kann die Energie nicht nachliefern, die ihr entzogen wird. Ihrem klanglichen Flackern und Heulen haben diese radikalen Töne ihren Namen »Wolfston« zu verdanken. Die Schwingung bricht in sich zusammen. Es sind nur einzelne Töne, doch die sind ein echtes Problem.

Auch unsere Beziehungen und Freundschaften können von solchen »Wolfstönen« belastet sein, wenn unsere Unverbindlichkeit (d.h. ein Übermaß an Willkür!) dem Gegenüber all seine Energie entzieht. Solch eine Beziehung, der die Verlässlichkeit fehlt, kann keine Schönheit haben, denn eine Freundschaft oder Ehe braucht beides: Wäre meine Frau mir *nur vertraut*, dann wäre die Beziehung wohl banal; wäre sie *nur überraschend*, dann wäre unser Miteinander etwas kompliziert.

Eine lebendige Beziehung verlangt nach diesem Wechselspiel: Es ist wichtig, dass wir einander *vertraut bleiben* und dennoch die Fantasie bewahren, einander auch *zu überraschen*. Es hat mit eben jenem Grundprinzip des Schönen zu tun.

Ich hatte das Prinzip der Musterwechsel damals in den Grundrissen der Bauwerke Balthasar Neumanns entdeckt. In den darauffolgenden Jahren hat sich dieser Grundgedanke auf alle Bereiche meines Lebens übertragen, zunächst auf den Umriss und den Klang der Geige, dann auf meine Beziehungen zu Menschen, am stärksten aber wohl auf meinen Glauben. Ich habe mehr und mehr den Eindruck gewonnen, dass sich die Schönheit der harmonischen Gegensätze tatsächlich durch alle großen Themen der Bibel zieht.

Krise und Offenbarung

Der Glaube an Gott und das Leben im Klang sind für mich im Grunde nicht mehr zu trennen, es geht geradezu ineinander über. Durch die Liebe zum einen erfährt man das andere. Es ist mehr als nur ein Gleichnis. Man erkennt die gleichen Wahrheiten und sieht die gleichen Dinge.

Besonders das Leben Jesu erscheint mir durch die Harmonie der Gegensätze in einem neuen Licht. Wie sehen Muster und Musterstörung da aus? Es sind die Begriffe Vertrautheit und Krise. Was sich in Jesus verkörperte, könnte gegensätzlicher nicht sein. Statt des großen messianischen Musters, das die Jünger Jesu und viele Zeitgenossen erwartet hatten, endet sein Einzug in die heilige Stadt mit einer Katastrophe. Statt eines Wunders wird der Held mit Nägeln ans Kreuz geschlagen. Es geschieht eine Musterstörung des gängigen messianischen Denkens, die an Brutalität nicht zu überbieten ist!

Es gibt wohl nur zwei Arten wirklich existenzieller Überraschungsmomente im menschlichen Leben: das eine ist die *Krise*, das andere die *Offenbarung*. Diese Momente machen deutlich, dass der Gedanke der harmonischen Gegensätze nichts mit einer süßlichen Ästhetisierung des Lebens zu tun hat. Wenn ich im Geist dem Grundriss der Kathedrale Neumanns folge, dann ist im Leben Jesu der Umschlagpunkt der Vertrautheit des Kreises nichts anderes als die Krise des Kreuzes.

Das Muster wird erschüttert. Wäre das Leben Jesu nur göttlicher Glanz gewesen, so würde ich diesem Helden wohl den Platz in einer Sage geben, nicht aber in meinem eigenen Leben. Denn damit hätte er wenig zu tun. Ein reiner Kreis, leicht zu durchschauen. Ein resonanzloses Instrument, ungestört in seinem Schwingen. Nichts wäre da zu beleben und auch nichts zu zähmen. Durch das Kreuz wird deutlich, dass es nicht um eine messianische Verklärung geht, die das Unerklärliche meines eigenen Daseins nicht berührt – dort die verklärten Herrlichkeiten des Himmels, hier die unerklärlichen Niederungen meiner eigenen Welt. Es *muss* zur Erschütterung kommen, wenn nicht nur das halbe Bild gezeichnet werden soll.

»Wir aber hofften ...« – so bricht die Enttäuschung aus den beiden Jüngern heraus, die von Jerusalem weggingen in ein Dorf, dessen Name Emmaus war (Lukas 24,21). Es war zwei Tage nachdem Jesus gekreuzigt worden war. Der Wunschglaube an einen messianischen Helden, der die Menschen von den Widrigkeiten ihres Lebens befreit, ist zerschlagen. Die – fast müsste man sagen: kitschige – Hoffnung auf den messianischen Befreier hat sich in tiefe Enttäuschung verwandelt. Das Muster ist an einen existenziellen Umschlagepunkt gekommen. Die Erwartungen haben sich nicht erfüllt.

»Wir hofften ...« – es war die Hoffnung auf das durchschaubare göttliche Muster. Vertraut und banal. Als Jesus Tage zuvor, mit Palmzweigen gehuldigt und erwartungsvoll umringt, in Jerusalem eingezogen war, da blieb dies alles noch der Kreisbahn des einfachen und ungebrochenen Musters treu: »Gottes Herrschaft wird anbrechen! Und alle werden zuschanden, die sich seiner Macht widersetzen! Wir werden auf der Siegerseite sein!«

Die Hintergrundmusik dieser Machtfantasien hören wir im Lukasevangelium in etwa so: »Herr, willst du, so wollen wir sagen, dass Feuer vom Himmel falle und sie verzehre!« (9,54). Jesus aber wandte sich damals schon um und wies sie zurecht, denn er wusste, dass die Beziehung zwischen Himmel und Erde doch etwas komplexer war. Der kitschige Glaube der Jünger zerbricht unweigerlich am Kreuz. Wie dröhnen die Hammerschläge in das Holz des Kreuzes dem triumphalistischen Weltbild im Ohr!

Kreuz und Vertrauen

Das Leben Jesu macht zwei urgewaltige Pole menschlicher Existenz sichtbar: Es ist auf der einen Seite die unmenschliche *Krise des Kreuzes* und auf der anderen Seite die schier übermenschliche *Vollmacht seines Vertrauens*. Durch beides – das Kreuz und das Vertrauen – ist der Grundriss noch klarer zu sehen.

Eine Klasse von Wendepunkten ist die Krise, eine andere die Offenbarung. Die Bibel erzählt von gewaltigen Offenbarungsmomenten, die Menschen erlebten: Die Himmelsleiter, der brennende Dornbusch, der Bundesschluss am Sinai und viele mehr.[19] All diese Momente haben etwas Paradoxes: Das Außergewöhnliche zielt stets auf das Gewöhnliche, die Überraschung stets auf das Vertrauen, die Krise stets auf die Beständigkeit. Wie ist das zu verstehen?

Der Sinn des Überraschenden und Außergewöhnlichen ist nicht die Botschaft: »So überraschend und außergewöhnlich ist Gott!«, sondern das gerade Gegenteil, nämlich: »Du kannst Gott im Gewöhnlichen deines Lebens vertrauen. Um deines Vertrauens willen hat er sich dir gezeigt.« So liegt das Paradoxe der Offenbarung in jener Spannung von Außergewöhnlichem und Gewöhnlichem, Überraschtheit und Vertrauen, Moment und Nachhaltigkeit, Krise und Beständigkeit. Das sind die sich widersprechenden Aspekte, die einander bewusst entgegengesetzt sind. Es sind die harmonischen Gegensätze, die wir bejahen und in denen wir leben sollen. Ohne sie wird unser Leben kaum Kraft und Schönheit haben. Offenbarungsmomente können keine Beständigkeit schaffen, wenn ich ihre Botschaft nicht begreife. Eben das ist ja mit der Redewendung gesagt, man habe »aus einer Erfahrung eine Lehre gezogen«. Die Erfahrung ist das Überraschende, die Lehre das Beständige.

Jede Krise zeigt uns, dass es uns nicht gelingen kann, uns das Leben zu unterwerfen – nicht einmal das eigene. Die Offenbarung selbst ist krisenhaft: Das Bisherige wird infrage gestellt. Denn kein Mensch wird eine Erfahrung Gottes einfach zur Kenntnis nehmen. Eine echte Offenbarung wird zum Einschnitt werden. Sie wird das Leben verwandeln. Die falschen Vorstellungen von Gott und uns selbst werden die Flucht ergreifen.

Wie der Radius an der Stelle des Umbruchs die vertraute Bahn verlässt, so offenbart die Katastrophe des Kreuzes den abrupten Umschlagepunkt. Die Kirchenväter nannten diesen Umschlage- oder Wendepunkt *tropaíon*. Das Wort wird aus dem altgriechischen Begriff *tropé* gebildet: *Wende, Flucht*. Man nannte so das Zeichen, das man an der Stelle in den Boden schlug, an dem die Feinde sich dem Schlachtfeld abgewandt und die Flucht ergriffen hatten. Zumeist war es ein hölzerner Pfahl, an dem man die Waffen oder die Rüstung der Unterlegenen befestigte.

In diesem Sinne ist die Kreuzigung ein lebendiges Tropaion. An ihm sind die Waffen des Bösen befestigt: der blanke Hohn und Hass, der die Nägel in den Körper des Gerechten trieb. Doch es ist zugleich die Stelle, an der der Feind entsetzt das Schlachtfeld flieht. Denn mit solch einer Übermacht an Liebe hatte niemand rechnen können: »Jesus aber sprach: ›Vater, vergib ihnen; denn sie wissen nicht, was sie tun!‹ Und sie verteilten seine Kleider und warfen das Los darum« (Lukas 23,34).

Das erste Tropaion sollen die siegreichen Griechen nach der Schlacht bei Marathon 480 v. Chr. errichtet haben. Es hatte das Aussehen einer »militärischen Vogelscheuche« in menschlicher Erscheinung, zusammengesetzt aus Helm, Schild, Schwert, Lanze und Oberbekleidung des gegnerischen Kämpfers. So ist das Bild des verblutenden Christus zum Tropaion in unserer Welt geworden: Entstellt und verhöhnt in der Gestalt des Menschen, in Spott und Hass einer Vogelscheuche gleichgemacht.

Doch gerade darin liegt ein gewaltiger Aussageanspruch. Die Botschaft ist nicht der Glanz des Messias, nicht der Erfolg des Starken! Sondern der Glaube des Angefochtenen, die Hoffnung des Bedrängten, die Treue des Berufenen, die Liebe des Geschmähten! Es besteht mit dieser Aussage nicht die geringste Chance, aus Gott eine Erfolgsgeschichte zu machen. Würde der Glaube das ernst nehmen, hätte es etwas Rettendes. Denn der Leitsatz unserer Welt »Ich bin, wenn ich erfolgreich bin« ist doch eine unerträgliche Verkitschung des Seins und – wenn jener Satz sich in Frömmigkeit kleidet – eine frevelhafte Banalisierung Gottes! Eine Religion, in der Erfolg und Segen deckungsgleiche Größen sind, hat der Welt nichts zu sagen, denn was solch eine Religion sagen könnte, sagt die Welt sich bereits selbst.

Unter dem Kreuz stehen Menschen und verhöhnen den Sterbenden. Sie bleiben ihrem einfachen Muster treu und rufen nach einem starken Gott: Erfülle unser Muster, dann wollen wir glauben! In den Worten des Markusevangeliums heißt es so: »Hilf dir nun selber und steig herab vom Kreuz! Er hat andern geholfen und kann sich selber nicht helfen. Ist er der Christus, der König von Israel, so steige er nun vom Kreuz, damit wir sehen und glauben. Und die mit ihm gekreuzigt waren, schmähten ihn auch« (Markus 15,30–32).

Im Vertrauen Jesu und im Tropaion des Kreuzes liegt dieser gewaltige Gegensatz. In seinem Leben ist nicht die fromme Banalität des vertrauten Kreises, der keine Brüche kennt, nicht die Leugnung der Krise; aber ebenso wenig die Willkür der Freiform, die angesichts der Krise kein Vertrauen mehr kennt. Es ist weder finsteres Schweigen noch plappernder Kitsch. Darum lädt Jesu Leben und Tod ein, sich *beiden* Kräften zu stellen: die Kräfte des Vertrauens zu wagen und sich von Krisen nicht brechen zu lassen. In Jesus sehe ich das *ganze* Bild. Mein Leben wird nicht durch eine Halbwahrheit verhöhnt. Kein simples Muster. Kein billiger Glaube und kein billiger Zweifel, sondern das Vertrauen in das Beständige und der Mut, die Wendepunkte wahrzunehmen.

Jesus wird verhaftet, verhört, gegeißelt, zerbrochen, und er singt nicht »Wie schön ist deine Liebe!«, sondern er schreit: »Mein Gott, mein Gott, warum hast du mich verlassen?« Er schreit es mit Millionen anderer, und weil sein Leben vollkommenes Vertrauen war, erleidet er in dieser Verlassenheit einen unendlichen Schmerz. Nichts in diesem Leben war je gegen Gott betäubt, nun aber verletzt das Schweigen Gottes alles, was an Jesus verletzbar war! Dieser Aufschrei am Kreuz (der Umschlagepunkt!) ist der Anfang des 22. Psalms. Es wäre billig zu meinen, Jesus habe die Worte jenes Psalms nur einfach zitiert; er wird in diese Worte hineingestoßen und wird sie in diesen Stunden bis ans Ende durchleben. Jahrhunderte zuvor war jener Psalm als ein Lied Israels geschrieben worden. Da heißt es so:

»Mein Gott, mein Gott, warum hast du mich verlassen? Ich schreie, aber meine Hilfe ist fern. Mein Gott, du antwortest nicht! Ich bin ein Spott der Leute und verachtet vom Volk. Alle, die mich sehen, verspotten mich, sperren das Maul auf und schütteln den Kopf: Er klage es dem Herrn, der helfe ihm heraus und rette ihn, hat er Gefallen an ihm.

Ich bin ausgeschüttet wie Wasser, alle meine Knochen haben sich voneinander gelöst; mein Herz ist in meinem Leibe wie zerschmolzenes Wachs. Meine Kräfte sind vertrocknet wie eine Scherbe, und meine

Zunge klebt mir am Gaumen, und du legst mich in des Todes Staub. Denn Hunde haben mich umgeben, und der Bösen Rotte hat mich umringt; sie haben meine Hände und Füße durchbohrt. Sie teilen meine Kleider unter sich und werfen das Los um mein Gewand.«

Das Los um seine Kleider hatten sie gleich zu Beginn geworfen, dann ihm die Hände und Füße durchbohrt. Es folgte der Spott: »Steig herab vom Kreuz, dann wollen wir glauben!« Dann die Antwort auf den Schrei: »Da lief einer und füllte einen Schwamm mit Essig, steckte ihn auf ein Rohr, gab ihm zu trinken und sprach: Halt, lasst sehen, ob Elia komme und ihn herabnehme! Aber Jesus schrie laut und verschied. Und der Vorhang im Tempel zerriss in zwei Stücke von oben an bis unten aus. Der Hauptmann aber, der dabeistand, ihm gegenüber, und sah, dass er so verschied, sprach: Wahrlich, dieser Mensch ist Gottes Sohn gewesen!« (Markus 15,34–39).

Die Jünger hatten die Flucht ergriffen, sie mussten mit der Verhaftung Jesu aus dem lieb gewonnenen Muster fliehen und alles verlassen, was für sie bis dahin gültig war. Der Glaube an den Gotthelden zerbricht. »Da verließen ihn alle und flohen« (Markus 14,50). Dieser Umschlagepunkt erschlägt nun jede Hoffnung. Die Verwandlung geschieht erst am Tag der Auferweckung. Tod, ich will dir ein Gift sein! Wo ist dein Stachel, wo ist dein Sieg? Das Sterbliche wird verschlungen vom Leben. Es bricht ein neues Muster an.

Die ersten beiden Umschlagepunkte – der Glaube der Jünger zerbricht ebenso, wie Jesus selbst am Kreuz zerbricht – sind ganz von dieser Welt. Die dann folgenden beiden Umschlagepunkte sind nicht von dieser Welt. Der erste dieser Art ist Ostern. Es ist eine Taufe der Gewissheit: »Er lebt!«. Auch der zweite Wendepunkt taucht die Jünger in etwas Neues und verändert das bisherige Muster. Es ist Pfingsten: »Die Ausgießung des Heiligen Geistes!« Am Pfingsttag, so sagt es ein Text des orthodoxen Offiziums, erhielt die ganze Welt eine Lichtstaufe.[20]

So haben sich uns vier Umschlagepunkte zu erkennen gegeben, und erst sie lassen das ganze Muster entstehen. Es ist wie eine zweifache Antwort des Himmels auf den Aufschrei der Welt. Die Krise und die Offenbarung sprechen eine deutliche Sprache: Willst du ein starker Mensch sein, dann darfst du *nicht nur* von dieser Welt sein![21] Der Glaube an Jesus wird darum – allen Krisen zum Trotz – nie ein beschaulicher Rückzug in die eigene Innenwelt sein. Da wäre das Muster aufgespalten in äußere Härten und inneren Kitsch. Erst wenn wir sehen, dass Krisen und Vertrauen *gemeinsam* das ganze Muster bilden, werden wir lernen zu bejahen, was uns mit unserm Leben zugemutet und zugetraut wird. Das ganze Muster sagt: Habe Mut, und habe Vertrauen! Denn das ist die innere Vollmacht, die dich verändern wird und die dich dieser Welt als ein veränderter Mensch schenken wird!

Das Selbstbewusstsein des Geliebten

Das alles überragende Muster im Leben Jesu war weder eine neue Weisheit noch eine neue Moral – die Erkenntnis war längst da.[22] Es war vielmehr die Art und Weise, wie diese Erkenntnis gelebt werden kann. Wenn es so etwas wie eine »Lehre« Jesu gab, dann war es sein Vertrauen, das deutlich macht, was ein Mensch, der sich auf Gott einlässt, sein und bewirken kann. Was war die Theologie Jesu? Sie war einzig und allein Vertrauen. Der kolumbianische Schriftsteller Nicolás Gómez Dávila schreibt: »Der Abstand zwischen Gott und dem menschlichen Vermögen ist so gewaltig, dass nur eine kindliche Theologie nicht kindisch ist.«[23]

Beide Größen – Kreuz und Vertrauen – sind im Leben Jesu von einer urgewaltigen Dimension und bilden gemeinsam das ganze Muster. Jesus nannte Gott mit dem Wort »Abba«. Das ist ein Kosewort für *Vater*, ähnlich dem Wort *Papa*, das wir aus vielen Sprachen kennen. In diesem Begriff schwingen innigste Vertrautheit, Liebe und Nähe mit. Alles Förmliche und Zurechtgebogene ist diesem Ausdruck fremd. Es ist Ausdruck einer tiefen Seelenkenntnis Gottes.

Ich bin überzeugt davon, dass all die zaghaften Ahnungen von Gott ihren Ursprung nirgends anders haben können als in einem kindlichen Vertrauen. Es war das Urcharisma Jesu. Ihm treu zu sein hieße darum zu fragen, zu welcher Art und Größe an Vertrauen mein eigenes Leben fähig ist. Für die Umschlagepunkte muss niemand sorgen, sie kommen durch Gott und die Welt, heißen Offenbarung und Krise. Die Berufung aber besteht darin, den starken Gegensatz zu lernen. Vertrauen ist die einzige Gabe, die unserm Dasein den Himmel nahebringen kann und uns stark macht, ein neues Muster zu leben.

Ich will eine kurze Geschichte von meinen eigenen Kindern erzählen, aus der ich gelernt habe, um welche Art Vertrauen es geht. Lorenz war damals sieben Jahre alt, und er wusste eigentlich, dass mir meine Arbeitspausen heilig sind – eine Tasse Cappuccino, die »Süddeutsche« und endlich ein wenig Ruhe. Mein Sohn sah mich dasitzen, schob sich unter meiner Zeitung durch, sagte selbstbewusst: »So, jetzt mach mal Platz da!«, und schon saß er auf meinem Schoß. Er schob die Zeitung beiseite, nahm meine Arme, legte sie sich um seinen Bauch, lehnte sich zurück und legte seinen Kopf an meine Schulter. Ich musste schmunzeln. Lorenz wusste, dass es frech war, wie er hier meine Pause unterbrach, und er wartete natürlich auf meine (gespielt empörte) Antwort.

Es ist die Art seines Vertrauens, das mir in diesem Moment zum Gleichnis wurde. Lorenz suchte Nähe. Er wusste, dass es im Moment nicht passend war, aber er wusste ebenso, dass mir diese selbstbewusste Annäherung gefiel. Wer sich geliebt weiß, der kommt nicht als Bettler. Er kommt aufrecht und selbstbewusst. Auch kommt er nicht erst dann, wenn er etwas vorweisen kann. Er leistet es sich, seine Bedürftigkeit zu zeigen, denn er weiß sich geliebt. Wenn wir in diesem Selbstbewusstsein des Geliebten sind, dann müssen wir uns unserer selbst nicht schämen. Wenn wir geliebt sind, müssen wir einander nichts beweisen. Nur in der Liebe wird sich erweisen, wer wir tatsächlich sind.

Eine andere Erfahrung: Ich erinnere mich gut, was meine Frau vor vielen Jahren als junge Referendarin an der Sonderschule für lernbehinderte Kinder in Pfarrkirchen erlebte. Sie begann den Unterricht jeden Tag mit einem Gebet. Wenn ein Kind ein Anliegen hatte oder selbst etwas beten wollte, dann war am Ende dieser kurzen morgendlichen Andachtszeit auch dazu die Möglichkeit. Es war ein neunjähriges Mädchen in der Klasse, die hatte mehrere Hirntumore, die nicht operabel waren. Sie war dadurch schon fast blind. Was meine Frau immer wieder über das kindliche Vertrauen der kleinen Karin berichtete, berührte uns sehr. Hatte meine Frau etwa einen Schnupfen, oder gab es sonst irgendetwas mit einem Mitschüler – man konnte sicher sein, dass Karin die Gebetszeit nutzen würde, um schlicht und glaubensvoll dafür zu beten.

An einem Morgen betete Karin etwas Ungewöhnliches. Sie war relativ unsportlich und hasste den Turnunterricht. So betete sie: »Lieber Gott, bitte mach, dass der Sportunterricht heute ausfällt!« Wie sollte man nun damit umgehen? Die behutsam-weise Lehrerantwort war natürlich: »Karin, ich glaube nicht, dass der liebe Gott dieses Gebet erhören kann. Wie du weißt, haben wir heute Sportunterricht, und wir werden nachher rübergehen.« Als die Klasse am späten Vormittag zur Turnhalle ging, hatten dort soeben Handwerker unangekündigt mit Schweißarbeiten begonnen. Der Sportunterricht musste ausfallen. Diese Geschichte machte natürlich im Lehrerzimmer ihre Runde und versetzte die Lehrer in Schmunzeln und Staunen. Karin, die in der Nähe stand, nickte meiner Frau glücklich und trotzig zu und sagte: »Und nächste Woche bete ich wieder!« Es war bewegend, immer wieder zu erleben, wie dieses junge Mädchen in ihrer kindlichen und aufrichtigen Art ihr Leben Gott anvertraute. Dass sie die Last ihres Lebens zu tragen hatte, beirrte sie nicht, auf andere achtzugeben und Gott zu vertrauen. Darin wurde sie meiner Frau und mir zu einem großen Vorbild. In ihrem Leben war beides: eine Last und eine Kraft, die *beide* nicht zu erklären waren.

Welchen Schmerz fügen wir unserer Seele zu, wenn unser erwachsenes Leben sich durch Enttäuschungen und Verletzungen hindurch angewöhnt hat, das verlorene Vertrauen zu ersetzen? Wir geben uns weltklug, abgeklärt, verblendungsfrei, ernüchtert, weil wir das Wesentliche verloren haben: die Fähigkeit, uns, allen Widrigkeiten zum Trotz, der Liebe anzuvertrauen, von der wir kommen, aus der wir leben und in die hinein wir unser Leben mit all seiner Zerbrochenheit, aber auch all seiner Frucht, am Ende zurückgeben werden. Wenn ich die Erfahrungen mit meinen Kindern zusammenfassen will, dann wäre es wohl die Erkenntnis: *Kinder lassen sich selbstverständlich lieben!* Das ist ihr Kindsein; das ist ihr Vertrauen. Darin sollen sie uns zum Vorbild werden. Die Wahrheit Jesu soll uns zur inneren Heilung provozieren. So wie er selbst es sagt: »Wenn ihr nicht umkehrt und werdet wie die Kinder, werdet ihr nicht ins Himmelreich kommen« (Matthäus 18,3).

Das Vertrauen und die Krise sind einander oft sehr nah, denn es zeigt sich doch in diesen beiden erst das ganze Bild. Es hat mit ebenjenem Grundriss zu tun, wie ich ihn bei Balthasar Neumann sah. Der Umschlagepunkt bewirkt, dass der Bogen danach eine andere Bahn und Krümmung hat. Wenn es uns gelingt, trotz Trauer und Entsetzen über die Umschlagepunkte hinwegzukommen, dann wird unser Leben eine neue Tiefe und Aussage haben.

Die Wortpaare

Ich möchte nun versuchen, die Grundidee von den harmonischen Gegensätzen in einem größeren Bild zu skizzieren, denn sie haben seit jener Ausstellung in Würzburg mein Leben geprägt und meinen Glauben verändert. Das Leben und Geschick Jesu ist nur eines der Beispiele, die unser Dasein in Gegensatzpaaren zeigen. Es ist Zumutung und Ermutigung zugleich, den Glauben nicht in einfachen Lösungen zu verkitschen. Solch eine Art geglaubten Lebens, das von Krisen und

Offenbarungen nichts wissen will, hält dem echten Leben nicht stand. Es bricht am ersten Umschlagepunkt.

Bislang habe ich nur über einen einzigen harmonischen Gegensatz gesprochen – das Wortpaar *Vertrautheit und Überraschtheit* – und dessen negatives Spiegelbild *Banalität und Willkür*. Harmonische Gegensätze bilden – wie wir sehen – also immer ein *doppeltes Wortpaar*. Das erste Wortpaar ist das, worin wir leben sollen, das zweite Wortpaar das, was wir meiden sollen. Vertrautheit und Überraschtheit sind die notwendigen harmonischen Gegenpole seelischer Schönheit, Banalität und Willkür aber Ausdruck einer hässlichen Heillosigkeit.

Es geht im Folgenden um einige weitere Schritte der »Seelenführung«. Darin ist jeder Mensch *sich selbst* zugemutet und zugetraut. Die Wortpaare erlauben uns, Einblick in die absturzgefährdeten Bedingungen unserer Schönheit zu nehmen. Wir sollten unsere Seele als unsere Freundin ansehen und im Sinne Gottes sprechen: »Siehe, meine Freundin, du bist schön!« (Hohelied 4,19). Das verlangt jedoch ein wenig Arbeit und Verständnis. Und eben darum geht es in diesem und im nächsten Kapitel.

Wir werden auf einen Weg geschickt, den Menschenweg. Es ist die Berufung, die eigene Seele zu führen und sie zu heiligen. Ich sehe darin einen Akt der Gottesliebe, wie es im wichtigsten Bekenntnis des Judentums und auch bei Jesus heißt: »Du sollst den Herrn, deinen Gott, lieben von ganzem Herzen, von ganzer Seele und mit all deiner Kraft« (5. Buch Mose/Deuteronomium 6,5; vgl. Matthäus 22,37–38). Es heißt dort: von *ganzer* Seele. Darum ist es wichtig, nach der Schönheit der Seele zu fragen und das innere Zusammenwirken unserer Seelenkräfte besser zu begreifen.[24]

Im nachfolgenden Kapitel (»Die Klangfarben«) werde ich einige weitere harmonische Gegensätze entfalten, hier aber möchte ich vorerst noch einige Grundmerkmale dieses Denkens in harmonischen Gegensätzen deutlich machen.

Die Hässlichkeit des einsamen Guten

Einen wesentlichen Gegensatz unseres Seelenlebens bildet das Wortpaar *Leidenschaft und Gelassenheit*.

Stellen wir uns einen Menschen vor Augen, der mit großer *Leidenschaft* die Dinge verfolgt, von denen er überzeugt ist. Er erkennt in ihnen eine Berufung. In unermüdlicher Hingabe widmet er sich den Ansprüchen, die seine Berufung an ihn stellt. Die daran gebundenen Aufgaben bewegen ihn, und sie entfalten in ihm eine *schöpferische Unruhe*. Er setzt seine Zeit und seine Gedanken, seine Gaben und Kräfte dafür ein. Dieser Einsatz ist für ihn gelebter Glaube. Er ist ein leidenschaftlicher Mensch. Er lässt sich in Anspruch nehmen. »So mache dich auf und richte es aus! Der Herr wird mit dir sein« (1. Buch Chronik 22,16).

Auf der anderen Seite ist ein Mensch in großer *Gelassenheit*. Auch er hat Überzeugungen, und auch er erkennt seine Berufung. Er hat kein kämpfendes, sondern ein harrendes Herz. In ihm ist eine *Ruhe des Glaubens*, denn er weiß, dass man die wesentlichen Dinge nicht produzieren, sondern nur empfangen kann. Sein Herz kennt den erwartungsvollen Blick zum Himmel. Er weiß, was es heißt zu harren. Auch in Schwierigkeiten und Nöten sucht er die Stille zu Gott, denn wie oft schon hat er erfahren, dass wichtige Dinge geschehen, ohne dass er darum kämpfte! Er erkennt den Zuspruch seiner Berufung. Er hat erfahren: »Der Herr wird für euch kämpfen und ihr werdet stille sein« (2. Buch Mose/Exodus 14,14).

Der leidenschaftliche und der gelassene Mensch können zwei unterschiedliche Menschentypen sein. Es können aber auch zwei unterschiedliche Kräfte unserer eigenen Seelenwelt sein. Dass diese Kräfte fähig sind, einen harmonischen Gegensatz zu bilden, zeigt sich daran, dass das *eine* Gute das ihm entgegengesetzte *andere* Gute achtet und es als einen Segen begreift. Das ist das Wesen der Einheit, die allen harmonischen Gegensätzen innewohnt. Es ist nicht schwer einzusehen, dass es beim Wortpaar »Leidenschaft – Gelassenheit« nicht um abstrakte Begriffe, sondern um seelische Kräfte geht. Tatsächlich betreten wir in den harmonischen Gegensätzen einen seelischen Raum. Martin Buber, der in seinem berühmten Werk »Ich und Du« darauf hinweist, dass Grundworte stets Wortpaare sind, sagt: »Wer ein Grundwort spricht, tritt in das Wort ein und steht darin« und: »Grundworte werden mit dem Wesen gesprochen.«[25]

Grundworte spannen einen Raum auf und suchen in uns ihren lebendigen Ausdruck. Die Frage ist, welche Weite oder Enge sie in uns vorfinden. Ist es die Weite des *gemeinsamen Guten*? Oder ist es das einsame Gute, das den Raum und das Wesen in uns klein und eng macht?

Aus der Verherrlichung des *einsamen Guten* folgt – wie wir sehen werden – seelische Enge und Leblosigkeit, denn das einsame Gute ist nicht fähig zur Einheit. Die einsame Leidenschaft, die nichts von Gelassenheit weiß, ist nicht Leidenschaft, sondern *Fanatismus*. Die einsame Gelassenheit, die nichts von Leidenschaft weiß, ist nicht Gelassenheit, sondern *Gleichgültigkeit*.

Der *gleichgültige Mensch* setzt nichts ein. Nichts berührt ihn, er spielt um eine Tonscherbe. Nie käme er auf die Idee, irgendetwas Höheres oder Wertvolleres aufs Spiel zu setzen. Nie käme ihm in den Sinn, sich für irgendetwas einzusetzen, was über die Befindlichkeit seiner eigenen Belange hinausreicht. Er gibt sich mit allem zufrieden, solange es ihn nicht betrifft. Denn vor allem sieht er auf sich selbst. Er ist sich selbst verhaftet.

Der *fanatische Mensch* setzt alles aufs Spiel. Er reibt sich an den Dingen auf und gibt sich mit nichts zufrieden. Er ist besessen von einer Idee und ist blind gegenüber allem, was dem nicht entspricht. Er sieht die Missstände, die es in seinen Augen zu verändern gilt, und glaubt, alles hinge von seinem Einsatz ab. Auch er sieht darum letztlich nur auf sich selbst. Auch er ist sich selbst verhaftet.

Fanatismus und Gleichgültigkeit bilden also ebenfalls ein Wortpaar. Doch sie sind ein *gefallenes Spiegelbild* aus Leidenschaft und Gelassenheit. Worin besteht der Unterschied? Es ist die innere Leblosigkeit. Der Gleichgültige bleibt seiner Gleichgültigkeit verhaftet, der Fanatiker seinem Fanatismus. Jeder macht das Eigene groß. Das ist das Wesen der abgestürzten Gegensätze. Solche Gegensätze, die die Einheit nicht wahren, bedeuten Entfremdung. Die harmonischen Gegensätze sind anders: Sie sind aufeinander bezogen. Ihre Beziehung besteht stets darin, dem Nicht-Eigenen Achtung und Ehre zu geben. Ihr Wesen ist somit die innere Ordnung der Liebe. Da ist nicht die Selbstherrlichkeit der abgestürzten Größen; nicht das Eigene wird hier groß gemacht, sondern das andere.

Im Lebensraum des Gegensatzes

Wir können unzählige Beispiele für harmonische Gegensätze und deren abgestürzte Spiegelbilder finden. Es ist nicht eine Frage der bloßen Worte, sondern der in uns wirkenden Kräfte. Das abgestürzte Spiegelbild folgt dabei stets dem gleichen Muster. Man spricht sich frei, indem man das entgegengesetzte Gute abwertet oder verurteilt:

- *Gelassenheit* bedeutet für den fanatischen Menschen Gleichgültigkeit; *Leidenschaft* bedeutet für den gleichgültigen Menschen Fanatismus.
- *Großzügigkeit* bedeutet für den geizigen Menschen Verschwendungssucht; *Sparsamkeit* bedeutet für den verschwenderischen Menschen Geiz.
- *Freiheit* bedeutet für den gesetzlichen Menschen Beliebigkeit; *Treue* bedeutet für den unverbindlichen Menschen Gesetzlichkeit (im Sinne religiöser Zwanghaftigkeit, vgl. auch Kapitel 5).
- Die *Verbindlichkeit* einer engen Gemeinschaft wird vom ichsüchtigen Menschen als sektiererisch verachtet; die *Persönlichkeit* eines mündigen Menschen wird von der sektenhaften Gemeinschaft als ichbezogener Individualismus verdächtigt, usw.

Es ist nichts weiter als die Rechtfertigung der eigenen Negativhaltung. Denn: Würde der Geizige den Wesenszug der Großzügigkeit nicht für Verschwendungssucht halten, sondern darin Großzügigkeit erkennen, so würde dies seinen eigenen Geiz infrage stellen. Würde der Gleichgültige den Wesenszug der Leidenschaft nicht für Fanatismus halten, sondern darin Leidenschaft erkennen, so würde dies seine Gleichgültigkeit infrage stellen. Was uns also im abgestürzten Zustand verharren lässt, ist die *Selbstgerechtigkeit!* Mit anderen Worten: Es ist die Verherrlichung des *einsamen* (in der Regel: *eigenen!*) *Guten.* Der unreife Mensch lebt durch seine Selbstgerechtigkeit in unerlösten Kräften. Er verherrlicht seine Einseitigkeit. Er macht sich selbst zur Norm und erklärt diese seelische Behinderung für erstrebenswert.

Das Leben in harmonischen Gegensätzen ist anders. Da trägt der Mensch in sich die Fähigkeit zum Musterwechsel. Die Musterwechsel sind ein wesentliches Merkmal der Schönheit, wie es exemplarisch in den Kathedralen Balthasar Neumanns, den Sinfonien Mozarts und den Geigen Stradivaris sichtbar wird. Letztlich ist der Musterwechsel ein Zeichen der inneren Reife. Ein Mensch, der die Unruhe der Leidenschaft entfalten kann und doch immer wieder in einer Gelassenheit zur Ruhe kommt, ist fähig, sich zwischen diesen Mustern seiner Seele zu bewegen. So fordern uns die harmonischen Gegensätze zur seelischen Lebendigkeit heraus.

Der Irrtum vom goldenen Mittelweg

Jeder Mensch hat – je nach Veranlagung und Prägung – in bestimmten Bereichen seines Wesens eine schwache »Seelenmuskulatur«. Wie unser Arm sich nur bewegen kann, weil Beugermuskel und Streckermuskel einander entgegengestellt sind, so hat auch unser Seelenleben dadurch seine innere Freiheit und Beweglichkeit, dass die Gegensätze einander dienen. Es ist wie beim Arm: Nur wenn der eine Muskel freigibt, kann der andere wirken. Anders würden wir uns verkrampfen, aber nicht bewegen. Die Muskeln arbeiten in einem harmonischen Zusammenspiel *gegeneinander* – und doch nur dadurch miteinander. Das Prinzip der harmonischen Gegensätze ist also nicht der »goldene Mittelweg«. Einen goldenen Mittelweg zwischen dem Strecker- und dem Beugermuskel des Armes zu wählen, würde bedeuten, dass beide Muskeln sich ein bisschen anspannen, keiner stärker als der andere. Da würde der Arm dort verharren, wo er gerade ist, sich aber nicht bewegen. Der Gedanke von den harmonischen Gegensätzen hat damit nichts zu tun, denn er besagt: Zur seelischen Bewegung kommt es nur, wenn eine der beiden Kräfte zur rechten Zeit freigeben kann.

Im Bild einer Landschaft gesprochen, geht es gerade nicht um die sprichwörtliche »Gratwanderung« – jenen scharfen Höhenweg, wo zur Rechten und zur Linken je ein steiler Abgrund droht. Es ist vielmehr das Bild zweier Berggipfel – eben der harmonischen Gegensätze –, die zwischen sich einen weiten Raum aufspannen. Es ist der seelische Lebensraum, den ein Mensch einzunehmen fähig ist. Da ist kein scharfer Grat des einsamen Guten, sondern ein Raum der einander zugeordneten, entgegengesetzten, guten und segnenden Kräfte. Die seelischen Abstürze, die auch hier möglich sind, stehen dafür, dass die Beziehung zum nötigen Gegensatz verloren gegangen ist. Den biblischen Begriff der »Verstockung« verstehe ich so, dass ein Mensch sich in seiner Selbstgerechtigkeit weigert, den Ort seines Absturzes zu verlassen. Er verweigert sich dem Lebensraum, der ihm um seiner Reife willen geboten und möglich wäre.

Gott *von ganzer Seele* zu lieben, würde in diesem Sinne bedeuten, auf all die *paarweise* wirkenden Kräfte zu achten, denn sie spannen den Raum unseres Seelenlebens auf. Nur das eine oder nur das andere – *nur* Leidenschaft also oder *nur* Gelassenheit –, das hieße, den Herrn *von halber Seele* zu lieben. Ebenso ist es mit all den anderen harmonischen Gegensätzen (wie etwa Treue und Freiheit; Liebe und Ehrfurcht, etc.). Das einsame Gute wird sich in den Anfechtungen des Lebens ins Negative verkehren. Es ist nicht gehalten. So kommt es zum Absturz. Da ist keine Bewegung der eigenen Seele *nötig*, leider aber auch nicht *möglich*. Fanatismus und Gleichgültigkeit sind, so gesehen, »gefallene Wahrheiten«. Da herrscht nur *ein einziges*, seelisch abgestürztes Muster, das man verherrlicht. Der Fanatiker wird seine vermeintliche Leidenschaft rühmen, der Geizige seine vermeintliche Sparsamkeit etc.:

- *Unverbindlichkeit* ist ein Absturz der Freiheit, die ihre Treue verlor. *Gesetzlichkeit* ist ein Absturz der Treue, die ihre Freiheit verlor.
- *Ichsucht* ist ein Absturz der Individualität, die ihre Wir-Bindung verlor. Die *Sekte* ist ein Absturz der Gemeinschaft, die die Ehrfurcht vor dem Ich des Einzelnen verlor.
- *Vereinnahmung* ist ein Absturz der Liebe, die ihre Ehrfurcht verlor. *Selbstunterwerfung* ist ein Absturz der Ehrfurcht, die ihre Liebe verlor.

Seelische Wiederbelebung

Ich hatte damals in jener Würzburger Ausstellung einen architektonischen Grundgedanken Balthasar Neumanns entdeckt und ihn auf die Umrissentwicklung meiner Geigen übertragen – den Gedanken des Musterwechsels. Er ist ein Grundgleichnis unserer Seelenwelt. Wo unser inneres Leben in Einseitigkeiten gefangen ist und uns die befreienden Musterwechsel nicht gelingen, drängt sich die Frage auf: Wie können wir uns das fehlende Gute zu eigen machen? Dazu möchte ich zwei Gedanken skizzieren: die *innere Achtung* und die *Macht des Wortes*.

Die innere Achtung. Es wurde deutlich, dass der Absturz ins Negativ nicht etwa ein zu stark ausgeprägtes Positiv bedeutet. Denn da wäre Fanatismus lediglich »extreme Leidenschaft« und Gleichgültigkeit lediglich »extreme Gelassenheit«. So einfach ist es nicht, denn das würde bedeuten, dass wir das Leben in allen Dingen in eine lauwarme Mittelmäßigkeit verwandeln sollen, in der nichts mehr stark, markant, profiliert, herausragend, nichts mehr extrem sein darf. Seelenkraft bedeutet gerade *nicht*, dass alles in einem ungefährlichen Mittelmaß und in einer wohldosierten Gleichzeitigkeit geschieht, sondern: »Alles zu seiner Zeit« (Prediger 3,1ff) und in seinem Maß. So entsteht innerer Raum und seelische Vollmacht.

Der Apostel Paulus sagt: »Freut euch mit den Fröhlichen und weint mit den Weinenden« (Römerbrief 12,15). Mit anderen Worten: Lebt in *beidem,* und nehmt zur rechten Zeit *an beidem* Anteil! Es geht nicht darum, das Leben in einer schwingungslosen Mitte zur Ruhe zu bringen, wo kein Weinen und kein Lachen ist, kein Lobpreis und kein Klagelied, keine Zweifel und keine Hoffnung, weder gute Witze noch vollmächtiges Gebet, sondern alles nur irgendwo dazwischen. Es wäre ein armseliges Ziel des inneren Menschen. Da wäre jeder Klang erstorben und alles in einer feigen Mitte stillgestellt. Anstelle des Wechselspiels der Energien wäre das Leben heruntergedämpft. Letztlich wäre solch ein Leben seiner Seele beraubt.

Wenn die Seelenkraft leidet, weil das innere Leben in einem abgestürzten Zustand verharrt, dann heißt die notwendige Heilung nicht *Dämpfung,* sondern *Wiederbelebung.* Dämpfung würde (in obigem Beispiel) bedeuten, ein bisschen weniger fanatisch oder ein bisschen weniger gleichgültig zu sein. Wiederbelebung aber hieße, dorthin zu gelangen, wo *beide* Kräfte wirksam sind und sich Anteil aneinander geben. Wie kann das geschehen?

Unsere Seelenkräfte erfahren Belebung, wenn wir *das andere* Gute (das *geschwächte* Gute) in uns sehen und es achten. Das Gute ist für das *andere* Gute da. Es ist ein Geheimnis, dass wir uns das Gute, das uns fehlt oder das in uns verwundet ist, durch die Achtung, die wir ihm entgegenbringen, mehr und mehr zu eigen machen. (Es ist ähnlich wie die Achtung zwischen den Wurzeln und den Blättern, von der ich im vorausgegangenen Kapitel sprach.) Die Achtung hat eine schöpferische und heilende Kraft. Durch sie heiligen wir unser Leben: »Da-

rum heiligt euch und seid heilig; denn ich bin der Herr, euer Gott«
(3. Buch Mose/Levitikus 20,7).

Wenn wir unser Leben heiligen – denn das ist die Selbsterziehung,
zu der wir berufen sind –, dann werden wir das Schwache in uns achten und es durch die Achtung in uns stärken. Umgekehrt werden wir
dem Starken in uns nicht erlauben, sich durch Selbstgefälligkeit noch
einsamer zu machen, sondern wir werden das Starke in uns in die Demut führen. Mit anderen Worten: Wo das Starke in uns zur Demut
fähig ist, wird es das Schwache in uns stärken. Ohne diese Demut wird
jede Stärke zur Schwäche und jede Gabe zur Sünde. Ich bin überzeugt:
Das berühmte Wort aus dem Philipperbrief gilt nicht allein für das
versöhnte Miteinander der menschlichen Gemeinschaft, sondern, in
einer verborgenen Weise, auch für das versöhnte Ineinander einer ge-
heiligten Seelenwelt. Das Wort heißt:»In Demut achte einer den andern höher als sich selbst« (2,3).

Die Macht des Wortes. Wir können noch einen Schritt weiter gehen,
um die Aneignung des Guten konkret zu machen: Es geht nicht nur
um eine unbewusste Achtung, sondern auch um eine Geisteshaltung,
die ihre Worte findet.

Wenn wir uns angewöhnen, das auszusprechen, was wir für
gut und lobenswert halten, erfahren wir eine innere Kraft, die uns
mehr und mehr verwandeln wird. Denn das *Wort* steuert unser *Werden*. Dahinter steht das Geheimnis von Segen und Fluch. Wir nehmen
heute an, dass die Gehirnareale der Sprache einen starken Einfluss –
manche Forscher reden gar von Steuerfunktionen – auch auf andere
Gehirnregionen haben. Der Jakobusbrief des Neuen Testamentes
drückt diese Macht der »Zunge« in zwei Bildern aus und sagt:»Siehe,
die Schiffe – so groß sie auch sind und von rauen Winden getrieben –
werden doch gelenkt von einem kleinen Ruder, wohin der Steuernde
es will. So ist auch die Zunge ein kleines Glied und richtet doch große
Dinge an. Siehe, ein kleines Feuer – welch einen Wald zündet es an!«
(3,4–5).

Die Worte, die wir sprechen, transportieren nicht nur Informationen; sie tragen auch Schöpfungskraft in sich. Durch unsere Worte nehmen wir Anteil an einer wirkenden Kraft. Am Anfang der Urgeschichte heißt es: »Gott sprach ... und es geschah« (1. Buch Mose/Genesis 1,3). Der Mensch hat etwas von dieser Kraft »verliehen« bekommen. Er ist auch darin zum Bilde Gottes geschaffen: Indem wir sprechen, sind wir fähig, »Tatworte« zu sprechen, die im Innern und Äußern etwas bewirken. Darum ist es der Anfang einer jeden Veränderung, dass wir uns die Dinge zu eigen machen, indem wir sie *achten* und durch unsere Worte *hervorheben*. So tritt ein Logos ans Licht und taucht die Welt in einen Sinn und dadurch in ihre Wirklichkeit. Darum: Gib acht auf deine Worte – vor allem aber auf das, was du dir selbst gegenüber sprichst! Denn darin ist dir Macht für und gegen dich selbst gegeben – zum Guten wie zum Bösen!

Mit dem Gedanken von der inneren Achtung und dem gesprochenen Wort ist etwas über unsere seelische Wiederbelebung gesagt. Das Wort der Thora (»Heiligt euch!«) ist in der aktiven Sprachform gesprochen. Das heißt: Du bist daran beteiligt, deine Seele zu beleben; du hast eine Mitverantwortung für deine innere Schönheit! Jeder Mensch ist sich gegeben, er ist sich anvertraut. Was Gott uns damit zumutet und zutraut, wird er nicht durch sich selbst ersetzen.

Die Schöne und die Hässliche

Auch in der folgenden alten chinesischen Weisheitslehre (um 300 v. Chr.) finden wir den Gedanken von der Harmonie der Gegensätze verborgen. Sie ist überschrieben mit den Worten »Die Schöne und die Hässliche«:

Als Yang-Tse nach dem Staate Sung kam, verbrachte er eine Nacht in einer Herberge. Der Wirt hatte zwei Frauen, eine schöne und eine hässliche. Die hässliche ehrte er; die schöne verachtete er. Yang-Tse fragte ei-

nen Herbergsdiener, warum dies so sei. Der antwortete: Die Schöne weiß
um ihre Schönheit, und wir sehen ihre Schönheit nicht. Die Hässliche
weiß um ihre Hässlichkeit, und wir sehen ihre Hässlichkeit nicht.[26]

Es ist nicht schwer, nach all dem Gesagten, diese Geschichte zu verstehen. Sie sagt uns: Bist du ein leidenschaftlicher Mensch und weißt um deine Leidenschaft, dann erachte die Gelassenheit als die Schöne; bist du aber ein gelassener Mensch und weißt um deine Gelassenheit, dann erachte die Leidenschaft als die Schöne. Bist du ein freiheitsliebender Mensch und du weißt darum, dann erachte die Treue als die Schöne, bist du aber ein treuer Mensch und du weißt darum, dann erachte die Freiheit als die Schöne. Gehst du seelisch im Wir der Gemeinschaft auf, dann erachte dein Ich als die Schöne. Ist dein Ich von Vorbehalten gegenüber der Verbindlichkeit des gemeinsamen Lebens durchsetzt, dann erachte das Wir als die Schöne.

So können wir all die Kräfte unserer Seele ansehen, die einander zur Seite gestellt sind. Denn wir stärken das Schwache in uns durch die Achtung. Durch die Achtung, die wir dem uns fehlenden oder verwundeten Guten entgegenbringen, machen wir es uns mehr und mehr zu eigen.

»Siehe, meine Freundin, du bist schön!«
Hohelied Salomos 4,1

Die Klangfarben 4
Von der absturzgefährdeten Schönheit

Im vorausgegangenen Kapitel habe ich versucht, den Grundgedanken von der Harmonie der Gegensätze zu entfalten, wie ich ihn durch die Grundrisspläne der Bauwerke Balthasar Neumanns erkannt habe. Die intensive Arbeit an den Klangfarben meiner Instrumente machte mir klar, dass nicht nur die äußere Schönheit der Geige, sondern ebenso der Reiz ihres Klanges diesem Grundprinzip folgt. Gerade die Klangfarben des Instrumentes können darin ein Gleichnis sein.

Der Lehrer

In den Jahren nach Abschluss meiner Geigenbaulehre tat sich mir durch meinen Mentor, den Akustiker Helmut A. Müller, eine große Türe auf. Er hatte mir angeboten, als Geigenbauer für ihn zu arbeiten. Seit bald vierzig Jahren fuhr er im vierzehntägigen Turnus nach Mittenwald, um uns Lehrlingen an der Fachschule für Geigenbau die einfachsten Grundlagen der Physik zu vermitteln. Erst nach meiner Handwerkslehre, als ich ihn in seiner eigentlichen Wirkungsstätte erlebte, dem schalltechnischen Beratungsbüro Müller-BBM (bei München), begriff ich, was er »in seinem echten Leben« war: eine weltweit anerkannte Koryphäe im Bereich der Raumakustik. Die akustischen

Konzeptionen und Planungen zahlreicher berühmter europäischer Konzertsäle sind durch seine Feder gegangen.

Da zwei Jahre später in Mittenwald ein internationales Symposium für musikalische Akustik stattfinden sollte (ISMA 1989), für das er einiges untersuchen wollte, konnte ich nun als frisch gebackener Geigenbauer in seiner Firma zwischen den Planungsbüros der Architekten und den klimatisierten Räumen der Großrechner eine kleine Geigenbauwerkstatt einrichten. Die gewaltigen Möglichkeiten der Schwingungsphysik waren für mich der Einstieg in eine neue Welt. Endlich konnte ich den Fragen auf den Grund gehen, die während meiner Geigenbaulehre oft so entsetzlich unbeantwortet geblieben waren. Wie entsteht ein guter Klang? Worin unterscheidet sich eine gute Geige akustisch von einer schlechten? Welchen Einfluss hat der Lack? Welche Klangfarben lassen sich mit der Plattenausarbeitung beeinflussen? Was bedeuten die Markstrahlen des Holzes für die Tragfähigkeit des Klanges? Ständig hatte ich besagten Lehrer während meiner Lehrzeit mit meinen akustischen Anliegen und Fragen in »Überstunden« verwickelt. Nun war die Lehre beendet, und er bot mir – überraschend und zu meiner großen Freude – in seinem Institut eine Stelle an. So gab er mir die Chance, den Fragen selbst nachzugehen!

Sicher war mein Geigenlehrer Attila Balogh maßgeblich dafür verantwortlich, dass ich Geigenbauer geworden bin. Mein Mentor Müller aber stellte die Weichen für die Art und Weise, in der ich meinen Beruf heute ausübe. Als ich meine Lehrzeit in Mittenwald begonnen hatte, hatte ich gerade meine gymnasiale Schullaufbahn vorzeitig beendet. Im Nachhinein würde ich sagen, dass ich das Gymnasium als etwas erlebt hatte, wo unentwegt Fragen beantwortet wurden, die ich gar nicht hatte. Das, was mich wirklich interessierte, war hingegen kein schulisches Thema. Es war ein starkes Missverhältnis zwischen leidenschaftlichen eigenen Interessen und unerträglicher schulischer Langeweile. Aufgrund einer Fülle nicht immer passender Unterrichtsbeiträge, die sich in zahlreichen Klassenbucheinträgen und manchen Lehrerkonferenzen niederschlugen, rückte während der siebten Klasse im Friedrich-Schiller-Gymnasium Marbach am Neckar ein temporärer Schulausschluss bedrohlich nahe. Glücklicherweise zogen wir ohnehin um. So konnte ich am Herzog-Christoph-Gymnasium im württembergischen Beilstein mit guten Vorsätzen neu beginnen. Zwar wurde ich auch dort anfangs immer wieder ins Direktorat zitiert, aber das legte sich mit der Zeit.

Als ich nach der zehnten Klasse die Schule abbrach und an der Geigenbauschule in Mittenwald meine Lehrzeit antreten konnte – unter einigen Hundert Bewerbern aus dem In- und Ausland wurden jährlich nur zwölf genommen –, war das Frage-Antwort-Spiel plötzlich umgedreht. Je stärker mich der Geigenbau fesselte, desto mehr bewegten mich Fragen, auf die man mir keine Antwort gab – schlicht, weil man noch keine Antwort hatte. Ich erinnere mich daran, dass einem meiner Lehrmeister einmal der Kragen platzte und er mir, als ich im ersten Lehrjahr war, auf eine unmissverständliche Weise eine »Antwort« gab. Wieder einmal hatte ich nach den klanglichen Hintergründen eines Arbeitsganges gefragt und zu erfahren gesucht, warum eine bestimmte Deckenausarbeitung in dieser und nicht in einer anderen Weise vorzunehmen sei, da schlug er unvermittelt mit der flachen Hand auf die Werkbank. Durch den lauten Knall war es in der Lehrwerkstatt der ersten drei Semester mit ihren gut zwanzig Geigenbauschülern augenblicklich totenstill, und er schrie, wenn ich hier alles anders machen wolle, solle ich doch mein Bündelchen packen und gehen. So jedenfalls war es für mich ein Segen, nach der traditionsbewussten Ausbildungszeit an der Geigenbauschule nun im Institut meines Physiklehrers und Mentors Helmut A. Müller all den ungeklärten Dingen nachgehen zu können. Die Erforschung des Klanges ließ mich nicht mehr los.

Dass Helmut A. Müller, ausgerechnet jemand, der das Unterrichten als Hobby betrachtete und der das Pädagogische gar nicht studiert oder gelernt hatte, der beste Lehrer war, den ich je hatte, ist schon kurios. Einen besseren Lehrmeister kann ich mir bis heute nicht denken. Man hatte das Gefühl, er wollte nicht belehren, sondern den Lernenden schlicht beim Lernen helfen. Er gab Impulse, und man war lebendig und wach. Man hatte das Gefühl, die Dinge in ebendiesen Augenblicken selbst zu entdecken! Helmut A. Müller maß dem Lehren eine stark dienende Funktion zu, und daraus ergab sich seine enorme Souveränität. Vielleicht kam seine Weisheit auch daher, dass er wusste, wie begrenzt alles ist, was wir wissen können. Er blieb immer auch selbst ein Suchender und Forschender, ein Lernender.

Ich glaube, ein wirklich guter Lehrer darf nicht *lehren* wollen, er muss *lernen* wollen! Gerade dies, dass er auch selbst lernen will, macht einen guten Lehrer aus, denn diese Grundhaltung überträgt sich auf die Schüler. Und sicher war entscheidend, dass Müller uns Schüler immer wieder zum Staunen und zum Fragen brachte. Wir gingen mit ihm den Dingen gemeinsam auf den Grund, und nichts war befriedigender als Aha-Erlebnisse auf echte Fragen. Jedenfalls lohnte es sich, geistig höchst präsent zu sein. Es hatte eben nichts von dieser gönnerhaften, humorlosen, bisweilen fast herrschsüchtigen Art des Unterrichtens, wo man deutlich macht, wie überlegen man den Schülern ist. Ich weiß noch, dass Müller einmal sagte, der Lehrer müsse seinen Schülern eigentlich immer nur eine Stunde voraus sein; das würde reichen.

Später dann, in den Diskussionen während der freitagnachmittäglichen Kolloquien mit den Physikern und Ingenieuren seiner Firma, die mich natürlich intellektuell damals völlig überforderten, erlebte ich ihn als brillanten Wissenschaftler von einer ganz anderen Seite. Er ließ sich in seinen Antworten immer auf das Niveau derer ein, die ihn fragten. Einmal sprach ich ihn darauf an, wie es ihm nur gelungen sei, dass auch wir einfachen Geigenbauschüler die Dinge, die er erklärte, immer begriffen. Da lächelte er etwas verlegen und sagte, er glaube, wenn man eine Sache nicht *einfach* ausdrücken könne, habe man sie im Grunde nicht verstanden. Offensichtlich zwangen wir ihn, die Dinge zu verstehen.

Als einer der begnadeten Akustiker seiner Zeit wies er uns Geigenbauschüler immer darauf hin, dass Physik allein nicht ausreicht. Er legte Wert darauf zu betonen, dass das Entscheidende die Ohren sind. »Ihr müsst lernen, genau hinzuhören, müsst ein Gespür für den Klang bekommen und genau dokumentieren, was ihr im Werdegang des Instrumentes macht.« Mit dieser Betonung des Empirischen wies er uns gewiss den rechten Weg, denn alle Ansätze, die von oben herab kommen – als könne man die Probleme so einfach lösen –, führen nicht zum Ziel. Dadurch, dass der Mensch so stark im Spiel ist und die Geige kein technischer Gegenstand ist, den man baut, sondern etwas sehr Sinnliches, das den Menschen berührt, ist es absolut notwendig, sich selbst zu vertrauen bei dem, was man macht.

Die Möglichkeiten in Müllers Firma waren überwältigend. Ich lernte die Modalanalyse kennen, eine aus der Luft- und Raumfahrttechnik kommende empirische Methode, und begann, diese auf den akustischen Werdegang der Geige anzuwenden. Das hatte bis dahin noch niemand getan. Nun konnte man erstmals *sehen*, wie die Geige tatsächlich schwingt: das bauchige Atmen in der tiefsten Eigenfrequenz; die starken Verwindungen des Corpus in seinen mittleren Resonanzen; die großflächigen Plattenbewegungen in den Hauptresonanzen mit den weiten Auslenkungen der Bereiche um den Bassbalken; all die kleinen Schwingungsinseln in den höheren Frequenzlagen, in denen sich Geigendecke und -boden in eine Vielzahl membranartiger Bereiche unterteilen, die gegeneinander oszillieren. Diese Schwingungsformen in ihrer Vielfalt und Genialität zum ersten Mal zu sehen, kam einer Offenbarung gleich: Wir erkannten, was bislang verborgen war! Endlich wurden Ursachen des Klanges »von Grund auf« sichtbar! Die Eigenschwingungen der Geige zeigten nun ihr inneres Wesen. Wir präsentierten diese Ergebnisse auf dem Internationalen Symposium für Musikalische Akustik 1989. Helmut A. Müller hielt Vorträge und ich war dabei; wenn ich dann dran war, setzte er sich neben den Rekorder oder den Overhead-Projektor und drückte Knöpfe oder legte Folien. Auch dafür war er sich nicht zu schade.

Je länger ich an diesen Dingen arbeitete, desto deutlicher wurde mir, dass ich zwar faszinierende empirische Ergebnisse gewonnen, den theoretischen Hintergrund aber nicht wirklich verstanden hatte. Darum redete Helmut A. Müller mir zu, meine seinerzeit unterbrochene Schullaufbahn fortzusetzen, um baldmöglichst Physik zu studieren. Ich tat dies. Während all der Jahre des Studiums durfte ich, obgleich nicht mehr fest in seiner Firma angestellt, den Firmenschlüssel und meine kleine, aber einmalige »Forschungswerkstatt« mit ihren messtechnischen Möglichkeiten behalten. So ging ich dort nach wie vor ein und aus und konnte nach Herzenslust weiterforschen. Nach dem Studium folgten Praxisjahre als Geigenbauer, dann die Meisterprüfung und endlich das eigene Geigenbauatelier mit Akustiklabor!

Der Klangraum

Ich möchte nun versuchen, etwas vom Geheimnis der Klangfarben der Geige zu veranschaulichen, denn sie sind ein großartiges Gleichnis für das, was man vielleicht »Klangfarben der menschlichen Seele« nennen kann.

Das akustisch Wesentliche einer Geige sind ihre Eigenschwingungen. Sie prägen all die Farben, die wir hören. Immer wieder erlebe ich in Konzertsälen großartige Geigen, die ich aus der intimen Akustik meines Ateliers schon kenne. Eine Geige, die es mir besonders angetan hat, ist eine Stradivari aus dem Jahre 1721. Sie klingt gefasst, hat einen klaren Strahl und doch füllt sie in ihrer Räumlichkeit den Saal. Sie wird leidenschaftlich im Ton, aber nie scharf. Der Klang kann sich vollkommen verdunkeln (wie ein muffiges Kellergewölbe) und bleibt doch erkennbar. Diese Geige kann fauchen, ohne je ordinär zu sein. Ihre Süße in den hohen Lagen hat etwas Sinnliches, ohne je kitschig zu sein. Sie spricht – das ist in alldem hörbar – nicht nur mit einer Stimme. Es sind unterschiedliche Klangmuster, die hier gleichzeitig wirksam sind.

Das Reizvolle des Klanges sind diese Widersprüche. Sie spannen den Klangraum erst auf. Ein faszinierender Klang kommt immer aus der Mehrdeutigkeit. Ohne diese Mehrdeutigkeit hätte der Klang etwas Banales, Eindimensionales. Erst durch die Modulierbarkeit gewinnen die Klangfarben ihr Leben, ihren Reiz, der sie so menschlich macht. Diese Formbarkeit des Klanges ist für mich das Wichtigste einer wirklich guten Geige. Es bedeutet, dass man sich klanglich bewegen kann. In den Klangfarben liegt die Ambivalenz zwischen Wärme und Brillanz: Die Wärme ist nicht dumpf, die Brillanz nicht scharf, denn Wärme und Brillanz wahren in jedem Ton eine hörbare Beziehung. Sie bilden klanglich einen harmonischen Gegensatz.

Das Gleiche gilt für die Dynamik. Eine wirklich modulierbare Dynamik kennt ein Piano, das einem in seiner Zartheit den Atem verschlägt, und doch ist im Fortissimo ein Rauschen und Fauchen möglich, dessen Widerstand nicht zu brechen ist. Diese Bandbreite schafft einen Raum. Es geschieht durch die versöhnten Gegensätze. Wie tot und klein, synthetisch und künstlich, konstruiert und lebensfern sind die widerspruchsfreien Räume!

Gerade der gute Geigenklang ist also ein Beispiel der harmonischen Gegensätze. Da ist auf der einen Seite die Wärme, das Volumen, die Räumlichkeit, der »Bauch« des Tones; auf der anderen Seite die Brillanz, die Strahlkraft, die Fokussiertheit, die Klarheit. Ohne das Zweite hätte der Klang etwas Dumpfes und Mattes, ohne das Erste etwas Penetrantes und Scharfes. So zeigen sich auch hier die Abstürze zur Linken und zur Rechten, und man begreift den klanglichen Raum, den ein guter Ton aufspannen wird.

Ein großer Klang ist somit keine feige Mischung aus allem. Es ist nicht ein bisschen Wärme und ein bisschen Brillanz, ein bisschen dies und ein bisschen das. Es erklingt letztlich immer beides ganz! Nur mit diesen Gegensätzen kann man spielen. Sie erlauben es, sich von einer punktförmigen Eindeutigkeit wegzubewegen und Raum zu schaffen.

Gute Geigen haben »Bauch« und dennoch Brillanz, sie haben Räumlichkeit und dennoch Fokus; sie haben Klarheit, aber keine Härte, sie haben Volumen und dennoch Strahlkraft. Sie sind weich in der Ansprache und lassen sich dennoch attackieren. Erst im Raum der harmonischen Gegensätze spannen sich Klang und Schönheit auf. Ich empfinde das wie eine in die Welt des Hörbaren gegossene Grundwahrheit, letztlich ist es das, was sich auch im Grundriss der Kathedrale Balthasar Neumanns zeigt: die Harmonie der Gegensätze.

Die Resonanzen

Eine gute Geige hat in ihrem Spielbereich gut achtzig Resonanzen. Jede strahlt den Schall in der ihr eigenen Frequenz und Richtwirkung in den Raum, sodass wir den Klang der Geige hören. Durch das Vibrato der linken Hand des Musikers entsteht beim Spielen ein »akustisches Feuer«, denn die schnellen periodischen Bewegungen der Hand beeinflussen das Maß und den Moment, in dem die Resonanzen angeregt werden. Eine angeregte Resonanz leistet ihren Beitrag zur Klangfarbe des Instrumentes. Ohne Resonanzen hätte das Instrument keine Persönlichkeit.

Wenn wir uns vergegenwärtigen, was eine Resonanz eigentlich ist, dann werden wir feststellen, dass es um ein ständiges Wechselspiel zwischen zwei Energieformen geht: Während eines jeden Schwingungszyklus wechselt die Energie zweimal zwischen der potenziellen und der kinetischen Energie hin und her. Erst dieses Wechselspiel der Energien und Kräfte ruft die Schwingung und damit die Schallabstrahlung des Klanges hervor. Die potenzielle Energie ist wie die Energie einer gespannten Feder. Die kinetische Energie ist die Energie der Bewegung. Spannung und Bewegung sind der notwendige, aufeinander bezogene Gegensatz. Gäbe es kein Wechselspiel zwischen beiden, so wäre nichts zu hören. Es ist Anteilnehmen und Anteilgeben zweier einander entgegengesetzter Formen der Energie.

Auch das seelische Leben des Menschen ist von inneren Kräften bestimmt. Spannung und Bewegung, Erwartung und Erfüllung, Hoffnung und Handlung – was wir mit diesen Wortpaaren verbinden, gleicht der potenziellen und der kinetischen Energie einer Resonanz. Wie die Resonanzen in ihrer Verschiedenartigkeit gemeinsam das Resonanzprofil der Geige formen und ihr dadurch Klangfarbe und Strahlkraft geben, so bestimmen die »seelischen Resonanzen« in ihren Kräften die Persönlichkeit des Menschen. Sie bestimmen die »Klangfarbe«, die wir ausstrahlen. Die Kräftepaare werfen ihr eigenes Licht auf das innere Wesen und die Berufung des Menschendaseins.

Ich möchte im Folgenden an sieben »Resonanzen des Seelenlebens« das Denken in harmonischen Gegensätzen exemplarisch deutlich machen, wie es uns in der Bibel begegnet:

1. Gnade und Arbeit
2. Ohnmacht und Vollmacht
3. Zulassen und Gestalten
4. Hören und Tun
5. »Du bist« und »Du sollst«
6. Wahrheit und Güte
7. Vollkommenheit und Vorläufigkeit

Natürlich wären unzählige weitere »Resonanzen« zu entdecken – denken wir an die Geige: Sie hat derer über achtzig. Es können in der nötigen Kürze auch keine fein ausphrasierten Gemälde sein, vielmehr sind es sieben schroff geschnitzte kleine »Holzschnitte«, die ich zeigen will. Doch auch diese können etwas deutlich machen.

Gnade und Arbeit

Erst das Zusammenspiel von Arbeit und Gnade macht für mich den Reiz des Glaubens aus. Man könnte diese Kräfte wie die Hände unseres Körpers verstehen. Sie sind spiegelverkehrt einander zugeordnet und gehen doch gerade darum gemeinsam ans Werk. Darum verlieren Gnade und Arbeit etwas von ihrer Reinheit, wenn sie einander nicht dienen. Denn eine Hand wäscht die andere. Die Bibel hat den seelischen Abstürzen, die dort drohen, wo ein Mensch das eine oder das andere verliert, eigene Begriffe gegeben: Der *Schwärmer* rühmt die Gnade, aber er scheut die gründliche Arbeit. Sein Leben ist »ein Schein der Frömmigkeit« (2. Timotheusbrief 3,5). Der innerlich *Getriebene* sieht all die Arbeit, aber er hat den Bezug zur Gnade verloren. Sein Leben leidet unter dem »Stecken des Treibers« (Jesaja 9,3).

Die Kraft des Glaubens lässt sich nur in der Spannung zwischen *dem Verheißenen* (der Gnade) und *dem Geforderten* (der Arbeit) wahren. Da ist der Glaube wie die Liebe: Die Dinge werden wachsen und ihren Reiz bewahren, wenn wir in dem Wechselspiel von Gnade und Arbeit leben. Es bedeutet, dass wir das Verheißene erkennen und zugleich uns überwinden, das Gebotene zu tun. So schwingen alle Dinge, die unserem Leben Sinn verleihen, in einer harmonischen Gegensätzlichkeit: Das Wesentliche beruht auf Gnade, und es erfordert zugleich unsere Arbeit. Die Gnade wird sich nie dafür hergeben, die Arbeit der Liebe zu ersetzen, die in jeder Beziehung nötig ist. Denn in der Arbeit erspüren wir unsern *Lebensinhalt*, wie wir in der Gnade unsere *Lebenskraft* erfahren. Das eine soll ohne das andere nicht sein.

So bilden Gnade und Arbeit in einem reifen Leben doch immer eine Resonanz. Das heißt: Das eine bringt das andere erst zur Geltung. Die Spannung zwischen Gnade und Arbeit, zwischen Lebenskraft und Lebensinhalt, hat ihren Grund letztlich in Gott selbst! Denn er ist – so sagt es die alte Sprache – *der Gebende* und zugleich *der Gebietende*.[27]

Wenn wir der Versuchung erliegen, Spannungen aufzulösen, die dem inneren Wachstum unseres Lebens dienen, werden wir unser Dasein unweigerlich banalisieren. Es sind notwendige Spannungen, die unsere Liebe reifen lassen. Was für eine Banalität wäre ein Arbeitsleben, das einzig darin besteht, getrieben zu sein! Was für eine Banalität wäre umgekehrt ein Glaube, für den Gnade bedeutet: Gott liebt und belässt dich, ganz wie du bist! Wir sollten Widersprüche stets begrüßen, wenn sie unabdingbar sind. Göttliche Gnade und menschliche

Arbeit sind wie der Wellen- und Teilchencharakter des natürlichen Lichts. Es ist – hier wie dort – ein Widerspruch, den aufzulösen wir heute nicht verstehen, und doch wird deutlich, dass erst das gute Zusammenspiel von Gnade und Arbeit das menschliche Leben zu erleuchten vermag.

Oft sind es zwei unterschiedliche Sichtweisen, in denen uns die gleichen Dinge erscheinen. Beides ist richtig, und doch gibt es Zeiten, da müssen wir mehr auf das eine, dann mehr auf das andere achten. Gnade und Arbeit sind ein gewaltiger Anspruch. In beidem sollen wir leben.

Ohnmacht und Vollmacht

Ganz ähnlich verhält es sich mit der inneren Einheit zwischen geistlicher Ohnmacht und geistlicher Vollmacht. Auch zwischen ihnen besteht ein enges Verhältnis, eine Resonanz. In Jesus zeigt sich dieses Wechselspiel in einer vollkommenen Weise. Er sagt: »Der Sohn kann nichts von sich aus tun, sondern nur, was er den Vater tun sieht; denn was dieser tut, das tut gleicherweise auch der Sohn« (Johannes 5,19). Es ist in diesem Wort beides in einem gesagt! Die Ohnmacht Jesu: »Der Sohn kann nichts von sich aus tun.« Die Vollmacht Jesu: »Was er den Vater tun sieht, das tut auch der Sohn.«

Jesu Autorität kann nicht ohne diese Ohnmacht sein. Die geistliche Ohnmacht geht seiner Vollmacht voraus und begründet all sein Handeln. Wir können sehr viel »ohne ihn« tun, entsetzlich viel. Aber das begründet ja auch unsere mangelnde Vollmacht, unsere eingeschränkte Autorität.

In der geisterfüllten Ohnmacht liegt eine große Demut, da sie sich die Dinge nicht einfach nimmt; und es liegt in ihr eine hohe Wachsamkeit, da es bedeutet, dass wir uns nicht an Dingen vergreifen, auf die wir keinen Zugriff haben – Dinge, die nur durch Gnade geschehen. Wo das Bewusstsein für Gnade verloren geht, reiben sich die Dinge auf. Und wie durch einen psychischen Tunneleffekt klappt der Mensch dann von der Hybris der Eigenmächtigkeit in die plötzliche Resignation. Geistliche Ohnmacht ist etwas anderes, in ihr ist keine Resignation, denn sie kennt den seufzenden Blick des Herzens: »Jesus sah auf zum Himmel und seufzte« (Markus 7,34). Gerade in diesem Seufzen des um Gott wissenden Herzens können Dinge geschehen und sich auftun, die sonst verschlossen sind.

Der Apostel Paulus beschreibt das Wirken des Heiligen Geistes im Menschen mit ebenjenem Begriff des Seufzens! So heißt es im Römerbrief: »Der Geist steht unserer Schwachheit bei mit unaussprechlichem Seufzen« (8,26).

Jesus lehrt seine Jünger, erwartungsvoll zu beten. Doch er lehrt sie nicht, sich in mühsamen Zeiten aus dem eigenen Leben »herauszubeten«, anstatt die Dinge wirklich anzusehen und zu fragen, was es darin zu lernen und zu begreifen gilt. Er sagt nicht: »Ihr Mühseligen und Beladenen, betet mehr!«, sondern: »Kommt her zu mir, nehmt auf euch mein Joch und lernt von mir!« (Matthäus 11,29).

Es gibt eine triumphalistische Glaubenslüge, die uns einreden will: »Warum lernen? Es gibt doch Charismen! Warum leiden? Es gibt doch Wunder! Warum Mühsal? Es gibt doch Gott! Warum sich mit den Niederungen des natürlichen Lebens herumschlagen? Es gibt doch den übernatürlichen Heiligen Geist!« Erst in der Krise wird die Gehässigkeit dieser Lüge uns ins Herz flüstern: »Es geht dir schlecht? Hast du etwa gesündigt? – Du wurdest nicht geheilt? Hast du etwa zu wenig geglaubt? – Du fühlst dich niedergeschlagen und schlecht? Hat Gott sich dir etwa entzogen?«

So kann man am Glauben Schiffbruch erleiden, wenn man meint, gesegnet zu sein, bedeute, ohne Schwierigkeiten zu sein. Ich werde straucheln, wenn ich nicht gelernt habe, auch in der Ohnmacht Gemeinschaft mit Gott zu haben und sie als eine Notwendigkeit meiner Berufung auszuhalten. Erst durch das Wechselspiel zwischen Vollmacht und Ohnmacht bekommt unser Glaube etwas Reifes und Gesundes. Es ist das Seufzen des zu Gott hin hörenden Menschen. Leere

und Empfänglichkeit sind ein Teil der Liebe. Wir sind oft so voll mit
unserm eigenen Wollen und Machen! Jesus aber sagt:»Der Sohn kann
nichts von sich aus tun«, und ebendas sagt er auch zu seinen Jüngern:
»Bleibt in mir und ich in euch. Ich bin der Weinstock, ihr seid die Reben. Ohne mich könnt ihr nichts tun!« (Johannes 15,4f). Man muss
das als das geistliche Gebot der Ohnmacht hören.

Das Geheimnis der Autorität Jesu war seine innere Abhängigkeit von Gott. So heißt es von ihm:»Am Morgen, noch vor Tage, stand
er auf und ging hinaus. Und er ging an eine einsame Stätte und betete dort« (Markus 1,35). Hier zeigt sich: Jesus ist wie wir auf das Hören und Fragen angewiesen. Er sucht die Einsamkeit, um Zeit und
Raum zu haben, dass diese Abhängigkeit ihren Ausdruck findet. Auch
seine Kraft verbraucht sich – wie die eines »normalen« Menschen.
Und aus dem Kreise seiner Jünger leuchtet er nicht derart übermensch-
lich hervor, dass es nicht nötig gewesen wäre, ihn mit dem Judas-
kuss zu verraten:»Welchen ich küssen werde, der ist's« (Markus
14,44). Wäre Jesus ein leuchtend erhabener Übermensch gewesen,
es hätte gereicht zu raten:»Folgt der strahlenden Erscheinung, der
ist's!«

Ohnmacht und Vollmacht bilden eine Resonanz. Nur in der Resignation und in der Macht ist dies Wechselspiel erstorben. Ich will die
Zeiten der Schwachheit viel eher als eine Chance begreifen, den Weg
Jesu zu gehen und ihm in seiner Ohnmacht ähnlicher zu werden. Darum will ich meine Handflächen als ein Empfangender zum Himmel
öffnen. Es ist eine Haltung, in der man dem Seufzen des Heiligen Geistes Zeit und Raum geben kann.

Unlängst sprach ich mit einem befreundeten Dirigenten darüber,
wie es sich wohl erklären mag, dass manche Dirigenten eine Autorität
haben, wenn sie vor dem Orchester stehen, und andere nicht. (Musiker in meiner Werkstatt sprechen oft davon.) Er wisse es nicht, erwiderte mein Gesprächspartner. Doch er vertraute mir an, wie es bei ihm
selbst ist: Bevor er das Stück beginnt, hält er für einige Momente an
seinem Pult inne. Es hat den Anschein, als würde er sich innerlich

sammeln, doch was er in diesem Moment tut, ist etwas anderes. Er segnet im Stillen das Orchester. Er segnet die Musiker in seinem Gebet. Erst dann erhebt er den Taktstock.

Gewiss kann man diese Haltung auf viele Bereiche übertragen: Welcher Lehrer betet morgens in der Stille für seine Schüler und segnet sie und betritt erst dann das Schulhaus? Ich bin überzeugt, das Geheimnis wahrer Autorität liegt in dem segnenden Herzen, das wir haben.

Zulassen und Gestalten

Eine weitere Resonanz des seelischen Lebens ist das Kräftepaar aus »Zulassen und Gestalten«. Es entspricht genau dem, was der Werdegang einer Geige verlangt. Ich kann es am besten daran deutlich machen, wie ich die f-Löcher des Instrumentes schneide.

Jeder Geigenbauer hat in sich ein bestimmtes Bild des werdenden Instrumentes. Besonders der Umriss und die Stellung der f-Löcher in der Wölbungsbrust verleihen der Geige ihren eigenen Ausdruck. Beim Schneiden der f-Löcher habe ich jedes Mal den Eindruck, ein Wesen zu erschaffen. Denn jetzt bekommt die Geige ihr Gesicht. Das Schnitzeisen in der Rechten, die Geigendecke in der Linken, so schneide ich mit der rasiermesserscharfen Klinge weite Schnitte, möglichst ohne abzusetzen, ohne den Schwung der Linie zu verlieren. In hauchdünnen Spänen entsteht der Übergang vom Schaft in die Augen. Hier entsteht Charakter. Die Handschrift wird erkennbar. Aber es ist kein Konstrukt. Denn Formvorstellung und handwerkliche Unvollkommenheiten greifen dabei ganz selbstverständlich ineinander.

Das Auge nimmt die entstehende Linie wahr. Die Hand korrigiert den Schwung. So suche ich die Stimmigkeit mit dem entstehenden Werk und arbeite auf eine ästhetische Befriedigung hin. Einen Augenblick später ist das Auge überrascht von einer entstandenen Linienführung, stutzt – und findet sie gut. Es ist wichtig zuzulassen, dass sich unter der Hand etwas entwickelt, das vom ursprünglichen Gedanken auch abweichen darf, wenn es befriedigend ist, hinzusehen: »Ja. Das ist es! Anders, als ich es wollte. Aber gut ...« Man lässt es zu. »Eigentlich wollte ich die Schäfte unten schlanker schneiden. Aber dieser mutige Schwung ist nicht schlecht. Das hat was ...« Gegen Ende werden die Momente der Betrachtung und des Nichtstuns länger. Man hält immer wieder inne. So geht es unentwegt. Es ist ein ständiges Wechselspiel aus *Zulassen* und *Gestalten*. Ich denke, das ist ein typisches Merkmal des Schönen: Es wurde *erlaubt*, und es wurde *gewollt*. Es ist weder sklavisch durchkonstruiert noch ist es willkürlich sich selbst überlassen.

Kunst hat für mich überhaupt mit dieser Spannung von Zulassen und Gestalten zu tun. Ohne Dinge zuzulassen, die im Prozess entstehen, ist das Werk eine bloße Konstruktion. Wenn das Zulassen aber alles ist, weil nichts mehr gewollt wird, dann ist das Werk ein Akt der Willkür. Da mag das Kunstwerk zur Anklage eines Lebens werden, das *nur noch will* – ein Leben, das in seiner Verbissenheit dicht geworden ist. Das Werk wird da zur Wehklage über die verloren gegangene Gnade. Es wird zur Anklage gegen einen Machbarkeitswahn, der sich alles unterwirft. Wenn es dem Werk aber gelingt, dies auszusprechen, dann ist ja gerade in der zur Schau gestellten Willkür jene Spannung wieder vorhanden, die das Werk zum Kunstwerk macht: Es lässt alles zu und *will* gerade dadurch etwas sagen.

So jedenfalls erwiese sich unsere Welt als ein gewaltiges Werk. Der Wille Gottes ist fähig, den Menschen zuzulassen; der Wille des Menschen ist fähig, die Gnade zuzulassen. Beide treten im Glauben an den andern einen kleinen Schritt zurück. Es ist ein wechselseitiges Zulassen und Wollen. »*Ihr in mir und ich in euch.*« Der Glaube ist die Berufung, diese Kunst wahrzunehmen.

Die für Antonio Stradivari typischen, rund fließenden Schäfte der f-Löcher gehen harmonisch und völlig mühelos in die Augen über. Sie strahlen Ruhe und Anmut aus. Ganz anders ist das Gesicht der

Geigen von Giuseppe Guarneri del Gesù. Sie sind anders geschnitten, haben ein anderes Temperament, folgen einem anderen Ideal. Sie sind eigenwillig, eine dunkle, leidenschaftliche Schönheit. Selten ganz symmetrisch. Da sind unvermittelte Ecken, ohne den Fluss zu stören. Auch das ist reizvoll!

Wie steht es um die abgestürzten Zustände des Zulassens und des Gestaltens? In der *Planlosigkeit* ist keine Ehrfurcht. Alles ist sich selbst überlassen! In der *Zwanghaftigkeit* ist keine Liebe. Alles wird versklavt!

Die *Planlosigkeit* ist unfähig, der Idee zu folgen. Hier geschieht zwar alles, doch es wird nichts gestaltet. Das Ergebnis ist hässlich. Kein Charakter, keine Handschrift. Eine planlose Willkür. Das Kleinhirn würde reichen. Das vermeintlich spirituelle»Loslassen« wird zum erbärmlichen Alibi dafür, nichts wirklich gewollt zu haben. Am Ende muss solch ein Mensch sagen:»Ich bin nur passiert, aber ich habe nicht gelebt. Ich bin dem Leben ausgewichen, denn ich habe für nichts gelebt.« Es ist kein Zeichen frommer Erleuchtung, nichts zu wollen – und darum über allem Loslassen auch die eigene Berufung losgelassen zu haben. Da hat man das Kind mit dem Bad ausgeschüttet.

Die *Zwanghaftigkeit* ist der Absturz auf der anderen Seite. Ein zwanghaftes System ist unfähig, mit dem Ungeplanten umzugehen. Es ist unfähig, sich ablenken und stören zu lassen. Ein zwanghafter Mensch ist versessen darauf, umzusetzen, was er sich»in den Kopf gesetzt« hat. Er ist hilflos einem inneren (religiösen oder neurotischen) Diktat ausgeliefert und»kann darum nicht anders«. Die religiöse Zwanghaftigkeit ist das Korsett, das das Rückgrat der religiösen Identität ersetzt.

Ein zwanghafter Mensch – oder eine zwanghafte Gemeinschaft – bemüht sich, das eigene Dasein wie eine am Reißbrett entworfene, störungsfreie Konstruktion zu leben. Wenn die natürliche Welt, in der wir leben, in ihrer Unvollkommenheit schon nicht dem Reißbrett genügt, dann doch wenigstens die künstliche Welt, die wir durch unser religiöses Regelwerk errichtet haben. Nichts darf das eigene Denken, Bekenntnis und Planen gefährden. Der missionarische Erfolg einer zwanghaften Gemeinschaft besteht darin, Freiheit in Zwanghaftigkeit hinein zu bekehren. Störungen werden entsprechend als Bedrohungen empfunden, gegen die man sich zu schützen hat. Sie bringen das zwanghafte System aus dem mühsam aufgebauten Gleichgewicht. Was solch einer Geisteshaltung aufs Empfindlichste fehlt ist: Mut und Offenheit! Es fehlt die Wachsamkeit für die Verheißung des Momentes und das Bewusstsein dafür, dass gerade eine Störung sich bisweilen als eine heilige Führung erweisen kann. Eine Gemeinschaft wird selten wirksamer geprüft als an ihrer Fähigkeit, sich stören zu lassen.

Der wirklich Kluge lässt seinem Leben ausreichend Raum, dass Dinge auch gestört werden können und schiefgehen dürfen. Ein Mensch des Glaubens tut nicht nur das, worin er sich sicher ist. Gerade im Unerwarteten können manchmal gute Dinge geschehen. Man wird von einer größeren Weisheit überrascht und merkt am Ende womöglich: So war es gut! Auch wenn manch eine Erfahrung uns bisweilen durch Missgeschicke – zumindest durch Überraschungen – zugemutet werden muss.

Wenn uns der Mut fehlt, überrascht oder gestört zu werden und bisweilen gar zu scheitern, leben wir unter unseren Möglichkeiten. Da wird die Weisheit sagen: »Dass du nichts falsch gemacht hast, war dein größter Fehler, denn es zeigt: Du hast wenig versucht.« Man kann nicht mutlos sein und zugleich die Wege der Gnade gehen. Wir rechtfertigen unsere Mutlosigkeit damit, dass wir das Bewährte zu bewahren suchen, doch wie viel Staub legt sich auf die Wahrheit, wenn nichts angefasst werden darf! Da kann man mit Max Frisch doch fragen: »Was heißt Tradition? Ich dächte: Sich an die Aufgaben seiner Zeit wagen, mit dem gleichen Mut, wie die Vorfahren ihn gegenüber ihrer Zeit hatten. Alles andere ist Imitation, Mumifikation ...«[28]

Die Evangelien erzählen wunderbare Geschichten von Momenten, in denen die Störung zur Verkündigung wurde – oder diese zumindest provozierte. Ich denke etwa an die Geschichte vom Gelähmten und dem durchbrochenen Dach, wie sie im Markusevangelium geschrieben steht (2,1ff). Jesus predigte. Was es im Einzelnen war, ist für den Evangelisten Markus nicht der Erwähnung wert, denn die eigentliche Predigt geschah durch eine Störung. Vier Männer ließen ihren gelähmten Freund mit Seilen vom Dach aus zu Jesu Füßen nieder, denn an ein Durchkommen durch die dichte Menge war nicht zu denken. Für diese Aktion des Glaubens wurde das Dach des Hauses vorübergehend beschädigt, die Predigt Jesu gestört, das Gedankensystem der Frommen empfindlich brüskiert. Die *eigentliche* Störung aber, nämlich die seelische und körperliche Lähmung eines Menschen, wurde überwunden. Um üble Dinge zu überwinden, ließ Jesus Störungen und Irritationen zu – ja bisweilen provozierte er sie sogar. Alles diente dazu, die *eigentlichen* Störungen zu überwinden.

Wie auch immer – viele dieser Geschichten haben etwas Geniales. In ihnen zeigt sich ein Höchstmaß an Geistesgegenwart. So zu leben heißt, ein betendes und hörendes Herz zu haben. Es ist die Vollmacht eines Glaubens, der hören und handeln, zulassen und gestalten kann.

Hören und Tun

Die vierte Resonanz ist ein Paradebeispiel für die Wechselwirkung zweier Kräfte. Die Spannung zwischen *Hören und Tun* zieht sich wie ein Grund-Charisma durch die Bibel. Am Ende der Bergpredigt redet Jesus in einem Gleichniswort von einem klugen Menschen, der sein Haus auf Fels gebaut hatte. Es kamen nacheinander ein Platzregen und Wasser und Winde. Sie stießen an das Haus, doch anders als bei dem törichten Menschen, der sein Haus auf Sand gebaut hatte, stürzte das Haus des Klugen nicht ein. Es war auf Fels gegründet. Der kluge Mensch, so sagt Jesus, ist, »wer meine Rede hört und sie tut« (Matthäus 7,24). Hören und Handeln!

Ein ganz ähnliches Wort hatte wenige Jahre zuvor der große jüdische Gesetzeslehrer Hillel (70 v. Chr.–10 n. Chr.) den Menschen gesagt: »Wessen Weisheit mehr ist als seine Taten, der ist wie ein Baum, dessen Zweige viele sind und dessen Wurzeln wenige; es kommt ein Wind und reißt ihn aus und wirft ihn um.«[29]

»Hören und Tun« sind ein gewaltiges geistliches Kräftepaar. Das eine bringt das andere hervor – was für eine Resonanz ja charakteristisch ist. Der Abgrund eines Hörens, das sich nicht zum Tun überwindet, ist der *Intellektualismus*. Der Abgrund eines Handelns, das auf das Hören verzichtet, ist der *Pragmatismus*.

Der *Pragmatismus* ist eine Beleidigung unseres Verstehens. Er macht alle Dinge zu einer Rezeptsammlung, denn er hat keine Liebe für die Sache an sich. Diese Haltung ist der sicherste Weg, niemals ein hörendes Herz zu erlangen. Das Nützlichkeitsdenken des Pragmatismus macht den Glauben unfähig, irgendetwas zu hören, ohne dabei reflexartig zu fragen: Was bringt mir das? Solch eine Herzenshaltung entwürdigt das liebende Suchen und das suchende Lieben des Glaubens. Die großen Dinge der Wissenschaft wurden häufig von Menschen erbracht, die eine neugierige Liebe hatten, die Dinge zu erforschen. (Man nennt den Bereich, in dem solche Menschen zu Hause sind, Grundlagenforschung.) Ein Mensch, der jede Anstrengung dahingehend prüft, ob sie für den Moment etwas bringt, wird Gott und die Welt banalisieren; er hat weder ein forschendes Herz noch wird er jemals vor Gott ein hörender Mensch sein! Auf Dauer macht es unendlich müde, wenn man nur mit Menschen zu tun hat, die keine andere Frage kennen als die, was es bringt.

Die Kehrseite dieser verkehrten Herzenshaltung ist der *Intellektualismus*. Er ist eine Beleidigung der Tat, denn er reduziert den Glauben auf ein anregendes Gedankensystem. Man lässt sich zu nichts bewegen, denn die einzig bewegende Frage ist: Ist es ein schöner Gedanke? Regt er mich an? Es ist eine geistlose Haltung, denn was dem Menschen Halt und Reife gibt, so Jesus und Hillel, ist nicht seine Weisheit, sondern seine Tat.

Intellektualismus und Pragmatismus sind abgestürzte Größen. Die Berufung liegt im harmonischen Gegensatz aus *Hören und Tun*: Oft sollen wir Dinge verstehen, damit sie zu einem *späteren* Zeitpunkt ihre Frucht bringen können. Im Moment des Hörens sind die Dinge noch nicht reif, doch sie werden gesät. Wer sich angewöhnt hat, nach jedem Gespräch, nach jeder Predigt, jeder Lektüre und jedem Gedanken unwillkürlich zu fragen:»Was bringt mir das?«, der zieht und zerrt an der Pflanze, als würde sie dadurch schneller wachsen und ihre Frucht eher bringen.

Einmal wendet sich Jesus nach einer längeren Rede noch einmal an seine Jünger und sagt:»Darum gleicht jeder Schriftgelehrte, der ein Jünger des Himmelreichs geworden ist, einem Hausvater, der aus seinem Schatz Neues und Altes hervorholt« (Matthäus 13,52). Jesus redet hier von Schriftgelehrten, die zu Jüngern werden. Was solch ein Hausvater des Himmelreiches den Menschen zum Leben gibt, ist Neues *und* Altes: Es ist neu, das heißt unmittelbar vom Geist empfangen, und ist für diesen Moment richtig und recht. Doch es ist auch das Alte, das über lange Zeit hinweg empfangen, bewegt und durchlebt wurde. Es ist *gereift* wie ein guter Wein, und der schriftgelehrte Jünger holt ihn zur rechten Zeit aus den Kammern des Himmels, die sich ihm öffnen. Ein hörendes Herz braucht diese Liebe, in der die Dinge wachsen und reifen können. Wir brauchen einen größeren Respekt vor Gott, um der Gefahr des Pragmatismus zu widerstehen, der nur nach unmittelbarem Nutzen fragt und nichts reifen lässt!

Der harmonische Gegensatz zum Hören ist das Tun. Jesus ließ sich nicht unter Druck setzen, etwas hervorzubringen, was noch nicht reif war. In eine markante Situation spricht er hinein:»Meine Zeit ist noch nicht da. Eure Zeit aber ist allewege« (Johannes 7,6). Er kann warten und beobachten und zur rechten Zeit in der rechten Weise handeln. Die Lebensweise Jesu ist von einem inneren Blickkontakt zu Gott geprägt. So begreift er den Sinn der Zeit, die ihm gegeben ist. Im Leben Jesu gibt es kein Erkennen um des Erkennens willen. Keine Spur von

Intellektualismus. Er ist in der Lage, den Willen Gottes zu erkennen, einzig darum, *weil er ihn tun will!*

So wird in unserem Alltag eine *geistgewirkte Unruhe* entstehen, die uns zur Mahnung wird, wenn wir wieder und wieder über unsere Ruhe hinaus die Dinge abarbeiten, ohne sie zu erfüllen. Erst dann, wenn wir uns an einen heiligen Willen gebunden wissen, wird der Pendelausschlag zwischen pflichtbehafteter Getriebenheit und suchtartiger Entspannung in uns zur Ruhe kommen.

»Du bist« und »Du sollst«

Zeitlebens sind wir berufen, in das Mysterium der Gottesliebe tiefer hineinzuwachsen und so zu begreifen, *wer wir sind.* Wir dürfen nicht nur hören, *was wir sollen.* Wir müssen uns zugesprochen sein! Das ist das Wesen der Liebe. Sie zeigt uns, wer wir sind. Es *anzunehmen* heißt, sich in diesem Zuspruch *zu glauben.* Denn wer sich nicht glaubt, dem bleibt einzig, sich in seiner Welt täglich »zu beweisen«. Und nicht selten richten wir mit einer solchen verbissenen, maßlosen, waghalsigen, friedlosen Beweisführung uns (und die uns anvertraute Mitwelt) zugrunde! Kein Sollen oder Tun kann je ersetzen, was einem Menschen fehlt, der nicht weiß, wer er ist, weil er den Zuspruch nicht erfährt, der es ihm zeigt.

Es ist wie ein »Schwarzes Loch« der Seele, wenn der Stern, der unserem Leben Sinn und Zuspruch gibt, in uns erloschen ist oder erlischt. Die Getriebenheit in abenteuerlichen Selbstbeweisen, in Selbstansprüchen, Sorgen, Pflichten und Ängsten ist ein Schlund, der alles schluckt und doch nicht satt wird. Es ist eine Friedlosigkeit und Ruhelosigkeit im Menschen, wenn er äußerlich zwar Macht und Möglichkeiten hat, innerlich aber ohne jede Vollmacht ist – ohne jene Vollmacht, die darin besteht, einen Selbstwert zu empfinden, der nicht bewiesen werden muss. Wir sind dumm genug zu glauben, es würde ruhiger und besser mit uns werden, wenn wir noch mehr tun, noch

angestrengter uns hineinopfern in das, wonach der Schlund des Un-
befriedeten in uns verlangt. Der Hunger wird nur größer. Wir füttern
die gierigen Fettzellen einer unersättlichen Leere. Der einzig ruhige
Mensch ist der geliebte Mensch. Alles andere ist Illusion!

Am Anfang seiner »Confessiones« schreibt Aurelius Augustinus
(354–430) das bekannte Gebet: »Unruhig ist unser Herz, bis es ruht in
dir.«[30] Über vierzig unterschiedliche Ihr-seid-Worte habe ich im
Neuen Testament einmal gezählt: »Ihr seid Kinder Gottes; Erben der
Verheißung; eine königliche Priesterschaft; Salz der Erde; Licht der
Welt« und vieles mehr. Es sind Sätze der Würde. Gemeinsam ist diesen
Worten: Du bist all das nicht, weil du es sollst, sondern weil Gott dich
dazu macht! Deshalb geht es nicht allein um eine Bekehrung unserer
Moral, sondern viel früher und tiefer um eine Bekehrung unserer
Identität.[31]

Der Gründervater der geistlichen Bewegung von Taizé, Frère Roger, hat das Wort des Augustinus abgewandelt und ihm einen Akzent
gegeben, der unsere Willenskraft anspricht. Er sagte: »Mein Herz
bleibt unruhig, bis es dir, Christus, alles übergibt, was es fernhält von
dir.«[32] Damit ist ein »Du sollst« – und damit der menschliche Wille –
angesprochen.

Die Wechselwirkungen zwischen *Sein* und *Sollen* können einem
reifen Leben nicht erspart bleiben. Wir müssen in diesem Konflikt leben, denn es liegt darin eine wirkende Kraft. Unser *Sein* muss den
Ozean des Sollens durchqueren, und unser *Sollen* darf im Zuspruch
des Seins vor Anker gehen. Verlieren wir eines von beidem, droht
wahlweise der Schiffbruch oder die ewige Flaute. Wer nicht weiß,
wer er ist, der hat kein inneres Gewicht! Da fehlt das Gewicht im Kiel
des Schiffes, das es in Stürmen bewahrt. Wer nicht weiß, was er soll,
der hat sein Segel nicht gehisst. Da entsteht kein Aufbruch, keine
Fahrt.

Besteht alles nur aus *Sollen*, droht das Leben in den Stürmen der
Ansprüche zu kentern. Es ist der Schiffbruch der *Selbstentwürdigung*,
die lautet: »Ich bin nichts, denn ich schaffe nicht, was ich soll!«

Besteht das Leben nur aus *Sein*, droht die ewige Flaute der *Selbstbeschwichtigung*; sie lautet:»Ich muss nichts, denn es reicht, was ich bin!« Beides ist nicht wahr. Eine Resonanz entsteht nur durch eine Wechselwirkung zwischen zwei Kräften. Darum müssen Anspruch und Zuspruch beide ihre Kraft behalten. Die Bibel lehrt uns, beides zu sehen und der Selbstentwürdigung und der Selbstbeschwichtigung gleichermaßen zu widerstehen.

Wahrheit und Güte

In einem Psalmwort heißt es:»Deine Güte ist mir vor Augen, und ich wandle in deiner Wahrheit« (26,3). Das Wort beschreibt damit eine Resonanz zwischen zwei starken Größen. Darin klingt an: Wandle nicht in der Wahrheit, ohne die Güte Gottes vor Augen zu haben! Denn ohne seine Güte wird in deiner Wahrheit eine Härte und Schärfe sein, die das Leben verletzt. Wo die Güte fehlt, wird die Wahrheit zum Albtraum. Sie wird zu einer Lüge gegen den gnädigen, barmherzigen und geduldigen Gott.

Es ist zu wenig, unsere in vielem so erbärmliche Welt mit der eigenen Wahrheit zu beglücken. Jeder Fanatiker meint, er kämpfe für Gott oder für etwas Höheres, wenn er für die Wahrheit kämpft. Das ist nicht wahr. Denn wenn er die Güte verliert, dann verliert er das, wofür er kämpft. Gerade weil viele Zustände so erbärmlich sind, kann nur die Güte sich ihrer erbarmen. Der Fanatiker hat nicht die Güte, sondern das Unrecht vor Augen, gegen das er sich stellt – oft genug tut er es ja nur zu Recht! Doch ohne Güte wird sich seine Wahrheit zur Gottheit machen. Damit nimmt sich die Wahrheit ein Recht, das sie nicht hat. Gott ist die Wahrheit; die Wahrheit aber ist nicht Gott. Der Fanatiker glaubt, über die Wahrheit zu verfügen, aber er vergisst: Gott ist das einzig Unverfügbare! Nur Gott ist Wahrheit. Über ihn aber verfügen wir nicht!

Wahrheit und Güte sind ein lebensnotwendiges Kräftepaar. Die Wahrheit schützt die Güte vor der *Beliebigkeit*; die Güte schützt die

Wahrheit vor der *Lieblosigkeit*. Beide Gipfel und auch deren Abgründe kommen in einem Wort des Kirchenvaters Aurelius Augustinus zum Ausdruck, der sagte: »Hasse die Sünde, aber liebe den Sünder.« Wer die Güte liebt, der liebt den Sünder.

Wer keine Wahrheit annimmt, an der er sich ausrichtet, der ist wie ein weiches Holz, dem es an Rückstellkraft fehlt. Es ist dann wie bei der Geige: Der Klang wird dumpf. Wir brauchen eine moralische Rückstellkraft![33] Sie wird nicht von der Güte, sondern nur von der Wahrheit aufgebracht!

Unser Gespür für Unwahrhaftigkeit ist nur leider gerade dann besonders fein eingestellt, wenn es nicht um uns selbst, sondern um den andern geht. Empfinden wir, dass Dinge nicht in Ordnung sind, so sind wir auf einmal zu großen Energieschüben der Empörung fähig. Wir meinen, wir empörten uns über das Unrecht, aber bauen uns doch vor allem am selbstgerechten Genuss der eigenen Empörung auf. In diese Richtung geht die Argumentation des Apostels Paulus, wenn er schreibt: »Worin du den andern richtest, verdammst du dich selbst« (Römerbrief 2,1).

Es ist, wie eine Geschichte in den Gleichnissen des Tschuang-Tse (ca. 300 v. Chr.) es sagt: Ein Hofmeister spricht mit dem Weisen Kü Po-Yü über seinen adligen Zögling und klagt: »Er hat eben Verstandes genug, um die Fehler der andern zu sehen, aber nicht genug, um seine eigenen zu sehen. Ich weiß daher nicht, was ich tun soll.«[34] Die Antwort des Weisen zielt darauf ab, den Zögling zu leiten, ohne ihn zu verletzen.

Wir spüren intuitiv: Eine Güte ohne Wahrheit ist nicht gut; eine Wahrheit ohne Güte ist nicht wahr. Wir wissen, dass weltanschauliche Wahrheiten nicht beweisbar sind, und die Kirche hat Gott sei Dank die verletzende Macht verloren, sie zu diktieren. Aber wir haben ausreichend Intuition, die es uns verbietet, uns der aufrichtigen, gelebten Suche nach Wahrheit (nach Logos, nach Sinn) zu entziehen und dieser Wahrheit Gestalt zu geben. Was wollen wir eigentlich mehr? Unser Leben soll das Unsagbare widerspiegeln. Das ist der Mensch!

Um es als Geigenbauer zu sagen: Wahrheit und Güte sollen eine Resonanz bilden. Der Klang unseres Menschendaseins braucht diese Resonanz. Ein schlechter Klang ist Sünde. Wenn wir in unserer Beliebigkeit Sünde rechtfertigen, hat das etwas *Dumpfes*; es ist wie das zu weich oder zu dünn ausgearbeitete Holz. Es ist dann ohne innere Rückstellkraft! Wenn aber unsere Lieblosigkeit den Sünder verurteilt, hat das etwas *Scharfes*. Man kann als Geigenbauer nur dann den dumpfen Klang vermeiden, wenn in der Wärme des Klanges die *Brillanz* erhalten bleibt; umgekehrt kann man einen scharfen Klang nur dann vermeiden, wenn in der Brillanz des Klanges die *Wärme* bleibt. Schärfe und Dumpfheit haben etwas Ordinäres. So ist auch ein Leben, in dem es um Wahrheit auf Kosten der Güte geht, letztlich ordinär. Und ein Leben, in dem es um Güte auf Kosten der Wahrheit geht, ist es ebenso. Es ist ein schlechter Klang, ob er nun dumpf (d.h. ohne Wahrheit) oder scharf (d.h. ohne Güte) ist. Da ist keine Modulierbarkeit, nichts wirklich Geistreiches und Nachhaltiges im Umgang miteinander.

Geri Keller, ein geistlicher Vater unserer Tage, sagt: »Nur der Reine kann den Sünder annehmen – und zwar so annehmen, dass er nicht die Sünde an ihm sieht, sondern das Geschöpf. Weil wir selber in uns noch Sünde haben, sehen wir im andern zuerst die Sünde, anstatt das Geschöpf Gottes in ihm zu sehen.«[35]

Vollkommenheit und Vorläufigkeit

Ein letztes Kräftepaar zeigt, dass auch die größten Worte nicht für sich allein stehen können. Eines dieser großen Worte ist der Begriff der Vollkommenheit. Was könnte die Größe haben, als ein harmonischer Gegenpol neben der Vollkommenheit zu stehen? Worauf könnte sie angewiesen sein? Auch die Vollkommenheit braucht in der Tat einen starken Partner, denn als eine einsame Größe würde sie zum Perfektionismus entarten. Dem Perfektionisten fehlt die Bereitschaft, die Vorläufigkeit des eigenen Daseins als eine Notwendigkeit anzusehen.

Ohne Vorläufigkeit hätte nichts und niemand das Recht, sich zu entwickeln. Der Perfektionist nimmt den Dingen, die er berührt, das Leben, denn er erlaubt nicht, dass etwas reifen kann. Er gibt den Dingen keine Zeit, er lebt in seiner Verbissenheit nicht aus den Kräften der Hoffnung.

Jesus spricht im Gleichnis vom Weinstock davon, dass all das, was in der Innigkeit der Gottesbeziehung gewachsen ist, einmal der Ewigkeit Gestalt verleiht (Johannes 15,8.16). Da ist *Vollkommenheit* und *Vorläufigkeit* zusammengebracht. Sie sollen ein gesundes Wortpaar bilden. Das abgestürzte Spiegelbild ist das Wortpaar aus *Perfektionismus* und *Halbherzigkeit*.

Durch die Freundschaften mit guten Musikern erlebe ich, wie sehr der Perfektionismus eine der großen musikalischen Anfechtungen ist. Vielleicht liegt das daran, dass nichts mehr zurückzuholen oder auszubügeln ist, wenn die Töne das Instrument erst einmal verlassen haben. Alles geschieht im Konzert, ist einmalig und unmittelbar. Es ist eine vollkommene Präsenz, ein ungeteiltes Jetzt.

Eine Sängerin sagte mir: »Ich habe früher immer gedacht, ich muss erst perfekt sein, um auf die Bühne zu gehen und zu singen. Das hat mich unglaublich unter Druck gebracht. Heute kann ich meine Vorläufigkeit bejahen und merke, dass ich wachse.«

Eine mit ihr befreundete Oboistin ergänzte es mit den Worten: »Unzufriedenheit war in meinem Studium wichtig, weil sie mich weiterbrachte. Aber Perfektionismus bremst aus. Denn da hat man Angst und kann sich darum nicht entwickeln.«

Ein international konzertierender Pianist erzählte mir, er habe jahrelang unter einer starken Unzufriedenheit gelitten: »Ich wusste, Bach muss man anders spielen! Da war ein konstantes Minderwertigkeitsgefühl in meinem Spiel. Aber das war keine konstruktive Unzufriedenheit ...«

Niemand wird behaupten, dass es ein Ziel sei, musikalische Gleichgültigkeit oder spieltechnische Mittelmäßigkeit zu bejahen. Und doch ist die Vollkommenheit eines wahren Musikers etwas ganz anderes. Ich bin überzeugt, es ist letztlich die Öffnung zu Gott hin. Ich kann mir kaum vorstellen, dass es einen großen Musiker gibt, der nicht davon überzeugt wäre, in der Musik einer Wahrheit zu dienen, die größer ist als er selbst. Es bedarf dazu keiner Worte und Texte.

Ein befreundeter Pianist erzählte mir von einem Konzert, das er gegeben hatte. Er sagte:»Nach dem Mozartkonzert kam eine fremde Frau zu mir und wirkte sehr angerührt. Sie sprach: Darf ich Sie etwas fragen? An der Art, wie Sie spielen – ich habe den Eindruck, Sie sind gläubig.« Sie hatte in den Tönen etwas von Gott erfahren. Es lag nicht an irgendeinem Text. Den gab es ja gar nicht. Vielleicht hat sie empfunden, was die Musik für diesen Musiker bedeutet. Er sagte mir einmal, für ihn sei jeder Ton ein Lobpreis Gottes.

Das Vollkommene ist nicht der Ton, sondern das, was den Ton trägt. Jesus sagt:»Wenn das Weizenkorn nicht in die Erde fällt und erstirbt, bleibt es allein; wenn es aber erstirbt, bringt es viel Frucht« (Johannes 12,24). In diesem Wort liegt ein geheimnisvoller Schlüssel zu beidem, zur Vorläufigkeit und zur Vollkommenheit. Das Weizenkorn ist vorläufig, denn es ist ja noch kein Keim, geschweige denn eine volle Ähre. Doch diese Vorläufigkeit nimmt dem Korn nichts von der Bedeutung und dem Sinn, den es trägt. Was ein Mensch jetzt und hier tut, ist nicht weniger wichtig und nicht weniger wahr als das Leben der zukünftigen Welt. So vorläufig unser Tun auch sein mag – wie ein Weizenkorn trägt es doch alles in sich. Durch Hingabe kommt es ins Leben.

Die Hingabe ist das Merkmal des ewigen Lebens. Die Hingabe ist die Wahrheit des Himmels, es ist das, was Jesus in einer vollkommenen Weise auf Erden lebte und was ihm die Würde gibt, als Menschensohn »Sohn Gottes« genannt zu sein. Denn durch die Hingabe wurde sichtbar, wer er war, und die Hingabe war auch die Kraft all dessen, was er bewirkte.[36] Ein Mensch, der in all seiner Vorläufigkeit zur Hingabe fähig ist, trägt heute schon das Lebensmerkmal der künftigen Welt; er bringt ewiges Leben in das Heute unserer Welt hinein.

Ich erinnere mich, dass unser älterer Sohn Jonas – er war damals vier Jahre alt – auf einer Autofahrt etwas Ungewöhnliches sagte. Wir hatten über nichts Besonderes gesprochen, da sagte er nach einer längeren gesprächslosen Stille ganz unvermittelt von der Rückbank aus:»Mama, ich weiß jetzt, warum wir nicht so genau wissen, wie es im Himmel ist! Wenn wir wüssten, wie schön es da ist, würde ja niemand mehr leben wollen!« Wir waren sprachlos, denn damit sprach er sicher etwas ganz Wesentliches aus.

All unserer Vorläufigkeit zum Trotz sollen wir *heute* leben wollen. Wir sollen nicht durch eine weltflüchtige Sehnsucht nach Vollkommenheit unser Leben zerstören, vielmehr sollen wir auch durch Widrigkeiten und Enttäuschungen hindurch unsere heutige Berufung erfüllen. Es sind Geburtswehen der künftigen Welt.

Wir sind immer Werdende. Selbst unser Vergehen wird ein Werden sein. Das Weizenkorngleichnis sagt: Dein Leben ist kein Sterben, das seinem Tod entgegenlebt. Wäre es so, dann wären wir unentwegt Getriebene. Wir müssten in unserm weizenkornkleinen und weizenkornkurzen Leben alles erleben, alles herausholen, alles perfektionieren, müssten uns verewigen. Es entstünde eine entsetzliche Kleinlichkeit: Ein ständiges Vergleichen zwischen dem armseligen *Ist* und dem unerbittlichen *Soll*, ein ständiges Vergleichen zwischen dem verbrauchten und dem noch verbleibenden Leben. Wissen wir denn immer so genau, was unser Soll ist? Wissen wir denn, welche Zeit und Kraft, welche Umstände und Möglichkeiten wir noch haben? Es wäre ein Weizenkorn, das sich verbissen bemühte, sich selbst etwas Endgültiges zu sein.

Die Nähe zu Gott, in der wir heute schon leben können, entfaltet eine andere Freiheit: Wir leben nicht unserm Tod entgegen, sondern wir sterben unserm Leben entgegen. Nicht erst in unserer letzten Hingabe (dem Tod), sondern auch in jeder alltäglichen Hingabe an das, worin wir heute schon Sinn erahnen und Freude erfahren, wird stets etwas Schlummerndes zum Leben erweckt. Es ist die Schönheit der Gnade, die das tut. Wir wechseln im Sterben unsere Lebensform, doch wir werden nicht zerstört. Das ist die Freiheit der Vorläufigkeit: Es muss nicht alles hier geschehen, und es muss nicht alles zu Ende gebracht werden. Wir müssen nichts Endgültiges sein, denn wir sind es nicht. Das Leben ist in all seiner Vorläufigkeit der Anfang einer Vollkommenheit. Es ist kostbar wie das sterbende Korn. Natürlich spricht aus dem Wort Jesu auch ein schmerzhafter Klang. Denn er sagt, wenn das Korn »nicht in die Erde fällt, dann bleibt es allein«. Wenn es »alleine bleibt«, also *für sich* lebt, dann verfehlt es sein Leben. Es ist, wie jene Oboistin sagte: »Man hat Angst und kann sich darum nicht entwickeln.«

Perfektionismus ist der denkbar schlechteste Weg, wenn es darum geht, Ängste zu überwinden. Man hätte damit den Bock zum Gärtner gemacht. Ich will lernen, darauf zu vertrauen, dass mir zur rechten Zeit das Rechte gegeben wird.

Könnte ich Musikern etwas ins Herz sprechen, so wäre es dies: Du bist kein Artist der Perfektion. Wenn jeder Ton makellos sein muss, macht es die Sache trostlos und feige. Der Perfektionismus raubt dir die Persönlichkeit! Da werden die Dinge austauschbar, und sie verlieren ihr Charisma. Du spürst einen Druck auf deinen Schultern, doch er wird erst dann genommen, wenn du, anstelle der Ansprüche, deine Berufung begreifst: Du tröstest die Herzen, du berührst die Herzen, du segnest die Herzen! Du machst in der Musik eine Sprache des Himmels hörbar, die uns gegeben ist, damit wir fähig sind, die Welt zu ertragen und sie trotz aller Widrigkeiten zu lieben. Sie erhebt unser Herz. Als Musiker musst du den Sinn deiner Berufung begreifen. Du bist kein Darsteller deines Könnens, sondern ein Diener: Du darfst die Menschen segnen. Erlaube deinen Ängsten nicht, dir diese Vollmacht zu rauben! Wenn du dich nicht riskierst und dir Fehler nicht verzeihst, nimmst du deiner Berufung ihre Verheißung und Kraft. Du wirst nicht auf die Bühne geführt, damit du dein Können zeigst, sondern weil Gott durch die Stimme deines Klanges sprechen will. Er kennt die Nöte und Zustände der Menschen, die dich hören, und er weiß, wie er sie segnen will. Er sagt:»Du weißt es nicht, mein Freund, aber ich werde es durch dich tun.« Darum bist du berufen, ein Instrument zu sein.

So wird der Druck des Perfektionismus erst dann aus unserer Seele weichen, wenn wir nicht mehr Knechte unserer Begabung sind. Der Knecht spricht:»Ich erkenne mich an, wenn ich etwas gut kann. Ich ernähre mich davon, dass andere es sehen.« Das Selbstbild des Knechts hängt am Tropf der eigenen Begabung, die unentwegt in Erfolg und Beifall verwandelt werden muss. Träufelt dieses Suchtmittel nicht in seine Seele ein, dann verliert der Knecht sein inneres Leben und fällt in das seelische Koma derer, die sich wertlos fühlen.

Das Selbstbewusstsein des Geliebten nährt sich aus einer anderen Kraft. Was er tut, das tut er, weil er berufen ist. Das ist – über jedes profane Selbstbewusstsein hinaus – das Sinnbewusstsein des Geliebten. Da ist die Begabung ihm anvertraut, doch er bedarf ihrer nicht, um sich Geltung zu schaffen, sondern um der Liebe, die ihn berufen hat, eine Antwort zu geben. Das Leben des Geliebten lebt aus der Kraft dessen, dem er sich in allem verdankt. Über solch einem Dasein steht die Kraft der Gottesliebe. Wer sich nicht verdankt, berufen und begrenzt weiß, der muss sich durch seine Begabung unentwegt bestätigen, definieren und entgrenzen – er wird sich sonst nicht spüren. Weh dem Leben solch eines Knechts, der nie gelernt hat, auf etwas anderes abzuzielen als auf sich selbst! Weh einem Leben, das sich selbst zum Ziel gemacht hat, es verhungert an der eigenen Substanz, denn es will sich von sich selbst ernähren. Es hat nie gelernt zu empfangen, nie gelernt, ein Kind Gottes zu sein, nie gelernt, sich von diesem heiligen Willen lieben und berufen zu lassen. In solch einem Leben, das nichts von Sinn und Berufung weiß, wird die übermächtige Begabung zum Kannibalen des eigenen Daseins. Sei ein Diener! Denn sonst beutet deine Begabung gnadenlos den Rest deines Menschseins aus!

Nur der Geliebte hat das Wesentliche begriffen. Er weiß:»Ich bin nicht am Ziel, aber in all meiner Vorläufigkeit bin ich berufen.« Das ist das Leben des Dieners. Über seinem Leben steht eine heilige Mahnung: »Lass nicht die Tyrannei deiner Begabung dir deine Berufung zerstören. Nur wenn du ein Diener bleibst, wirst du nicht zum Knecht! Ein Diener seiner Berufung hat Autorität, ein Knecht seiner Begabung hat nur sich selbst.« So steht es mit der Resonanz aus Vorläufigkeit und Vollkommenheit. Es ist ein großer Klang!

In diesem Kapitel habe ich versucht, sieben Resonanzen oder Kräftepaare des geistlichen Lebens zu skizzieren. So unterschiedlich jede für sich auch sein mag, sie folgen doch alle dem gleichen Gedanken. Wie die Modalanalyse die Eigenschwingungen der Geige sichtbar macht und so etwas vom inneren Wesen der Geige offenbart, so kann die Weisheit des Glaubens uns wesentliche Dinge über die »Eigenschwingungen« unserer Berufung offenbaren.

Damit möchte ich die Gedanken zu den harmonischen Gegensätzen beenden. Diese Art zu denken hat meinen Umgang mit der Bibel und mit mir selbst verändert und den Glauben unter ein neues Licht gebracht. Es ließen sich unzählige weitere harmonische Gegensätze finden. All diese Wortpaare sind keine gedanklichen Spielereien; sie beschreiben Kräfte, die sich in unserer Geisteshaltung und unserer seelischen Verfasstheit zeigen und dem Leben Gestalt geben. Wie das Resonanzprofil dem Instrument Klangfarbe verleiht, so geben all jene Kräfte dem Klang unseres Menschseins ihr inneres Leben.

»Siehe, in meine Hände habe ich dich gezeichnet.«
Jesaja 49,16

Die Wölbung und der Faserverlauf 5
Glaube als Ehrfurcht und Barmherzigkeit

Die meisten meiner Werkzeuge, mit denen ich täglich arbeite, habe ich selbst gemacht. Meine Hobelbank ist breiter, kürzer und schwerer, als die handelsüblichen es sind. Ich habe sie während meiner Lehrjahre aus einer alten Eichenschwelle gebaut, die gut sechzig Jahre lang die Schienen eines alten Sägewerkkrans trug. Sie steht in der Mitte meiner Werkstatt. Die Holzverbindungen des Gestells und die Ausschnitte für die Bankhaken habe ich von Hand herausgestochen, die Stahlgewindestangen zum Spannen hat ein Schlosser vor Ort gemacht.

Überhaupt ist fast all mein Werkzeug nichts, was man irgendwo kaufen kann. Die Griffe für die Schnitzeisen aus japanischem, mehrfach gefaltetem Stahl haben wir uns damals selbst geschnitzt, sodass sie gut in der Hand liegen. Die Abstecheisen habe ich mit Freunden aus meinem Lehrjahr damals im Stubaital schmieden lassen.

Ein alter Meister vor Ort hat dann nach meiner Skizze die Griffe gedrechselt. Sie haben am vorderen Ende einen zusätzlichen Knauf, denn es gibt drei unterschiedliche Handhaltungen, in denen man sie führt. Jedes Eisen hat eine andere Krümmung. Um sie schneller zu erkennen, wenn sie alle gleichzeitig auf der Werkbank liegen, ist jeder Griff aus einem anderen Holz gemacht, Buchsbaum, Birnbaum, Ebenholz, Jakaranda, Rosenholz, Bubinga. Wir haben damals viel Sorgfalt und Mühe auf die Anfertigung unserer Werkzeuge verwandt. Um das Gewicht meiner Schnitzeisen mit ihren unterschiedlich breiten

Schneiden zu erhöhen, habe ich die Holzgriffe in verlötete Messingeinlagen eingefasst. Durch das größere Gewicht laufen sie ruhiger in der Hand. Am Ende meines Lebens, wenn ich bis ins hohe Alter arbeiten darf, werde ich – alle Stunden zusammengerechnet – meinen 18-Millimeter-Schnitzer insgesamt wohl knapp zwei Jahre in meiner rechten Hand gehalten haben.

Die Vertrautheit mit dem Holz

Bisher habe ich noch nichts über den eigentlichen Werdegang der Geige geschrieben. Ich habe die Suche nach dem Sängerstamm, das Leben des Baumes, die Linienführung des Umrisses und schließlich die innere Vorstellung von den Klangfarben beschrieben. Damit ist alles vorbereitet und der schönste Arbeitsschritt im Geigenbau kann nun beginnen: Ich arbeite aus dem Klangholz die Wölbung heraus! Nun bekommt das Instrument seine klangliche Handschrift! Mehr als bei allen anderen Arbeitsgängen wird man beim Hobeln der Wölbung mit dem Holz und seinen Bedingungen eins. Auch diese Arbeit wird zu einem Gleichnis werden.

Die Deckenkeile, die über Jahre in meiner Werkstatt lagerten, sind in der Mitte mit Knochenleim zusammengefugt. Das junge Splintholz, das im Baumstamm außen lag, kommt dadurch im Zentrum der Decke zu liegen, das Kernholz, das im Stamm innen lag, nimmt den Randbereich des Umrisses ein. Die Decke ist in die hölzernen Banknägel der (eben erwähnten) Hobelbank gespannt. Das Abstecheisen mit seiner breiten Schneide liegt daneben. Die kleinen Wölbungshobel liegen bereit. Die gebogen geschliffenen Ziehklingen sind scharf und haben an der Schneide ihren Grat erhalten. Dann arbeite ich – anfangs in groben und lang gezogenen Stichen – aus dem keilförmigen Holz die Wölbung heraus. Je länger ich arbeite, desto feiner werden die Stiche. Anfangs müssen sie groß sein. Sie geben der Wölbung ihren Charakter. Jeder Stich durch das Holz hat seinen eigenen zischenden oder reißenden Ton. Arbeite ich mit dem Spalt (also mit der Faserrichtung), dann entsteht ein heller Ton, und das Eisen läuft ruhig. Arbeite ich gegen die Faser, dann ist der Ton rau und reißend; das Eisen vibriert und wird unruhig in der Hand. So höre und spüre ich bereits vom ersten Stich an den Faserverlauf und mache mir das Holz vertraut. Den Verlauf der Fasern zu missachten, würde bedeuten, den Klang der Geige zu verderben. Da kann die Wölbung augenscheinlich noch so schön sein. Wird die Wölbung der Faser nicht gerecht, dann ist es nicht die Arbeit eines Meisters.

Das Geheimnis im Geigenbau

Natürlich will ich das Geheimnis nicht ganz verraten, doch es hat damit zu tun, dem Holz in der rechten Weise zu dienen. Das ist die heimliche Kunst darin. Man muss wissen, was es heißt, dem Holz gerecht zu werden.

Vor einigen Jahren bekam ich drei Geigen des italienischen Großmeisters Antonio Stradivari in mein Atelier. Es war ein großes Glück, dass es fast gleichzeitig geschah, denn so konnte ich während dieser besonderen Tage ihre gemeinsame Handschrift studieren. Alle drei waren während der goldenen Periode seiner Schaffenszeit, Anfang des 18. Jahrhunderts, entstanden. Ihr Ton hat eine Samtigkeit und Tiefe. Auf solchen Geigen zu spielen ist wie in Klang gegossenes Gebet: Es kommen zwei Dinge zusammen, die sonst selten gleichzeitig geschehen: Der Klang einer solchen Geige hat etwas Sanftes und zugleich eine große Kraft. Das ist ihr Geheimnis. Es ist, als hüllten sie einen in eine Klangwolke ein, sodass ein befreites, erfüllendes, angstfreies Spielen entsteht. Man spielt anders auf solchen Geigen. Ja, manchmal ist es fast, als »würde man gespielt«. Oft fällt es mir während solcher Tage schwer, ausreichend Zeit für meine Arbeit zu finden. Ich kann es dann nicht lassen, auf solchen Geigen zu spielen und die Stunden auszukosten, die sie in meiner Werkstatt sind.

Jene drei Geigen sind unverkennbar Werke eines gemeinsamen Schöpfers. Ihr Klang ist intensiv und mehrdeutig in seinen Farben. Sie sind nicht laut am Ohr und doch entfalten sie selbst im Piano eine Tragfähigkeit, die ganze Säle zu füllen vermag. Ihr Klang hat eine leuchtende Kraft und eine einnehmende Räumlichkeit, doch auch ihr Lack ist, als blicke man durch die Tiefe der Holztracheiden hinein in einen Raum.

Sie haben eine gemeinsame Handschrift, und doch ist jede auf ihre eigene Art geschaffen. Keine ist eine Kopie der anderen. Ihr Holz ist unterschiedlich, darum hat die Weisheit des Meisters jeder Geige eine andere Stärkenverteilung gegeben. Plattenstärken und Wölbungsidee folgen einem einheitlichen Gedanken, das Holz aber verlangte – seiner Dichte und Elastizität entsprechend – jedes Mal ein anderes Maß. Selbst der Umriss folgte nicht starr dem vorgegebenen Formbrett. Das drückt vor allem eines aus: Stradivari blieb seiner Handschrift treu und verleugnete dennoch nicht, was das Holz an Unterschieden von ihm verlangte. Damit ist der Grund des Gleichnisses gelegt.

Perfektion oder Vollkommenheit?

Es wäre billig, dem Holz die eigene Vorstellung aufzuzwingen. Eine höhere Kunst ist es zu erkennen, was die gegebene Faser verlangt. Und eben das ist die Klangkunst im Geigenbau. Ein Formfanatiker folgt nur seinem Gesetz. Auch der Vollkommene folgt dem Gesetz, auch er weiß um die Gesetze der Akustik, die das Instrument erfüllen soll, doch er sieht noch etwas anderes. Er achtet das Krumme und Gewachsene der Fasern, die nicht an der falschen Stelle durchschnitten werden dürfen. Geistreich ist der Werdegang erst dann, wenn nicht eine blinde Formvorstellung, sondern eine innere Weisheit die Arbeit leitet. Dem Perfektionisten reicht die Erfüllung des Gesetzes, der Vollkommene aber erfüllt den Klang, und er weiß, dass er diesen nicht an der Holzfaser vorbei erfüllen kann. Darum besteht der Geist dieser Klangkunst darin, die Gesetze der Akustik zu achten und zugleich dem Holz gerecht zu werden. Nur so wird der Werdegang sein Ziel erreichen: den guten Klang.

Im Römerbrief ist ebenfalls von einem Werdegang die Rede, und er beschreibt die gleiche Kunst. Da geht es um den »Faserverlauf« des Menschseins. Die Weisheit, die sich in den drei Geigen Stradivaris offenbarte, zeigt ihre Art auch hier:

»Wir wissen, dass denen, die Gott lieben, alle Dinge zum Besten dienen, denen, die nach seinem Ratschluss berufen sind. Denn die er ausersehen hat, die hat er auch vorherbestimmt, dass sie gleich sein sollten dem Bild seines Sohnes, damit dieser der Erstgeborene sei unter vielen Brüdern. Die er aber vorherbestimmt hat, die hat er auch berufen; die er aber berufen hat, die hat er auch gerecht gemacht; die er aber gerecht gemacht hat, die hat er auch verherrlicht« (Römerbrief 8,28–30).

Man kann diese Stelle des Neuen Testaments durch die Arbeit an der Geigenwölbung verstehen. Das Holz ist sorgsam ausgesucht (»ausersehen«). Es geht dabei um seine Eigenart, allem voran um seinen Faserverlauf und die Richtung der Markstrahlen im Hirnholzschnitt. Ein guter Geigenbauer achtet auf die Zeichnung des Holzes, er erkennt dessen Spiegel und Flammung. Zwischen den Fingern spürt er die Festigkeit und prüft die Dichte. All dies zeigt die Möglichkeiten und Grenzen eines jeden Holzes. All seine Eigenheiten und Eigenschaften haben ihren Einfluss auf den Klang, den das Holz einmal abstrahlen wird. Das macht ja den Reiz erst aus. Besonders achte ich beim Tonholz auf den speckigen Glanz in der Fläche der Längsfasern und auf einen hohen Anteil der langfasrigen, dünnwandigen Frühholzzellen. Das glanzlose Holz ist meist zu schwer. Da ist es unendlich schwer, einen guten Klang zu schaffen. Wenn es dennoch gelingt, ist es umso wertvoller.

Jedes Stück Holz ist in meiner Werkstatt seiner Dichte und Schallgeschwindigkeit nach aufbewahrt, denn in der Wahl des Holzes ist schon eine erste Entscheidung über die Art des Klanges getroffen, den das Instrument einmal haben soll. Zwischen den Fingern spürt man das Rauschen seiner Resonanzen. Die akustische Dämpfung und das Verhältnis von Schallgeschwindigkeit zu Dichte werden hörbar, wenn man die Eigentöne der aufgeschnittenen Holzkeile zum Klingen bringt. Dazu muss man das Holz an den akustischen Knotenpunkten halten und mit einem Finger an seinen Schwingungsbäuchen anklopfen. Jede Eigenschwingung hat ihre eigenen Knotenlinien, jeder Schwingungsbauch seinen eigenen Musterverlauf. Wenn man es richtig hält, entsteht ein heller und glockenartiger Klang. Man muss wissen: Durch diese Eigentöne gibt das Holz sich zu erkennen.

Der tiefste Eigenton entsteht durch die Torsionsschwingung. Das Holz schwingt dabei in einem Knotenlinienkreuz. Der nächste Eigenton entsteht durch die Längsbiegeschwingung, dabei verlaufen stets zwei Knotenlinien quer. Dann kommt die Querbiegeschwingung usw. Jede Schwingung hat ihr eigenes Muster, das man kennen muss, will man die Eigentöne hören. Diese Klopftöne zeigen mir, wie ich das Holz bearbeiten muss, um seiner Eigenart gerecht zu werden.

Geigenbauer wissen, dass sich im Stamm Reaktionsholz gebildet hat, wo dieser durch eine exponierte Windlage über lange Zeit dem starken Wind ausgesetzt war oder wo er durch Hanglage und den Druck der Schneemassen einseitig belastet war. Es bildet sich ein problematischer Wuchs. Auch unser Leben war und ist nicht immer guten Einflüssen ausgesetzt. Manches ist schiefgegangen, war zu lange unter Druck und zu vielen Stürmen ausgesetzt. Wir sehen unseren schwierigen Faserverlauf, spüren die Einseitigkeiten und Verletzungen unserer Seele. Und doch ist es auch mit uns wie mit den Eigentönen des Holzes. Es sind die kleinen und großen Prüfungen des Alltags, durch die wir uns zu erkennen geben. Sie klopfen an unser Leben an und machen den Faserverlauf hörbar, den wir haben.

Wenn ich nun schon als Geigenbauer die Liebe habe, mit der gewachsenen Faser zu arbeiten, und entschlossen bin, mit dem gewordenen (und manchmal auch schwierigen) Holz das Werk zu beginnen, um wie viel mehr wird Gott es tun! Eben davon spricht das Wort des Römerbriefs, um das es in diesem Gleichnis geht. Die Weisheit Gottes erkennt, was nötig ist, damit angesichts unserer Zeichnung und Jahre, angesichts unseres Faserverlaufs und unserer schwierigen Geschichte ein guter Klang gebildet werden kann. Das ist mit dem Wort gemeint, dass Gott »verherrlicht, die er berufen und gerecht gemacht« hat.

Das Holz steht dem Klang des Instrumentes nicht im Weg, sondern es macht ihn erst möglich. Ein guter Meister werde ich erst sein, wenn es im Werdegang immer wieder zu einem »Trotzdem« kommt: Trotz dieses Fehlers, trotz dieser Abhölzigkeit, trotz dieses eigentümlichen Faserverlaufes werde ich das Holz zum Klingen bringen! Ein äußeres Gesetz und eine vorgestanzte Schablone reichen dafür nicht aus.

Tagebuchnotiz

Die Arbeit an einem neuen Geigenmodell. Es ist im Unterbügel breiter und im C-Bügel offener als all die vorigen. Ich suche klanglich mit dem neuen Umriss eine satte, voll und saftig klingende G-Saite, einen erdigen, tiefen und reichen Klang, einen warmen Mezzosopran. Der neue Umriss verlangt, dass ich nun auch die Wölbung anders gestalte. Die Möglichkeiten müssen sich unter dem Arbeiten zeigen.

Wie soll ich den Faserverlauf aus der größeren Wölbungsbreite heraushobeln? Wie die Hohlkehle des Randbereichs in den konvexen, weit aufgespannten Bogen des Brustbereichs übergehen lassen? Ich habe mich an das Modell noch nicht gewöhnt.

Doch im Laufe der Stunden bildet sich unter den Händen die Wölbung heraus. Was nun entsteht, hat einen einzigen Grund: Die Hand verwandelt, was dem Auge fremd ist. So wird mir die Wölbungsform unter der Arbeit mehr und mehr vertraut. Einen anderen Grund kann es nicht geben. Kein anderer Maßstab kann den Werdegang der Wölbung führen als dieser eine: Sie wird meinem Auge vertraut. Das Führen der Wölbungshobel ist von nichts anderem bestimmt. Es hat etwas Beglückendes. Manchmal erscheint es fast, als würde das Auge die Hand nicht dominieren, sondern nur beobachten, was in einer verblüffenden Selbstverständlichkeit unter dem Arbeiten geschieht. (Tatsächlich gibt es keine Arbeit, die mich mehr erfüllt, bei der ich eine größere Aufmerksamkeit habe und zugleich das Gefühl, dass ich eigentlich nichts denke. Denn es geschieht wie von selbst.)

Da spüre ich in einem Bereich die Abhölzigkeit der Holzfasern. Es ist eine ganz andere Art, wie der Wölbungshobel nun zwischen den Fingern vibriert. Man hört sofort, ob das Eisen mit oder gegen die Faser läuft. Das Hobelgeräusch wird rau. Das Holz reißt ein. Alles zeigt mir: Hier muss ich die Wölbungsidee korrigieren, die ich im Sinn hatte. Es ist nicht schön, aber nötig. Das Geschehen erfordert diese Asymmetrie. Der Wendepunkt der Wölbung muss hier früher ansetzen als geplant. In alldem geht es um das Erspüren der Fasern.

Mit den Markstrahlen des Holzes ist es anders. Im Baum liegen sie als das radial verlaufende Strukturelement zwischen der inneren Markröhre und dem unter der Rinde liegenden Kambium. So dienen sie dem Stoffaustausch. In der Geigenwölbung bilden sie das quer verlaufende Strukturelement. Wie sie orientiert sind, ist maßgeblich für die Quersteifigkeit. Verläuft der Zellwinkel der Markstrahlen auch nur geringfügig aus der Wölbung heraus[37], weil man in Unkenntnis oder Unachtsamkeit das Holz falsch gefugt oder die Wölbung schlecht angelegt hat, dann entsteht in diesem Bereich eine biegeweiche Wölbung. Der Ton der Geige droht hernach kraftlos oder dumpf zu werden – kraftlos, wenn ich das Holz dicker stehen lasse, um die fehlende Steifigkeit auszugleichen, dumpf, wenn ich dem Holz trotz fehlender Steifigkeit die übliche Dicke gebe.

Nicht nur den Verlauf der Fasern also, sondern auch denjenigen der Markstrahlen muss man unter dem Arbeiten an der Wölbung unablässig beherzigen. Doch es ist ein Unterschied: Den Verlauf der Fasern kann man nicht sehen, man muss ihn durch die Vibrationen des Hobels spüren und hören. Den Verlauf der Markstrahlen kann man nicht spüren, man muss ihn sehen: Das Auge erkennt unter dem bestimmten Einfallswinkel des Lichtes das ganz besondere Spiegeln der Markstrahlen. Sie reflektieren das Licht stärker als die longitudinalen Fasern. Man nennt diese, durch die Markstrahlen hervorgerufene Zeichnung des Holzes in der Fachsprache nicht umsonst »den Spiegel«. Nur die Reflexion des Lichtes lässt die Zellstruktur des Holzes sichtbar werden. Darum ist es so wichtig, unter welchem Licht man arbeitet.

Evolution oder Konstruktion?

Wären die Fasern des Holzes mathematisch definierte Linien, dann ließe sich die Wölbung konstruieren, es ließe sich eine Idealform machen. Sie wäre vor Beginn der Arbeit schon festgelegt. Der Faserverlauf des Holzes aber ist nicht perfekt. Darum ist der Werdegang der Geigenwölbung keine Konstruktion. Er ist ein Schöpfungsakt.

Worin liegt der Unterschied? Eine Konstruktion ist ein Plan, den das Material erfüllen muss. Der Schöpfungsakt der Geige ist etwas anderes. Was einzig im Raum steht, ist die Frage, welche Möglichkeiten dem gegebenen Holz verheißen sind. Man achtet auf *das Gewordene* – was bringt es mit? Man sieht *das Werdende* – was kann sich entfalten? Gewachsene Holzfasern könnten einem starren Plan nicht gerecht werden. Darum ist ein Schöpfungswerk etwas anderes als eine Konstruktion.

Eine Geige zu bauen ist ein Schöpfungsakt, denn nicht das Holz wird hier dem Meister gerecht, sondern der Meister dem Holz. Er muss sich fragen, was er in Händen hat. Wie ist das Holz geworden? Was kann aus ihm nun werden? Der ganze Werdegang der Schöpfung bedeutet: Verheißene Möglichkeiten können sich entfalten. Das ist nicht Sache eines rigiden Plans. Es lebt vielmehr alles von der Achtung und der Weisheit, die der Meister dem Werk entgegenbringt.

Ob man die Welt als Schöpfung oder *als Evolution* begreift, ist aus dem Blickwinkel des Künstlers dasselbe: Das Werk entwickelt sich.

Verheißene Möglichkeiten entfalten sich. Das Sein steht unter der Schönheit und den Schmerzen des Werdens. Für unsere Lebensauffassung besteht jedoch ein gravierender Unterschied, ob wir die Welt als Schöpfung oder *als Konstruktion* verstehen. Nicht der Gedanke, dass diese Welt sich entwickelt hat (Evolution), raubt dem Glauben die Luft zum Atmen, sondern der Gedanke, sie sei eine göttliche Konstruktion.

Der Unterschied wird in dem deutlich, was wir erfahren: Es ist der Unterschied zwischen Plan und Verheißung, Idealform und Vollkommenheit, Verbissenheit und Weisheit, Unterwerfung und Zwiegespräch – letztlich ist es der Unterschied zwischen religiöser Gesetzlichkeit und geisterfülltem Glauben. Ich möchte versuchen, diese Unterschiede näher zu beschreiben:

Der allgewaltige Konstrukteur unterwirft sich das Material. Glauben heißt dann, dass man sich Gott *unterwirft*. Der Geigenbau lehrt mich etwas anderes. Ich erkenne darin etwas vom inneren Wesen der unserer Welt eingesenkten Schöpfungskraft: Die Schöpfung arbeitet mit dem Gegebenen und geht mit dem Gewordenen eine Beziehung ein. Glauben heißt dann, sich der ihr innewohnenden Weisheit *anzuvertrauen* und aus den Kräften des Verheißenen zu leben. Denn Schöpfung bedeutet, dass sich verheißene Möglichkeiten entfalten. Der Sinn erweist sich im Werdegang. Und eben das ist es, was das Gleichnis sagt. Das Holz entfaltet seinen Klang. Darin wird es zu einer zweiten Schöpfung. Es wird von Neuem geboren.

Wenn ich durch die klangliche Rauigkeit des Hobels den Verlauf der Fasern spüre, dann ist das wie ein Zwiegespräch mit dem Holz. Erst während der Arbeit wird darum klar, wie die Wölbung werden soll. Das Holz hat seine »Mitsprache« an diesem Werden! Das macht den Schöpfungsakt aus, um den es geht.

Eine Konstruktion zwingt dem Material eine vorgegebene Idealvorstellung auf. Das Schönheitsideal wird dann zwar der Idee gerecht, nicht aber der realen Faser. Wenn das Leben von unerbittlichen Idealvorstellungen überzogen und diesen unterworfen wird, befinden wir uns seelisch im Zentrum der Gesetzlichkeit. Da leben wir als religiös unterworfene Menschen. Das ist ein Fluch.

Wenn im Wort des Römerbriefs, das über diesem Gleichnis steht, davon die Rede war, dass Gott den Menschen *gerecht macht*, dann bedeutet das vor allem, dass eine Weisheit am Werk ist, die dem Leben *gerecht wird*: Die realen Fasern unseres Daseins werden geachtet und zum Klingen gebracht. Das ist Weisheit. Es ist ein Akt der Liebe, die das Unvollkommene annimmt und dessen Wert erkennt. Nur durch den Schöpfungsakt entsteht Vollkommenheit. Denn die schöpferische Weisheit sieht das Gewachsene an. Und was wird sie sehen? Die Schönheiten, Freuden, Sehnsüchte, Hoffnungen – all die *Möglichkeiten* der Seele. Aber auch deren Schwächen, Enttäuschungen, Traurigkeiten, Schmerzen – all die *Abhölzigkeiten*. Die Weisheit Gottes lässt sich auf das Zwiegespräch ein. Da gewinnt mein Dasein ein selbstverständliches Mitspracherecht. Unser Leben ist keine Konstruktion, denn es ist nicht am Reißbrett gemacht.

Das Schöpferische im Umgang mit den Fasern unseres Lebens bedeutet, dass alles Werdende in der Achtung gegenüber dem *Gewordenen* und im Wechselspiel mit dem *Gewachsenen* entsteht. Das ist genial. Bei einer Konstruktion steht alles Werdende unter dem Zwang des *Gewollten*. Das ist zu wenig, es ist kümmerlich.

Das Kunstwerk

Die Bibel zeigt mir mit Blick auf Gott viel eher das Herz eines Künstlers als das eines unerbittlichen Konstrukteurs. Wäre die Welt das Werk eines kosmisch konstruierenden Architekten, so stünde sie wohl unter dessen ständiger Unzufriedenheit. Er würde beklagen, dass Konstruktionsplan und Wirklichkeit einander nicht entsprechen. Im Werk des Künstlers aber ist eine andere Weisheit wirksam. Er weiß, dass ein Schöpfungsakt zweierlei verlangt. Man muss Dinge *gestalten,* und man muss Dinge *zulassen.* Es ist die Weisheit, die erlaubt, dass Dinge sich entwickeln und entfalten. So spricht die Bibel von der Weisheit Gottes als einer Geisteskraft, die alles erforscht und das Leben ergründet.[38] Deshalb sollte es uns mit Blick auf die Welt vor allem darum gehen, *Stimmigkeit* mit der ihr innewohnenden Weisheit zu suchen und diese im eigenen Leben widerzuspiegeln.

Es liegt eine Faszination in der Idee, sich selbst mit allen Menschen und Geschöpfen als Kunstwerke anzusehen; ja die ganze Welt des Lebens als Kompositionen und Motive zu sehen, als Bilder und Skulpturen, Szenen und Akteure eines gewaltigen Werkes. Kunstwerke können schön sein und bisweilen auch recht wunderlich. Wir sind Kunstwerke. Konstruktionen jedenfalls nicht! Müssten wir uns für göttliche Konstruktionen halten, so müssten wir wohl glauben, unter dem chronischen Nörgeln eines verbissenen Planers zu stehen, dem alles irgendwie nicht gelingen will.

Was mich bewegt, ist die innere Ahnung, dass Gott viel eher das Herz eines Künstlers hat, der die Wirklichkeit nicht auf Biegen und Brechen und gegen jeden Faserverlauf gefügig macht. In der Weisheit ist keine Verbissenheit. Sie hat eine aktive, formende, gestaltende, erneuernde Kraft, die alles durchwebt und durchzieht, die den inneren Menschen nährt. Sie ist eine aufbauende und berufende Kraft, sie ist der allem Leben eingesenkte Sinn.

Der Gedanke, jedes und jeden als ein Kunstwerk anzusehen, als einen unentwegt neu lesbaren, unverwechselbaren Ausdruck Gottes, ist keine bloße Spielerei. Wenn wir diesen Gedanken ernst nehmen, hat das nicht nur Einfluss auf unser Selbstverständnis, sondern auch auf jede zwischenmenschliche Begegnung. Man könnte mit Interesse das Eigen-Artige wahrnehmen, das authentische, faszinierende, zeitweise beglückende, zeitweise erschütternde Wechselspiel aus Geschaffenem und Gewordenem: Was ist angelegt und was daraus geworden? Was ist im Begriff zu werden? Weltanschauung wäre damit vor allem Wachheit: Alles ist ein lebendiges, ein prozesshaftes, ein in seinem Werden begriffenes Werk! Man könnte anderen Menschen begegnen – als eine Exkursion durch eine Galerie des Werdens; man könnte sie achten als Installationen, Darstellungen und Ausdrucksformen, die gelesen, gehört, betrachtet zu werden verlangen. Die Mitmenschen als einmalige und originelle Kunstwerke anzusehen, hätte ungeheure Konsequenzen für unser Hinhören und unser Hinsehen. Manch eine Verbissenheit, die nicht über die eigenen Vorstellungen hinauszudenken vermag, würde einem aufrichtigen Interesse weichen; man würde auf die Eigentöne des andern hören. Diese Betrachtungsweise wäre Anreiz für eine selbstverständliche Wachsamkeit und Offenheit und würde uns herausfordern, die Dinge zu deuten: Was ist es, das mir dort begegnet? Wen sehe ich? Was drückt es aus? Was ist die Botschaft? Was entwickelt sich hier? Was lerne ich daraus? Und was kann daraus werden?

Vor einiger Zeit besuchten meine Frau und ich mit unseren Söhnen das *Centre national d'art et de culture Georges Pompidou* in Paris. Wir teilten uns auf, denn wir hatten im Betrachten ein unterschiedliches Tempo. Die modernen Skulpturen waren auf eine eigentümliche Weise für unseren jüngeren Sohn und mich berauschend, fesselnd, inspirierend. Die ganze Geschichte war mit Lorenz (er war seinerzeit zehn) ein zeitintensives Unterfangen, denn er setzte sich (ohne dass wir das abgesprochen hätten) mit seinem Skizzenblock in die Räume und begann hinzusehen und konzentriert zu zeichnen. Anfangs entpuppte sich das als eine emotionale Katastrophe, denn er zerriss wütend die Blätter. Die Linien waren nicht gerade und nicht parallel genug. Es war alles nicht, wie es sein sollte. Da verweilten wir lange in einem Raum, sahen alles an, und ich musste ihm in sein kleines (nein: großes!) Künstlerherz sprechen: »Du bist im Moment kein Konstrukteur! Mit dem Computer wären die Linien perfekt. Aber das wäre eine Konstruktion. Darum geht es in deinen Skizzen doch nicht. Achte darauf, was in deinen Bildern entsteht! Das Entscheidende ist, was du daraus machst!«

Den letzten Satz hatte er offensichtlich begriffen. Denn sein weiteres Arbeiten und Hinsehen war nun viel inniger und freier. Er war vertieft, betrachtete die Skulpturen und Bilder, er zeichnete mit großem Ernst und einer beeindruckenden Ausdauer und wirkte auf eine neue Art glücklich. Sein Bild war am Ende ungewöhnlich und mutig.

Vielleicht soll jedes Konzert, jede Aufführung, jede Ausstellung, jedes Museum so etwas wie die Grundschule einer derartigen Weltanschauung sein und uns das Einmaleins des Erkennens lehren: die Liebe zum Hinsehen und Hinhören, die Faszination des Fragens und Deutens. Wir sollen uns in die Welt wagen und sie anschauen als jenes großartige Werk, wie es in seinen atemberaubenden Versuchen das Leben auszudrücken sucht. Wenn wir unsere Welt als solch einen Ort mutiger Schöpfung betrachten, kann man eine neue Liebe zum Leben und eine neue Freude am Lebendigsein gewinnen. Solch eine Liebe wird unsere Abstumpfung überwinden. Die Faszination gibt ihr dazu die Kraft.

Wer nur das Ideale sieht und nur gelernt hat, Dinge zu wollen, nicht aber gelernt hat, die realen Fasern des Lebens zu sehen, der ist dazu nicht fähig. Hätten wir Barmherzigkeit und Mut, so würde uns das von der Zwanghaftigkeit befreien, den Menschen und Geschehnissen, die wir erleben, ihre Gnade zu rauben; es würde uns vor der Arroganz bewahren, die Dinge gegen den Faserverlauf des Lebens zu erzwingen.

Die Gottlosigkeit der geraden Linie

Das Grundwort des Römerbriefs sagt: »Gott ist hier, der gerecht macht« (8,33). Der Geigenbauer wird dem Holz gerecht. Er bringt es zum Klingen, er *macht* das Holz gerecht (3,26). Das unerlöste Leben gleicht einem Holz, das dieser Gestalt gebenden Weisheit nicht vertraut, es ist blind für die Verheißung und ohne Ahnung vom Klang. Da sieht ein Mensch auf nichts anderes als auf seinen Faserverlauf und hält sich für gut oder für schlecht. Über solche Menschen sagt der Römerbrief: »Sie erkennen die Gerechtigkeit nicht, die vor Gott gilt, und suchen ihre eigene Gerechtigkeit aufzurichten und sind so der Gerechtigkeit Gottes nicht untertan« (10,3).

Menschen, die solch einem Holz gleichen, wissen nichts von der Weisheit, die mit krummen Fasern arbeitet. Sie erleben nicht, dass die Weisheit gerade im fragwürdigen Holz Gestalt gewinnt, sondern glauben noch immer, das Holz müsse dem Geigenbauer gerecht werden. Was für ein Unsinn! Was für ein tragischer Glaube!

Der Maler Friedensreich Hundertwasser sprach einmal von der »Gottlosigkeit der geraden Linie«.[39] Es ist ein Bildwort für diese Unerlöstheit und Verbissenheit – als müsse die eigene Seelenwelt etwas Gerades sein. Es ist so vieles nicht ideal. Das Aussehen meines Körpers, die Fasern meiner Psyche, das Tasten nach Leben, die Suche nach Lebenswegen und gelingenden Beziehungen – wo ist da die konstruierte Linie? Es geht nicht um einen gottlos geraden Faserverlauf, nicht um die perfekte Konstruktion. Sie ist eine schöpfungsfeindliche Illusion!

Die Zeit, in der wir leben, die Möglichkeiten, die wir haben, die Umstände, die wir erfahren – all das hat seinen eigenen Drehwuchs und seine krummen Fasern! Die Weisheit widersetzt sich der Gottlosigkeit unserer Idealvorstellungen, die zur Herrschaft über das Dasein werden. Da reibt sich der gesetzliche Mensch letztlich an Gott selbst auf – und wäre er mutig genug, ihm etwas vorzuwerfen, so wäre es die Empörung, Gott sei ganz offensichtlich nicht in der Lage, gerade Linien zu ziehen. Der gesetzliche Glaube zieht und zerrt an den Dingen. Er macht sich zum Nachhilfelehrer Gottes.

Die Gerechtigkeit

Das Holz in den Händen des Geigenbauers ist zum Klingen berufen. Dem »Klang des Menschen« gilt in der Bibel ein großes Wort: Es ist die Berufung zur *Gerechtigkeit*. Wenn dieser Begriff in unserer Alltagssprache ein einzelner Ton ist, dann ist er in der Bibel eine ganze Sinfonie! So reich an Motiven, vielstimmig an Bedeutung, umfassend in

seinem Anspruch und seiner Schönheit ist die Gerechtigkeit, zu der
der Mensch berufen ist.

Die Gerechtigkeit ist der höchste Lebenswert, den die Bibel kennt.
Sie umfasst beides, unsere Verhältnisse und unser Verhalten, unser
Herz und unser Handeln, das Innen und das Außen unseres Menschendaseins.[40] Der große jüdische Gelehrte Maimonides (1138–1204)
stellte die Gerechtigkeit als die Tugend der Selbstvervollkommnung
dar. Sich in einem geistlichen Sinne »ausleben«, seine eigentlichste Individualität entfalten, das heißt für ihn: gerecht sein, den Weg zum
Mitmenschen gehen. Der Gerechte trägt die Welt. Oder mit den Worten Rabbi Joachanans: »Wenn ein Gerechter da ist, ist der Welt ihre
Existenz gegeben.«[41] Ja, der Talmud geht sogar so weit zu sagen, der
Gerechte vermag eine Welt zu erschaffen.[42] Der Umkehrschluss aber
heißt: Wo Ungerechtigkeit den Ton angibt, wird der Mensch gebeugt
und das Leben zuschanden gemacht.

Eines der großen prophetischen Themen der Bibel ist der Missklang
des Menschendaseins: die Ungerechtigkeit! Es ist bemerkenswert, dass
die schärfsten Gerichtsworte der alttestamentlichen Propheten eine
Geisteshaltung geißeln, die mit den Worten beginnt: »Wir wollen
bauen ...!« (etwa Jesaja 9,9). Das Buch Genesis beschreibt in der Urgeschichte vom Turmbau zu Babel das innere Muster dieser Haltung:
»Wohlauf, lasst uns bauen; lasst uns einen Turm bauen, dessen Spitze
bis an den Himmel reiche, damit wir uns einen Namen machen!«
(1. Buch Mose/Genesis 11,4). Wie ein Echo auf diese Arroganz der
Macht und den religiösen Hochmut weissagt der Prophet Jesaja über
ein stolzes Volk: »Sie sprechen in Hochmut und in trotzigem Sinn: Ziegelsteine sind gefallen, aber wir wollen's mit Quadern wieder bauen«
(Jesaja 9,8f).

Das Wachsen eines Turmes ist kein Wachstum. Es ist gemacht.
Wie viele Türme sind nicht auf Felsen der Gerechtigkeit gegründet,
sondern auf den Treibsand wachstumssüchtiger Individuen und Systeme!

Jesus spricht in Gleichnissen über die Haltungen des Herzens, die
»dem Reich Gottes und seiner Gerechtigkeit« (Matthäus 6,33) entsprechen. Doch kaum eines seiner Gleichnisse handelt vom Bauen, sehr
viele dagegen vom Wachsen, vom Suchen, vom Finden, vom anvertrauten Gut. Das Wachsen der Saat versinnbildlicht andere Wesenszüge: Demut, Dankbarkeit, Besinnung, Wachsamkeit, das Gespür für
rechte Verhältnisse und die rechte Zeit. Gerechtes Wachstum ist nicht
gleichbedeutend damit, dass die Dinge immer größer und herrlicher
werden. Es gibt auch eine andere Art von Wachstum, etwa ein Wachstum an Einsicht, an Konzentration, an Weisheit – auch jene Weisheit,
die dazu führen mag, dass Dinge gerechter, bewusster und stiller werden. Das wachsende Fortissimo eines Klanges, den wir noch ertragen
können, ist durch eine (frequenzabhängige) Schmerzschwelle begrenzt. Das Pianissimo aber ist unendlich, da gibt es eine Innigkeit
und Transparenz, von der das Bombastische schlicht nichts weiß. Die
Hörschwelle berührt eine heilige Stille. Da hält ein ganzer Saal in der
Tragfähigkeit des Tones für einige Momente den Atem an!

Das Wachstum des Reiches Gottes ist etwas Heiliges. Es ist ein
Wachstum in der Hingabe und im Hören, es ist die Heiligung des
menschlichen Lebens. Das laute Wachstum in unserer Welt ist oft
nichts weiter als ein zerstörerisches Nachäffen dieses heiligen Wachstums, zu dem wir berufen sind. Das laute Wachstum ist getrieben von
Gier und Angst: Erst *wollten* wir wachsen, jetzt *müssen* wir wachsen!
In Krisen erleben wir stets eine Demaskierung der Ungerechtigkeit.
Doch wenn wir daraus nicht lernen, sondern immer wieder die gleichen Fehler machen, wird eine »Krise« (biblisch: »Plage«) der vorher-
gehenden folgen. Ein kurzes Erschrecken reicht nicht aus. Wir werden
so viel Plagen brauchen, bis wir merken, dass wir uns die Kosten der
Ungerechtigkeit nicht mehr leisten können.

Die Dynamik, dass Dinge, die doch versprochen hatten, uns zu dienen, uns stattdessen beherrschen und unser ganzes Leben ihrem Einfluss unterwerfen, wohnt allen Götzen inne. Erst locken sie uns, dann
binden sie uns. Darum müssen wir wachsamer auf die Art des Wachs-

tums achten und mutiger auch *vom ungerechten Wachstum* sprechen. Man darf Wachstum also keinesfalls mit Expansion verwechseln! Im Gegenteil.

Auch ein Krebsgeschwür ist nichts anderes als Wachstum, krankhaftes Wachstum, das nichts anderes als wachsen will. Krebsgeschwüre verkörpern ein bitter erlittenes Sinnbild unserer Zeit: Nicht jedes Wachstum hat mit einer organischen Entwicklung zu tun. Wir leiden unter den Krebsgeschwüren wachstumssüchtiger Systeme, und manche Handelsstrukturen und Börsenplätze sind schlicht Metastasen. Wir füttern ihr wucherndes Unwesen durch unsere Angst und unsere Gier (zwei große Themen des Glaubens!).

Man muss religiös erblindet sein, um die Bibel nur als ein Buch für das rein persönliche Heil zu lesen. Die biblischen Propheten greifen vor allem die Mächtigen und die Systeme an. So klingt ihr Grundtenor gegen die Ungerechtigkeit:»Ihr Land ist voll Silber und Gold, und ihrer Schätze ist kein Ende; ihr Land ist voll Rosse, und ihrer Streitwagen ist kein Ende. Auch ist ihr Land voll Götzen; sie beten an ihrer Hände Werk, das ihre Finger gemacht haben. Aber gebeugt wird der Mensch und gedemütigt der Mann« (Jesaja 2,7–9).

Die Propheten stellen nie nur die Tugendhaftigkeit des Einzelnen infrage, sondern stets auch die moralische Kraft des Systems und seiner Institutionen.[43] Ein prophetisches Lebensgefühl wird in sich als beständige Frage spüren (und daran leiden), ob Gerechtigkeit überhaupt noch ein Leitgedanke ist, dem die Gemeinschaft verpflichtet ist. Ab wann hört eine Gesellschaft auf, eine Gemeinschaft zu sein, und zerfällt in tausend splitterhafte Egoismen? Ohne die Ausrichtung auf Gerechtigkeit verliert nicht nur die Politik ihren Sinn und ihre Autorität; die Gesellschaft verliert ihren inneren Zusammenhalt. Solch eine zerfallene Gesellschaft wird angreifbar, denn sie kann nur fordern, aber nichts geben. Sie macht die Politik zu ihrer Prostituierten:»Befriedige unsere Bedürfnisse! Schaffe uns äußeren Wohlstand und innere Ruhe!« Es reicht nicht aus zu glauben, der Sinn des Lebens bestehe darin, in Ruhe gelassen zu werden. Darum müssen wir an der

Gerechtigkeit festhalten – an der »Mäßigung« (im Äußeren) und der »Heiligung« (im Inneren). Die Gerechtigkeit soll eine Geliebte sein. In ihr üben wir uns in der Intonation unserer Berufung. Wir brauchen ein höheres Maß an gesellschaftlicher Intelligenz, um lebbare Alternativen zum frevelhaften Götzendienst zu finden, der den Schwachen opfert und diese Welt schändet. Gerechtigkeit gegen den Faserverlauf des Menschseins zu verwirklichen, wurde oft genug versucht; die Schablonen totalitärer Systeme und Staatsdoktrinen, die den menschlichen Faserverlauf verachteten, haben wir ausreichend erlebt.

Auch die Selbstsucht, die durch Gier und Angst ihre ganze geistige Triebkraft entfaltet, gehört zum Faserverlauf des Holzes, das wir sind. Auch darin zeigt sich die erschütternde Abhölzigkeit unserer Existenz. Doch wie es einem Geigenbauer gelingt, mit dem drehwüchsigen Holz zu arbeiten, wenn er die Gesetze der Akustik achtet, so ist der Leitgedanke der Gerechtigkeit das innere Gesetz, durch das sich unser Klang erfüllen kann – nicht gegen den Faserverlauf, sondern mit dem Holz, das wir sind.

Ohne die Gerechtigkeit verliert der Mensch seine Bedeutung und die Gemeinschaft ihre innere Musik. Natürlich ist Gerechtigkeit ein Ideal, und natürlich ist eine gerechte Gesellschaft eine Utopie. Aber eine *utopielose* Gesellschaft wird heute schon barbarisch sein – und das ist real!

Die Kunst ist eine Lehrerin der Gerechtigkeit: Über den Werdegang der Geige habe ich versucht aufzuzeigen, was ein Schöpfungsakt bedeutet. Vielleicht können wir diese Kunst des schöpferischen Lebens neu begreifen und so Freude an einer anderen Auffassung unseres Daseins finden. Wie eine Geige durch den gewordenen Faserverlauf und durch die werdende Wölbungsform ihren Klang erfüllen soll, so ist die Gerechtigkeit eines jeden Menschen und eines jeden Volkes etwas, das darauf drängt, *erfüllt zu werden*. Der Gerechte bewährt sich in den Aufgaben, die seine Welt ihm stellt. Er lernt, was er lernen soll. Denn die Welt ist der Ort, an dem wir über uns selbst hinausdenken und zeigen können, dass wir nicht nur unseren eigenen Belangen verhaftet sind. So gewinnen wir Gestalt. Wir geben, was wir haben, und empfangen so uns selbst. Auf der Erfüllung der Gerechtigkeit ruht das ganze Leben, wenn es in Ordnung ist. So schafft, erweckt und verwandelt »der Gerechte« die ihm anvertraute Welt.

Wenn sich Gerechtigkeit erfüllt, entsteht nichts Fremdes, sondern im Tiefsten das wahrhaft Eigene, wie die Wölbung und Ausarbeitung einer wahrhaft guten Geige am Ende doch das sein wird, was dem Holz entspricht. So wie ich als Geigenbauer kein kaltes Urteil über das Holz spreche, sondern damit arbeite, geht es auch der biblischen Gerechtigkeit nicht um ein juristisches Urteil, sondern um unseren Lebensweg. Der Glaube kommt nicht als etwas Künstliches zum Leben dazu, sondern er ist die Lebensbewegung selbst. Das ist der prophetische Klang der Gerechtigkeit, wie es heißt:»Ich habe ihn erweckt in Gerechtigkeit, und alle seine Wege will ich eben machen« (Jesaja 45,13) und:»Ich bin der Herr, dein Gott, der *dich lehrt*, was dir hilft, und *dich leitet* auf dem Weg, den du gehen sollst« (Jesaja 48,17). Wie die Gesetze der Akustik dazu dienen, den Klang des werdenden Instrumentes zu verwirklichen, so ist das Ziel der Gerechtigkeit der Klang des gelingenden Lebens. Die Weisheit führt den Werdegang.

Das altitalienische Wölbungsideal der großen Geigenbauer ist die Zykloidenform.[44] Sie ist optisch anmutig und akustisch genial! Sie ist ein vollkommenes Gesetz! Die italienischen Großmeister der Geigenbaukunst des 17. und 18. Jahrhunderts haben sich alle daran orientiert. Man darf das akustisch Geniale nicht verlieren, das sich durch das Gesetz der guten Wölbung erfüllen soll. Es ist mir um des Klanges willen geboten. Denn der gute Klang kann nicht am Gebot vorbei verwirklicht werden. Das zu versuchen, wäre ohne jede Weisheit.

Das Gleichnis vom Werdegang der Geige zeigt den Weg der Gerechtigkeit: Wie der Blick des Geigenbauers immer wieder auf der entstehenden Wölbung ruht und die Übereinstimmung zwischen dem Werk und der Vorstellung sucht, so sucht die Weisheit Gottes die Stimmigkeit zwischen den gegebenen Fasern und dem berufenen Klang. Die Gebote entfalten ihre Gestaltungskraft. Sie sind die Werkzeuge im Werdegang. Und was sie sprechen, ist dies: Übe, was Gott dir gebietet, so wirst du erkennen, wer er ist. Verwirkliche, was« dir geboten ist, so wirst du begreifen, wer du bist. Die Stimme Gottes wirst du nirgends klarer hören als in der inneren Stimmigkeit mit seinem Willen.[45] (Darum ist die Frage, an welchen Gott oder Götzen wir eigentlich glauben, von solch einer dramatischen Bedeutung!)

Wir können die Schönheit der Gerechtigkeit durch das entstehende Kunstwerk begreifen. Es geht im Geigenbau um einen Schöpfungsakt: Ich verwandle, was mir fremd ist. Und eben das ist auch der Drang der Weisheit Gottes in unserer Welt: Der Heilige Geist verwandelt, was ihm fremd ist. Es ist sein Wesen, zu verwandeln, was er berührt, denn er kommt, »um zu retten, zu pflegen, zu belehren, zu ermahnen, zu stärken, zu trösten und den Geist zu erleuchten«. So sagte es ein Kirchenvater im 4. Jahrhundert.[46]

Wie es den Werkzeugen gelingt, der Wölbung das Grobe zu nehmen, um ihr einen vollkommenen Verlauf zu geben, so nimmt das Gebot uns den Krampf der Selbstsucht. Es nimmt uns all das, was uns unfähig macht, uns in wahrer Freiheit zu bewegen. »Nachdem er uns mit seiner Gnade gerecht gemacht hat, nimmt uns der Geist Gottes den Geschmack an der Sünde«, sagte Augustinus.[47] Die Sünde im entstehenden Werk ist das, was *nicht stimmig* ist; es ist all das, was sich weigert, verwandelt zu werden – als spräche die Wölbung zu ihrem Meister: »Ich will nicht werden, was dir vertraut ist!« Es ist, als würde das Holz, anstatt sich meiner Hand anzuvertrauen, mir nur Splitter in die Finger treiben! Ein Sünder zu sein heißt, ein splitterhafter Mensch zu sein. Denn Sünde bedeutet nicht: »Du bist drehwüchsig, du bist abhölzig, du bist schlecht!«, sondern (mit Blick auf Personen und Systeme): »Du entziehst dich! Du verfehlst deinen Sinn. Du stellst deine Stacheln auf und hast die Gerechtigkeit, zu der ich dich berufen habe, nicht gewollt. Du hast mir verweigert, am Werk mit dir zu sein und deine Berufung mit wirklichem Leben zu erfüllen!«[48]

Da ist das Vertrauen zwischen Werk und Schöpfer zerstört, und das Ende wird ein Missklang sein, den wir in den Bedingungen unseres Daseins, in unseren Verhältnissen und unserm Verhalten deutlich zu spüren bekommen. Darum dürfen wir nicht nur sehen, was das Gebot uns nimmt, sondern müssen tiefer begreifen, was es uns gibt. Es verändert uns und gibt uns Gestalt.

Der Glaube wird erst dann das Selbstsüchtige und Infantile verlieren und etwas Heiliges und Reifes sein, wenn wir begreifen, dass die Gottesbeziehung nicht zuerst *erlebt*, sondern zuerst *gelebt* werden will. Denn der Glaube soll keine bloße Erfahrung des Lebens sein, sondern dessen Erfüllung. Glaubenserlebnisse können eine gewaltige Stärkung sein. Doch ein Herz, das manche Sehnsüchte und Krisen erfahren hat, weiß, dass diese Erfahrungen nicht viel mehr als »Begleiterscheinungen« sind: Sie begleiten den rechten Weg. Das Entscheidende aber sind nicht die Glaubenserfahrungen, auf die wir aus sind, sondern der Weg, den wir gehen. Ohne dies zu sehen, überhitzt sich der Glaube und es entsteht ein unseliger Erfahrungsdruck, eine weltflüchtige Sehnsucht nach Gott.

Darum bin ich überzeugt: Wer ein erfülltes Leben sucht, hat keine andere Wahl, als zu fragen, was sich durch ihn erfüllen soll. Das ist wohl das Wesen des Glücks, und es entspricht darin der Arbeitsweise eines Geigenbauers im Umgang mit dem Holz. Denn das Gleichnis sagt: Der Klang des Lebens wird im Faserverlauf des menschlichen Herzens erfüllt – und nicht daran vorbei! So wird die Wölbung unter der Hand des Meisters gelingen. »Glück« bedeutet dann, dass der Weisheit Gottes durch uns etwas Gutes geglückt ist; es bedeutet, dass etwas Gestalt gewinnen konnte, was der Wahrheit des Himmels ähnlich sieht. Das klangliche Gesetz wird also nicht gebrochen, sondern erfüllt (siehe Römerbrief 8,4). Wo das geschieht, obgleich die Fasern doch ihren Drehwuchs und ihre Schwächen haben, ist ein wahrer Meister am Werk.

Der innere Meister

Jesus sagte von sich: »Ihr nennt mich Meister und Herr und sagt es mit Recht, denn ich bin's auch« (Johannes 13,13; vgl. Matthäus 23,8). In diesem Wort erkenne ich mich selbst. Ich bin Ton, nicht Töpfer; bin Holz, nicht Schöpfer. Mein Leben hat einen inneren Meister gefunden, einen inneren Propheten, dem mein Ohr sich neigt. Das Hören ist ein Akt der Liebe.

Die Gebete der Heiligen zeigen, wie sich diese Mütter- und Vätermenschen des Glaubens, diese Schwestern und Brüder, in Bezug zu ihrem Meister verstehen. Von der hl. Teresa von Avila (1515–1582) ist das folgende Gebet überliefert:

»*O Herr meiner Seele, hätte ich doch Worte, um zu beschreiben, was du denen gibst, die sich dir anvertrauen, und was jene verlieren, die diese Gnade erlangen und trotzdem nicht von sich selber lassen. Lass das, o Herr, niemals mit mir geschehen! Tust du mir doch viel mehr, da du Wohnung nimmst in einer so elenden Herberge wie meiner. Sei gepriesen in Ewigkeit.*«

Von John Henry Kardinal Newman (1801–1890) kennen wir dieses Gebet:

»*O mein Gott, du und du allein weißt alles. Ich glaube auch, dass du weißt, was das Beste ist für mich. Ich glaube, dass du mich mehr liebst als ich mich selbst. Ich danke dir auch von ganzem Herzen, dass du mich meiner eigenen Obhut entrissen und mir befohlen hast, mich in deine Hand zu geben. Ich kann mir nichts Besseres wünschen, als deine Last zu sein und nicht meine eigene. O Herr, durch deine Gnade will ich dir folgen, wohin immer du gehst, und dir will ich auf deinem Wege nicht vorgreifen. Ich will warten auf dich, auf deine Führung und wenn ich sie erlangt habe, will ich in Sicherheit handeln und ohne Furcht. Auch will ich nicht ungeduldig sein, wenn du mich je einmal in Dunkelheit und*

Verwirrung lässt; noch will ich klagen oder mich erzürnen, wenn ich in Unglück falle oder Angst.«

Wir sprechen im Gebet aus, was in uns erweckt werden soll, dass es seinen Weg ins Leben findet. Die Sehnsucht selbst schreibt uns die Worte ins Herz. Dort werden sie gelesen und erforscht; sie werden in etwas verwandelt, was wir selbst nicht sprechen können und was doch den Himmel berührt (siehe Römerbrief 8,26f). Es ist gut, wenn wir Worte des Betens finden, und doch gilt: »Die Sehnsucht betet stets, auch wenn die Zunge schweigt« (Augustinus).[49]

Die falsche Jury

Was hindert unsern Mut, diese Nähe und Stimmigkeit und innere Führung zu suchen? Was hindert uns, die Weisheit Gottes durch unser Vertrauen zu erwidern? Ich erinnere mich an den Moment, als ich das erste Mal eine wunderschöne Amati aus dem 17. Jahrhundert in meine Werkstatt bekam. Ich sah diese Geige von allen Seiten an und war fasziniert von ihr: eine wertvolle Geige. Und doch war sie nicht perfekt. Durch ihre Decke verlief ein dunkler Ast. Das war markant und mutig. Auch waren ihre Ecken nicht symmetrisch geschnitten. Alles aber war von einer überwältigend charaktervollen Handschrift und offenbarte ein reifes Verständnis von Schönheit. Mein Gedanke war: »Wirklich nicht makellos. Aber sie hat was ...«

Kommt unsere Mutlosigkeit nicht auch daher, wie wir miteinander umgehen? Wie oft monieren wir die offensichtlichen Äste im Holz des andern und übersehen darüber den Charakter einer wunderbaren Handschrift? Wir sehen die krummen Fasern im Leben, doch es fehlt uns die Barmherzigkeit und Freude, die uns sagen lässt: »Nicht perfekt. Aber er oder sie hat was!« Wie oft mokieren wir uns über das Reaktionsholz, das durch manch schwierige Lebensgeschichte entstanden ist; wir empören uns über den Drehwuchs, den der alltägliche

Druck geschaffen hat, und finden, der Mensch müsse sich ändern. Gott aber spricht: »Was geht es dich an! Auch er wird klingen – auf seine Art!« (vgl. Johannes 21,22).

Als Geigenbauer werde ich das Holz, das ich in Händen habe, nicht verwerfen. Gerade der Ast in jener Geige zeigte Amatis wahre Meisterschaft. Wir aber halten den anderen durch die Erwartung nieder, er dürfe nicht so sein, wie er ist. Sich den Mitmenschen als »einen anderen« herbeizuerwarten, bedeutet Stillstand: Da wird jede Entwicklung und jeder Werdegang zum Erliegen kommen. Nur die Barmherzigkeit ruft die Dinge ins Leben. Sie erzwingt nichts und wird doch gerade dadurch alles verändern.

Der Blick der Barmherzigkeit ist der Blick von jenem Ort aus, wo die Weisheit Gottes thront. Eine solche Liebe, die bei Gott ist, liebt die Menschen, die Dinge, die ganze Welt des Lebens von Gott her. Die erste Frage der Bibel heißt darum nicht: Was willst du?, sondern: Wo bist du? (1. Buch Mose/Genesis 3,9). Darum darf auch die erste Frage, die ich mir stelle, niemals sein, was ich verändern will, sondern wo ich sein will. Bin ich in meinem unruhigen Wollen, das die Dinge verändern will, bei Gott? Nur durch Veränderungen, die in mir selbst vor sich gehen, werde ich das Recht und die Kraft haben, die Dinge »von Gott her und zu ihm hin« zu verändern.

Würden wir so im Geiste Gottes leben – wir würden nicht versuchen, die Dinge hervorzuzwingen, sondern wüssten: »Ein Mensch kann nichts nehmen, wenn es ihm nicht vom Himmel gegeben ist« (Johannes 3,27) und: »Was hast du, das du nicht empfangen hast?« (1. Korintherbrief 4,7). Wir würden nicht die Andersartigkeit richten, sondern einander in unserer Eigenartigkeit glauben, würden einander entdecken und achten. Wir würden beten, dass dem anderen vom Himmel gegeben wird, was das Seine ist. Wir verbieten uns, aus den Kräften der Gnade zu leben, wenn wir nicht fähig sind, einander mit den Augen des Herzens zu sehen. Es sind die Augen der Barmherzigkeit.

Jesus sagt: »Seid barmherzig, wie auch euer Vater im Himmel barmherzig ist« (Lukas 6,36). Das heißt: Wir sollen fähig werden, das

Gute in unserem Nächsten hervorzuheben! Denn das ist es, was Gott tut. Er ruft unsere Möglichkeiten ins Leben. Die Gnadengaben, die Gott gibt, sind verletzbarer als alles, was man verletzen kann. Darum ist uns gesagt:»Ihr sollt einander darin *Schutz* und *Segen* sein.« Es ist zum einen der Schutzraum der Barmherzigkeit. Das bedeutet:»Du darfst Erfahrungen und Fehler machen. Im Kreise derer, die dich achten, gibt es kein Versagen, sondern nur gemeinsames Lernen.« Und es ist zum andern die Hoffnung. Das bedeutet:»Ich glaube an das Gute, das Gott dir sein und geben kann!« Und an diesem Glauben halte ich fest. Das ist die Festigkeit, durch die wir einander segnen.

All das erinnert mich an manche Geigenbauwettbewerbe. In der Regel gibt es dort eine handwerkliche und eine klangliche Note. Die handwerkliche Note wird von einer Jury aus Geigenbauern, die klangliche Note von Musikern vergeben. Einen Preis für gutes Handwerk zu bekommen, aber kein Lob für guten Klang, würde deutlich machen: Man hat einer Jury Genüge getan, die ansieht, was sie vor Augen hat. Viel mehr Interesse muss der Musikerjury gelten, die das Wesen des Instrumentes achtet: seinen Klang. Die Geigen, die solchen Wettbewerben unterworfen wurden, sind in der Regel hoffnungslos perfekt. Doch gerade darum, weil an ihnen nichts falsch sein darf, haben sie oft einen so kümmerlichen und mutlosen Klang.

Das Wichtigste einer Geige ist ihre »Handschrift«, da haben Klang und Formensprache eine Ausstrahlung, die einen berührt. Das Perfekte lässt einen kalt. Eine gute Geige hat ihren anmutigen Ausdruck nicht durch ihre perfekte Gestalt. So hat auch ein Mensch seinen Ausdruck nicht dadurch, dass er keine Fehler macht oder an ihm nichts auszusetzen wäre, sondern dadurch, dass sein Leben deutlich macht, worum es ihm eigentlich geht. Warum fehlt uns dazu der Mut? Die Bibel gibt eine Antwort: Wir unterwerfen uns der falschen Jury! (1. Korintherbrief 7,23). Dadurch erscheint unser Leben oft wie unter solch einem Wettbewerb. Die Angst nimmt dem Ganzen die Handschrift.

Ein Mensch, der seinen Selbstwert an die Erfüllung seiner Ideale bindet, verbeißt sich an der Wirklichkeit. Er dient der falschen Jury. Wie sehr leidet der fromme Mensch an seinen spirituellen Idealen! Wie sehr leidet der gewissenhafte Mensch unter seinen Ansprüchen und befasst sich in einem Übermaß mit sich selbst, anstatt mit der Welt, für die er geschaffen ist! Wie sehr leidet der älter werdende Mensch unter der Begrenztheit seiner Kräfte, unter der Unerfüllbarkeit seiner Aufgaben, unter der Kürze der ihm noch verbleibenden Zeit! Ist es in alldem nicht an der Zeit, die eigenen Idealvorstellungen – also letztlich sich selbst – etwas weniger wichtig zu nehmen, dafür aber umso inniger sich der Hand Gottes anzuvertrauen? Je wichtiger wir uns nehmen, desto empfindlicher werden wir sein. Je empfindlicher wir sind, desto eher werden wir verletzt. Wie oft gilt uns da das Weisheitswort: Habe nicht dich selbst im Sinn! Vergiss dich selbst, und habe die Welt im Sinn!

All die hehren Ideale können einem die Luft zum Atmen nehmen. Natürlich habe ich hohe Ansprüche, und meine Kunden haben es auch. Doch wenn Angst ins Spiel kommt, wird es eng. Da können die Dinge sich nicht entfalten, man gibt ihnen weder *Zeit* noch *Hoffnung*. Das heißt: Man raubt ihnen das, wovon gutes und gesundes Wachstum lebt.

Es gibt viele Juroren über die vermeintlichen Fehler und Schwächen eines Lebens, aber nur einen einzigen Juror über den Klang. Es ist die Weisheit Gottes. Darum heißt es: »Der Herr sieht nicht auf das, worauf ein Mensch sieht. Ein Mensch sieht, was vor Augen ist; der Herr aber sieht das Herz an« (1. Buch Samuel 16,7).

Die Weisheit

Das Judentum hat diese formende Kraft, aus der wir leben können, erkannt und sie in seinen biblischen Schriften mit dem Wort *Weisheit* benannt. Die Weisheit zeigt sich dort als etwas, das die Dinge heiligt, die sie berührt: Wie mein Hobel und die Ziehklingen der Geigenwölbung ihre Gestalt verleihen, so ist in der Weisheit Gottes ein tiefes und feines Formgefühl, das unserm Leben die Entfremdung nimmt und zu formen beginnt, was Gott vertraut ist. Die Weisheit ist die Macht Gottes. So nehmen Wesenszüge des Ewigen in uns – und so auch in der uns anvertrauten Welt – Gestalt an: Klangfarben der Gerechtigkeit, die Schönheit der Barmherzigkeit und die Kräfte der Versöhnung. Gott tut nichts an uns ohne diese Weisheit. Durch sie entsteht die Vertrautheit Gottes mit seinem Werk. Die hebräische Weisheitsliteratur enthält fast so etwas wie eine prophetische Liebeserklärung gegenüber dieser schöpferischen Kraft. Die Weisheit wird da mit einem Wort bezeichnet, das mit »Künstlerin« oder »Handwerkerin« (auch »Werkmeister« wie in Jeremia 52,15) übersetzt werden kann. Es lautet so:

»Die Weisheit, die alles kunstvoll gebildet hat, lehrte mich's. Es wohnt in ihr ein Geist, der verständig ist, heilig, einzigartig, vielfältig, fein, behänd, durchdringend, rein, klar, unversehrt, freundlich, scharfsinnig, ungehindert, wohltätig, menschenfreundlich, beständig, gewiss, ohne Sorge; sie vermag alles, sieht alles und durchdringt selbst alle Geister, die verständig, lauter und sehr fein sind. Denn die Weisheit ist regsamer als alles, was sich regt, sie geht und dringt durch alles – so rein ist sie. Denn sie ist ein Hauch der göttlichen Kraft und ein reiner Strahl der Herrlichkeit des Allmächtigen; darum kann nichts Unreines in sie hineinkommen. Denn sie ist ein Abglanz des ewigen Lichts und ein fleckenloser Spiegel des göttlichen Wirkens und ein Bild seiner Güte« (Buch der Weisheit 7,21–26).[50]

So lesen wir im Buch der Sprüche davon, dass Gott es bei der Schöpfung der Welt mit der Kunst der Weisheit zu tun hatte: »Im Anfang seiner Wege schon, ehe der Herr etwas schuf, hat er mich gehabt und mich eingesetzt von Ewigkeit zu Ewigkeit, im Anfang, ehe die Erde war« (Sprüche 8,22–23). Und im Buch Hiob heißt es: »Damals schon sah der Herr die Weisheit und verkündigte sie, bereitete sie und ergründete sie« (Hiob 28,27).

In diesem Sinne ist die Weisheit als Künstlerin und Werkmeisterin sichtbar im Gleichnis des Werdegangs. Sie arbeitet nicht mit Schablonen. Sie sieht die Fasern und sucht den Klang. Sie sagt: Was bejammerst du deinen Faserverlauf und glaubst nicht an den Werdegang, der dir verheißen ist? Was hindert dich, zu glauben und dadurch zu erlauben, dass ich mit dir am Werk bin? Die Weisheit Gottes ist eine Gestaltungskraft, die das Leben berührt. Über diese Weisheit und Kraft heißt es im Philipperbrief: »Der in euch angefangen hat das gute Werk, der wird's auch vollenden« (1,6).

Wenn ich im Werdegang der Geige die Fasern des Holzes nicht achte und der Resonanzdecke an bestimmten Stellen zu geringe Stärken gebe, obwohl die Festigkeit des Holzes dieses Maß nicht verträgt, dann wird der Klang des Instrumentes ins Dumpfe und Glanzlose absaufen. Man muss die klanglichen Gesetze achten und die Bedingungen des Holzes sehen. Wenn ich mich andererseits zu früh zufriedengebe, das Holz also zu dick stehen lasse, dann werden die Resonanzen zu weit nach oben geschoben, und der Klang des Instrumentes wird am Ende ordinär, scharf und schreiend sein. Wenngleich hinter allem ein innerer Gedanke steht, so verlangt doch jedes Holz die rechte Ausarbeitung und das rechte Maß.

Meine Frau und ich leiden darunter, was unser jüngerer Sohn in unserem schablonenhaften Schulsystem erlebt. Wie viele Fasern an Kreativität und Eigeninitiative werden da durchschnitten. Lorenz hat seine eigene kleine Werkbank in meiner Werkstatt. Nicht selten habe ich durch die Unbekümmertheit seiner Ideen schon verblüffende Dinge begriffen. Er kennt alle meine Werkzeuge. Schon als er acht Jahre alt war, konnte ich ihm meine allerschärfsten Schnitzeisen in die Hand geben, denn ich sah, dass seine Handhaltung richtig war. Aber die schablonenhaft geforderte schulische Systemleistung und einfallslos normierte Prüfungen lassen ihm immer weniger Zeit und Raum. Es ist gefordert, dem Gesetz Genüge zu tun. Da können Persönlichkeiten sich nicht formen, sondern werden in bestehende Modelle gedrückt.

Wir müssen jungen Menschen Mut machen, an sich zu glauben, Leidenschaft zu entwickeln und in den Dingen, mit denen sie zu tun haben, Ehrfurcht und Staunen nicht zu verlieren.

Es ist ein Armutszeugnis, nach einer gesetzlichen Maßtabelle zu arbeiten und so zu tun, als hätte jedes Holz die gleichen Eigenschaften. Eine Maßtabelle oder Schablone verachtet das gewachsene und gewordene Holz. Darum nehme ich die Geigendecke im Werdegang immer wieder behutsam zwischen meine Hände, klopfe ihre Eigentöne an, biege sie leicht auf Torsion, auf Längs- und Quersteifigkeit, um so zu spüren, wie weit ich gehen kann. Der Werdegang muss von einer intelligenten Liebe begleitet sein. Gesetze, Schablonen und Maßtabellen reichen schon im Geigenbau nicht aus.

Der Kuss des Lebens

Eine Freundin, die eine wunderbare, professionelle Tänzerin ist, sagte, als wir unlängst in einer kleinen Gruppe zusammen waren, sie habe den Eindruck, über ihrem Leben stehe vor allem ein einziger Satz, und der heiße: »*Es reicht nicht!*«

Über ihrem Tanzen, ihrem Charakter, ihren Begabungen, ihren Finanzen, ihrer Art – über allem stehe immer dieser eine Satz: »Es reicht nicht!«, und sie höre ihn ständig in sich. Wir waren erschrocken, nahmen uns nicht nur Zeit, zu hören und zu widersprechen, sondern auch in der Stille Gott zu fragen, was und wie wir beten konnten. Nicht etwa, weil Beten ersetzen würde, was wir lernen sollen, das ist klar. Aber es stärkt und begleitet den Weg, den wir gehen.

Es ist, als würden die Worte in uns sich das Recht erringen, unserem Leben die Meinung zu sagen. Manche Worte sind Gift, andere haben eine heilende Kraft. Das Evangelium sagt:

Höre auf, Gott und der Welt und dir selbst beweisen zu wollen, dass es doch reicht! Du wirst an dieser Beweisführung zugrunde gehen! »Gott ist hier, der gerecht macht!« (Römerbrief 8,33). Es ist recht ge-

wöhnlich, alles besser zu wollen, als es ist – den Faserverlauf des eigenen Lebenslaufes anzusehen, den Drehwuchs – und zu sagen: »Alles
an mir und um mich herum sollte besser sein!« Es ist ein Fluch: Du
lebst im Wollen und nicht im Wachsen! Darum kannst du dich an deinem Werdegang nicht freuen. Doch glaube, auch in dein Leben ist etwas Heiliges gelegt, das wachsen kann, das aufgeht und wächst, es weiß
nicht wie. Denn *von selbst* bringt der weiche Boden in dir Frucht, zuerst den Halm, danach die Ähre, danach den vollen Weizen in der
Ähre (vgl. Markus 4,28). Du hast ein Geheimnis, ein Leben, einen
Lobgesang! Was siehst du deine Fasern an, aber bist ohne jeden Glauben an den Klang, der dir verheißen ist? So lege dein warmes Herzblut
in das, was du bist! Im bloß *gewollten* Leben schlägt kein Herz! Darum
lass deine Augen die Dinge sehen, die wie von selbst geschehen. Du
hast etwas zu geben und kannst in deine Berufung deinen Glauben
legen. Wenn du nur im Wollen lebst, bist du verloren, denn in einer
gewollten Welt ist man allein.

Was bist du so ungeschützt? Hast du kein Haus? Zieh ein in deine
Würde; und reiß aus, was deine Anklage gepflanzt hat! Der Römerbrief
fragt:

*»Wer will dich beschuldigen? Gott ist hier, der gerecht macht! Wer will
dich verdammen? Christus Jesus ist hier, der gestorben ist, ja vielmehr,
der auch auferweckt ist, der zur Rechten Gottes ist und uns vertritt. Wer
will uns scheiden von der Liebe Christi? Wir überwinden die Dinge, die
uns bedrängen, durch den, der uns geliebt hat. Denn ich bin gewiss, dass
weder Tod noch Leben, weder Engel noch Mächte noch Gewalten, weder
Gegenwärtiges noch Zukünftiges, weder Hohes noch Tiefes noch eine andere Kreatur uns scheiden kann von der Liebe Gottes, die in Christus
Jesus ist, unserm Herrn«* (vgl. Römerbrief 8,33ff).

Diese Worte haben etwas Ewiges, sie haben etwas Heilsames, eine heilige Kraft. Heilige Worte haben eine Gestaltungskraft. Sie sind Werkzeuge im Werdegang unserer Berufung.

Ich liebe die Schönheit meiner Werkzeuge; am Anfang habe ich davon geschrieben. Wie sie das Holz berühren, so sollten wir uns erlauben, die innere Kraft dieser Worte zu glauben. Es sind heilige Werkzeuge, die unserem Leben Klang verleihen!

All die Worte aber, die uns entwürdigen und schaden, sind nicht zwingend, sie sind überredend! Die Bibel mahnt uns: Lass dich nicht überreden, ihren Fluch zu glauben. Weise ihnen die Tür. Jeder Mensch ist sich gegeben, ein Türhüter und Seelsorger seiner selbst zu sein! Welche Worte lässt du in den Fasern und Markstrahlen deiner Seele ihr Werk und ihre Wirkung tun?

Würdest du in allem glänzen, wie könntest du je barmherzig sein? Es wäre von dir weiter nichts gefordert, als deinen Glanz zur Kenntnis zu nehmen. Was ist das schon? Darum ist dein Ungenügen Aufgabe und Gabe zugleich, denn nur dein Ungenügen wird dich lehren, barmherzig zu sein. Das ist mehr als jeder Erfolg und Glanz! Denn Barmherzigkeit ist der Glanz Gottes.

Du solltest wissen, dass du einen göttlichen Tröster und Lehrer hast. Er ist dir nah. Gott hat kein beleidigtes Wesen, sondern er leidet mit dir, wie es in einem wunderbaren Wort vom Geist Gottes heißt: »Er hilft unserer Schwachheit auf. Er tritt in einem unaussprechlichen Seufzen für uns ein« (Römerbrief 8,26–27). Eines wird er denen, die sich ihm anvertrauen, niemals sagen. Er wird niemals sagen: »Du genügst mir nicht!« Denn das ist ein Satz des Todes.

Wir erklären so schnell, wer (und wie) wir sind. Wissen wir das denn so genau? Warum bleiben wir nicht gespannt auf unser Leben und auf das, was die Berührung mit Gott vermag? Wie oft verkennen wir im Ich und im Du das Noch-nicht-Erweckte, das Verborgene, das Verheißene und verbeißen uns an einem unerbittlichen Soll? Das wahrhaft Heilige und Heilsame verbeißt sich nicht am Leben; es wird hervorlieben, was uns gegeben werden soll, wie es im Lied der Lieder in seinem Anfang heißt: »Er küsse mich mit dem Kuss seines Mundes« (Hohelied 1,2).

Es ist der Kuss der unbedingten und ewigen Gottesliebe. Darum – so sagt es das Evangelium: Lass dich von der Freude küssen, die Gott an dir hat! »Und der Mensch machte sich auf und kam zu seinem Vater. Als er aber noch weit entfernt war, sah ihn sein Vater und es jammerte ihn; er lief und fiel ihm um den Hals und küsste ihn« (Lukas 15,20). Der Mensch kam jämmerlich daher, und in Gottes Herz entbrannte ein alles heilender Jammer. Der Kuss kam nicht daher, dass der Mensch etwas Großes mit sich brachte. (Im Gegenteil: Wie viele Tage wird jener Mensch sich nicht gewaschen haben!) Der Kuss galt dem, der er in den Augen des Vaters immer geblieben – und auch jetzt noch war. In diesem Moment fand sein Leben seinen Trost und seine Ewigkeit.

Die Fasern des Menschen erkennt nur der, der sie zum Klingen bringt, nicht der, der sich ein Urteil über sie erlaubt! Man muss um den Trost wissen, den es bedeutet, von Gott erkannt zu sein. Ein ungetröstetes Dasein ist ein Fass ohne Boden, wie viel man sich auch steigern und verzweifelt nachlegen mag! Da ist tatsächlich eine innere Umkehr gefragt. Es ist die Umkehr eines Lebens, das sich aufmacht, Vertrauen zu lernen. Denn ein Leben ohne Vertrauen ist voller Ungenügen, da hilft es nichts, »allem und jedem« noch besser genügen zu wollen und zu zeigen, wer man ist. Man wird doch sich selbst und die Welt überhitzen und wird den Dingen nicht gerecht!

Die heilsamen Geschichten der Evangelien zeigen: Es muss nicht viel sein, was Gott uns anvertraut. Doch das Wenige achte. Betrachte es als eine Verheißung, denn allein die Liebe macht es zu einem großen Klang! Gott ist mit dir am Werk. Du kannst Vertrauen lernen und Wege des Vertrauens gehen. Lass nicht zu, dass Anklage und Flüche dir deine Seele abtreiben. Heilige Worte müssen dir Geburtshelfer sein. Du kannst in etwas Neues hineingeboren werden. In manchem aber musst du lernen, wie ein Kind zu sein.

Während ich das schreibe, höre ich vor meinem inneren Ohr (unhörbar und doch erschreckend laut und deutlich) fremdes Babygeschrei. Tatsächlich glaube ich, die Grundwahrheiten der Bibel bringen neues inneres Leben hervor! Sie sagen: Es wird etwas Neues in dir geschaffen und wird dich wachsen, reifen und aufblühen lassen. Kehre um, und werde vor Gott wie ein Kind! Du sollst eine neue Kindheit haben. Du bist dir gegeben; darum lerne, gut zu dir zu sein und dies Innerste zu schützen. In einem der Psalmen (131,2) heißt es so: »Fürwahr, meine Seele ist still und ruhig geworden wie ein kleines Kind bei seiner Mutter; wie ein kleines Kind, so ist meine Seele in mir.«

Der entwürdigende Glaube

Es gibt einen selbstfeindlichen Glauben. Da setzt der Mensch alles dran, sich zu verlieren, um fortan alles in sich durch Gott zu ersetzen. In diesem Glauben wird Gott zum Lückenbüßer für eine fehlende Selbstachtung gemacht.

Es gibt eine Art von Frömmigkeit, da glaubt ein Mensch, es sei Demut, wenig von sich selbst zu halten. Das ist ein großer Irrtum. Der Glaube an Gott darf niemals den Glauben an uns selbst ersetzen! Denn Demut bedeutet nicht, dass ich wenig von mir halte, sondern dass ich so viel *vom anderen* halte, dass ich ihm diene. Ich denke, das ist ein wichtiger Unterschied. Ich bin überzeugt, Gott hält nichts von Unterwürfigkeit, aber sehr viel von Demut. Sie entspricht seinem Wesen. Wir müssen nicht stark sein, denn Gottes Kraft ist in den Schwachen mächtig. Aber wir sollten nicht meinen, es sei nötig, uns schwach zu machen und zu entwerten, damit Gott in uns stark sein kann.

Der Heilige Geist wirbt darum, dass wir mutig uns selbst gegenüber werden; dass wir die Entmutigung überwinden, in der wir auf unsere schwachen Fasern sehen und uns einreden, wir seien zu gering, zu schwach, zu krank, zu belastet, zu schuldig, zu verunsichert, zu kaputt, zu geschädigt, zu begrenzt, zu wertlos, zu zweifelnd, zu verletzt. Es ist wichtig, diesen religiösen Minderwertigkeitsgefühlen der Seele etwas Starkes entgegenzusetzen! Wir sollten den Heiligen Geist nicht unterschätzen – seine Sanftheit und Kraft. Bäume und Kräuter sind weich, wenn sie entstehen, aber dürr und hart, wenn sie sterben. Der Geist Gottes wirbt in uns um ein weiches und junges Herz, denn es heißt, er macht uns *jung und mutig*, ihm zu vertrauen (Psalm 103,5). Wie die Saiten einen Resonanzboden erregen, so spricht Gott uns ins Herz:

»*Mein Freund, sprich nicht: ›Wie sollte jemand wie ich Menschen aufrichten, der ich doch selbst niedergeschlagen bin? Wie sollte jemand wie ich Menschen stärken, der ich doch selbst schwach und unsicher bin?‹ Sprich und glaube nicht diesen Satz: ›Wie sollte jemand wie ich ...‹ Denn ich sehe deine Zweifel, deine Krankheit, deine Niedergeschlagenheit. Doch ich habe dich berufen, aufzurichten, zu trösten und zu stärken. Ich werde mit dir sein. Glaube nicht, dass der Starke, Gesunde und Sichere mir besser dienen können als du.*

Suche meine Nähe, und vertrau dich mir an. Mein Geist soll auf dir ruhen. In deiner Schwachheit wird er sein Werk durch dich tun. Du wirst trösten mit dem Trost, mit dem du selbst getröstet bist, und wirst salben mit dem Geist, der auf dir ruht. Darum komm zu mir, du mühseliger und beladener, kranker und unsicherer, niedergeschlagener und zweifelnder Freund. Lass dich stärken, und richte dich auf. Lerne von mir, und nimm deine Berufung an!«[51]

Wir erwidern die Liebe durch nichts stärker als dadurch, dass wir sie glauben! Es geht nicht anders, denn Liebe ist *immer* geglaubt. Wenn wir unser Leben unter diesem Licht ansehen, werden wir anders leben. Wir sollten unsere Berufung nicht als etwas Schweres begreifen, sondern viel eher uns vorstellen, mit ihr zu tanzen. (So habe ich es einmal während einer schweren Phase nachts geträumt, und ich begriff noch im Traum: Ich tanze gerade mit meiner Berufung!) Nicht derjenige, der alles noch besser macht, sondern *nur der Geliebte* lebt tatsächlich anders! Wie es heißt: »Wir überwinden die Dinge, die uns bedrängen, durch den, der uns geliebt hat« (Römerbrief 8,37). In Gott ist keine Verbissenheit. Es ist wichtig, dass wir die Weisheit Gottes tiefer verstehen und ihr erlauben, unser Leben zu führen. Die Liebe sieht Entwicklungsmöglichkeiten, wo andere nur Zerstörung, Schaden und Lähmung sehen. Die Liebe nimmt wahr, *was geworden ist*, und sie lebt in der Hoffnung, *was werden kann*. Erst in diesen beiden Dimensionen der Zeit entsteht eine heilige Gegenwart – der Werdegang!

Man kann sich seiner Berufung auf eine religiöse Weise entfremden. Und eben diese Entfremdung heißt »Gesetzlichkeit«: Ein gesetzliches Leben ist keine übertriebene Liebe zu den Geboten, sondern eine fehlende Liebe zum Leben. Darum ist Gesetzlichkeit eine Entwürdigung des Lebens. Der gesetzliche Mensch ist von sich und von seinen Mitmenschen – vom Leben, wie es ist! – enttäuscht. Darum macht er sein Gesetz zum Gott über das Leben. Da bleibt die Gesetzlichkeit wie ein Stein, vor das Grab der erstorbenen Gottesliebe gewälzt.

In einer kuriosen Abteilung des Deutschen Museums München stehen eigentümliche Musikinstrumente ausgestellt. Augenscheinlich steht man vor einem Klavier, doch es wird von einem Lochstreifen gespielt! Im Innern drehen sich Rollen. Die Tasten bewegen sich, durch eine Mechanik abgespult, ganz von allein. Man drückt einen Knopf, und die Tasten klimpern und wiederholen die längst gehörte Leier. Diese Automaten sind ohne jede Inspiration. Sie heucheln dem Hörer ein Leben vor, das sie nicht haben. Alles entspringt bloß vorgestanzter Mechanik. Es sind geheuchelte Instrumente, ein erschreckendes Sinnbild für ein entfremdetes Menschsein, das die Dinge abarbeitet, ohne sie mit Leben zu erfüllen; sie sind ein Sinnbild für Lebenstage, in denen wir nur mechanisch funktionieren. Ein lebendiges Instrument ist fähig, die Anregungen und Geschehnisse zu interpretieren. Dazu aber muss man hinsehen und hinhören, was geschieht. Inspiration und Interpretation, Hören und Handeln – das ist die Berufung, dass wir dem Leben eine »innere Musikalität« geben.

Auch der Glaube kann zu solch einem Lochstreifeninstrument mutieren. Da geschehen die Dinge nur noch mechanisch. Vorprogrammiert. Vielleicht hätte die hörende Stille manchmal etwas Rettendes, auf dass wir die Heuchelei der Dinge erkennen, die ohne wirkliches inneres Leben sind. Da spielen religiöse Lochstreifen mit uns ihr Spiel. Wäre das die traurige Wirklichkeit der Welt – sie wäre ein Spielzeug des Himmels. Ein langweiliges noch dazu. Ohne Inspiration und Interpretation. Technisch perfekt, aber ohne eigenes Leben. Wir hätten keinen Grund, uns zu beklagen, aber auch keinen Grund zu leben!

Jesus trat gegen die Gesetzlichkeit mit großer Schärfe an. Nicht die Laxen, sondern die Stockfrommen waren es, die ihn nicht ertrugen. Sie »gingen hinaus und hielten Rat über ihn, wie sie ihn umbrächten« (Matthäus 12,14). Jesus griff eine religiöse Kraft an, die sich am Leben vergreift. Er sah darin einen Angriff auf den Menschen. Wir sollen Instrumente Gottes und keine Spielautomaten sein. Auch ölte Jesus nicht die Tastenmechanik der Gesetzlichkeit, sondern gab den Menschen eine Ahnung vom Klang des Reiches Gottes ins Herz. Denn wir sollen nicht Spielautomaten, sondern von Gott berührte Instrumente sein.

Das Gesetz

Das Gleichnis von der Geigenwölbung, das ich hier beschrieben habe, beschäftigt mich, seit ich als Lehrling mit siebzehn Jahren begann, die ersten Geigenwölbungen zu hobeln. Da reifte im ersten Lehrjahr mehr und mehr das Gespür in mir: Was ich hier tue, steht im achten Kapitel des Römerbriefs! Was ich hier am Holz beachte, ist wie Gottes Schöpfungskraft *mit mir!* Der eine Vers aus diesem Kapitel (8,30), auf den das Gleichnis gründet, war mir zu jener Zeit längst vertraut, denn er war meine Erstbegegnung mit der Bibel, als ich mit dreizehn Jahren (anfänglich gegen den erheblichen Widerstand meines Vaters) zum Glauben kam.

Das Gleichnis stellt, wie wir gesehen haben, den Sinn von Schablonen und Maßtabellen infrage, es weist auf den Faserverlauf unseres Menschendaseins hin und hinterfragt damit jeden gesetzlichen und zwanghaften Glauben. Ist es angemessen, in dieser Weise vom Glauben zu reden? Verführt das nicht zur romantisch-religiösen Schwärmerei, bis am Ende nur eine läppische Befindlichkeitsreligion, nur noch eine »Thora der Innerlichkeit« übrig bleibt? Darum muss ich fragen: Ist die Bibel denn nicht auch Gesetz? Ja, enthält sie denn nicht Hunderte von »Maßtabellen« und »Schablonen«, die uns zeigen, wie wir leben sollen? Denn eben das ist doch das Wesen der Religion, dass sie uns moralische und religiöse Gesetze auferlegt, die wir zu halten haben! Tatsächlich ist es längst an der Zeit, ein großes »Aber« über dem Gleichnis von der Wölbung und dem Faserverlauf zu sprechen, denn sonst wird das Sinnbild nicht die seelischen Tiefen in uns erreichen, wo über die gefühlte Würde unseres Lebens entschieden wird.

Was also ist das Gesetz? Der Begriff findet sich 430-mal im Alten Testament und 191-mal im Neuen Testament. Allein diese Häufigkeit zeigt schon, dass es sich nicht um etwas Nebensächliches handeln kann. Wenn es im Römerbrief heißt: »Christus ist das Ende des Gesetzes« (10,4) – also das Ende des *Nomos* –, ist er dann der Anfang der Autonomie? Befreit Christus den Menschen von der Knechtschaft unter dem Joch des Gesetzes, um ihn endlich in die Selbstbestimmung zu führen? (Das hieße: Ich bin mir selbst Gesetz – *auto-nomos*.)

Nicht erst für uns heutige Menschen weckt der Begriff Gesetz Abneigungen und Widerwillen. Es kommen Vorstellungen von etwas Gesetzlichem, Zwingendem, ja von etwas Despotischem in uns hoch. Mit Gesetz verbinden wir eine Religiosität, die sich einem strengen Gott zu unterwerfen hat, der über unsere Freiheit triumphiert, einem Gott, der uns durch harte Gebote und Regeln bindet und uns in die Gesetzlichkeit führt. Wir befürchten, unser Herz werde da zum Automaten degradiert und habe religiöse Lochstreifen ohne jedes innere Leben abzuspulen. Das ist das Wesen der religiösen Gesetzlichkeit. Doch mit dem Gesetz der Bibel (der Thora) hat diese Sorge nicht viel zu tun.

Es ist wichtig, den Klang des hebräischen Wortes *Thora* von der harten und irrigen Bedeutung des deutschen Begriffes *Gesetz* zu befreien und seinen ursprünglichen Sinn zu begreifen. Als jüdische Schriftgelehrte ab dem 3. Jahrhundert v. Chr. in Alexandria begannen, die hebräische Bibel ins Griechische zu übersetzen, gaben sie das Wort Thora mit dem Ausdruck *Nomos* wieder – zu Deutsch: Gesetz.[52] Für die Griechen bzw. das alexandrinisch-hellenistische Judentum war der Begriff Thora mit Gesetz durchaus treffend übersetzt, hatte für sie Nomos doch einen erhabenen und feierlichen Klang, in dem Ehrfurcht vor der *Lehre*, *Unterweisung* und *Führung* mitschwang.

Der Rabbi (Lehrer) setzt sich. Es ist das Zeichen für den Beginn der Unterrichtsstunde, wie wir es auch von Jesus kennen. Die Jünger versammeln sich und verstummen. Es hat einen förmlichen und würdigen Charakter. Die Jünger eines Rabbis hören zu, lernen die Logien des Meisters auswendig, und zu gegebener Zeit werden sie in Streitgesprächen beginnen, diese Wahrheiten genauer »abzuklopfen«, in Zweifel zu ziehen, anschaulich zu machen und sich in gegenseitigem Austausch zu überzeugen.

Ich kenne diese Art der Auseinandersetzungen seit meiner frühen Jugend sehr gut.[53] Es sind keine intellektuellen Spielereien, eher ist es wie ein Spiegel, durch den man das eigene Leben sieht. Es geht nicht darum, sich von schablonenhaften Anweisungen überformen zu lassen; in diesen Auseinandersetzungen ist etwas viel Umfassenderes, seelisch Tieferes gemeint.

Auch für Jesus war die Thora die Weisung zum Leben. Sie wird im Judentum auch *Torat Hayim* genannt: das *Gesetz des Lebens*. Sein Inhalt ist immer die Kunst des Lebens. Wer nicht hört, der zerstört die Kunst und das Heiligtum seiner selbst. Darum beginnt das wichtigste Bekenntnis des Judentums, das auch das höchste Gebot Jesu war, mit dem Wort: »Höre!« (5. Buch Mose/Deuteronomium 6,4; Markus 12,29). Das Gesetz hat von Gott seinen Sinn erhalten, um dem Menschen zu dienen, der es hält. Der gesetzliche Mensch aber dreht es um. Er versucht, seinem Leben Sinn zu geben, indem er das Gesetz hält, und glaubt so, sich bei Gott etwas zu verdienen![54] Das aber ist nicht der Herzschlag des Gesetzes, sondern die Herzenshaltung der Gesetzlichkeit. Die Gesetzlichkeit lebt von selbstgerechten oder in religiöser Angst geschwächten Herzen.

Das liebende Ich wird durch nichts stärker angegriffen als durch die Gesetzlichkeit, denn sie treibt in die Angst und in die Enge, in die Verbissenheit. Das aber ist nur in *eine* Richtung gesprochen. Denn nicht nur die Gesetzlichkeit, sondern auch die Gesetzlosigkeit ist ein Angriff auf das Leben! Jesus redet – als einem Merkmal für das »Ende der Welt« – davon, dass die *Ungerechtigkeit* überhandnehmen wird und darum die *Liebe* in vielen erkaltet (Matthäus 24,12). Er redet damit von der *äußeren* und der *inneren* Gesetzlosigkeit des Menschen. Denn die Liebe ist das dem Herzen anbefohlene Gesetz.

Zu proklamieren, das Herz brauche kein Gesetz, es sei zur Liebe fähig, ist in seiner ganzen Tiefe ein wahres und zugleich abgründiges Wort. Es ist wahr: Das liebende Herz braucht kein Gesetz, denn indem es liebt, hat es sein Gesetz gefunden. Eben das sagte Augustinus mit dem provozierend wahren Wort: »Liebe und tu, was du willst.«[55] Mit anderen Worten: Wer liebt, braucht kein Gesetz.

Und doch gibt es eine Kehrseite: Wer das Gesetz der Liebe fürchtet, der zeigt, dass er nicht liebt. Nur das nicht liebende Herz wird verkündigen, es brauche kein Gesetz, schließlich sei das Herz ja zur Liebe fähig. Das Gesetz redet von der Gerechtigkeit und seine Frucht ist der Frieden (vgl. Jakobusbrief 3,18). Das nicht liebende Herz aber stellt die Selbstgerechtigkeit über die Gerechtigkeit, die Selbstzufriedenheit über den Frieden; es stellt das eigene Recht über die Versöhnung etc. Im Bekenntnis zur inneren Gesetzlosigkeit stellt es also die naturgegebene Faser über die Wölbung der Weisheit. Nein, die innere Gesetzlosigkeit ist billig! Das Herz braucht einen Widerstand gegen sich selbst! Es braucht einen Grund, an dem seine Kraft ansetzen kann. Ohne diesen Grund findet die moralische Rückstellkraft des menschlichen Herzens keinen Ansatzpunkt. Eine Kraft kann nicht im Nichts ansetzen. Es wäre die Lügengeschichte des Barons Münchhausen, der sich am eigenen Schopf packte, um sich daran aus dem Sumpf zu ziehen. Zauberhafte Autonomie! So ist das Herz, das behauptet, es brauche kein Gesetz.

Die Lüge der Gesetzlosigkeit wird vorangetrieben durch eine romantische Verklärung des sich selbst suchenden Ichs. Da ändert es auch nichts, dem Ich ein frommes Vorzeichen zu geben. Ohne innere Ordnung wird jede Suche zur Sucht. Menschen, die die Wahrheit ihres Herzens verlieren, werden im Innern von Selbstsucht zerstört; eine Gemeinschaft, die ihr Herz verliert, wird im Äußeren durch Ungerechtigkeit zerstört. Denn das Gesetz zu verlieren, bedeutet, die Wahrheit des Herzens zu verlieren. Die Psalmen und die Propheten reden davon, dass der Mensch (und sogar ein ganzes Volk) »das Gesetz seines Gottes in seinem Herzen hat« (Psalm 37,31; Jesaja 51,7). Gesetz und Liebe sind damit innere Größen des Glaubens, es sind harmonische Gegensätze, die sich im Äußeren des gemeinsamen Lebens zeigen! Für deren abgestürzte Größen (Gesetzlichkeit auf der einen, Gesetzlosigkeit auf der anderen Seite) gilt das Gleiche.

Es gibt nur einen einzigen Grund, mit Paulus zu sagen: »Christus ist das *Ende* des Gesetzes.« Er ist das Ende des Gesetzes, da er dessen *Vollendung* ist! Er ist der Meister des Lebens, der das Gesetz der Liebe auch durch mein Leben erfüllen wird. Ob ein Holz nun »besser« oder »schlechter« als ein anderes ist, ist dabei nicht die Frage. Auch im Geigenbau geht es einzig darum, ob ich als Meister mit dem Holz arbeiten und darum seinen Klang erfüllen kann! Darum heißt es im vollen Wortlaut: »Christus ist des Gesetzes Ende; wer an den glaubt, der ist gerecht.« Es ist ein Glaube, der Gestalt gewinnt, denn der Glaube ist die Einwilligung zu diesem gemeinsamen Werk. Das ist es ja, was das Gleichnis von der Geigenwölbung deutlich macht: Als Geigenbauer werde ich dem Holz gerecht, indem ich auf seinen Faserverlauf achte und das akustisch Geforderte darin erfülle. Nur das bedeutet wahre Meisterschaft. Und eben das ist »Christus in mir« (Galaterbrief 2,20; Römerbrief 8,10). Es ist das Leben in der Gemeinschaft mit einem Meister.

Im »charismatischsten Kapitel« der ganzen Bibel (dem 8. Kapitel des Römerbriefs) ist nicht von überschwänglichen Stimmungen die Rede, sondern von der Gerechtigkeit, die sich erfüllen soll (Römerbrief 8,4). Es geht um Stimmigkeit. So führt das Gleichnis von der Geigenwölbung und dem Faserverlauf also weder in die *Gesetzlichkeit*, die alles den Schablonen unterwirft, noch in die *Gesetzlosigkeit*, die den Menschen von den Dingen löst, die ihm geboten sind. Wenn aber weder das eine noch das andere, was dann?

Die drei Wege

Das Gleichnis vom Dilemma zwischen dem gewordenen Faserverlauf und der geforderten Wölbung zeigt drei Wege. Über die ersten beiden könnte man mit dem Wort Jesu sagen:»Der Weg ist breit, der zur Verdammnis führt, und viele sind's, die auf ihm hineingehen.« Beide Wege haben etwas, das das Leben verdirbt – der erste auf eine religiöse Weise, der zweite ohne Religion. Über den dritten Weg aber könnte man mit den Worten Jesu sagen:»Wie schmal ist der Weg, der zum Leben führt, und wenige sind's, die ihn finden!« (Matthäus 7,13). Was sind diese drei Wege, die das Gleichnis beschreibt?

Der breite religiöse Weg ist die *Gesetzlichkeit*. Sie bedeutet im Gleichnis:»*Hauptsache, es entsteht eine perfekte Form!*« Ein guter Geigenbauer wird erwidern: Nein. Denn wenn du zwar die Wölbungsform achtest, nicht aber die Fasern, dann wird auch die schönste Form niemals zu einem guten Klang. So wird die Weisheit uns fragen: Achtest du das Krumme und Abhölzige in deinem und deiner Mitmenschen Leben? Oder sagst du:»Das darf nicht wahr sein!« – und biegst die Wahrheit an deinen Schablonen zurecht? Das gesetzliche Leben steht unter dem Grundsatz: Hinbiegen, wie es passt, anstatt zu sehen, was geworden ist, und wahrzunehmen, was entsteht. Für die wesentliche Frage sind wir damit betäubt, nämlich: Was will Gott mir mit der Wirklichkeit sagen – auch mit der Wirklichkeit, die ich selbst bin? Die Fasern des Lebens lassen sich nicht verbiegen. Du musst sie achten.

Der ebenso breite nichtreligiöse Weg ist die *Autonomie*. Sie bedeutet im Gleichnis:»*Hauptsache, ich folge meiner persönlichen Faser!*« Ein guter Geigenbauer wird erwidern: Nein. Denn wenn du zwar deine Fasern achtest, nicht aber die Gesetze der Wölbung, dann wird auch die größte Sorgfalt im Umgang mit den Fasern niemals zu einem guten Klang. So wird die Weisheit uns fragen: Suchst und achtest du die Gesetze des Lebens? Oder machst du deine eigene Abhölzigkeit zum Gesetz? Da bemüht sich der Mensch, *sich selbst gerecht* zu werden. »Gerecht ist, was echt ist« – das ist die Rechtfertigungslehre des autonomen Menschen, der Moral durch Authentizität ersetzt. Ich bin *mir selbst* Gesetz. Das heißt: auto-nomos.

Der schmale Weg, den Jesus geht und zu dem er seine Jünger beruft, ist der *geisterfüllte Glaube*. Da ist beides: zu Gott hin Ehrfurcht, zum Menschen hin Barmherzigkeit. Es ist die vertikale und die horizontale Dimension meines Lebens. Die *Wölbung* steht für das Gesetz, *das mir geboten ist*. Der *Faserverlauf* steht für das Meine, *das mir gegeben ist*. Beides wird erst dann zur Einheit, wenn ich erkenne, dass die Weisheit Gottes mit mir am Werk ist. Im Bau der Geige werden Ehrfurcht und Barmherzigkeit gewissermaßen in Klang verwandelt. Das bedeutet zweierlei:

Schluss mit der Autonomie! Denn sie ist eine bloße Verherrlichung *des Gewordenen*. Und Schluss mit der Gesetzlichkeit! Denn sie ist eine bloße Verherrlichung *des Gebotenen*. Faser und Wölbung – das Gegebene und das Gebotene – sind ein harmonischer Gegensatz, den wir um unserer Berufung willen zu achten haben. Es ist wie mit allen harmonischen Gegensätzen: Das *eine* Gute ist für *das andere* Gute da und bringt es erst zu wahrer Schönheit. Wir werden uns das Gute, das in uns schwach ist, mehr und mehr zu eigen machen, indem wir es achten. Die Verherrlichung unserer Stärke aber versetzt dem Schwachen in uns den Todesstoß. Da macht es keinen Unterschied, ob unsere Berufung dann im Grab der Gesetzlichkeit oder im Grab der Gesetzlosigkeit verwest.

Dass sich die Stimmigkeit zwischen dem Gegebenen und dem Gebotenen erfüllen kann, ist letztlich die Flucht nach vorn, die Flucht in die Arme Gottes. Ich habe keine Angst vor den Dingen, die von meinem Leben gefordert sind, denn was Gott fordert, das ermöglicht er.

Der Himmel wird niemals etwas verlangen, was mich überfordern kann. Dafür sorgen wir schon selbst und brechen so die Faser. Nein, es ist die Flucht nach vorn: der Glaube an die Weisheit Gottes. Dann kann endlich die Moral authentisch sein und die Authentizität moralisch sein! Ich bin Holz in Gottes Händen.

Die Ehrfurcht

Wenn wir durch Ehrfurcht begreifen, dass unserm Leben zu Recht etwas geboten ist, dann hat das nichts mit Gesetzlichkeit zu tun. Auch das kann man schlussendlich in diesem Arbeitsschritt am Holz erkennen. Denn auch im Geigenbau gibt es eine Thora! Wer die Liebe zu den Geboten der Akustik begreift, die dem Klang der Geige dienen, dem ist der Unterschied zwischen Ehrfurcht und Gesetzlichkeit längst klar geworden. Ein guter Geigenbauer muss die Gesetze der schwingenden Wölbung beherzigen. Intuition und Erkenntnis werden ihn leiten, der Geigendecke die rechte Verteilung von Steifigkeit und Masse zu geben. Nur so entstehen die Resonanzen in der rechten Weise, und sie werden den Klangfarben dienen. Ich habe die Gesetze der Akustik zu achten, denn sie sind *Unterweisung, Lehre und Führung* zum guten Klang. Nur derjenige, dem der Klang gleichgültig ist, wird sich über dessen Gesetze hinwegsetzen. Wenn ich die Gesetze der Akustik achte, so geschieht dies also nicht um ihrer selbst willen, sondern um des Klanges willen, den ich schaffen will. So ist es auch mit der Thora. Ihr geht es nicht um sich selbst, sondern um den Klang, zu dem wir berufen sind: *die Gerechtigkeit!* (Römerbrief 8,4), d.h. die Stimmigkeit unseres Lebens.

Ein »klingender Mensch« ist kein Knecht, sondern ein Diener. Er dient Gott – nicht weil er es muss und nicht weil es ihm nützt, sondern weil er es will. Die Furcht macht uns klein; die Ehrfurcht richtet uns auf. Das knechtische Leben berechnet den Nutzen; das dienende Leben verschenkt sich, es ist barmherzig und dadurch frei. Denn es verschenkt sich nicht mit Blick auf Nutzen und Lohn. Das geisterfüllte Leben des Dieners ist Ehrfurcht vor dem Schöpfer, der das Leben ist, und es ist Barmherzigkeit gegenüber allen Geschöpfen, die sich nach Leben sehnen. Antigonos von Socho (3. Jh. v. Chr.) sagte: »Seid nicht wie die Knechte, die dem Herrn dienen, um ihren Lohn zu empfangen, sondern wie die Knechte, die ihrem Herrn dienen auch ohne die Aussicht auf Lohn; und die Ehrfurcht vor Gott sei über euch!«[56]

Der Lohn dafür, dass ich die Gebote halte, ist nicht irgendeine Belohnung, auf die man schielen könnte, sondern es ist das Leben selbst! Das ist der Grundtenor. Die Gebote sind es, »durch die der Mensch lebt, wenn er sie tut« (Nehemia 9,29). Ebendas ist es ja, was der Geigenbau mich lehrt: Der Lohn dafür, dass ich die Gebote der Akustik halte, ist nicht eine zusätzliche Belohnung, sondern es ist der Klang der Geige selbst! Was will ich mehr? Der hörbare Klang ist Gleichnis für das gelebte Leben. Ein guter Klang ist Gleichnis für die Gerechtigkeit. Darum heißt es beim Propheten Hesekiel: »Wer nach meinen Gesetzen lebt und meine Gebote hält, dass er danach tut: das ist ein Gerechter« (18,9).

Das Neue Testament ist keine Verweichlichung des Alten Testaments – denn Gnade ist kein Weichspüler! Die Gnade, um die es in der Bibel geht, ist vielmehr eine wirksame Kraft, die das Gegebene (Faserverlauf) in der gebotenen Weise (Wölbungsform) zur Geltung bringt. So erfüllt sich unser Klang. So wenig man im Geigenbau den Faserverlauf gegen die Wölbung ausspielen darf, so wenig kann man sich auf die »neutestamentliche Gnade« berufen, wenn man von Gottes Gebot nichts wissen will. Denn da wäre das Bekenntnis zur Gnade lediglich eine Maskerade der Autonomie.

Mit Blick auf den gewachsenen Faserverlauf und die rechte Wölbung gilt: Das eine soll sich im andern erfüllen! Und ebendas ist auch die Grundbeziehung zwischen der Gnade und dem Gebot. Nur dort, wo das eine das andere zur Geltung bringt und dadurch dessen Sinn erfüllt, entfaltet sich der gute Klang! In eben dieser Weise sagte Jesus: »Wer meine Gebote hat und hält sie, der ist's, der mich liebt. Wer mich aber liebt, der wird von meinem Vater geliebt werden, und ich werde ihn lieben und mich ihm offenbaren« (Johannes 14,21).

Die Entfaltung des Klanges, auf die all mein Arbeiten als Meister drängt, ist eine sinnliche Offenbarung an Schönheit und Leben. So ist es mit dem Klang unseres Lebens. Wir brauchen ein Gespür für die werbende Kraft der Weisheit, die den Werdegang führt; wir brauchen eine Liebe und ein inneres Nachgeben für die drängende Kraft der Gnade, die durch unser Leben etwas verwirklichen will.

Der gute Klang wird folgen, wenn die Geige in der rechten Weise gebaut ist. Das wird geschehen, wo immer die Weisheit den Werdegang führt! So ist der Lohn also nicht künstlich aufgesetzt. Er ist nichts Fremdes. Wie ich als Geigenbauer Ehrfurcht vor den Geboten der Akustik gewinne und so den Klang erfülle, so ist es auch im Leben aus dem Glauben: Der Klang selbst ist der Lohn. Wie der Prophet Hosea sagt: »Säet Gerechtigkeit, und erntet nach dem Maß der Liebe!« (10,12).

Es ist so also durch das Gleichnis von der Wölbung und dem Faserverlauf deutlich geworden, dass zwei Grundwahrheiten das menschliche Leben tragen sollen: Es ist die Ehrfurcht vor dem Gebotenen und die Barmherzigkeit gegenüber dem Gegebenen. Wenn Ehrfurcht und Barmherzigkeit im Leben eines Menschen aber keine Achtung finden und der Klang darum verdirbt, dann ist es mit der Strafe wie mit dem Lohn: Der ordinäre, scharfe, dumpfe, nasale, hässliche und unerfüllte Klang selbst ist die Strafe. Darum heißt es bei Paulus: »Was der Mensch sät, das wird er ernten« (Galaterbrief 6,7). Oder bei den Propheten: »Ihr pflügt Böses und erntet Übeltat« (Hosea 10,13); »Sie gehen mit Unheil schwanger und gebären Verderben« (Jesaja 59,4). Es ist der Klang der Sinnlosigkeit und Unerfülltheit, der in ein Leben ohne Ehrfurcht und Barmherzigkeit einziehen wird! Die Bestrafung für die Sünde ist also die Sünde selbst. Durch sie verletzen wir unser (und unserer Mitgeschöpfe) Leben. Das bedeutet es, was der Prophet Habakuk sagt: »Du hast gegen dein Leben gesündigt« (2,10).

Der eben zitierte Ausspruch des Antigonos ist in die Geschichte eingegangen und steht am Anfang des Talmuds. Antigonos von Socho soll
zwei Schüler gehabt haben, Zadok und Boethos. Als sie hörten, dass es
für die Erfüllung der Gebote keinen Lohn und für ihre Übertretung
keine Bestrafung gibt, warfen sie das Joch der Thora von sich ab und
gaben sich dem Lebensgenuss hin, frei nach dem Grundsatz »Lasst uns
essen und trinken; wir sterben doch morgen!«[57]. Antigonos hat offenbar die Reife seiner Schüler überschätzt![58] Die Klangfarben der Bibel
sind so unterschiedlich wie die Reife der menschlichen Herzen. Die
Bibel ist nicht herablassend, dass sie unreife Menschen etwa links liegen ließe und sich nur an reife oder erleuchtete wenden würde. Um
einen jeden Menschen zur Ehrfurcht und Barmherzigkeit zu reizen,
redet sie zu den Unreifen in einer unreifen Weise von Lohn und
Strafe.[59] Doch sie tut es in der gleichen Weise, wie wenn man einem
Geigenbauer sagt: »Wenn du schon keine Ohren hast und keine Liebe
zum Klang, dann denke wenigstens daran, dass du die Geige am Ende
verkaufen und davon leben musst. Solltest du dir darum nicht alle
Mühe geben?« Am Ende lernt der Mensch durch diese Mühe vielleicht
doch noch zu hören und findet so doch im guten Klang Erfüllung.

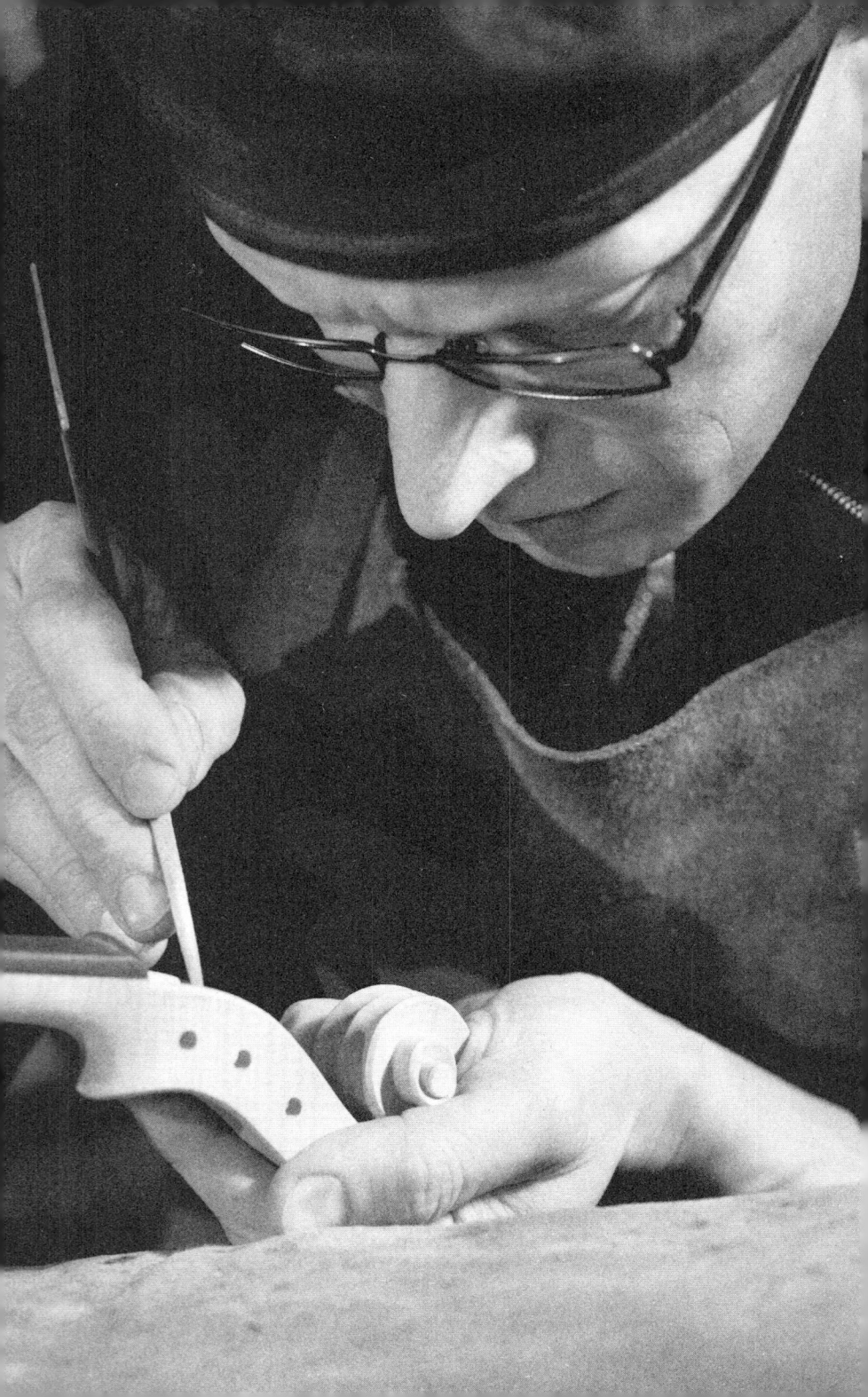

*»Wenn jemand das Wort hört, aber nicht tut, der gleicht einem Mann,
der sein Angesicht im Spiegel beschaut, dann geht er davon und
vergisst von Stund an, wie er aussah.«*
Jakobusbrief 1,23f

Ein Instrument sein 6
Von der Schönheit unserer Berufung

Vor Jahren suchte ich einen renommierten Lehrer der Münchner Musikhochschule auf, um ihm mein jüngstes Cello zu zeigen. Ich hatte es in Anlehnung an Domenico Montagnana, einen großen Meister der Venezianer Schule des 18. Jahrhunderts, eben erst fertiggestellt. Da jener Professor gerade eine Unterrichtsstunde gab, lud er mich ein, ein wenig zuzuhören. So wurde ich Zeuge der Leidenschaft und Weisheit, in der er einer Schülerin eines der schönsten Werke für Cello näherbrachte: das Konzert Antonín Dvořáks, Opus 104. Anfänglich ging es noch um die Fragen nach Fingersatz und Bogenstrich, dann aber zunehmend um musikalische Phrasierungen und den angemessenen Ausdruck. Immer wieder unterbrach er das Spielen seiner Schülerin, stellte ihre Versuche infrage, erläuterte ihr die einzelnen Stellen, spielte diese Passagen vor und ermutigte sie. Als ich das alles beobachtete, fiel mein Blick auf eine Spruchkarte an der gegenüberliegenden Wand. Für seine Schüler stets gut sichtbar, hatte der Lehrer dort – in einen kleinen edlen Rahmen eingefasst – den folgenden Satz angebracht: »Zu üben bedeutet jedenfalls nicht, unzählige Male zu probieren, ob es nicht doch schon von selbst geht.«

Die Lehre der Musikhochschule

Es wäre ein gewaltiger Irrtum, den Glauben und all die Fragen nach Sinn und Berufung unseres Daseins in der Weise dieses Spruches anzugehen. Wir lernen die entscheidenden Dinge nur, indem wir uns *darin üben*. Das Üben ist nicht nur die Quelle des rechten Klanges, sondern auch des rechten Lebens. Wenn schon die Interpretation eines Cellokonzertes solch eine Sorgfalt an täglichem Üben und ernsthaftem Lernen erfordert, sollte da der Klang unseres Lebens in all seinen alltäglichen Aufgaben und Beziehungen von uns weniger verlangen? Wie die Musik den Gedanken des Komponisten hörbar macht, der unsere Seele erreicht, so können die Dinge, die wir tun, hörbar machen, dass unser Leben einen Sinn hat. Doch dazu ist es nötig, dass wir in unserem Üben und Lernen einen Weg der Hingabe gehen. Es ist wie die Hingabe jener Schülerin, die Tag für Tag trainiert, um eine gute Musikerin zu werden. Sie rechnet nicht mit dem Zufall, dass es mit der Intonation und Interpretation doch »schon von selbst« geht.

Die Geigerin Anne-Sophie Mutter, die durch ihre Stiftungsarbeit viel mit der Förderung junger Geigerinnen und Geiger aus allen Regionen der Welt zu tun hat, wurde in einem Interview gefragt, wie sie den Nachwuchs junger Musikertalente beurteile:

Anne-Sophie Mutter: In Deutschland – na ja. Immer öfter sind es Osteuropäer und Asiaten, die in den Vordergrund treten: Russen, Japaner, Chinesen, Koreaner.

Frage: Welche Erklärung haben Sie dafür?

Anne-Sophie Mutter: Die haben eine größere Leidensfähigkeit.

Frage: Das klingt nach Einzelhaft am Instrument. Haben Sie nicht ein freundlicheres Wort?

Anne-Sophie Mutter: Nein, das gehört dazu und ist nicht negativ gemeint. Passion gehört dazu. Es gehört dazu, dass man sich fordert.[60]

Wir verwechseln Gnade mit Zufall, wenn wir annehmen, Gnade bedeute, unser Leben gelinge letztlich von allein, und wir müssten nichts dafür tun. Die Kraft, die in der Bibel Gnade heißt, ersetzt niemals unser Üben und Arbeiten, sondern bringt es erst zur Geltung. Ich kann mir nicht vorstellen, dass es einen ernst zu nehmenden Weg des Menschendaseins gibt, der es dabei belassen würde, nur unser Wissen anzureichern, nicht aber uns zugleich auch darin anzuleiten, uns im Erkannten zu üben. Eine Philosophie oder Religion, die es beim Wissen belässt, wäre eine Verführung zu religiöser oder intellektueller Selbstherrlichkeit. Darum geht es in diesem Kapitel nun um das, *was wir tun* – um das also, was unser Leben tatsächlich hörbar macht.

Person sein

Ich möchte von einem Freund erzählen. Ingolf Turban ist ein wunderbarer Geiger und große Orchester begleiten ihn. Als ich unlängst Zeit mit ihm in meiner Werkstatt hatte, sagte er, er liebe seine Geige – es ist eine Stradivari aus dem Jahr 1721 – vor allem deshalb, »weil sie diese ganz besondere, charismatische Stimme« habe. Wer ihn beim Geigespielen erlebt, gewinnt den Eindruck, das Instrument sei geradezu ein Teil seines Körpers. Einmal sagte er beim Probieren einer meiner jüngsten Geigen, in den hohen Lagen empfinde er es nicht mehr, als spiele er Geige, sondern als würde er singen.

Was Ingolf über die »charismatische Stimme« seiner Geige sagt, beschreibt auf eine eigene Weise, was es heißt, *Person* zu sein. Das Wort hat uns viel zu erzählen. Es lehrt uns eine Eigenart der menschlichen Bestimmung. Das Wort Person setzt sich aus den Worten *per* (= hindurch) und *sonum* (= Ton) zusammen. Der Herkunft nach heißt es also *hindurchtönen*. Sprachwissenschaftler erklären, wie es zu dieser Bedeutung kam. Das griechische *prósopon* bedeutet Gesicht, Antlitz, Miene, aber auch Maske oder Rolle – auch im übertragenen Sinn, etwa als die soziale oder moralische Rolle, die ein Mensch einnimmt. Dass das lateinische *persona* von *personare* (durchklingen) abgeleitet wird, liegt wohl daran, dass in der Antike die Theatermasken einen Schalltrichter hatten, der es der Stimme des Schauspielers ermöglichte, durch die Maske hindurchzudringen. Was uns als Personen erkennbar macht, ist – wenn wir dem Begriff folgen – also das, was durch uns wirksam, sichtbar, hörbar wird. Es ist das, was durch unser Leben hindurch zum Klingen kommt. Am Ende steht nicht das Wort: »Seht, welch eine Idee!«, sondern: »Seht, welch ein Mensch!«

Wesen und Anwesenheit

Gott ersetzt unsere Anwesenheit nicht durch sich selbst, sondern er sucht sie, um sie – wie ein Musiker den Klang seines Instrumentes – zur Geltung zu bringen. Da klingt nicht »hier« der Musiker und »dort« sein Instrument, nicht hier »ich« und dort »Gott«, sondern *beides in einem*. Das bedeutet für mich, dass die Anwesenheit Gottes in unserer Welt zerbrechlich ist. Wie Instrument und Musiker sich miteinander verbinden, so verbindet sich Gott mit der Zerbrechlichkeit unserer Liebe: Seine Behutsamkeit spiegelt sich in der Achtung, die wir einander entgegenbringen; seine Gegenwart in unserer Aufmerksamkeit, seine Gerechtigkeit in unseren Verhältnissen; seine Wahrheit in unserem Verhalten; seine Barmherzigkeit darin, dass wir einander die Dinge nicht nachtragen, sondern lernen, einander zu vergeben.

Inmitten der Welt gibt er uns so Anteil an sich selbst. Er ist da. Er fragt: Wo bist du? Ich spreche: Ich bin da. Einzig durch das Unfassbare der Liebe haben wir Anteil an ihm und begreifen: Er ist da. Es ist wie mit dem Musiker und der Geige: Wenn die Musik erklingt und der Musiker in der Geige seinen Ton findet, dann sind Instrument und Musiker nicht jeweils zur Hälfte da, sondern sie sind beide *ganz* da. Der Musiker wird nicht zur Geige und doch wird er mit ihr ganz eins. Im Spielen mit ihr entsteht der eine, gemeinsame Klang, den man nicht zerlegen kann. Niemand käme auf die unsinnige Idee, zu sagen:

»Diese Hälfte des Klanges gehört zum Instrument, jene Hälfte zum Musiker.« Im Erklingen des Tones lassen Musiker und Instrument sich zwar noch immer unterscheiden (Identität), aber nicht voneinander trennen (Einheit). Denn nur wenn beide *ganz* da sind, entsteht der Klang.

Dieser gemeinsame Klang ist das Wesen der Einheit. »Einheit allein ist wahre Macht«, sagt Martin Buber in seinem Nachwort über die Reden und Gleichnisse des Tschuang-Tse.[61] Das Verhältnis zwischen Instrument und Musiker zeigt die innigste Form der Einheit. Es ist auffällig, dass die großen Weisheitsbücher der Menschheit alle von der Einheit sprechen. »Ein erleuchteter Herr und ein gehorchender Diener, das sind die Bedingungen großen Fortschritts«, sagt das Buch der Wandlungen.[62]

Das Einswerden zwischen Musiker und Instrument ist ein Bild für diese Einheit. Das Instrument gibt sich ganz in die Hand des Musikers, und der Musiker ist ganz im Klang des Instrumentes. Zahlreiche Bilder der Bibel beschreiben solch eine Wechselseitigkeit als das Wesentliche des Glaubens. Ein Beispiel dafür ist das bekannte Bild vom Weinstock und den Reben, mit dem Jesus die Beziehung zu seinen Jüngern beschreibt: »Bleibt in mir und ich in euch. Wie die Rebe keine Frucht bringen kann aus sich selbst, wenn sie nicht am Weinstock bleibt, so auch ihr nicht, wenn ihr nicht in mir bleibt. Ich bin der Weinstock, ihr seid die Reben. Wer in mir bleibt und ich in ihm, der bringt viel Frucht; denn ohne mich könnt ihr nichts tun« (Johannes 15,4–5).

Eine Rebe bringt keine Frucht, wenn sie nicht am Weinstock bleibt, doch wir übersehen allzu schnell das andere: Auch ein Weinstock bringt keine Frucht, wenn die Reben fehlen. Das Bewusstsein dieser Wechselseitigkeit ist das Wesentliche des geisterfüllten Lebens. Bleibt in mir und ich in euch: Das Instrument ganz in den Händen des Musikers und der Musiker ganz im Klang des Instrumentes. In diesen Erfahrungen des Einswerdens erfüllt sich die Bedeutung unseres Daseins.

Mit dem Musiker und dem Weinstock geht etwas Größeres über das Instrument und die Rebe hinaus – aber nicht darüber hinweg!

Denn der Musiker bringt ohne sein Instrument keinen Klang hervor, der Weinstock ohne die Rebe keine Frucht. Wir sollten diese wechselseitige Abhängigkeit sehen und uns nicht dazu verleiten lassen, uns wegen der »Größe« Gottes nicht ernst zu nehmen! Die Wechselseitigkeit ist das Eigentliche des Glaubens. Hier erst gewinnt der Glaube seinen Reiz und erfüllt seine Berufung.

Die Bilder vom Instrument und vom Weinstock beschreiben Einheit und Gleichzeitigkeit: Es ist der eine Klang von Musiker und Instrument, die gemeinsame Frucht von Weinstock und Rebe. Wie jener Musiker über die Stimme seiner Geige sprach, so wird es die Erfüllung eines Menschenlebens sein, wenn auch Gott über uns, als seine Instrumente, sagen kann: »Mit ihm oder ihr gibt es Momente, da ist es nicht mehr wie Geigespielen, sondern als würde man singen!«

Gott spielt mit uns

Wie ein Musiker sich während des Spielens nicht vom Instrument trennen lässt – der Klang würde verstummen –, so lässt auch Gott sich nicht vom Leben trennen. Gott thront nicht über dem Leben, sondern er spielt mit ihm. Es ist kein zynisches Spiel – wie es auch im Talmud heißt: »Der Heilige, gepriesen sei er, spielt keine boshaften Spiele mit seinen Geschöpfen«[63] –, sondern es ist wie das selbstvergessene Ergründen und Spielen des Musikers, der ganz und gar im Klang seines Instrumentes ist, wenn er den Motiven der Komposition eine Stimme gibt. Der Klang der Geige ist die Stimme des Geigers. So soll der Klang meines Lebens zu einer Stimme Gottes werden.

Gott thront nicht über uns, sondern seine Weisheit spielt mit uns, wie die Weisheit selbst spricht: »Ich war sein Liebling und spielte vor ihm allezeit; ich spielte auf seinem Erdkreis.« (Sprüche 8,30f). Der Glaube als die uns zugewandte Seite dieses Spiels hat eine wunderbare Bedeutung. Man könnte es in Anklang an ein bekanntes Wort Friedrich Schillers verstehen, der in seinen Briefen über die ästhetische Erziehung des Menschen sagte: »Der Mensch spielt nur, wo er in der vollen Bedeutung des Wortes Mensch ist, und er ist nur da ganz Mensch, wo er spielt.«

So wenig Gott meiner bedarf, um Gott zu sein, so sehr ist er doch nur da ganz Gott, wo er mit mir spielt. Die Einwilligung meines Herzens, die ich zu diesem Spiel gebe, heißt Glaube. Durch den Glauben entsteht ein anderes, ein inniges, ein suchendes, fragendes, sinnvolles Spiel des Lebens. Denn Gott ist nicht nur der Welt gegenüber, er ist auch durch die Welt.[64] Sie ist sein Instrument. Wir können lernen, den Klang zu hören. Man hört den Unterschied! Es ist kein seelenloses Spielen.

Glaubenszweifel lassen uns manchmal fragen, warum wir Gott nicht erleben, doch es ist, als würden wir im Konzert fragen, warum wir den Geiger nicht hören, sondern nur die Geige, die er spielt. Erst wenn wir begreifen, dass wir Instrumente Gottes sind, werden wir den Klang hören. Wir hören Gott nicht »pur«, sondern einer durch den anderen. So sollen wir einander zu Instrumenten Gottes werden und lernen, den Klang zu intonieren, den unsere Berufung annehmen will.

Wir sollen Gott in der Welt finden – in den Aufgaben, Begegnungen, Schönheiten und Schwierigkeiten – und nicht an der Welt vorbei! Wenn wir beten: »Gott, du bist mir zu fern!«, kann es sein, dass er antworten wird: »Wo suchst du mich? Öffne deine Augen und dein Herz den Dingen, für die ich dich geschaffen habe, und sieh nicht daran vorbei! Ich habe dich nicht erschaffen, um dir zu erlauben, mich an der Welt vorbei zu lieben, sondern damit du hoffen, glauben, arbeiten und lieben lernst und darin mich findest. Fange an, die Welt mit meinen Augen zu sehen, und du wirst erkennen, wer ich bin. Dann wirst du nicht mehr sagen, ich sei fern.«

Wir werden an dieser Welt zur Person. Dazu sind wir berufen. Martin Buber brachte das »per sonum« in die folgenden, wunderbaren Worte:

»Man muss sich davor hüten, das Gespräch mit Gott als etwas lediglich neben oder über dem Alltag sich Begebendes zu verstehen. Gottes Sprache an die Menschen durchdringt das Geschehen in eines jeden von uns eigenem Leben und alles Geschehen in der Welt um uns her, alles Biografische und alles Geschichtliche, und macht es für dich und mich zu Weisung, zu Forderung. Ereignis um Ereignis, Situation um Situation ist durch die Personsprache befähigt und ermächtigt, von der menschlichen Person Standhalten und Entscheidung zu erheischen. Wir meinen gar oft, es sei nichts zu vernehmen, und haben uns doch vorlängst selber Wachs in die Ohren gesteckt.«[65]

Von der Form zum Klang

Das innere Hören ist eine wesentliche Bedingung im Werdegang der Geige. Ich höre den Klang vor meinem inneren Ohr längst, bevor das Instrument fertig ist. Dieses innere Hören begleitet das Werden. Nur so weiß ich, welche Form das Holz bekommen soll. Das Augenscheinliche meines Schaffens ist eine hölzerne Form, eigentlich aber rufe ich Klang ins Leben. Die Form wird in Klang verwandelt, sie wird in Musik transformiert. Unsere äußeren Augen sehen das Augenscheinliche. Das Instrument aber ist mehr. Es ist nicht sichtbares Holz, sondern wirksamer Klang.

Ist diese Erfahrung nicht auch ein Gleichnis für den Menschen selbst, der nicht nur etwas Augenscheinliches ist? Jeder Mensch hat seinen Klang: Wir bestehen nicht nur aus sichtbarer *Materie*, sondern haben auf eine rätselhafte Weise *Bewusstsein*. Das ruft die staunende Frage wach: Wie kommt das Bewusstsein in die Materie?[66] Unser Gehirn ist nicht nur denkendes Fleisch, sondern wirkender und selbstbewusster Geist. Und wir sind fähig, diese Tatsache zu reflektieren! Unser Bewusstsein ist dem denkenden Gehirn anvertraut wie der Klang dem schwingenden Holz. Wir sind – wie die Urgeschichte der Bibel es in einem hebräischen Wortspiel sagt – *Adam* (der Mensch) geschaffen aus *Adama* (Lehm vom Acker). Das ist die Spannung zwischen Klang und Form. Die Schöpfungsgeschichte beschreibt das Geheimnis, dass bewusstseinslose physikalische Teilchen und bewusstseinslose chemische Prozesse bewussten Geist entstehen lassen können. Wer darüber nicht staunt, der hat darüber vermutlich nie nachgedacht!

»Da machte Gott der Herr den Menschen aus Erde vom Acker und blies ihm den Odem des Lebens in seine Nase. Und so ward der Mensch ein lebendiges Wesen« (1. Buch Mose/Genesis 2,7).

Du bist aus Adama geschaffen und bist dir doch dessen bewusst, dass du mehr als ein Materieklumpen bist. Adam, Mensch, du bringst Kunst und Wissenschaft hervor; du empfindest Liebe und Hoffnung; du leidest unter deiner Begrenztheit und Endlichkeit; du bist fähig, eine Symphonie zu komponieren und schaffst aus Steuergeldern das Orchester, das sie spielt. Du empfindest Angst und Glück, bist fähig zur Sünde wie zur Treue. Du fragst dich, wer du bist und was du sollst; du fragst dich, was du giltst und stellst dich selbst infrage. Du sendest deinen Geist zur Erforschung in die Welt und bleibst doch – wie sehr du dich beim Denken auch beobachten magst – dir selbst ein Rätsel. Und was kommt durch den Glauben erst hinzu – jenes geheimnisvolle Feuer des menschlichen Bewusstseins! Die Welt ist durch Kräfte geformt; das Bewusstsein aber ist uns eingehaucht. Lehm vom Acker, Geist aus Odem. Form und Klang.

Das gewaltigste *Selbstbewusstsein*, in dem ein Mensch leben kann, heißt: *Ich bin geliebt.* Dem aber soll ein *Sinnbewusstsein* zur Seite treten. Es heißt: *Ich bin berufen.* Das sind die beiden Grundworte unseres Daseins. Sie beruhen im Tiefsten auf Gnade. Erst in diesen beiden Worten – *geliebt und berufen* – begreifen wir den Logos unseres Daseins.

Die wesentlichen Dinge müssen geläutert werden. Doch dazu müssen sie aus dem harten Gestein unseres Ichs herausgeschmolzen werden. Nur die Liebe hat die dazu nötige Glut. Das bloße Ich-Sein ist die Entscheidung, in sich selbst zu verarmen. Es ist die Entscheidung, von einer Berufung nichts wissen zu wollen. Wir spüren diese Armut und erfahren sie im Miteinander. Die Armut an Lebenssinn wird zur Gier nach Lebensmitteln. Die Armut an Gewissheit wird zur Gier nach Sicherheit. Die Armut an Vollmacht wird zur Gier nach Macht. Die Armut an Charisma wird zur Gier nach Kompetenz. Die Armut an Anerkennung wird zur Gier nach Beifall. Die Reihe ließe sich mühelos fortsetzen. Wir bereichern uns an dieser Welt ja nur im Maß unserer inneren Armut. Da verweigert sich der Mensch der Läuterung und betäubt den entstehenden Schmerz der Sinnlosigkeit: Wer es in sich nicht hat, wird es draußen vergeblich suchen! In dieser äußeren Suche überhitzen wir die Welt und machen sie zur Hure – als seien die Dinge, von denen wir leben, je käuflich. In der verzweifelt selbstsüchtigen Suche geben wir den falschen Dingen Gewicht. Das berühmte Gleichnis des Tschuang-Tse (ca. 300 v. Chr.) vom Fährmann endet mit dem Satz: »Und wer dem Äußeren Gewicht gibt, der wird im Innern hilflos sein.«[67]

Berufung und Bedürftigkeit

Die Grundworte unseres Daseins lauten: Du bist *geliebt,* und du bist *berufen.* Das heißt, *du bist* und *du sollst.* In diesen Grundworten ist der Odem, der aus Adama Adam macht und das Holz in Klang verwandelt. Doch gerade die Grundworte sind verletzbar. Denn wir müssen sehen: Der Grund der Liebe ist auch der Grund des Leidens: Ohne die menschliche Verletzbarkeit, die darin besteht, dass wir einander anvertraut sind, gäbe es auch keine Liebe. Sie wäre schlicht nicht nötig. Weil wir der Liebe bedürftig sind, sind wir einander anvertraut. Doch wo unsere Bedürftigkeit verletzt wird, da öffnet sich unweigerlich eine Quelle des Leidens. Bestünde diese Welt aus leidensunfähigen Wesen, so gäbe es auch keinen Raum der Liebe.

Es sind zwei Seiten der gleichen Wahrheit: auf der einen Seite die Bedürftigkeit, auf der anderen die Berufung. Wir überwinden das Leiden nicht, indem wir die Bedürftigkeit unseres Daseins überwinden, sondern indem wir Liebende werden! Nur der Liebende ist tatsächlich erleuchtet. Er wendet sich seiner Berufung zu. Sie ist das Licht, das ihn erleuchtet. Der Bedürfnislose hat keine Erleuchtung erlangt; er hat lediglich seine Verletzbarkeit überwunden. Er hat die Notwendigkeit in sich abgestumpft, geliebt zu werden. Das ist keine Erleuchtung, sondern spirituell überhöhte Feigheit vor der eigenen Geschöpflichkeit.

Beide Seiten – die der Bedürftigkeit und die der Berufung – sind in einer rabbinischen Weisheit beeindruckend schlicht zusammengefasst. Israel von Salant sagte: »Die materiellen Bedürfnisse deines Nächsten sind dein spirituelles Anliegen.«[68]

Wahre Spiritualität ist nicht die Erweiterung unseres Bewusstseins, sondern die Ausrichtung unseres Bewusstseins auf eine Berufung. Es ist die Berufung, um der Bedürfnisse meines Nächsten willen ein Liebender zu sein. Durch nichts kann die Gnade Gottes stärker in uns werden als dadurch, dass wir leben, wozu wir berufen sind. Wenn wir aber unsere Berufung nicht in uns beleben, wird unser Herz ermatten – und mit ihm der Glaube.

Darum bedeutet Glauben nicht nur, dass ich darauf vertraue, dass Gott gut ist, sondern ebenso, dass ich entdecke: Gott traut mir etwas Gutes zu! Wir sollen den Aufgaben unseres Lebens zur Gabe werden. Darum ist es wichtig, dass wir nicht nur fragen: Worauf vertraue ich? Ebenso sollten wir uns fragen: Was wird meinem Leben zugetraut?

Wer Spiritualität sucht, der muss darum vor allem eine Frage klären: Wem oder was soll mein Leben dienen? Denn es geht dabei nicht um die Hybris vermeintlicher Gotteserkenntnis, die für sich in Anspruch nimmt, die Geheimnisse Gottes zu ergründen, sondern um die menschliche Demut, die sich für diese Welt in Anspruch nehmen lässt. Denn diese Welt ist um unserer Berufung willen als eine bedürftige Welt erschaffen!

Fulbert Steffensky fragt: »Was ist eine spirituelle Erfahrung? Es ist die Erfahrung der Augen Christi in den Augen des Kindes. Es ist die Erfahrung der Nacktheit Christi im nackten Bettler, den Martinus trifft; die Erfahrung des hungernden Christus im Hunger unserer Geschwister. Wer in Gott eintaucht, taucht neben dem Armen wieder auf, sagt der französische Bischof Galliot. Es gibt keine Gotteserkenntnis an der Barmherzigkeit vorbei.« [69]

Wir müssen auf den Geschmack kommen, was das bedeutet.

Die Geigenkinder vom Himalaja

Vor einiger Zeit habe ich einen Menschen mit einem starken Sinnbewusstsein kennengelernt. Eine junge Geigenbauerin stellte sich mir vor, deren Werdegang mich sehr beeindruckt hat. Nach ihrer Ausbildung in Mittenwald entschied sie sich – anders, als das üblich ist – nicht dafür, eine Gesellenstelle in einer anerkannten Werkstatt zu suchen, sondern sie zog für ein Jahr nach Indien in die Gandhi-Ashram-Schule. Das»Haus des Lernens«, das seinerzeit von Jesuiten aus Nürnberg gegründet wurde, ist eine außergewöhnliche Schule. Jedes Kind erlernt dort neben dem sonstigen Unterricht ein Streichinstrument. [70]

Silke hatte von dieser Schule erfahren, und man hatte ihr berichtet, dass sich die Instrumente dort in einem fürchterlichen Zustand befanden und dringend der Überarbeitung bedurften. Manche Mitschüler und Kollegen konnten ihre Entscheidung, dorthin zu gehen, nicht verstehen. Die ständige Begleitmusik war: »Was hast du davon?« Sie solle lieber zusehen, eine renommierte Stelle zu finden, durch die sie beruflich weiterkomme. Außerdem habe sie dort sicher mit wenig attraktiven Instrumenten zu tun. An solchen »Scherbeln« zu arbeiten, mache doch keinen Spaß. Sie war, so erzählte sie, über solchem Unverständnis manchmal nur noch sprachlos, aber sie ließ sich nicht beirren. So reiste sie auf eigene Kosten in das Bergdörfchen Kalimpong am Fuße des Himalajas und richtete in jener Schule eine kleine Geigenbauwerkstatt ein. Da arbeitete sie ein Jahr lang für einen Monatslohn von etwa fünfzig Euro und setzte ihr Können und Wissen dafür ein, die dürftigen Instrumente klanglich und spieltechnisch attraktiv und gut zu machen.

In einem ihrer Rundbriefe berichtete sie von ihren Erfahrungen mit den Schülern, erzählte vom gemeinsamen Musizieren und der Arbeit in der kleinen Restaurationswerkstatt der Schule. Ein renommierter deutscher Hersteller edler Spezialwerkzeuge für Geigenbauer war von diesem Einsatz so angetan, dass er eine Überseekiste allerfeinsten Werkzeugs und Zubehörs zusammenstellte und dieses der Schule kostenlos übersandte. So kam die Werkstatt dort auch auf eine ansehnliche fachliche Ausstattung.

Nur die Kinder der Ärmsten werden in der Schule aufgenommen. Man muss das leuchtende Selbstbewusstsein dieser Kinder beim Musikmachen erleben. Die Musik gibt den barfüßigen Kindern Würde und baut sie auf. Die Kinder kommen aus eigenem Antrieb teilweise schon vor Unterrichtsbeginn, um Geige zu spielen, und bleiben danach oft länger da. (Die Geigen bleiben gewöhnlich in der Schule.) Der Gandhi-Ashram ist ihnen zur Heimat geworden. Der Begründer, Jesuitenpater McGuire, ist davon überzeugt, dass das Musizieren die intellektuellen Fähigkeiten von Heranwachsenden fördert und ihr Selbstvertrauen stärkt. Musik spielt für die meisten Kinder die zentrale Rolle in ihrem Alltag. Dass sie in der Schule drei warme Mahlzeiten bekommen, ist für ihre Eltern verständlicherweise ebenso wichtig. Viele der Eltern, deren Felder an den Hängen von Kalimpong nicht ausreichen, um die Familie zu ernähren, verdienen sich durch harte Arbeit als sogenannte Kulis (Lastenschlepper) etwas dazu.

Ihren Heimaturlaub und die Suche nach einer neuen Stelle nutzte Silke, um in meiner Werkstatt einige weitere Geigen herzurichten, die man ihr für die Schule gestiftet hatte. Dabei erzählte sie von dem Selbstvertrauen und der Offenheit der Schüler. Wenn sie (als junge blonde Frau) von Zeit zu Zeit über Trampelpfade und notdürftige Brücken wanderte, um die Schüler in ihren Dörfern zu besuchen, war das für die Bergstämme eine Sensation und große Ehre. Der Freundschaft, die diese Menschen einem entgegenbrächten, könne man sich kaum entziehen. So kam es vor, dass sie auch immer wieder in einer der Hütten übernachtete. Diese bestanden in der Regel aus zwei Zimmern, waren ohne fließendes Wasser und ohne Strom. Die Verhältnisse waren einfach, die menschliche Nähe aber groß. Es sei fast die Regel gewesen, morgens aufzuwachen und von noch schlafenden kleinen Geschwisterkindern der Schüler umgeben zu sein, die während der Nacht ins Bett gekrochen waren und sich dort eingeschmiegt hatten. Wenn Silke von alldem berichtete, war ein Leuchten in ihren Augen, wie man es nur bei Menschen kennt, die etwas vom Sinn ihres Daseins erfahren. Nur wenn wir das Glück des anderen suchen, geht unser Leben »über uns selbst hinaus«. *Das* ist die Transzendenz, zu der wir berufen sind!

Dass Kushmita, eine der Schülerinnen aus Kalimpong, wegen ihrer außergewöhnlichen Begabung unlängst einen Platz am Münchner Richard-Strauß-Konservatorium erhalten hat und dort Geige studiert, so berichtete Silke, sei zwar erfreulich, aber nicht der Haupteffekt der Ausbildung. Denn in der Regel würden die Schüler dieser Schule auch von weiterführenden einheimischen Schulen mit Handkuss genommen. Man schätze deren musikalische Begabung und schmücke sich natürlich auch gern mit einem guten Schulorchester, das so qualifizierte Verstärkung finde.[71]

Begabung und Interesse (BE.IN.)

Nicht nur in Indien ist das Glück erfahrbar, was es heißt, Kinder zu fördern und ihrem Lebensweg gute Impulse oder gar Prägungen zu geben. Meine Frau Claudia ist Sonderschullehrerin für lernbehinderte Kinder und in einem Sonderpädagogischen Förderzentrum[72] tätig. Sie hat eine große Liebe für benachteiligte Kinder, und das war auch der Grund, warum sie seinerzeit diesen Beruf ergriffen hat. Vor drei Jahren gründete sie ein Projekt, das starke Zustimmung bei Lehrern und Schülern fand und seitdem zu einem festen Bestandteil der Schule geworden ist. Der Projektname *BE.IN.* steht nicht nur für *sei in*, sondern auch für *Begabung und Interessen*. Durch Kontakte angeregt, die wir und andere Lehrer zu befreundeten Künstlern und Handwerkern haben, gelang es, kompetente Menschen in die Schule zu holen, die in kleinen Gruppen etwas von ihrem Können und ihrer Begeisterung weitergeben und Anstöße für die Berufs- und Lebensgestaltung geben. Normalerweise sind es vor allem die Eltern, die an der künstlerischen, musischen, kreativen oder sportlichen Förderung ihrer Kinder einen deutlichen Anteil haben. Die Schüler dieses Milieus aber sind in der Regel von solchen Angeboten ausgeschlossen, da sie zu teuer sind oder organisatorische und soziale Fähigkeiten voraussetzen, die ihre Eltern nicht immer haben.

Man muss sich vor Augen halten, aus welchem Umfeld manche der dortigen Förderschüler kommen. Meine Frau scheiterte vor einiger Zeit mit einer einfachen Rechenaufgabe, die sie den Schülern im Mathematikunterricht stellte. Es ging darum, das Eintrittsgeld für einen Zoobesuch zu berechnen, bei dem Eltern und Geschwister unterschiedliche Preise zu bezahlen hatten. Man sollte für die eigene Familie die Summe errechnen. Einer der Schüler wurde aggressiv und auf Nachfrage schimpfte er: »Woher soll ich wissen, wie viele Eltern eine Familie hat? Meine Mutter und ihr Freund? Der frühere Freund? Mein Vater, den ich nicht kenne? Ich weiß nicht, wie viele Eltern ich habe. Diese Aufgabe kann man nicht lösen!«

Zahlreiche Jugendliche kommen aus zerrütteten Familienverhältnissen. Von einem Schüler weiß meine Frau, dass sein Vater abends regelmäßig bis zu acht Flaschen Bier trinkt und seine Kinder zwingt, mit ihm gemeinsam Horrorvideos anzuschauen. Einige Kinder stammen aus dem Kosovo und sind durch den Krieg schwer traumatisiert. Einer dieser Jungen suchte nach dem Unterricht das Gespräch mit meiner Frau und sagte: »Mein Vater hat ganz schlimme Dinge getan ...« Was er dann erzählte, erzählt meine Frau nicht einmal mir.

Viele der Schüler werden von Alleinerziehenden betreut, die nicht selten arbeitslos sind. Einige der Jugendlichen haben bereits einschlägige Erfahrungen mit Polizei und Justiz gemacht. Den Familien fehlt es häufig an finanziellen Möglichkeiten und an Sozialkompetenz, ihre Kinder zu unterstützen. Für diese benachteiligten Jugendlichen ist das Projekt BE.IN. gedacht. Künstler, Schauspieler, Musiker, Handwerker und andere Helfer kommen gegen eine geringe Aufwandsentschädigung in die Schule und bieten Kurse an.

Ich erinnere mich etwa an ein Konzert, für das wir eine Kundin meiner Werkstatt – sie ist Geigerin im Bayerischen Rundfunksinfonieorchester – und ihre Freundin gewinnen konnten. Sie kamen ins Germeringer Förderzentrum und spielten, um den Kindern diese Musik näher zu bringen, zwei Mozart-Duos für Violine und Viola. Die meisten der Kinder hatten nie zuvor eine Geige gesehen oder jemals klassische Musik gehört. Nach dem Konzert kamen zwei dreizehnjährige Schüler auf meine Frau zu. Einer von ihnen sagte mit leuchtenden Augen, er habe in seinem ganzen Leben noch nie etwas Schöneres gehört!

Ein anderer Schüler, der bei einem der BE.IN.-Projekte Jonglieren und Artistik gelernt hatte und darin zu einem wahren kleinen Meister geworden war, sagte meiner Frau während einer Pause freudestrahlend: »Frau Schleske, ich bin so glücklich, dass es BE.IN. gibt. Sonst hätte ich meine Begabung nie gefunden!«

Für Clemente, einen weiteren Schüler, war am Ende einer Arbeitsphase klar: »Ich weiß jetzt, dass ich Fliesenleger werden will!« Er hatte am Mosaikworkshop teilgenommen und an einem wunderbar mosaikbestückten Brunnen gearbeitet. Ähnlich äußerte sich Tanja und schrieb im Auswertebogen: »Silberschmieden hat mir am meisten gefallen, weil ich sehr gut damit umgehen konnte und weil ich auch meine kreative Seite zeigen konnte.«

Im Rahmen von BE.IN. wurden durch die (teilweise ehrenamtlich) beteiligten Künstler und Kursleiter Kreativprojekte angeboten, die im regulären Schulbetrieb der Förderschule normalerweise weder Zeit noch Mittel finden: Digitale Bildbearbeitung, Diabolo, Fußball, Seidenmalerei, Mosaik, Gesang, Holzspiele, Comiczeichnen, Englisch, Malen auf Leinwand, Naturfarben herstellen, Schauspiel, naturwissenschaftliches Experimentieren (Science Lab), Powerpoint, Street Boogie, Jiu-Jitsu, Videofilm, Stocktanz, Kunstskulptur (Engel), Zeichnen in der Natur, Kunstinstallation »Hände«, Filzen, Gartenbau, Zaubern, Bodystyling, Schminken, moderner Tanz und Silberschmieden. Außerdem wurde eine Fassade bemalt und ein eigener Bachlauf mit allerlei Wasserspielen durch den Pausenhof angelegt. Die Überzeugung dieser Projekte lässt sich treffend mit einem Wort des Pädagogen Andreas Flitner sagen:»Kinder brauchen einen körperlich-sinnlichen Zugang zur Welt. Kinder sind Bastler, Handwerker, Maler, Musiker, Läufer und Hüpfer. Ihre Sinne sind Organe zur Welterkundung. Künstlerische, handwerkliche und motorische Tätigkeiten müssen ihr Lernen begleiten.«

Mit den meisten dieser Erfahrungen wären die Schüler nie in Berührung gekommen. Stattdessen hätten sie viel Zeit auf der Straße oder vor dem Bildschirm verbracht. Auf der Suche nach Sponsoren, auf die die Schule (für Honorare, aber auch für die nötigen Verbrauchsmaterialien, Sportgeräte, Instrumente etc.) angewiesen ist, hatte die Schule bislang immer wieder Glück. Zahlreiche Einzelpersonen, aber auch ein erfolgreicher und renommierter Erstliga-Fußballverein aus München übergaben dem Projekt großzügige Spenden.

Was alle Beteiligten des Projektes anspornt, ist die Erfahrung, dass man der Aggression und Verrohung, die die Kinder erleben, etwas entgegensetzen kann. Begabungen zu entdecken, Menschen zu fördern und Not zu lindern – das hat unmittelbar mit den Dingen zu tun, die unserem Leben Sinn und Berufung sind.

Das Verhältnis zu Gott, zu dem wir berufen sind, ist wie das Verhältnis zwischen Komponist und Interpret. Der Musiker wird *zum Mittler* der Musik. Durch ihn wird das, was komponiert ist, hörbar.

Der international konzertierende Pianist Ronald Brautigam gab von seinem Lehrer Rudolf Serkin ein bemerkenswertes Zeugnis. Er sagte:»Serkin hat mir ein für alle Mal klargemacht, warum es nur darum geht, die Intentionen des Komponisten herauszuarbeiten und sich ganz in den Hintergrund zu stellen. Diese Demut muss aus tiefstem Verständnis kommen und darf nicht eine Attitüde sein. Man muss erkennen können, dass die Ideen des Komponisten besser sind als die eigenen.«[73]

Wir sollen durch unser Leben zu Interpreten Gottes werden. Unsere Demut soll sein, die Intentionen Gottes herauszuarbeiten. Denn seine Ideen sind besser als die eigenen. Das aber muss aus einem tiefen Verständnis kommen. Jesu Leben war von der Demut durchdrungen, die Intentionen Gottes herauszuarbeiten. Diese Demut war zugleich seine Vollmacht. So sagte er: »Der Sohn kann nichts von sich aus tun, sondern nur, was er den Vater tun sieht; denn was dieser tut, das tut gleicherweise auch der Sohn« (Johannes 5,19), und an anderer Stelle: »Ich tue nichts von mir selber, sondern, wie mich der Vater gelehrt hat, so rede ich« (Johannes 8,28).

Wenn wir eigensinnige und misstrauische Wege gegen Gott gehen, werden wir das Heilige verletzen, zu dem wir berufen sind. Frère Roger, der Gründervater der Gemeinschaft von Taizé, sagt: »Eines fasziniert an Gott: Die Demut seiner Gegenwart. (...) Jede herrschsüchtige Geste würde sein Antlitz entstellen.«[74]

Reinhold

Ich will am Ende dieses Kapitels, das von der Berufung unseres Daseins spricht, von einem lieben Freund erzählen: Reinhold war mir ein großes Vorbild. Viele Menschen reden klug daher und wissen, wie man sich gibt. Sie sind geschmeidig im Umgang, aber sie tun nichts Gutes über die eigenen Belange hinaus. Das Gegenteil all dessen kann man von Reinhold sagen. Er eckte an und amüsierte sich freundlich über überflüssige Konventionen. Seine kleine Plattenbauwohnung war eine Katastrophe. Mit »Möbeln«, wie man sie an jedem Münchner Wertstoffhof täglich hätte kriegen können. Die beiden Zimmer waren zwar nicht schön, dafür aber unkompliziert und eine ungewollte Demonstration, dass manches nicht so wichtig ist, wie wir es immer nehmen. Reinhold war ein herzlicher und schrulliger Mensch. Wenn ich bei ihm war, hatte er sich immer eine kleine Liste mit Punkten, die er besprechen wollte, auf einen Pappkarton oder auf den Rest einer Zeitschrift geschrieben. Etwa seine besondere Kinnhalterform für Geigen. Einst war er Konzertmeister gewesen (zuletzt in Palermo auf Sizilien). Aber das war schon Jahre her. Inzwischen war er Anfang sechzig und seit Jahren arbeitslos.

Worin war er mir ein Vorbild? Es war seine Treue und Leidenschaft, wenn er irgendwo eine Not sah, die er lindern konnte. Er lehnte die Kirche ab und hatte Mühe mit dem Glauben. Aber er war – obgleich selbst materiell am untersten Ende unserer Gesellschaft – unermüdlich im Organisieren von Hilfsgütern für Menschen in der Ukraine, die er mehrmals jährlich besuchte. Weil er vor seinem Musikerdasein Russischlehrer gewesen war, hatte er seit Jahren Kontakte dorthin. Er brachte es fertig, dass nicht wenige der ukrainischen Freunde in Münchner Kliniken operiert wurden. Sie litten unter entsetzlichen Folgen der Katastrophe von Tschernobyl. Er trieb Spenden für die dafür nötigen Reisen auf, und nicht wenige Male leistete er eine solch anhaltende und penetrante Überzeugungsarbeit, dass sich Münchner Medizinprofessoren bereit erklärten, einige seiner ukrainischen Freunde kostenlos zu operieren. Waren noch Forderungen der Krankenhausverwaltung offen, so gab er Benefizkonzerte.

Man muss dazu sagen: Er hatte das barocke Spiel mit dem Rundbogen neu für sich entdeckt. Es ist aberwitzig schwer, so zu spielen, denn die Akkorde werden hier nicht gebrochen, sondern alle vier Saiten erklingen gleichzeitig. Das ist eine schier nicht zu meisternde Herausforderung an die Intonation der linken Hand. (Der Daumen der rechten Hand spannt dabei die Bogenhaare, so kann man, wenn man möchte, trotz des Rundbogens sogar Spiccato spielen.) Als er in meiner Werkstatt ein Konzert gab, hörten wir die Solosonaten von Johann Sebastian Bach in dieser ungewohnten, ursprünglichen Weise. Eine einzelne Geige lässt sich somit *vierstimmig* spielen und füllt den Raum mit einer vibratolosen Ruhe und einer klanglichen Größe, als sei es eine Orgel. Unsere Gäste gaben großzügig Geld für seine Arbeit. Er kam nicht raus aus diesen Dingen. Längst wollte er es nicht mehr tun, es belastete ihn. Aber er konnte es nicht lassen, denn er lernte immer wieder neu Menschen kennen, denen er sich nicht entziehen konnte. Wo er war, wurde er schnell ein Freund. Nur noch dieser und jener, aber dann sollte Schluss sein. Es strenge ihn einfach so sehr an. Aber es war nie Schluss. Ich erinnere mich, wie er einmal verständnislos lachte, als jemand jammernd daherredete: »Die Not dort ist ja so groß. Das ist doch alles nur ein Tropfen auf den heißen Stein.« Diesen Zynismus des Nichthelfens stellte er überzeugend bloß. Wenn ich mich recht erinnere, waren es in etwa folgende Worte, die er sagte: »Man kann die Not der vielen nicht aufaddieren. Für den Einzelnen ist es immer seine ganze Not. Es ist Unsinn, die vielen Menschen in Not zu sehen und zu glauben, es sei eine riesige Not, als könne man Not aufsummieren zu einem Haufen. Es gibt nur die Not des Einzelnen. Und einem Einzelnen ist ganz geholfen, wenn man ihm hilft.«

Reinhold starb völlig unerwartet. Ich bin froh, dass wir uns etwa vier Wochen vorher noch gesehen haben. Wir verbrachten mehr Zeit als sonst, schwammen gemeinsam in der Würm, jenem kleinen Fluss im Würmtal, der an der Ostwand meiner Werkstatt vorbei in Richtung Amper fließt. Man schafft es mit voller Kraft gegen die Strömung vielleicht zwei Minuten. Dann ließen wir uns immer wieder gut zweihundert Meter unter einem wahren Dach sonnendurchfluteter Blätter hinabtreiben, um oben wieder einzusteigen. Anschließend gingen wir Pizza essen. An diesem Abend redeten wir mehr als sonst auch über Glaubensdinge. Er hörte zu, aber annehmen konnte er es für sich, glaube ich, nicht. Die Kirche hatte sich in seinen Augen durch ihren jahrhundertelangen Machtmissbrauch, ihre Härte und ihren Reichtum selbst widerlegt.

Von seinem Tod erfuhr ich durch Zufall durch eine winzig kleine Todesanzeige aus der Zeitung. Er war alleinstehend. Im Krematorium gab es keinen Gottesdienst, keine Lieder, keine Predigt. Es waren viel zu wenige Menschen da. Er hatte gewiss kein systematisches Adressbuch geführt. Wer hätte die Menschen informieren können, die ihn kannten? Ein Trost war es zu hören, dass die Freunde in der Ukraine, die natürlich nicht kommen konnten, dort ihren eigenen Gedenkgottesdienst für ihn feierten. Ich betete für ihn und dachte: »Er hat es mehr als ich verdient, dass er bei Dir ankommt!« Natürlich weiß und wusste ich, dass »Verdienen« ein ohnehin abwegiger Gedanke ist. Wer würde und könnte je ankommen? Und doch ist es sonderbar, einen Menschen kennengelernt zu haben, der viel weniger glaubte und viel mehr tat als ich. Es war seine Weise, sich dem Leben zu stellen. Und vielleicht muss man sagen: Gerade dies war sein Glaube. Was für ein gewaltiger Glaube! Ich stellte ihn im Gebet vor das Angesicht Christi und sah ihn im Geist bei jenen stehen, von denen das 25. Kapitel des Matthäusevangeliums erzählt. Dort ist von Menschen die Rede, die in ihrem Erstaunen am Jüngsten Tag Christus begegnen und ihm erwidern:

»Wann habe ich dich gespeist und wann dich besucht? Wann habe ich dir Kleidung und Schuhe gebracht? Wann deine Krankheit gesehen und getan, was möglich war? Wann habe ich dich in dem gequälten Braunbären in jenem viel zu kleinen, hoffnungslos verdreckten Käfig in der ukrainischen Provinz gesehen und dir einen Tierpark am andern Ende des Landes gefunden, mit seinem größeren und freundlichen Gehege? Wann habe ich dir in dem kleinen, musikalisch hochbegabten und ebenso armen ukrainischen Mädchen eine Geige geschenkt, deren Mutter, obgleich als Geigenlehrerin offiziell von der Stadt angestellt, seit sieben Monaten kein Gehalt mehr bekommen hatte und am Ende des Wochenmarktes barfuß das liegen gebliebene Gemüse vom Boden aufsammelte, um ihre beiden Mädchen zu ernähren?«

In Reinhold vermisste man die übliche gutmenschenartige Selbstgerechtigkeit. Er lachte eher hilflos und litt wohl eher darunter, dass er es nicht lassen konnte. Er konnte sich nicht entziehen. Diese Zeilen sind für ihn geschrieben. Denn in der Aussegnungshalle wurde keine Predigt gehalten und es war nur eine Handvoll Menschen da. Zu seiner Ehre nun auch die Worte des Propheten Jesaja (58. Kapitel). Sie sind vor Jahrtausenden geschrieben worden, und sie gehören zu diesen besonderen Worten der Menschheit, die nicht vergehen werden:

»Rufe getrost, halte nicht an dich! Erhebe deine Stimme wie eine Posaune und verkündige meinem Volk seine Abtrünnigkeit und dem Hause Jakob seine Sünden! Sie suchen mich täglich und begehren, meine Wege zu wissen, als wären sie ein Volk, das die Gerechtigkeit schon getan und das Recht seines Gottes nicht verlassen hätte. Sie fordern von mir Recht, sie begehren, dass Gott sich nahe. ›Warum fasten wir und du siehst es nicht an? Warum kasteien wir unseren Leib und du willst's nicht wissen?‹

Siehe, an dem Tag, da ihr fastet, geht ihr doch euren Geschäften nach und bedrückt alle eure Arbeiter. Siehe, wenn ihr fastet, hadert und zankt ihr und schlagt mit gottloser Faust drein. Ihr sollt nicht so fasten, wie ihr jetzt tut, wenn eure Stimme in der Höhe gehört werden soll. Soll das ein Fasten sein, an dem ich Gefallen habe, ein Tag, an dem man sich kasteit, wenn ein Mensch seinen Kopf hängen lässt wie Schilf und in Sack und Asche sich bettet? Wollt ihr das ein Fasten nennen und einen Tag, an dem der Herr Wohlgefallen hat?

Das aber ist ein Fasten, an dem ich Gefallen habe: Lass los, die du mit Unrecht gebunden hast, lass ledig, auf die du das Joch gelegt hast! Gib frei, die du bedrückst, reiß jedes Joch weg!

Brich dem Hungrigen dein Brot, und die im Elend ohne Obdach sind, führe ins Haus! Wenn du einen nackt siehst, so kleide ihn, und entzieh dich nicht deinem Fleisch und Blut!

Dann wird dein Licht hervorbrechen wie die Morgenröte, und deine Heilung wird schnell voranschreiten, und deine Gerechtigkeit wird vor dir hergehen, und die Herrlichkeit des Herrn wird deinen Zug beschließen. Dann wirst du rufen, und der Herr wird dir antworten. Wenn du schreist, wird er sagen: Siehe, hier bin ich. Wenn du in deiner Mitte niemand unterjochst und nicht mit Fingern zeigst und nicht übel redest, sondern den Hungrigen dein Herz finden lässt und den Elenden sättigst, dann wird dein Licht in der Finsternis aufgehen, und dein Dunkel wird sein wie der Mittag.

Und der Herr wird dich immerdar führen und dich sättigen in der Dürre und dein Gebein stärken. Und du wirst sein wie ein bewässerter Garten und wie eine Wasserquelle, der es nie an Wasser fehlt.«

Anvertraut und zugemutet

Warum ist es so schwer zu begreifen, dass wir kein Leben *haben*? Wir haben uns weder gewollt noch haben wir uns erschaffen. Wir haben die Umstände unseres Lebens nicht festgelegt noch können wir verhindern, dass wir sterben. Nein, wir *haben* kein Leben. Uns ist das Leben für eine kurze Zeit geliehen. Im Sterben werden wir es zurückgeben, denn es hat uns nie gehört. Würde es uns gehören, so wäre es Unrecht, dass wir es nicht behalten. Wir sind dem Leben für eine kurze Zeit geliehen.

Unsere Möglichkeiten sind gebrechlich und unsere Zeit verwelkt. Unsere Jahre schwinden dahin, und viele Träume verblassen, ohne je gelebt zu sein. Welche Gewissheit soll mich da leiten und führen?

Unser Leben wird uns täglich anvertraut. Doch nicht nur das. Es wird uns auch täglich zugemutet! Wir werden einmal erkennen, wie wir die Zumutung und das Vertrauen erwidert haben. Habe ich das Glück des Nächsten und das Glück Gottes gesucht, dann ist meinem Leben alles gelungen, was ihm je gelingen kann. Hat mein Leben nur das Eigene gesucht, dann hat es alles verloren, was es verlieren kann. Denn mein Leben ist mir gegeben, damit ich das Leben im anderen sehe, es ansehe, fördere und liebe. Wir sollten uns regelmäßig ansehen und uns selbst fragen: »*Per sonum!* – Was kommt durch dich zum Klingen? Antworte mir!«

Vor einiger Zeit war ich für drei stille Tage in der Propstei St. Gerold im Großen Walsertal. Es war ein warmer Maitag, und ich ging den kurzen, steilen Fußweg zum Klosterweiher hinab. Als ich aufsah zu den Bergen, spürte ich die Frühlingswärme der Sonne auf meinem Gesicht. Ich hörte den Bach und sah das in der Sonne erleuchtete junge Grün der Baumgruppe vor meinen Augen. Da sprach Gott mir ein Wort ins Herz: »Sieh es dir an! Sieh hin, spüre es und höre es: Das alles habe ich für dich geschaffen! Nur dich – dich selbst habe ich nicht für dich geschaffen!«

»Lasst beides miteinander wachsen bis zur Ernte!«
Matthäus 13,30

Der verschlossene Klang 7
Vom Glauben an einen liebenden und darum leidenden Gott

Das folgende Gleichnis vom verschlossenen Klang ist meine persönliche Sichtweise von den innersten Dingen des Glaubens. In einem Weisheitswort heißt es, Gott habe zwei Herzkammern, eine äußere und eine innere. In der inneren verberge er seinen Schmerz und sein Weinen.[75] Manchmal kann es geschehen, dass Gott uns einen Blick in das Innere erlaubt. Er verhüllt es im Gleichnis, damit wir es ertragen. Im Gleichnis vom verschlossenen Klang geht es nun um diesen Schmerz. Es zeigt etwas von meinem Gottesbegriff, wie er sich über die Jahre in mir gebildet hat.

Die Klangeinstellung

Ein Geigenbauer hat nicht nur die Aufgabe, eigene Instrumente zu bauen, sondern ebenso, sich um Kundeninstrumente zu kümmern. Den Klang eines Instrumentes einzustellen, gehört zu den schwersten Aufgaben überhaupt, denen man sich als Geigenbauer zu stellen hat. Äußerlich geht es dabei oft nur um Kleinigkeiten, doch sie entscheiden ganz empfindlich über den Klang. Ein gutes Instrument reagiert sensibel auf kleinste Verschiebungen des Stimmstocks, winzige Korrekturen des Steges, das feine Abziehen des Griffbretts, mikroskopisch gelöste Verleimungen, Veränderungen der Luftfeuchtigkeit, der Temperatur und vieles mehr. Auch die wertvollsten Instrumente haben von Zeit zu Zeit ihre ernsthaften Probleme und machen dem Musiker das Leben schwer. (Manche Instrumente sind schon wirklich recht anstrengende Diven.) Geiger, Bratscher und Cellisten kommen dann zu mir und erhoffen sich Hilfe. Immer wieder habe ich erlebt, dass Musiker sich versprochen haben, wenn sie ihr Instrument auf meine Werkbank legten. Sie sagen manchmal, sie seien gekommen, um ihr Instrument in meine Praxis zu bringen. Dann korrigieren sie sich schnell: »Nicht Praxis natürlich, sondern Werkstatt.« Für viele Musiker ist es tatsächlich wie ein Arztbesuch, und wenn sie das Instrument dann für einige Tage bei mir lassen, sind sie aufgeregt, als stünde einem ihrer Kinder eine schwierige Operation unter Vollnarkose bevor.

Es erfordert Wissen und Erfahrung, gute Ohren und – am allermeisten – gute Nerven, mit Musikern und deren Instrumenten umzugehen. Doch zugleich ist es auch die reizvollste Aufgabe. Erst durch diese Begegnungen habe ich hören gelernt.

Eines Tages hatte sich ein Cellist angekündigt. Er war Solocellist eines großen deutschen Opernorchesters. Ich kannte ihn von früheren Begegnungen und war stets überwältigt von seinem ungewöhnlich singenden und sinnlichen Ton. Damals hatte ich noch mein altes Atelier mit seinem hohen Raum im obersten Stockwerk eines Jugendstilhauses im Münchner Stadtteil Lehel. Vom Atelierfenster aus konnte man in den von außen uneinsehbaren Gemüsegarten des St.-Anna-Klosters sehen. Die anderen Fenster gaben einen weiten Blick über die Dächer der Münchner Innenstadt frei.

Der Cellist läutete und schleppte sich langsam die vielen flachen Treppenstufen in den vierten Stock hinauf. Er ließ sich auf einem Werkstattstuhl nieder und wirkte erschöpft. Als er zu sprechen begann, merkte ich schnell, dass sein Zustand nicht in erster Linie dem vierten Stock geschuldet war, sondern dem Problem, das er mit seinem

Instrument hatte. Er müsse in wenigen Tagen ein wichtiges Solo spielen, aber die A-Saite seines Cellos sei völlig zu. Er komme nicht mehr in den Ton rein. Der Klang bleibe matt. Er kenne sein Cello und habe doch schon ganz andere Zeiten damit gehabt. Der Ton sei früher immer aufgeblüht, mühelos und strahlend in den höchsten Lagen. So aber könne er das Solo nicht spielen. (Ich meine, es war Tschaikowskys Schwanensee, aber ich kann mich nicht mehr genau erinnern.) Immer wieder hielt er inne, sah mich an und vergewisserte sich, dass ich ihn auch verstand. Er hatte mit dem Instrument alles versucht und war nun regelrecht erschüttert.

Die Art, wie er mir sein Leid klagte und immer wieder Passagen vorspielte – da kam er mir wie ein behinderter Mensch vor! Man muss das wirklich wissen und erleben: Das Instrument solch eines Musikers ist wie ein Teil seines eigenen Körpers. Wie dieser Mann den veränderten Klang seines Cellos beschrieb, hätte er ebenso sagen können, dass sein rechter Arm erlahmt sei oder seine Finger schmerzten. Es ist das Gleiche. Das Instrument solch eines Musikers ist wie angewachsen. Es ist Teil seines Ichs, denn er drückt damit all das aus, was in ihm lebt. Es ist seine Stimme.

Als ich diesen Cellisten in seiner Not da sitzen und sein Cello spielen sah, als ich spürte, wie er an seinem Instrument litt, war das für mich ein erschütternder Moment. Es sind Erfahrungen dieser Art, die ich als Offenbarungsmoment begreife. Gott sprach mir in diesem Augenblick in dem Leiden des Musikers einen Wesenszug seiner selbst ins Herz. Ich sah in dem Cellisten etwas von Gott. Es ist der Grund für das Gleichnis vom verschlossenen Klang, das ich nun – mit einigen Jahren Abstand – entfalten möchte. Es hat seitdem mein Gottesverhältnis begleitet und verändert.

Ich kannte das Cello gut. Es war ein Werk des altitalienischen Meisters Giovanni Grancino (Mailand, ca. 1666–1726). Ein mutiger Umriss und eine wunderbar tiefe, goldfarbene Grundierung. Der materielle Wert dieses außergewöhnlichen Meisterwerkes lag bei einigen Hunderttausend Euro. Ich hörte, dass der Klang der A-Saite tatsächlich unbefriedigend war. Über alle Lagen hinweg hatte die höchste Saite einen in sich verschlossenen Klang, gegen den man mit aller Kraft anarbeiten musste, um auch nur halbwegs den Ansatz einer Strahlkraft zu entwickeln. Es klang alles andere als frei.

Er habe schon alle möglichen Saiten verwendet, erklärte mir der Cellist, aber es habe rein gar nichts verändert. Ich sei nun seine Hoffnung. Ob ich ihm helfen könne. Ich bejahte und sagte, das Problem lasse sich gewiss beheben – und erschrak im gleichen Moment über meinen Mut, denn ich war mir nicht sicher, wie ich die Sache angehen sollte. Man hat hierbei nie letzte Sicherheit. Dafür ist die Sache zu komplex. Doch frühere Erfahrungen ließen mich hoffen, dass sich der Klang mit einem veränderten Stimmstock und einem anders geschnittenen Steg neu einstellen ließe, sodass er wieder frei und offen würde.

Der freie und offene Klang ist das, wonach ein Musiker sich zu Recht sehnt. Man will nicht gegen das Stumpfe, Bedeckte und Träge anarbeiten, wo sich nichts tut, wie sehr man es auch versucht. Das Instrument muss reagieren, sich im Ton mühelos verdunkeln lassen, aufblühen, leuchten und – wenn es nötig ist – auch aufschreien können. Nur das Träge und Schwergängige ist eine Qual.

Der Musiker ließ mich mit seinem Instrument allein. Ich legte es auf die Hobelbank und sah mir alles eine ganze Weile an. Der Steg schien mir eigentlich nicht sehr verkehrt zu sein, und auch der Stimmstock stand im normalen Bereich. Was war mit dem Instrument los? Ich kannte es ganz anders. Oft sind es – wie gesagt – nur kleine Dinge, die sich verändert oder verschoben haben und die doch den Ton ruinieren können. Wie immer, wenn ich mit meinem Latein am Ende war, verließ ich auch diesmal die Werkstatt und ging in die St.-Anna-Kirche. Sie war nur zwei Minuten entfernt: ein großartiger, im Sommer wunderbar kühler Raum mit einem gewaltigen Christusmosaik in der Apsis. Ich war allein, setzte mich in eine der Bankreihen und suchte nach innerer Einsicht und Inspiration. Diese Zeiten dort waren mir schon oft erfrischend und stärkend gewesen. Es war ein

Rückzugsraum und eine innere Heimat neben der Werkstatt. So horchte ich in mich hinein.

Nach gut einer Viertelstunde ging ich zurück in die Werkstatt und fasste den Mut, die Saiten abzuspannen und einen neuen Steg und Stimmstock zu beginnen. Der Stimmstock (oder auch einfach »die Stimme«) heißt übrigens im italienischen Geigenbau *Anima*, die Seele. Es ist das kleine runde Hölzchen, das zwischen Boden und Decke gesetzt wird und beide Schwingungssysteme miteinander verbindet. Es entsteht eine Kopplung der Resonanzen, und nur so bekommen die Korpusresonanzen ihre notwendige Asymmetrie und der Steg den Widerstand, den er braucht, um tänzelnd auf der Decke zu schwingen.

Ich hatte keine zwanzig Minuten gearbeitet, da klingelte das Telefon. Es war der Cellist. Er wolle keinesfalls stören und er sei sich ganz sicher, dass ich das Problem lösen werde, aber wenn es nun doch nicht gelänge – ich solle jedenfalls doch bitte den alten Steg und die alte Stimme gut verwahren, damit man das Instrument notfalls wieder so herrichten können, wie es jetzt war. Dieser Anruf stärkte nun nicht mein Selbstvertrauen. Ich beruhigte den Musiker und sagte, das sei gewiss nicht nötig, aber ich würde die Dinge aufbewahren.

Es verging keine Viertelstunde, da klingelte das Telefon erneut. Er wolle nur eine einzige Sache noch anmerken. Früher habe er das Cello einmal bei einem Geigenbauer gehabt, von dem er viel gehalten habe. Aber anschließend habe das Cello geklungen wie eine Kreissäge, und ob ich ganz sicher sei ... Ich beruhigte ihn, das Cello werde bestimmt gut klingen, ich hätte eine ganz gute Vorstellung davon, was zu tun sei.

Dieser Cellist war mir in meiner Werkstatt wie ein körperlich Behinderter vorgekommen, dem ich nun zu helfen hatte. Ich sah sein Gesicht, seine Bewegungen, seine ganze Mühe mit dem Klang. Als ich ihn das Instrument spielen sah, war es, als hätte Gott mir etwas von seinem eigenen Leiden gezeigt. Mir wurde klar: Wie jener Cellist an seinem Instrument behindert war, so ist es auch mit Gott! Er ist am

Menschen behindert – an uns, die wir seine Instrumente sind. Es ist da ganz ähnlich: »Warum finde ich nicht mehr in deinen Ton rein? Wo sind die Zeiten, die wir schon hatten? Du warst einmal offen, nun aber ist deine Seele matt. Warum diese Verschlossenheit und dieser Widerstand?«

Das alles war kein bloßer Gedanke, sondern ein inneres Spüren und Hören. Es ist, als hätte ich für einen Moment etwas von Gott selbst gespürt, sein Leiden, seine Verletzbarkeit. Seitdem ist mir immer deutlicher geworden, dass im Geist Gottes auch etwas Verletzliches, ja fast etwas Zartes ist. Ich bin überzeugt, wir müssen nicht das Mächtige, sondern die Sanftmut und Demut des Heiligen Geistes erahnen, um Liebende zu werden. Wir müssen tatsächlich etwas vom Leiden Gottes sehen. Auch wenn das Folgende nur ein Gestammel ist, will ich versuchen, etwas davon aufzuzeigen. Es wird auch deutlich werden, dass dieses Leiden auf Gegenseitigkeit beruht. Denn auch wir leiden an Gott. Doch es ist anders nicht möglich.

Die offenen Fragen

Bevor ich mit dem Gleichnis fortfahre, möchte ich mich für einen Moment unterbrechen und für den steilen Weg, der vor uns liegt, einige Kletterhaken markieren und so die Route deutlich machen: Worauf will das Gleichnis hinaus?

Es ist mit Abstand das längste Gleichnis in diesem Buch, und es greift den zentralen Deutungen des christlichen Glaubens wie kein anderes ans Herz. Ich hatte im Gesicht und im Umgang des Cellisten mit seinem Instrument etwas vom Leiden Gottes gesehen. Ich werde das aus unterschiedlichen Blickwinkeln betrachten und mir folgende Fragen stellen:

Was heißt es, vom Leiden Gottes zu sprechen? Von welcher Art ist dies Leiden – muss ich mir um ihn also Sorgen machen? Und was ist das, was wir in Jesus Christus sehen, von dem es heißt, er sei der

»dienende König«, der »leidende Gerechte, der Gottesknecht«? Lässt Gott – obgleich allmächtig – seinen Sohn am Kreuz verenden? Und: Braucht er das für sich? Er greift nicht ein! Stattdessen bricht in ganzer Macht ein Triumvirat des Bösen aus Aggression (die Römer), Zynismus (die Frommen) und Resignation (die Jünger) in das Kreuzesgeschehen hinein. Wie kann man an einen Gott der Liebe glauben, wenn er nicht eingreifen will? Wie steht es um die Allmacht Gottes, wenn er nicht eingreifen kann? Kann er nicht, oder will er nicht? Oder war er abwesend, als diese Finsternis geschah?

Damals wie heute fragen Menschen: Wie kann man auf die absonderliche Idee kommen, dem Schrecklichen eines Kreuzestodes eine Heilsbedeutung beizumessen? Ist solch ein Denken nicht das Relikt einer längst überwundenen Menschheitszeit, die noch von Opferkulten und Götterängsten durchdrungen war? Kann man denn als aufgeklärter und vernünftiger Mensch an einem Gottesbegriff und einer Religion festhalten, in deren Zentrum der Glaube an das Heil durch eine grausame Folter steht? Braucht Gott das Opfer des Gekreuzigten, um der Welt nicht böse zu sein? Wie deuten die Bibel und außerchristliche Weisheitslehrer (Platon im Westen, Lao-Tse im Osten) diese Fragen?

Und gegen Ende des Gleichnisses noch persönlicher gefragt: Wie verändert dieses Leiden und diese Verletzbarkeit mich selbst – meine Weltanschauung und meine Gottesbeziehung? Ich bin überzeugt, all diese Fragen dringen ins Zentrum des christlichen Glaubens und ihre Beantwortung durch Geist und Herz werden für eine geisterfüllte Gottesbeziehung notwendig sein.

Unkraut und Weizen

In der Bergpredigt, die das Matthäusevangelium überliefert, sagt Jesus: »Ihr sollt vollkommen sein, wie euer Vater im Himmel *vollkommen* ist« (Matthäus 5,48). Es ist verständlich, dass wir Mühe haben, das zu glauben. Umso befremdlicher ist die Selbstverständlichkeit, in der Jesus davon redet, dass Gott vollkommen sei! Sieht er nicht all das Leid und das Böse, das in unserer Welt – damals wie heute – geschieht? Wenn es einen allmächtigen und guten Gott gibt, wo kommt dann all das Übel her? So zu fragen ist kein böser Gotteszweifel, sondern es ist eine notwendige Aufrichtigkeit. Denn ein Glaube ohne Fragen, ein Glaube, der sich vor der Welt verschließt, mag fromm, aber niemals wahr sein. Wo kommt das Übel her, all das, was das Leben schwer macht, es demütigt, verletzt, bedroht, vernichtet, wenn doch ein vollkommener Gott alles erschaffen hat?

Jesus erzählt in einem Gleichnis von einem Bauern, der gutes Saatgut auf sein Feld gestreut hat. Doch eines Nachts kam ein Feind und streute Taumellolch zwischen den Weizen. Taumellolch ist mit dem Weizen verwandt und gedeiht auf Weizenfeldern besonders gut. In seinen Lochkörnern nistet fast immer ein gefährlicher Pilz. Wird er mit dem Weizen verzehrt, kann es zu Schwindelzuständen kommen (daher der Name Taumellolch). In Extremfällen kann der Verzehr sogar zum Tod führen.

Die Knechte sind empört: »Hast du nicht guten Samen gesät?«, fragen sie. »Wo kommt all das Unkraut her? Was auf dem Feld wächst, ist nicht mehr gut!« Und der Bauer antwortet: »Das hat ein Feind getan.« Die Knechte schlagen eine Lösung vor: »Willst du, dass wir hingehen und das Unkraut ausjäten?« Der Bauer sagt: »Nein. Ihr würdet mit dem Unkraut auch den Weizen ausjäten. Lasst beides wachsen bis zur Ernte. Dann sammelt zuerst das Unkraut, und bündelt es zum Verbrennen. Den Weizen aber sammelt mir in meine Scheune« (Matthäus 13,24–30).

Wir hören in den Worten des Gleichnisses: Der Bauer reißt das Unkraut nicht aus. Er ist zurückhaltend. Doch er ist es nicht aus Gleichgültigkeit, sondern aus Weisheit. Ihn leitet eine Überzeugung. Jesus erklärt uns nicht die Ursache des Bösen, aber er wirbt darum, dass wir die Zurückhaltung Gottes verstehen – sie hat ihren Grund in unserer Existenz: Unkraut und Weizen liegen auch in uns selbst oft nicht weit auseinander. Unsere Stärken haben auch ihre Untiefen. Wir wissen nichts über das unterirdische Wurzelgeflecht in uns, die Abgründigkeit des eigenen Herzens. »Das Herz ist ein trotzig und verzagt Ding«, sagt der Prophet Jeremia, »wer kann es ergründen?« (17,9). Dass *wir* es jedenfalls nicht können, darin begründet sich das Nein des Bauern. Wir können das Herz des Menschen nicht ergründen. Wären wir dazu fähig, so würde Jesus den Bauern im Gleichnis seine Knechte wohl auffordern lassen: »An die Arbeit! Reißt aus, was böse ist! Nur zu!« Eben das ist die Maxime des religiösen Fanatismus!

Das Gleichnis Jesu aber lehrt uns etwas anderes. Zu sehr ähneln sich Weizen und Taumellolch: Glaube und Aberglaube, wahre Demut und falsche Bescheidenheit, echte Sorglosigkeit und naiver Leichtsinn, heilige Gelassenheit und frevelhafte Gleichgültigkeit, wahre Freiheit und verdeckte Bindungsunfähigkeit, wirkliche Hoffnung und billige Vertröstung, notwendige Ehrfurcht und feige Unterwürfigkeit, aufrichtige Liebe und ängstliche Nachgiebigkeit, bergende Vertrautheit und lähmende Gewöhnung, echte Gewissheit und falsche Sicherheit. Siegfried Zimmer weist in seinen Gedanken zu diesem Gleichnis auf solcherlei Zweischneidigkeiten hin.[76] Alles ist täuschend ähnlich und doch von der Wurzel her verschieden. Wer aber sieht das Verborgene und kennt die Wurzel? Das eben zitierte Prophetenwort gibt Antwort auf die Frage: »Ich, der Herr, kann das Herz ergründen« (Jeremia 17,10). Mit anderen Worten: Du, Mensch, kannst es nicht! Darum gibt Gott uns, sosehr wir uns auch empören mögen, keine Jätmesser in die Hand. Wir sind nicht berufen, einander zu richten. In diesem Geist spricht der Bauer das Nein zu seinen Knechten. Ein Glaube, der mit dem Jätmesser der Macht und des Aburteilens hantiert, macht sich zum Erfüllungsgehilfen dessen, der den Taumellolch gesät hat. Denn dessen Absicht war, dass in der eifrigen und selbstgerechten Empörung über das Böse auch das Gute vernichtet wird.

Der Bauer hat guten Samen gesät. Auf dem Feld kann beides wachsen, Weizen und Unkraut. Wir sind berufen, Weizen hervorzubringen, d.h. Menschen zu sein, die anderen Menschen zum Leben dienen, denn vom Weizen kann man leben. Es bedeutet, dass wir das Bedürftige stärken, das Schwache aufrichten, das Suchende ausrichten, das Geknickte nicht brechen, das Glimmende, so schwach es auch sein mag, ernst nehmen und nicht auslöschen, sondern es durch die Liebe ermutigen und zu neuem Leben entfachen.

Das Herz

Auf dem Feld der menschlichen Berufung wächst ein Wurzelgeflecht aus Weizen und Unkraut, guten Lebenskräften und schwindelerregendem Taumellolch. Alle großen Kulturen der Menschheit kennen dieses »Feld« und bezeichnen es seit jeher mit dem Begriff des »Herzens«.[77]

Durch das Herz strahlt »der Klang« unseres Menschseins aus. Wie jedes wertvolle Instrument, so bedarf auch unser Herz der »Klangeinstellung«. Auch hier werden die Dinge sich verschieben. Das soziale und moralische Klima, in dem wir leben, und die Schläge, die uns die Alltagswelt in ihren Forderungen und Enttäuschungen erteilt, werden uns nicht unberührt lassen. Lao-Tse sagt: »Das Herz des Menschen kann niedergedrückt und es kann aufgerührt werden. Niedergedrückt ist es wie ein Gefangener, aufgerührt ist es wie ein Toller.«[78] Wie der Klang eines Cellos dumpf-verschlossen oder ordinär-schreiend sein kann und darum der Klangeinstellung bedarf, so ist auch unsere Innenwelt auf die Arbeit eines Meisters angewiesen, denn auch wir erleiden in unserer alltäglichen Berufung manches, was uns niederdrückt und aufwühlt.

Nicht umsonst reden wir von der »inneren Einstellung« eines Menschen. Sie bestimmt unseren »Klang«. Der Wert, den wir nie verloren haben, wird wiederhergestellt. Auch das Instrument hatte seinen Wert ja nicht verloren. Es konnte sich nur nichts mehr davon entfalten. So ist auch unsere Berufung entstellt, wenn unser Klang matt, voller Stolz, Angst, Misstrauen und Widerstand ist.

Wie die Resonanzen des Cellos die Anregungen des Musikers aufnehmen und in Klang verwandeln, so ist es auch mit dem Herz des
Menschen: Es ist ein geheimnisvoller Resonanzboden in uns. Das
Herz ist nicht ein Ort des Intellekts, sondern ein Ort der Innigkeit.
Hier werden all die Wahrheiten »verinnerlicht«, in denen wir leben;
der Ort der Begegnung und der Berufung. Da ist ein inneres Brennen
möglich, das uns aber nicht verzehrt. Es muss dort das gleiche Wort
gesprochen sein, wie wir es vom brennenden Dornbusch kennen:
»Zieh deine Schuhe von deinen Füßen, denn der Ort, darauf du stehst,
ist heiliges Land!«

Doch das Herz ist auch der Ort, an dem der Mensch sich all dem
verweigern kann, was er soll und ist; es ist der innere Ort, an dem der
Mensch dem Reden und Handeln Gottes begegnen oder ausweichen
kann. Der Prophet Jeremia sagt: »Das Herz ist ein trotzig und verzagt
Ding; wer kann es ergründen?« So könnte man auch über das Cello
sprechen. Ein trotzig Ding! (Was haben mich manche Instrumente
schon Nerven gekostet!) »Trotzig und verzagt«, sagt der Prophet Jeremia. Manche Übersetzungen sagen »verstockt und krank« oder auch
»ränkevoll und verkommen«. In den Ränken begegnet uns wieder das
Bild vom inneren Wurzelgeflecht. Die beiden Grundneigungen des
Herzens – so lassen es diese Worte anklingen – sind Angst und Stolz.
Durch sie wird sich das Herz eines Menschen unweigerlich verstim-
men. Wie Lao-Tse sagte: Angst drückt es nieder, Stolz wühlt es auf.
Diese Neigungen rauben uns den Klang unserer Berufung.

Glauben heißt, sich Gott zu stellen. Es ist die Bereitschaft, nicht
nur eine segnende Instanz, sondern auch eine kritische Instanz zu suchen. Ich musste als Geigenbauer dem Cello gegenüber kritisch sein.
Doch nicht, weil ich es ablehnte, sondern weil sein Klang entstellt
war und ich es neu einzustellen hatte. Nur so werden »die Ränke
und Krankheiten« eines Instrumentes überwunden. Wir können lernen, im Gebet den Zugang zu unserem Herzen zu finden, damit uns
Sinn und Unsinn, Wollen und Wirken, Worte und Taten unseres
Daseins klarer werden. Es ist eine Gnade und Würde, dass uns dieser

Resonanzboden für Gott gegeben ist. Dort haben wir Ohren des inneren Hörens.

Das Leiden des Cellisten an seinem Instrument ist wie das Leiden des Vaters im Gleichnis vom verlorenen Sohn. Der Sohn hatte sein Erbe eingefordert und hatte am Ende doch dessen Sinn missbraucht. Er hatte den »Klang seines Lebens« entstellt, hatte sich seiner Berufung entfremdet und seiner Würde beraubt. Dann kehrte er um. »Als der Sohn aber noch weit entfernt war, sah ihn sein Vater und es jammerte ihn; er lief und fiel ihm um den Hals und küsste ihn« (Lukas 15,20). Ähnlich wie Jesus hier den Vater sieht, sieht der Prophet Hosea das brennende Herz Gottes: »Mein Volk ist müde, sich zu mir zu kehren, und wenn man ihnen predigt, so richtet sich keiner auf. Wie aber könnte ich dich je preisgeben und dich ausliefern? Mein Herz ist andern Sinnes, alle meine Barmherzigkeit ist entbrannt« (11,8). In einem anderen Bild spricht die Bibel von Gott als von einer schwangeren Frau. Der Prophet Jesaja hört Gott schreien wie eine Frau in ihren Geburtswehen: »Ich schwieg wohl eine lange Zeit, war still und hielt an mich. Nun aber will ich schreien wie eine Gebärende, ich will laut rufen und schreien« (42,14). Wie könnte man noch mehr und drastischer vom Leiden und vom leidenschaftlichen Willen Gottes sprechen!

Auch ich habe als Geigenbauer die Aufgabe, klangliches Leben zur Welt zu bringen und den entstellten Klang wiederherzustellen. Meine Frau, die mir in den Anfangsjahren meiner Werkstattgründung mit der Buchführung half, erlebte öfter, wie Musiker in der Werkstatt waren. Zu beobachten, wie wir uns gemeinsam bemühten, den Klang eines Instrumentes einzustellen, hielt sie oft nicht aus. Sie musste gehen, denn es kam ihr (so sagte sie einmal) wie eine Geburt vor – bisweilen auch eine sehr schwere Geburt. Sie hielt es nicht aus, uns in der Arbeit am Klang zu beobachten.

Gott leidet an manchen Klangfarben unseres Lebens – an dem Verhalten, das wir uns erlauben, und den Verhältnissen, in denen wir leben –, wie jener Cellist am Klang seines Instrumentes litt. Die Gottesliebe ist *an uns* behindert. Denn die Geschichte Gottes mit der Welt ist keine Unterwerfungsgeschichte, sondern eine Berufungsgeschichte. Das ist die leidvolle Geschichte, die Gott mit der Welt geht. Wir haben Macht, unsere Berufung zu verwerfen.

Ein gutes Gebot kann deutlich machen, was unserem Leben zu Recht geboten ist, doch die Entscheidung, uns darin mit Herz und Seele auch zu üben, wird uns durch keine Macht abgenommen. Es wäre die Unterwerfung unseres Herzens. Würde der Liebende das Geliebte unterwerfen, so hätte er es damit zugleich zerstört. Würde Gott unsere Berufung erzwingen, so hätte er nicht nur das Gegenüber seiner Liebe, sondern zugleich die Liebe selbst zerstört. Denn die notwendige Behinderung der Liebe besteht darin, dass sie die Liebe des Geliebten *durch nichts* ersetzen kann. Das ist ihr Leiden. Paulus beschreibt das Wesen der Gottesliebe so:

»Die Liebe ist langmütig und freundlich, die Liebe eifert nicht, die Liebe treibt nicht Mutwillen, sie bläht sich nicht auf, sie verhält sich nicht ungehörig, sie sucht nicht das Ihre, sie lässt sich nicht erbittern, sie rechnet das Böse nicht zu, sie freut sich nicht über die Ungerechtigkeit, sie freut sich aber an der Wahrheit; sie erträgt alles, sie glaubt alles, sie hofft alles, sie duldet alles« (1. Korintherbrief 13,4–7).

Der Satz, um den sich nun alles dreht, ist darin gesagt: *Die Liebe sucht nicht das Ihre.* Würde sie das Ihre suchen, würde sie also die Liebe erzwingen, mit der sie selbst liebt, so würde sie damit sich selbst zerstören. Der Bauer reißt den Taumellolch nicht aus; der Vater jagt dem Sohn nicht hinterher. Auch der Cellist hat sein Instrument nicht gebrochen, sondern er hat an ihm gelitten. Gott leidet, wie jede Liebe notgedrungen leidet. Es ist das Leiden, dass sie den Geliebten nicht zwingen kann, die Liebe zu erwidern. Es ist eine Liebe, der es verwehrt ist zu lieben, denn das Gegenüber ist zwar berufen, aber nicht der Liebe unterworfen. »Gott ist die Liebe« (1. Johannesbrief 4,16). »Die

Liebe sucht nicht das Ihre« (1. Korintherbrief 13,5). Die Verbindung dieser beiden Worte sagt etwas über das Leiden Gottes aus: Gott sucht nicht das Seine! Er würde die Liebe zerstören. Darum braucht alles mit uns und der Welt ein wenig Zeit. Nur das Ausreißen wäre schnell getan.

Das Gleichnis des Judas

Eine Welt, in der Gott das Seine sucht, sähe anders aus. Es wäre kein Raum für irgendetwas außer Gott. Die Geschichte des Jesusjüngers Judas Iskariot liest sich wie ein »Gleichnis der Empörung« über die (vermeintliche) Schwachheit der Gnade. Judas stößt sich an der Sanftmut Jesu. Sein verborgener Gedanke ist: »So setze dich doch endlich durch, und nimm den Raum ein, der Gott gebührt!« Er ist empört über das Böse, er sieht das Unkraut und hat das Jätmesser (gegen die Römer, gegen die Unmoral, überhaupt gegen alles Böse) längst in der Faust. Als »der Teufel dem Judas, Simons Sohn, dem Iskariot, ins Herz gegeben hatte, Jesus zu verraten« (Johannes 13,2), spricht Judas in seinem Herzen in diesem gleichen Geist: »So setze dich doch endlich durch! Du hast die Macht! Durch dich soll und kann das Gottesreich kommen! Ich werde dich verraten. Nicht, weil ich das Böse will, sondern weil ich dich zum Guten bewegen will! Mein Verrat wird dich zwingen, dich durchzusetzen. Siehst du nicht das Unkraut? Ich werde dich zum Guten provozieren. So wird das Reich Gottes anbrechen, das wir alle erwarten. Denn dazu hast du die Macht. Mein Verrat wird das Jätmesser in deiner Hand sein!«

Judas erträgt nicht, dass die Gnade sich nicht über den hinwegsetzt, den sie beruft. Wir ahnen im Lebensgleichnis des Judas den Ursprung des Bösen, das nicht im Bösen »an sich« besteht, sondern darin, aus der Berufungsgeschichte der Welt doch eine Unterwerfungsgeschichte zu machen – eine Unterwerfung unter das Gute. Wir leiden an Gott wie Judas an Jesus. Judas war empört, dass die Macht Gottes, die er in

Jesus sah, nicht bereit war, sich durchzusetzen – nicht gegen den Glauben der Menschen, nicht gegen die Berufung zur Liebe, nicht gegen die Herrschaft der Gnade. Keine Unterwerfung! Judas war nicht bereit, die vordergründige Ohnmacht Jesu zu akzeptieren, da er – tiefer noch als die anderen Jünger; das ist das Tragische! – hinter dieser Ohnmacht doch die einsetzbare Macht Gottes sah. Er wollte das Instrument zwingen, wollte den Taumellolch ausreißen, wollte den verlorenen Sohn an die Macht des Vaters ketten. Mit einem Wort: Er wollte seinen Jesus mit Macht für das Gute bewegen! Das gottlose Leben sollte sich endlich dem Guten unterwerfen.

Seit jeher hat der fromme Fanatismus hier seine Quelle. Der Fanatiker macht sich in all dem Guten, das er will, zum Judas, denn er geht über den Menschen hinweg und macht sich zum Anwalt Gottes und des Guten und damit zum Ankläger des Menschen – zum Satan.[79]

Das Gleichnis des Jesus

In Jesus zeigt sich am Ende mehr als nur ein menschliches Leiden, in ihm zeigt sich *der Grund allen Leidens*. Es ist das Leiden, das *in Gott selbst* ist und das ich gleichnishaft im Gesicht des Cellisten sah. Nach diesem Grund möchte ich nun fragen.

Doch es ist wichtig, zuvor den Tonfall zu klären, in dem darüber geschrieben werden kann. Es gibt Dinge, die kann man nicht *über* Gott sagen, sondern nur *zu* Gott und noch eher eigentlich nur *in* Gott. Als Gedanken würde man sie über Gott stellen. Als Gebet aber ist es Anbetung dessen, was man nicht denken kann; es ist eine Form des inneren Hörens und Betens, die man wohl am besten mit dem Wort »Nachsinnen« beschreiben kann. Wer diese Art der Liebe kennt, der weiß, wovon manche Psalmen sprechen: »Wenn ich mich zu Bette lege, so denke ich an dich, wenn ich wach liege, sinne ich über dich nach« (63,7). Oder: »Ich denke und sinne des Nachts und rede mit meinem Herzen, mein Geist muss forschen« (77,7).

»Am Anfang schuf Gott Himmel und Erde.« So heißt es im Buch Genesis (1. Buch Mose/Genesis 1,1). Was hast du preisgegeben, als du der Welt den Odem gabst und etwas ins Dasein riefst, was nicht du selbst bist. Was ist geschehen, als du sprachst: »Es werde«, und etwas außerhalb deiner selbst erschaffen war! Was hast du eingebüßt in diesem Moment, da du beschlossen hast, dir nicht alles zu sein. Ich bin nicht du! Vor aller Zeit allmächtiges Sein, im Akt der Schöpfung aber liebendes Werden. Verletzbares Sein. Das ist die Welt.

So ist ein Außerhalb Gottes geschaffen. Nun ist der Odem Gottes in der Welt. Aus einer Liebe, die nicht an sich festhält, ist etwas geworden, was nicht Gott ist: unsere Welt! Denn am Anfang steht der Logos, und er heißt: Ich will mir selbst *nicht alles* sein. Das ist die Liebe.

Im Prolog des Johannesevangeliums (Kap. 1) ist von den Ursprüngen die Rede. Der Evangelist Johannes erzählt nicht die Kindheitsgeschichte Jesu, wie es die anderen Evangelisten tun, sondern er beginnt früher und taucht in die Ursprungsgeschichte des Logos ein. Er beginnt so: »Im Anfang war das Wort (der Logos), und das Wort war bei Gott, und Gott war das Wort. Dasselbe war im Anfang bei Gott. Alle Dinge sind durch dasselbe gemacht, und ohne dasselbe ist nichts gemacht, was gemacht ist« (1,1–2).

Gott liefert sich den Bedingungen der Welt aus, da er sich zugunsten der Welt entäußert hat. Die Welt ist durch eine sich entäußernde Liebe entstanden. Das ist der Logos, der von Anfang an war. Diese Erkenntnis zieht sich wie ein roter Faden durch die Bibel. So heißt es über diesen Logos: »Durch ihn ist alles geworden, und nichts ist geworden, was nicht durch ihn geworden ist« (Johannes 1,3; vgl. 1,15; 8,58). »In ihm ist alles geschaffen, was im Himmel und auf Erden ist« (Kolosserbrief 1,16). Er war, »ehe der Welt Grund gelegt wurde« (1. Petrusbrief 1,20).

In das Außerhalb, das er erschuf, tritt Gott nun ein. Er ist die Liebe, die darin besteht, sich zu entäußern, sich preiszugeben. Das ist in Gott.

Dieser Logos (Sinn) *ist* Gott. Es ist dieser Logos in Gott: die sich selbst entäußernde Liebe. Darum heißt es bei Johannes: »Im Anfang war der Logos, und der Logos war bei Gott, und Gott war der Logos.«

Nun trittst du in den Raum ein, den du geschaffen hast. Es ist eine Welt, die nicht lieben *muss*, obgleich sie durch die Selbstentäußerung der Liebe geschaffen ist. Doch eben das ist das Wesen der Liebe. Sie beruft, aber sie unterwirft nicht. Wir wollen frei sein, wollen niemandem unterworfen sein und leiden doch zugleich darunter, dass wir uns von der Liebe befreien können, ihr also nicht unterworfen sind. Es ist uns, die wir geliebt werden wollen, möglich, nicht zu lieben. Jeder Liebende hat das Leiden seiner Freiheit zu ertragen. Denn als Freiheit liebende Menschen haben wir zu entscheiden, ob wir uns einspannen lassen, um dienende, aufrichtige, wirklich anwesende Menschen zu sein. So leidet die Freiheit an der Liebe, wenn wir beginnen, ein Diener unserer Berufung zu sein. Das aber bedeutet: Wer seine Freiheit zum Höchsten seines Daseins macht, wird seinen Sinn verlieren (siehe Matthäus 16,25).

Die Welt ist ihrem Logos (d.h. ihrem Sinn) nicht unterworfen, sondern durch ihn berufen. In eben diese Welt trat der Logos nun ein. So setzt sich der Prolog des Johannesevangeliums mit den Worten fort: »Die Welt ist durch ihn gemacht; aber die Welt erkannte ihn nicht. Er kam in sein Eigentum; und die Seinen nahmen ihn nicht auf« (Johannes 1,10f), denn »die Menschen liebten die Finsternis mehr als das Licht« (3,19).

Was geschieht mit dem Logos, wenn er in einer Welt gelebt werden muss, die nicht Gott ist? Es werden Dinge geschehen, die nicht göttlich sind! Wenn die Liebe in einer Welt gelebt werden muss, der es an Liebe mangelt, dann wird der Weg des Liebenden *notwendig* der Weg des Leidenden sein! Das ist der Weg Jesu. Er ist es, den die Propheten kommen sahen und den sie den Gottesknecht nannten.[80]

Im Bild vom guten Hirten sagt Jesus: »Ich lasse mein Leben, dass ich's wieder nehme. Niemand nimmt es von mir, sondern ich selber lasse es. Ich habe Macht, es zu lassen, und habe Macht, es wieder zu nehmen« (Johannes 10,17f). Ein Geheimnis dieses Wortes ist gewiss, dass gerade dies Wort mit Erschaffung der Welt gesprochen war. Es ist das Schöpfungswort schlechthin. Es ist das Wort der Selbsthingabe Gottes, das die Welt erschuf. Das Wort Jesu ist wie ein Echo auf dieses gewaltige Wort, das Gott selbst sprach, damit etwas sein kann, was nicht er selbst ist. Es ist das Schöpfungswort: »Ich lasse mein Leben, dass ich's wieder nehme. Niemand nimmt es von mir, sondern ich selber lasse es. Ich habe Macht, es zu lassen, und habe Macht, es wieder zu nehmen.«

So ist die Schöpfung selbst eine gewaltige Passion, denn sie bedeutet, dass Gott das unverletzbare Sein verlassen hat, damit es eine Welt, ein Werden gibt. Dieser Akt Gottes ist der Ursprung der Zeit. So erkannten auch die frühen Kirchenväter: Die Passion geschah längst vor der Inkarnation! Es ist die Passion Gottes, die darin besteht, sich nicht alles zu sein. Durch die Einschränkung seiner selbst hat Gott die Welt erschaffen, und in dieser Weise ist er in der Welt zugegen. Das ist das Wesentliche der Sanftmut und Demut, von der auch Jesus spricht (Matthäus 11,29). Selbsteinschränkung um des anderen willen bedeutet präsente Hingabe. Es ist ein Joch, und doch ist es das Prinzip des Lebens. Denn alles Leben lebt vom Leben – und zwar vom hingegebenen Leben. So ist der Wesenszug der Hingabe Tag für Tag die Lebenskraft der Welt. Auch wenn in jeder Selbsteinschränkung eine schöpferische Kraft und Weisheit liegt, so liegt darin doch immer auch ein Leiden.[81]

In Jesus sehen wir diese Passion *Gottes selbst*, wie in dem Wort »Passion« ja die geheimnisvolle Verbindung von Schmerz und Liebe schon zum Ausdruck kommt. Jeder, der auch nur die zaghafteste Ahnung von Liebe hat, weiß: Man lebt schlichtweg nicht in der Liebe ohne den Schmerz. Denn die Liebe erweist sich ja gerade darin, dass man nicht am Eigenen festhält. So hält auch Gott nicht an sich selbst fest, sondern gibt den, »der in des Vaters Schoß ist« (Johannes 1,18), preis! Johannes redet also von Jesus als dem Logos, als dem Urmoment der Selbstentäußerung Gottes: »Ich lasse mein Leben, dass ich's wieder nehme.« Darum heißt es von diesem Logos: »Ich bin das A und das O, der Erste und der Letzte, der Anfang und das Ende« (Offenbarung 22,13). Denn dass er sein Leben gelassen hat, ist der Anfang; und dass er es wieder zu sich nehmen wird, die Vollendung. So sagt das Wort »Ich lasse mein Leben, dass ich's wieder nehme« hinter dem Augenscheinlichen etwas über den Anfang und das Ende des ganzen Daseins aus.

Noch immer folge ich damit dem Grund des Leidens und betrachte, was ich im Gesicht des Cellisten sah. Der verschlossene Klang ist, als wäre dem Instrument jede Liebe abhandengekommen und jede Stimmigkeit verloren. Das Gesicht des Cellisten ist wie das Gesicht Christi – das Leiden der Liebe selbst.

In Jesus verkörperte sich die Selbstentäußerung Gottes, die mit Erschaffung der Welt geschah. Gott hielt nicht an sich selbst fest, sondern entäußerte sich und nahm Knechtsgestalt an. Er machte sich zur Knechtsgestalt in der unendlich freiwilligen Odyssee der Zeit – trat in den Raum ein, der nicht Gott ist und der darum auch nicht sein muss wie Gott; ein Raum, der lieben kann, aber es nicht muss. Jesus wird als ein Abbild dieser Selbstentkleidung Gottes geboren. In ihm verkörpert sich der Gottesknecht. Er ist es, der mit Erschaffung der Welt schon nichts anderes als die Selbstpreisgabe Gottes war! Jesus wird zum gewaltigsten Gleichnis für dieses Geschehen; es ist das Gleichnis der sich hingebenden Gottesliebe. Kein Gleichnis aus Worten, sondern in der Gestalt des Menschen.

Auch die frühen geistlichen Väter haben es so gesehen. So sagte etwa Origenes: »Wenn er unser Leiden nicht schon vorher getragen hätte, wäre er nicht gekommen, um das menschliche Leben mit uns zu teilen.«[82] So wird durch den Prolog des Johannesevangeliums klar: Die Welt hat in der Liebe Gottes ihren Sinn und im Leiden Gottes ihren Grund! Das ist der Logos! Gott zeigt, dass auch er derjenige ist, der leiden kann – und da er liebt, will er es auch. Es ist ein unendlich freiwilliges Leiden und doch ist es unabdingbar, auf dass eine Welt entstehen konnte und in ihrem Logos auch bestehen kann. Das Leiden Gottes ist wie der Partialton einer unendlichen Liebe. Wie eine Geige, wenn ihrem Klang die Partialtöne fehlten, unweigerlich etwas Ordinäres bekäme, so wäre auch die Liebe unsagbar banal, würde ihr die Fähigkeit fehlen, um des Geliebten und Berufenen willen auch zu leiden. So ist im Leiden Gottes jener Partialton, ohne den weder im Himmel noch auf Erden der Logos der Liebe je hätte erklingen können.

Um es kurz zu sagen: Ein Gott, der unfähig ist zu leiden, wäre primitiv! Ihm würde ein entscheidendes Merkmal der Liebe fehlen. Es ist auch hier, wie Origenes sagt: »In Christus sehen wir die Passion der Liebe. Wir sehen das Leiden der Liebe selbst.«[83]

»Dann führten sie ihn hinaus, dass sie ihn kreuzigten.« Wie lässt sich mit dem bisher Gesagten deuten, was Jesus widerfahren musste? Wenn die Welt tatsächlich etwas ist, das nicht Gott ist, dann werden auch Dinge geschehen, die nicht göttlich sind – weder »aktiv gewollt« noch »passiv zugelassen«[84], sondern schlicht als Folge der Selbstpreisgabe Gottes, in der die Welt ihren Anfang hat. Es heißt: Gott hat seinen Sohn hingegeben – es ist die Hingabe, in der *Gott selbst* sich hingegeben hat mit Erschaffung der Welt. Jesus sagt: »Niemand hat größere Liebe als die, dass er sein Leben lässt für seine Freunde« (Johannes 15,13). Auch hinter diesem Wort ist das Geheimnis der Schöpfung verborgen.

Nun widerfährt Jesus diese Selbstpreisgabe Gottes! Ihm widerfährt das Leiden Gottes. Man kann auch sagen: Es wiederholt sich in fleischlicher Gestalt die Entäußerung Gottes »vor aller Zeit«. Ihm widerfährt das Leiden, das *in Gott* ist. Er, der Gottesknecht, geht tatsächlich bis ins Äußerste, er leidet am Außerhalb Gottes, das die Welt ausmacht, und geht zugleich ganz in sie ein. Mit anderen Worten: Er leidet an der Entäußerung. Er leidet an Gott! Doch er bricht nicht mit ihm, sondern macht sich mit Gottes Leiden eins.

Die Klangfarbe der Notwendigkeit

Jesus leidet an der Selbstpreisgabe Gottes, an einem Gott also, der zeigt, dass er fähig ist, sich nicht alles zu sein; und er leidet zugleich am Menschen, der »sich selbst« alles ist und nun zeigt, wie sehr er fähig ist, ohne Gott zu sein! Am Kreuz offenbart sich dieses entsetzliche Außerhalb Gottes – und zugleich das Innerste unserer Welt. Es zeigt sich der Grund dafür, dass es mich gibt (die Selbstpreisgabe Gottes), und es zeigt sich zugleich das Äußerste, zu dem ich fähig bin. Darum offenbaren sich am Kreuz der *Grund* und zugleich der *Abgrund* unserer Welt.

Ich muss das Entsetzliche des Kreuzes also als *etwas Notwendiges* begreifen – weder als ein aktives göttliches Wollen noch als ein passives göttliches Zulassen. Es ist vielmehr notwendige Folge. Es ist das Leiden Gottes – jenes Gottesleiden, das schlicht *notwendig* ist, damit eine Welt Welt sein kann und nicht Gott sein muss!

Diese Klangfarbe der Notwendigkeit hören wir in den Worten des Auferstandenen, als er mit seinen Jüngern auf dem Weg nach Emmaus war: »*Musste* nicht Christus dies alles erleiden ...« (Lukas 24,26). Ja, er *musste!* Es ist ein unendlich freiwilliges Leiden, in dem die Welt ihren Grund hat, und eine unendlich vollkommene Liebe, in der sich ihr Sinn erfüllt.

Der Aussageanspruch des Kreuzes lässt sich glaubensvoll pervertieren, und er lässt sich ebenso glaubensleer relativieren. Beides geschieht ja auch. Es hat etwas Abgründiges, das Wesen, Wirken und Leiden Jesu auf seinen Tod zu reduzieren. Nicht sein Tod, sondern seine Hingabe ist die innere Aussage des Kreuzes. Jesus sagt: »Der Menschensohn ist nicht gekommen, dass er sich dienen lasse, sondern dass er diene und sein Leben gebe als Lösegeld für viele« (Markus 10,45). Dieser Ausdruck der Hingabe (»sein Leben geben«) bedeutet gerade nicht, »sein Leben dem Tod opfern«, sondern es »für etwas einsetzen«. Denn »dass er diene« (im Gegensatz dazu, »dass er sich dienen lasse«) ist eine Qualität, die man nur mit dem eigenen Leben, nicht aber mit dem Tod geben kann. Wir sehen die dienende Liebe Gottes und keine herrschsüchtige Macht.

Was heißt es also, »sein Leben zu geben«? Das kann ich nachvollziehen. Um es überspitzt zu sagen: Als Geigenbauer opfere ich an der Werkbank mein Leben. Doch nicht, indem ich es töte, sondern indem ich es hingebe. Ich gebe es (in meiner Lebenszeit und Lebenskraft, meinem Denken, Fühlen, meiner Mühe und Kreativität) für das entstehende Instrument, für dessen Klang. Ich weiß, wofür ich es einsetze. Das ist mit »Opfer« gemeint. Ein Opfer hat im christlichen Glauben einzig darin seinen Sinn, ein »lebendiges Opfer« zu sein (vgl. Römerbrief 12,1). Es ist die Lebenshingabe der Liebe. Menschen, die ein Instrument kaufen, haben sich ja auch hingegeben, um das nötige Geld zu verdienen. So dienen wir einander mit dem Leben, das wir empfangen haben. Wir geben einander etwas von unserem Leben.

Die Vorstellung, dass der Mensch irgendetwas opfern muss, um mit Gott versöhnt zu sein, wird durch Christus überwunden. Der kultische Opfergedanke, dass eine Gottheit ein Opfer braucht, um versöhnt zu sein, ist ein religiöser Urreflex der menschlichen Seele. Eben diese abgründige Vorstellung aber wird durch Christus überwunden. Gott braucht kein Opfer, um etwas *für sich* zu tun. Die Hingabe hat *mit uns* zu tun.

Es ist wichtig, die Leidensbereitschaft der Liebe nicht in die Erlösungskraft des Leidens zu verkehren! Es wäre ein fatales Missverständnis, den Tod Jesu zu verherrlichen – gerade so als habe Martyrium aus sich selbst heraus einen Wert, als sei Leiden eine Form des Gottesdienstes, als habe Jesus quasi nur darauf gewartet, endlich für uns zu sterben. Das wäre die religiös perverse Verherrlichung des Selbstmords.

Klaus Berger schreibt: »Wer Gott unterstellt, er benötige Tod und Gewalt zum Heil, hat die Grundaussage über das Gottesbild der Bibel nicht verstanden (...). Nein, Gott braucht die Bosheit der Römer nicht, er gebraucht sie. Er hatte Gewalt und Blutvergießen nicht nötig, sondern fand sie vor. Er ist nicht an den Weg der Grausamkeit gebunden, sondern er verwandelt ihn ins Gegenteil (...). Er bindet Vergebung nicht an Gewalt, sondern antwortet auf Gewalt mit Vergebung. Er ist kein Trittbrettfahrer des Mordes an Jesus.«[85]

Es geht in Jesus nicht um die Erlösungskraft des Leidens, sondern um die Leidensbereitschaft der erlösenden Liebe! Nicht das Leiden hat Erlösungskraft, sondern die Liebe ist (wenn es nötig ist) auch bereit zu leiden. Die Aussage »Er hat für uns gelitten« verherrlicht nicht sein Leiden, sondern zeigt, wie weit seine Liebe ging! Sein Blut macht mich nicht deshalb gerecht, weil es Blut ist, sondern weil es sein Herz zeigt, wie es heißt: »Im Blut ist das Leben« (3. Buch Mose/Levitikus 17,11). Meine Antwort ist die Anbetung seiner verletzbaren Liebe, die mich überwältigen muss. So stehe ich unter dem Kreuz, erschüttert von dieser Notwendigkeit, blicke ihn an und sage: Du hast mich in den Himmel geliebt! Dies zu wissen, ist der Lobpreis und die Kraft meines Lebens.

Die Kreuzigung geschieht an einem historischen Ort und spricht zugleich etwas Zeitloses aus: Es ist das Für-Dich des Gottesknechts. Es ist das, was Gott mit Erschaffung der Welt gesprochen hat und was bis an ihr Ende bestehen wird: »Für dich habe ich mich entäußert, mich hingegeben, dass es dich gibt!« Mit Erschaffung der Welt hat Gott sich seiner Macht entkleidet. Nun sehen wir eben dies im Urgleichnis des Glaubens. Wir sehen es am Kreuz. Da wird diese Entkleidung zum erlittenen Gleichnis: »Da warfen sie das Los um seine Kleider.«

Jesus macht deutlich, dass es ohne eine Form der Selbstpreisgabe Liebe nicht geben kann. Ein Mensch, der Liebe sucht, aber nicht bereit ist, am Geliebten auch zu leiden, hat das Wesentliche der Liebe nicht begriffen! Es wäre der armselige Versuch, das eigene Dasein in schmerzfreier Belanglosigkeit zu ertragen. Es wäre ordinär.

Das Gründungsereignis des Glaubens an Christus ist das Kreuz. Es hat mich eines zu fragen: Lässt du Glaubensdinge nur gelten, wenn sie dir angenehm erscheinen? Was sehe ich dich da in hilflosem Bemühen eine Skulptur aus trocknem Sand erschaffen? Sie zerfällt schon in der Hand! Warum willst du den feuchten Lehm nicht nehmen? Du antwortest: »Der Lehm macht mir die Finger schmutzig. Der Sand ist warm!« Dieses innere Bild erinnert an ein Wort des Lao-Tse, der einmal sagte: »Wahre Worte sind nicht schön, und schöne Worte sind nicht wahr.«[86] Muss der Glaube warm und schön sein, oder darf er schmutzig und wahr sein?

In der Werkstatt des Messias

Wo nur religiöse Dogmen am Werk sind, hoffen diese auf unser schlechtes Gewissen, aber sie öffnen uns nicht die Augen und nicht das Ohr. Es ist, als würde man versuchen, die Intonation eines Instrumentes zu erlernen, obgleich man keine Ohren hat; als würde man versuchen, ein Bild zu malen, obgleich man blind ist. Es bliebe einem nichts anderes, als mechanisch die Finger über das Griffbrett des Instrumentes zu bewegen und mechanisch den Pinsel in die Farben zu tauchen, ohne je den Sinn zu erfahren, ohne je Erfüllung darin zu finden – eben, weil man nicht hört und nicht sieht! Es sind sportliche Fingerübungen, die jeden Sinn verfehlen. Man kann Religion zum blinden und tauben Sport des schlechten Gewissens erklären, aber aus dem Geist und der Liebe Gottes zu leben, bedeutet etwas anderes. Ein Instrument zu spielen, erlernt man einzig über die Ohren; Bilder zu malen, erlernt man durch die Augen. Darum reicht Religiosität nicht aus. Sie ist mechanisch.

So heißt es auch in einem Gespräch der Gleichnisse des Tschuang-Tse: »Man befragt ja einen Blinden nicht über ein Gemälde und lädt einen Tauben nicht zum Singfest ein. Blindheit und Taubheit aber sind nicht des Leibes bloß; es gibt auch Seelen, die blind und taub sind. Du, so dünkt mich, bist von diesen Gebrechen heimgesucht.«[87]

Der Cellist, von dem ich erzählte, war nur deshalb fähig, an seinem Instrument zu leiden, weil er den Klang liebte. Der aber war verdorben. Als Geigenbaumeister nahm ich Anteil an dem verschlossenen Klang, ich nahm Anteil an der Leidenschaft des Musikers. Es liegt darin eine eigentümliche Kraft, die alles verändert. Der Musiker gab mir Anteil an der Hässlichkeit des Instrumentes, und ich nahm Anteil an seinem Leiden. Eben das ist mit dem sonderbaren Wort des Apostels Paulus gemeint, der über Jesus sagt: »Gott hat den, der von keiner Sünde wusste, für uns zur Sünde gemacht« (2. Korintherbrief 5,21). Jesus nahm in einer radikalen Weise Anteil an der Sünde, Anteil am schlechten Klang des Lebens. Doch er hat es erwidert, indem er der vollkommen Liebende blieb. Er blieb das, was er von Gott her war. Sein Leben wurde in den Tod gestoßen, aber seine Existenz wurde bewahrt. Diese Existenz ist es, die unser Dasein trägt, darum heißt es: »Er trägt alle Dinge« (Hebräerbrief 1,3). Er blieb der Liebende; darum ist sein Name: *Ich bleibe, der ich bin.* So ist er mit dem Eigennamen Gottes[88] eins geworden! Denn er ist der Liebende geblieben. Das ist sein Einssein mit Gott. So spricht mir darum seine Kreuzigung ins Herz: »Auch durch Entstellung hindurch bin und bleibe ich der Liebende, der Anfang und das Ende aller Existenz. Eure Sünde wird mich verhöhnen und entstellen, doch sie wird mich nicht zerstören. Ich bleibe, der ich bin.«

Ich hatte damals im Gesicht des Cellisten das Leiden Christi gesehen. Der Cellist setzte sich über sein Instrument nicht hinweg, sondern er litt an ihm, und er suchte einen anderen Klang. So zeigen die Evangelien auch in Jesus einen Menschen, der an den Instrumenten Gottes litt. Vielleicht ist ein erster Schritt der Heilung, dass wir tatsächlich beginnen, etwas vom Leiden Gottes zu ahnen. Es gibt Ahnungen, durch die Gott zu uns spricht. Sie sind leise und unbestechlich und haben eine große Wirkung. Denn wir merken, sie kommen nicht aus uns selbst. Wir haben die Arbeit des Geistes Gottes nötig, die an uns geschieht, wenn wir berührt und neu eingestellt werden.

Würde der Cellist die Musik nicht lieben, so wäre ihm der Klang egal, und auch ich könnte mich als Geigenbauer recht schnell zufriedengeben. Doch wie ich als Geigenbauer am Leiden des Musikers Anteil nehme, nahm Jesus Anteil am Leiden Gottes! Jesus litt am stumpfen und verschlossenen Klang des Unglaubens, der sich voller Widerstand und Misstrauen gegen Gott verschloss. Wir sehen dieses

Leiden in seinen Tränen: »Als er nahe hinzukam, sah er die Stadt und weinte über sie« (Lukas 19,41); wir hören es in seiner Enttäuschung: »O du ungläubiges Geschlecht, wie lange soll ich bei euch sein? Wie lange soll ich euch ertragen?« (Markus 9,19); wir begreifen es in seiner Ohnmacht: »Wegen ihres Unglaubens konnte er dort nicht eine einzige Tat tun« (Markus 6,5).

Das Wirken des Messias kann also kein selbstherrliches oder allmächtiges Schnippen mit den Fingern sein. Es ist dem Messias nicht möglich und nicht erlaubt, über den Glauben derer, die er sucht, hinwegzugehen. Er würde das Leiden der Gottesliebe verlassen und den Glauben der Geliebten durch ein Machtwort ersetzen. Eben das aber hatten die Menschen in ihrer ordinären Erwartung vor Augen, sie hatten auf einen Messias gewartet, in dessen Regentschaft sie die Allmacht Gottes sähen. Der Aberglaube an einen allmächtigen Gott, der seine Liebe verliert, zerbricht am Kreuz. Denn was ich dort sehe, ist ein liebender Gott, der seine Macht verliert.

Der gewaltige Hymnus des Philipperbriefes – es ist eines der frühesten Lieder der Christenheit – sieht die Entäußerung des Gottesknechtes, wie er in Fleisch und Blut erscheint. Der Anfang dieses Liedes lässt sich auch als ein Echo des Schöpfungsaktes dieser Welt vernehmen. Es ist das Opfer der Selbstentäußerung, in der das Werden der Welt seinen Grund hat:

»Er, der in göttlicher Gestalt war,
hielt es nicht für einen Raub, Gott gleich zu sein,
sondern entäußerte sich selbst
und nahm Knechtsgestalt an,
ward den Menschen gleich
und der Erscheinung nach als Mensch erkannt.
Er erniedrigte sich selbst
und ward gehorsam bis zum Tode,
ja zum Tode am Kreuz.«
(Philipperbrief 2,6–8)

Was in Jesus geschah, ist für mich darum das gewaltigste Gleichnis, das je erzählt werden kann. Es ist das Gleichnis der hingegebenen, vollkommenen Gottesliebe. Er hat es mit seinem Leben erzählt.

Die notwendige Verletzbarkeit

Nur wenn wir Gottes Anwesenheit als etwas Verletzbares begreifen, werden wir beginnen, Gott und *zugleich uns selbst* ernst zu nehmen. Es ist wie beim Musizieren: Der Kontaktpunkt zwischen dem Cellobogen und der schwingenden Saite hat immer etwas Verletzbares, doch gerade hier entsteht der Klang! Zu viel Druck, und der Ton wird kratzen; zu wenig Druck, und er wird pfeifen; zu nah am Steg, und der Ton bricht weg; zu weit vom Steg, und der Ton verliert seine Kraft. Da ist eine notwendige Wechselseitigkeit. Das Entscheidende spielt sich immer in der Verletzbarkeit ab.

Ich erfahre den Glauben als eine *wechselseitige Verletzbarkeit*, denn nicht nur ich, auch Gott ist verletzbar. An Gottes Anwesenheit teilzuhaben, ist der unendlich verletzbare Sinn unseres Daseins. Zugleich ist es auch eine *verletzbare Wechselseitigkeit*, denn wäre dieser Sinn einseitig – nur von Gott her oder nur vom Menschen her bestimmt –, so würde dies das Wesentliche schlicht nicht ernst nehmen: die Verletzbarkeit und Schönheit der Beziehung!

Das innere Leben einer Beziehung – man könnte auch sagen: das Heilige – zeigt sich in dem, was einer dem anderen einräumt. Gnade ist der Raum, den wir dem anderen bereiten. Es ist eine verletzbare Schönheit, zu der wir berufen sind. Darum ist diese Verletzbarkeit im Tiefsten charismatisch. *Charis* (die Gnade) heißt auch: Anmut des Schönen. Die Gnade, die Gott in uns sucht, ist die Gnade des Suchens, des Hörens und des Liebens. In diesen dreien zeigt sich die Schönheit des inneren Lebens. Ohne diese Gnade lassen wir Gott ins Leere laufen und räumen ihm in unserem Leben nichts ein. So werden wir ihn auch nicht erfahren. Man kann Gottes Liebe nur erfahren, wenn man ein Teil von ihr wird. Das ist das heilige Teilhaben, der gemeinsame Klang, die Gleichzeitigkeit mit Gott und wie man es sonst noch nennen mag. Gott offenbart sich dem Suchenden, er spricht zum Hörenden, und er bezeugt sich durch den Liebenden. Erst das ist erfüllte Gegenwart. Dann werden wir auch begreifen, was es heißt, dass Gott zu uns spricht:»Ich *erkläre* dir nicht, wer ich bin, sondern ich *bezeuge* es!«

Der Glaube gibt Gott Raum. Doch auch Gott gibt mir Raum. Es geht in diesem verletzbaren Verhältnis nicht um Macht. Was sollte Gott auch für ein Gefallen daran finden, sich ein Gegenüber zu schaffen, um es sich dann zu unterwerfen? Es wäre keine Welt, sondern lediglich ein Spielzeug entstanden! Und welch ein Gefallen sollte Gott daran haben, sich eine Welt zu unterwerfen, die sich ohnehin nicht widersetzen kann? Da würde eine Allmacht lediglich ihr Spielzeug zerstören. Solch ein Gott würde mir wenig imponieren.

Worauf ich hinauswill: Der Machtvergleich führt aufs falsche Gleis. Welche Bedeutung hätte die Frage nach der Allmacht Gottes denn auch, wenn ganz offenkundig ist, dass Gott bereit war, *seine Macht zu teilen* und Raum zu schaffen! Zeitraum. Lebensraum. Nur wer von Gott wirklich nichts begriffen hat, unterstellt ihm eine Lust an der Macht.

Allmacht

Man darf also Allmacht nicht dahingehend verstehen, dass sie sich selbst alles sei. Solch eine Art »Alleinmacht« wäre nicht nur ordinär, sie wäre vor allem absurd. Sie wäre – wie Hans Jonas in seiner Tübinger Rede ausführt – ein »sich selbst widersprechender, selbst-aufhebender, ja sinnloser Begriff«.[89]

Macht kann nur wirken, wenn ihr etwas gegenübersteht. Die Macht Gottes mag im Vergleich beliebig hoch überlegen sein – würde Gott seine Macht nicht teilen, so würde alles außerhalb seiner selbst im gleichen Augenblick aufhören zu bestehen. Die Macht Gottes würde sich damit zur Nullmacht machen, sie würde sich aufheben, denn worauf könnte sie sich noch beziehen, wenn es nichts – weder Macht noch Möglichkeiten noch irgendetwas »Eigenes« – außerhalb ihrer selbst gibt? Allmacht im Sinne einer einsamen Alleinmacht kann es nicht geben. Wie Hans Jonas sagt: »Macht muss geteilt sein, damit es Macht überhaupt gibt.« Und: »Macht ist ein Verhältnisbegriff.«

Die Welt ist ein Außerhalb Gottes. Sie ist »etwas Eigenes«! Sie wurde nicht konstruiert, sondern geboren. Ihr ging ein Akt der Liebe voraus, deren Wesen ja gerade darin liegt, sich nicht alles zu sein. Eben das ist der Logos. Es ist der Sinn, der unsere Welt trägt. Eine Macht, die das Eigene ihres Gegenübers bräche, hätte keine Autorität, keine Vollmacht; sie triebe nur ein zynisches Spiel.

Die Bibel redet nicht von einer selbstherrlichen Alleinmacht Gottes, sondern von der Berufung des Menschen. Und sie redet an einigen Stellen eindrücklich von der Hingabe Gottes, in der Gott sich austeilt: Für dich gegeben! Mit einem Wort: Wir können am Logos des Lebens nur teilhaben, weil Gott seine Macht teilt. Wenn Gott mit Erschaffung der Welt entschieden hat, sich nicht alles zu sein, dann steht der Zeitraum unserer Welt nicht unter einem allmächtigen Diktat, sondern er erfüllt sich in einem heiligen Zusammenspiel. In diesen Momenten geschieht ein innerer Einklang zweier Zeiten, es ist ein gemeinsamer Klang – wenn das geschieht, heißt es stets: »Die Zeit ist erfüllt!« Die Bibel nennt dieses innige Zusammenwirken der Zeit Gottes und der Zeit des Menschen mit dem Begriff des Heils – es ist die erfüllte Zeit![90]

Ein Beispiel für diese Klangeinstellung durch den Messias ist Zachäus. In dieser Geschichte (Lukas 19,1–10) kam es zur Gleichzeitigkeit. Was an jenem Abend geschah – wir wissen es nicht genau, wir können es nur ahnen –, war der Inbegriff dessen, was für einen Geigenbauer »Klangeinstellung« und für die Bibel »Heil« bedeutet. Die Weisheit, die wir hier im Messias sehen, wird zu Recht als »Künstlerin« oder »Werkmeister« bezeichnet. Das zeigt sich nun deutlich daran, dass der verdorbene und verschlossene Klang eines Menschen verwandelt wird. Zachäus erkennt etwas Heiliges und tut darum etwas Heilsames, doch es begann damit, dass Jesus sagte: »Zachäus, steig eilend herunter; denn ich muss heute in deinem Haus einkehren.« Am Ende sprach Zachäus zu sich selbst: »Heute muss ich in meinem Herzen und meinem Handeln umkehren!« Die Zeit ist erfüllt, und der Mensch hat es begriffen. Das ist die Klangeinstellung in der Werkstatt des Messias. Der Kairos im Leben dieses Menschen geschah während des gemeinsamen Mahls. Der Mensch durchlebte es und es entstand ein neuer Klang. Das macht deutlich, was es heißt, dass Gott uns nicht mit einem allmächtigen Gesang betäubt, sondern einen neuen Klang unseres Herzens sucht und uns zu einer neuen Gnade unseres Handelns beruft. Zachäus sprach am Ende: »Herr, die Hälfte von meinem Besitz gebe ich den Armen, und wenn ich jemanden betrogen habe, so gebe ich es vierfach zurück.« Jesus aber sprach zu ihm: »Heute ist diesem Hause Heil widerfahren.« Das zu schaffen ist die Meisterschaft des Messias. Hören und Handeln, das Heilige und das Heilsame. Die Meisterschaft Jesu macht es zur Einheit.

All das sagt etwas über das Reich Gottes aus. Wenn Gott sich seiner Alleinmacht entkleidet hat, dann steht die Welt also nicht unter einem allmächtigen Gesang, sondern sie erklingt – wie ein Musiker mit seinem Instrument – verletzlich und heilig in einem gemeinsamen Klang! Das bedeutet Gleichzeitigkeit. Und nur das ist Gegenwart. Dieses Zusammenwirken habe ich zu achten und habe es zu sehen. So werden wir der Lebenswelt geschenkt, für die wir geschaffen sind.

Der Cellist litt an seinem Instrument. Doch er linderte dieses Leiden nicht dadurch, dass er stattdessen – das Instrument noch immer in Händen – zu singen begann! So beginnt auch Gottes Allmacht nicht, in unserer Welt zu singen. Vielmehr besteht alles darin, die Instrumente der Berufung zum Klingen zu bringen!

Es ist in alldem keine grobe Allmacht, sondern die Weisheit, die verständig und heilig ist. Im Buch der Weisheit heißt es von ihr, sie sei

»vielfältig, fein, behänd, durchdringend, rein, klar, unversehrt, freundlich, scharfsinnig, ungehindert, wohltätig, menschenfreundlich, beständig, gewiss, ohne Sorge. Eine Weisheit, die alles vermag, alles sieht und durchdringt. Denn sie ist rein« (Buch der Weisheit 7,21ff). Erst wenn wir den Heiligen Geist in seiner Reinheit und Verletzbarkeit sehen, als eine Kraft, der wir uns widersetzen können, werden wir etwas von seinem Wesen verstehen. Wie sehr Gott an dieser Welt und dem abgewiesenen Sinn auch leiden mag – es bleibt doch die Berufung bestehen: Das eingestellte Instrument wird zum guten Klang. Der geheiligte Mensch wird zum Liebenden. Der gesegnete Mensch wird in all seiner Schwachheit und Behinderung doch ein Segen sein. Indem er liebt, sagt er Ja zu dieser Heiligung seines Lebens, die die Liebe ist. Da ist keine selbstverliebte Alleinmacht, sondern das gemeinsame Zusammenspiel. Wie oft wird Gott in den verschlossenen Klang unserer Welt hineinsprechen müssen, wie es im Leben Jesu geschah: »Um ihres Unglaubens willen konnte ich dort nichts tun!« Abgewiesen und behindert.

Glauben heißt darum für mich zu fragen, was Gott tun kann, und zu erkennen, welche Zeit erfüllt ist. Ich muss ein ambivalentes Verhältnis zur Allmacht Gottes wahren! Warum? Nicht meine Berufung soll erschüttert werden, sondern meine Gottlosigkeit. Meine Trägheit, meine Feigheit, mein Stolz. All das, was nicht fähig ist, zu wachen und zu beten, all das, was meiner Berufung spottet, indem es göttliches Handeln und menschliches Handeln säuberlich und absurd voneinander trennt. Es wäre Zynismus, auf die Allmacht Gottes abzuschieben, was unserer Berufung – also jenem Zusammenspiel – anvertraut ist. Klaus Berger sagt in seinen Gedanken zum Reich Gottes: »Die strenge Scheidung von Gottes Tun und Tun des Menschen ist modern und – biblisch gesehen – immer absurd.«[91]

Mit dem Herzen sprechen

Jede Klangeinstellung bedeutet eine Berührung zwischen dem Instrument und dem Geigenbauer. So lebt auch der Glaube von diesen Berührungen. Man muss einmal die Augen schließen, still werden und erfahren, wie diese Kraft uns in ihren Segen hüllt. Dann sollen wir aufstehen, langsam gehen und wissen: Wir gehen in dieser Gemeinschaft und Gleichzeitigkeit mit Gott in diesen Tag. Dem aber geht doch immer wieder eine Zeit der Klangeinstellung voraus. Das ist für mich der Ritus der stillen Zeit, in die ich mich am Morgen allein zurückziehe, um mich dieser Gegenwart und Gleichzeitigkeit mit Gott zu öffnen.

Ich musste als Meister lernen, den Klang des Cellos zu deuten und seine Resonanzen zu erforschen, denn anders als durch seinen Klang konnte es nicht sprechen. Ich bin überzeugt, mehr als auf die Worte unseres Mundes hört der Heilige Geist auf den Klang unseres Herzens, und er weiß diesen zu deuten. Die Worte der Bibel können uns lehren, mit dem Herzen zu sprechen! In diesen inneren Momenten der Einkehr ist nicht viel von uns gefordert. Denn es bedeutet, dass wir lernen, uns ansehen zu lassen; zu hören und zu fragen. So werden wir beten lernen und Worte finden, die unser Herz sprechen kann.

»Erforsche mich, Gott, und erkenne mein Herz,
prüfe mich und erkenne meine Gedanken.
Und siehe, ob ich auf einem Weg des Jammers bin,
und führe mich auf dem Wege der Ewigkeit.«
(Psalm 139,23–24)[92]

All die messianischen Momente, die durch Jesus geschahen – die Geschichte von Zachäus, aber auch all die anderen Geschichten reden davon –, machen einen wesentlichen Unterschied deutlich: Es bricht in unserer Welt keine *allmächtige Herrschaft*, sondern das *Reich Gottes* an! Die allmächtige Herrschaft wäre – im Gleichnis gesprochen – der über sein Instrument ignorant und ordinär hinwegsingende Cellist; das Reich Gottes aber ist der Klang der Instrumente, um deren Einstellung es geht.

Hierin lag wohl der Lebensirrtum des Judas! Wäre sein Verrat aufgegangen und seine Allmachtsfantasien von der Gottesherrschaft hätten sich in Jesus erfüllt – er hätte sich gewiss nicht umgebracht. Er hätte seinem Herrn auf die Schulter geklopft und darauf hingewiesen, wie gut es doch war, dass er ihn verraten habe; es sei eben nötig gewesen, ein wenig nachzuhelfen. »Doch was soll's? Nun sitzt du endlich auf dem Thron!« Das Tragische an Judas ist, dass er das Wesentliche des Reiches Gottes zu spät begreift:

»Als Judas, der ihn verraten hatte, sah, dass Jesus zum Tode verurteilt war, reute es ihn, und er brachte die dreißig Silberlinge den Hohepriestern und Ältesten zurück und sprach: Ich habe Unrecht getan, dass ich unschuldiges Blut verraten habe. Sie aber sprachen: Was geht uns das an? Da sieh du zu! Und er warf die Silberlinge in den Tempel, ging fort und erhängte sich« (Matthäus 27,3–5).

Wo war dieser Jünger, als Jesus Wochen vorher über Jerusalem saß und weinte? Hier hätte ein Judas sich bekehren können! Er hätte in den Tränen Jesu die »Behinderung Gottes« erkannt – eine Liebe, die am Menschen behindert ist, da sie sich nicht über das hinwegsetzt, was ihr verweigert wird! Judas hat es nicht gesehen oder nicht ertragen. Er, der die Manifestation der Herrschaft Gottes in seinen kühnen Träumen mit Macht und Herrlichkeit herbeisehnte – die Unterwerfung des Bösen unter den allmächtigen und guten Gott –, hätte die ohnmächtigen Worte Jesu gehört, der über Jerusalem weinte: »Wie oft habe ich deine Kinder versammeln wollen; doch ihr habt nicht gewollt!« (Lukas 13,34). Er hätte in diesen Tränen gesehen, dass Jesus das Lamm Gottes ist. Er hätte erfahren, dass es nichts Heiliges gibt, dem Gott nicht die Hände der Macht fesseln würde, damit das Heilige so eins würde mit dem Wesen der Liebe. Denn die Liebe zwingt das Gute, das sie will, nicht auf. Eine religiöse Macht, die etwas im Sinne Gottes führen und leiten will, und doch beginnt, diese Fessel abzustreifen, die Gott an uns legt, wird früher oder später ein Judas, ein Verräter Jesu, ein Satan sein.

Jesus hat keine Armeen aufgestellt und keine Städte eingenommen. Nur Judasjünger werden das tun, die mit dem lautstarken Bekenntnis zum Guten die Berufungsgeschichte der Welt in eine Unterwerfungsgeschichte verkehren. Da tut sich ein Abgrund auf. Man nimmt Gott gegen die Welt für sich in Anspruch. In das abgründige Bekenntnis »Gott ist groß« schleicht sich wie selbstverständlich die unverhohlene Warnung ein, dass Gott (oder das, was man für Gott erklärt hat) all jene klein machen wird, die nicht bereit sind, sich seiner Größe zu unterwerfen. Doch wer so denkt, ist nicht fähig oder willens, das Wesentliche zu respektieren: Gott unterwirft nicht. Er beruft.

Der das Leben ergründet

Gott zu erkennen, bedeutet etwas anderes. Es ist eben nicht die grobe Allmachtsfantasie eines über den Menschen hinwegherrschenden Gottes. Man muss einmal die Leidenschaft eines Musikers erleben, wie er sein Instrument erforscht und fordert. Das ist wie ein Sinnbild für diese messianische Weisheit Gottes, die das Leben *ergründet*. Darf man so reden? Wie könnte Gott das Leben ergründen? Weiß er denn nicht, was Leben ist? In einem der schönsten Kapitel des Buches Hiob heißt es: »Damals schon sah Gott die Weisheit und verkündigte sie, bereitete sie und ergründete sie« (28,27). Ganz ähnlich ist an anderer Stelle auch vom Heiligen Geist als einer Weisheit und Leidenschaft die Rede, die die Dinge ergründet und erforscht. So heißt es: »Der Geist erforscht alle Dinge, auch die Tiefen der Gottheit« (1. Korintherbrief 2,10). Gott ergründet und erforscht das Leben. Darum sind wir da.

Gerade dieses Ergründen ist ja im Gleichnis vom verschlossenen Klang zu sehen. Es ist die Arbeit dessen, der dem Instrument begeg-

net, es erforscht und es dann verwandeln darf. Diese Aufgabe erfordert
alle Weisheit. Jeder Geigenbauer kennt die gespannte Freude im Umgang mit dem wertvollen Instrument. Auch das ist ein Aspekt der
Liebe, die sich in diesem Gleichnis zeigt: Liebe bedeutet nicht nur
die Fähigkeit, am geliebten Gegenüber zu leiden, sondern auch die
Fähigkeit, sich an ihm zu freuen. Es ist die Freude, die im Erforschen
gegenwärtig ist. So heißt es an eindrücklichen Stellen in der Weisheitsliteratur:

»*Der Ewige hat mich schon gehabt im Anfang seiner Wege, ehe er etwas
schuf, von Anbeginn her. Ich bin eingesetzt von Ewigkeit her, im Anfang,
ehe die Erde war. Als die Meere noch nicht waren, ward ich geboren, als
die Quellen noch nicht waren, die von Wasser fließen. Ehe denn
die Berge eingesenkt waren, vor den Hügeln ward ich geboren (...), als er
dem Meer seine Grenze setzte und den Wassern, dass sie nicht über-
schreiten seinen Befehl; als er die Grundfesten der Erde legte, da war ich
als sein Liebling bei ihm; ich war seine Lust täglich und spielte vor ihm
allezeit; ich spielte auf seinem Erdkreis und hatte meine Lust an den
Menschenkindern (...). Wer mich findet, der findet das Leben und erlangt Wohlgefallen vom Ewigen. Wer aber mich verfehlt, zerstört sein
Leben; alle, die mich hassen, lieben den Tod*« (aus Sprüche Salomos,
Kap. 8).

Wie das Wesen der Weisheit darin besteht, dass sie die Dinge erforscht
und ergründet, so besteht das Wesen der Liebe darin, dass sie den Liebenden wie auch den Geliebten *verwandelt*. Gott wäre nicht der Liebende, wenn das Leben, das er hervorbringt und ergründet, nicht auch
etwas *in ihm selbst* bewirkte. Darum nimmt es Gott keine Ehre, sondern gibt sie ihm, wenn ich bekenne: Auch *wir* wirken in Gott! Es
ist mein Glaube, dass die Liebe, die das eigentliche Gebet meines Lebens ist, etwas in Gott bewirkt. Wenn aber in ihm, dann auch durch
ihn. Das ist der Grund meines Betens. Wäre ich nicht überzeugt, dass
mein Gebet etwas in Gott bewirkt und er diese Wirkung auf seine

Weise der Welt schenkt, so würde ich das Beten bleiben lassen. Zu meinen, es mache keinen Unterschied, würde bedeuten, an einen Gott zu glauben, der die Liebe des Geliebten (der ich bin) ins Leere laufen ließe.

Ich bin überzeugt: Jedes Gebet meines Lebens ist von Gott angeregt, ich kann es tun oder lassen, doch er wartet darauf und setzt es ein. Ich muss nicht ständig beten, aber ich will beständig darin sein, auf jene Anregungen zu achten. Auch wenn ich nicht etwa glaube, dass Gott meiner bedarf, um Gott zu sein, so bin ich doch überzeugt, dass jede Lebensäußerung des Geliebten den Liebenden nicht unberührt lassen kann. Darin hat alles Beten und Lieben seinen Sinn. Es sind die Äußerungen meines Lebens.

Dass es »in Gott keine Veränderung« gibt (Jakobusbrief 1,17; vgl. 1. Johannesbrief 1,5), bedeutet, dass Gott der Liebende bleibt. Er *bleibt* die Liebe, doch gerade das heißt, dass die Liebe des Geliebten *ihn verändern* wird! Es wäre sonst nicht Liebe. So glaube ich an einen Gott, der der Bleibende ist und der zugleich der sich Verändernde ist – weil er die Liebe ist! So kennt auch Gott ein Werden. Es ist ein Werden, aus dem reinen Sein geboren, das Gott ist: die Liebe.

Was heißt das? Wir sind eine geliebte und darum werdende Welt! Wir sind in aller Bedingtheit doch ein wahres Gegenüber – und sollten beginnen, uns als solches *auch um Gottes willen* ernst zu nehmen! Um diese Mystik meines Daseins in ganz einfachen Worten zu sagen: Ich will, dass Gott mit mir Erfahrungen der Liebe machen kann!

Die Liebe ist fähig, die Dinge nicht nur zu wollen, sondern sie wachsen zu lassen. Die Liebe gibt Zeit, sie schenkt Zeit. Klang ist das Auf und Ab über der Zeit; er ist das periodische Schwingen der sich verdichtenden und verdünnenden Luft über der verstreichenden Zeit. Wie Licht das Medium des Bildes ist, so ist Zeit das Medium des Klanges. Die Liebe schenkt Zeit. Ergo: Klang ist nichts anderes als hörbare Liebe. Der Prophet Jesaja (6,3) hört den Gesang der Seraphim. Gäbe es kein Auf und Ab über der Zeit, so wäre alles kosmisches Schweigen, leidloses Sein. Der 148. Psalm antwortet darauf und wirbt darum, dass die ganze Schöpfung einstimmt in diesen Gesang der Liebe, der alles trägt.

Unsere Berufung besteht darin, die verstreichende Zeit (Chronos) in existenziale Zeit (Begegnung) umzuformen und so die *Zeit zu erfüllen*. Nur das ist Gegenwart. Zachäus ist ein Beispiel, wo das gelang. An jenem Abend wurde die Zeit erfüllt.

Wechselwirkungen mit dem Heiligen

Vielleicht wird auch darin das Gleichnis vom verschlossenen Klang unserem Gottesverhältnis weiterhelfen, wenn wir begreifen, dass Musik keine Einbahnstraße ist. So heißt es von der Weisheit: »Ich spielte auf seinem Erdkreis und hatte meine Lust an den Menschenkindern« (Sprüche 8,38). Man kann den Musiker (die messianische Weisheit) und das Instrument (den berufenen Menschen) nicht miteinander vergleichen. Es sind vollkommen verschiedene Kategorien – eben wie Gott und Mensch.

Doch das ist nur die halbe Wahrheit. Das andere ist: Es gibt eine Wechselwirkung zwischen beiden! Ich möchte dieses Wechselspiel durch eine Erfahrung beschreiben, denn erst durch diese Wechselwirkungen bekommt der Glaube seine Reife, seine Vollmacht, seinen wunderbaren Reiz:

Ein Kunde, dessen Instrument ich betreute, war vor Jahren zum Probespiel vor einem der großen Deutschen Rundfunksinfonieorchester eingeladen. Es ging um die Stelle des Stimmführers der Zweiten Geigen. Er hatte kein ausreichendes Instrument für diese Stelle, doch ich konnte ihm für das wichtige Probespiel eines der schönsten Instrumente vermitteln, das ich kenne. Es ist eine Stradivari aus dem Jahre 1712, die heute einem Instrumentenliebhaber gehört, dessen Instrumente ich betreue. Michael bereitete sich einige Tage mit dieser Geige vor. Er hatte auf einem Instrument dieser klanglichen Güte noch nie zuvor gespielt. Während des Probespiels spielte er in einer überragenden Weise – und bekam die Stelle. Seine Reaktion war überaus bescheiden. Nein, letztlich sei es nicht er selbst gewesen, nicht sein Können. Das Instrument sei einfach so wunderbar im Klang gewesen. Ich widersprach ihm. Natürlich hatte das Instrument diesen wunderbaren Klang; der Grund dafür aber lag in einem Geheimnis. Das Geheimnis war das, was sich zwischen ihm und dem Instrument abgespielt hat. Denn man muss wissen: Solch ein Klang setzt im Musiker etwas frei, man spielt gelöst, als habe man Flügel. Im Neuen Testament heißt es: »In der Liebe ist keine Furcht« (1. Johannesbrief 4,18). So ist es auch mit dem Klang. Es entsteht ein vollkommen angstfreier Raum. Die Klangfarben schaffen etwas. Es ist diese atemberaubende Gleichzeitigkeit von Sanftheit und Kraft, von der ich bereits sprach! Man steht in einer klanglichen Wolke der Möglichkeiten. Sie inspiriert und beflügelt den Ton.

Jener Geiger hat die Wechselwirkung mit dem Instrument erlebt. Die Geige ließ ihn anders spielen. Natürlich bringt der Musiker den Klang des Instrumentes hervor, doch der Klang verändert auch etwas im Musiker. Dass Musiker und Instrument zu verschieden sind, um sie miteinander zu vergleichen oder gar gegeneinander auszuspielen, nimmt dem nichts! Es ist ein gemeinsamer Klang. Das ist das Wechselspiel.

In jedem Moment meines Daseins möchte ich mit der Anwesenheit des Heiligen und Ewigen kooperieren. Das zu erlernen ist die Berufung, ein Schüler Jesu zu sein. Der Glaube an Jesus ist der Mut, sich in eine andere Welt zu versetzen. Doch auch Gott versetzt sich durch unsern Glauben in eine andere Welt – nämlich in die unsere! Der Glaube gewährt Gott Einlass (vgl. Offenbarung 3,20). Solch ein Glaube bedeutet: Du bist ernst genommen, und auch *du selbst* solltest dich darum ernst nehmen: Du bist dir von Gott gegeben!

Ein primitiver Gott?

Das Gleichnis vom verschlossenen Klang, das vom Leiden Gottes spricht, stellt ein primitives Verständnis von der Allmacht Gottes infrage. Ich muss die Frage nach der Allmacht stellen – und? – und habe keine Antwort! Natürlich nicht. Doch das Gleichnis macht mich fähig, eine Gegenfrage zu stellen! Diese Gegenfrage ist der Gottesknecht. Wo wir versucht sind, das Leben durch die Logik zu banalisieren (*entweder – oder*), können gute Gegenfragen[93] bisweilen wichtiger als Antworten sein.

Um es konkret zu machen: Wenn der Gedanke der göttlichen Allmacht beim Propheten Daniel etwa in den folgenden Worten steht: »Er macht's, wie er will, mit den Mächten im Himmel und mit denen, die auf Erden wohnen. Und niemand kann seiner Hand wehren noch zu ihm sagen: Was machst du?« (4,32), dann wird der Gedanke des Liebenden dieses Bekenntnis nicht verneinen und ihm doch etwas entgegensetzen: Ja, er macht es, wie er will, aber er wird nicht alles wollen! Die Liebe *kann* nicht alles wollen! Gerade das ist ja ihre Stärke. Nur die Nichtliebenden können alles wollen. Sie haben die Macht der Unmoral. In dieser Macht und diesem Willen steht ihre Freiheit über der des Liebenden. Die Nichtliebenden können sich die Dinge unterwerfen. Der Liebende kann es nicht. Er ist daran gebunden, nicht alles zu wollen. Denn was er will, entspricht der Liebe. Die Liebe sucht nicht die Unterwerfung, sondern das Ineinander und die Gleichzeitigkeit der Liebenden, sie bleibt ihrem Wesen treu, sie wird ihre Wahrheit nicht verleugnen: Sie beruft und wirbt, klopft an, spricht an, hört hin, harrt aus und wartet – und trifft am Ende auch Entscheidungen. Ja, »er macht's, wie er will«, aber was er will, entspricht der Liebe.

Mit dem Jätmesser in der Hand und mit zwölf Legionen Engeln hätte Gott die Kreuzigung seines Sohnes und mit ihr alle Kreuzigungen und Kreuzzüge bis zu den Schlägen des Holocaust verhindern können; der Taumellolch wäre geschnitten, das Böse ausgerissen, der Mensch dem Guten unterworfen. Die Welt hätte ihr Recht und ihren

Raum verloren. Gott hätte denen, die es nicht wollen, das Gute einge-
flößt – auch gegen ihren Willen; jeder dröhnende Stiefel wäre ver-
brannt und jeder verstockte Hals gebrochen. Was übrig bleibt, wäre an
die Fäden eines allmächtigen und allgütigen Puppenspielers geknotet.
Doch was wäre das anderes, als dass dem Menschen die Würde genommen wäre, sich zu bekehren?

Wir sind nicht an die Fäden eines Puppenspielers gebunden, sondern sollen – wie die Propheten es sagen – »in den Seilen der Liebe
gehen« (Hosea 11,4). Da ist keine uns entmachtende Allmacht, sondern das Wechselspiel der Liebe. Nur durch die Liebe wird alles Werden seine innere Ordnung empfangen. Das heißt Erlösung. Manches
braucht wegen der Umwege, die wir gehen, und der Widrigkeiten, die
wir erfahren, seine Zeit – Zeit der Umkehr und auch Zeit der Heilung.
Davon etwas zu spüren, ist Inbegriff des Heils. Das Vertrauen führt
uns in die Werkstatt des Messias, und seine erste Berührung wird Vergebung sein. Das wird uns helfen, auch unsererseits den Menschen
und den Umständen zu vergeben, an denen wir gelitten haben. Nur in
einem selbstgerechten Herzen werden die Dinge nicht heilen.

Wo das Herz sich überhebt, kann Gott ihm nicht zum Heiligtum
werden. Dazu aber sind wir berufen. Wir tragen Verantwortung für
unser inneres Leben und für die Kraft, die von ihm kommt. Wer zur
Einsicht nicht fähig ist, wird sein Leben entweihen; den hörenden
Menschen aber wird Gott innerlich an Orte führen, wo er seine Wege
verlassen hat oder durch Umstände und Menschen von ihnen gestoßen wurde. Da geschehen Momente der Umkehr und der Vergebung.
Wir haben die Macht, einzuwilligen oder uns zu verstocken, wenn uns
in diesen heiligen Momenten klar wird, was uns geboten ist (und sei es
das Gebot, unsere Verbitterung oder Selbstgerechtigkeit aufzugeben
und heil zu werden). All das bedeutet es, mit Gott »in den Seilen der
Liebe« zu gehen.

Jeder Mensch hat eine Verheißung, der er sich stellen soll. Wir haben zu entscheiden, was uns erfüllen oder beherrschen soll, sind fähig
zur Treue wie zur Sünde, können Dinge tun oder lassen, sie gestalten

oder entstellen. Wir sollten ernst nehmen, wie sehr die Dinge offen sind. Das Heilige ist immer eine Wolke der Möglichkeiten.

Wie sehr wir auch zaghafte Erfahrungen mit dem Wirken Gottes machen mögen – es liegt darin doch immer auch die leidvolle Möglichkeit, dass der Mensch seine Berufung auch verderben kann. Darum ist vieles, was wir erfahren, alles andere als edel, hilfreich und gut.

Was also ist der Glaube? Er nimmt Anteil an Gottes Wagnis. Was ist die Liebe? Sie nimmt Anteil an Gottes Entschluss. Was ist die Hoffnung? Sie nimmt Anteil am glaubenden und liebenden Werden der Welt. Wir müssen in alldem die Verletzbarkeit Gottes sehen; erst so werden wir beginnen, uns als Gegenüber Gottes ernst zu nehmen. Wir sind in der Lage, Gott zu entstellen. Es ist das Leiden einer Liebe, die verletzt werden kann. Ohne das Leiden Gottes zu sehen, ist keine Wahrheit in uns, die uns mit Gott versöhnen kann – nichts, was uns mit dem Entschluss Gottes versöhnen kann, diese Welt zuzulassen, an der wir leiden, die wir aber auch mutig und vertrauensvoll gestalten.

Gott hat mit Menschen zu tun. Er tritt in unsere Zeit ein und setzt sich über unsere Bedingungen nicht hinweg. Denn diese Welt ist der Raum der Selbsthingabe Gottes. Das macht sie zu einem Ort der Berufung. Verheißenes und Abgründiges können sich beide entfalten. Weizen und Taumellolch. Es ist Gottes Entscheidung, an dieser Welt *bedingt, begrenzt und behindert* zu sein – nicht nur, dass Gott diese Welt anders nicht freigegeben hätte, er wäre anders nicht in sie eingegangen; sie wäre anders nur ein Teil seiner selbst. Es wäre alles nur ein virtuelles Spiel, würde er sich nicht ganz und gar auf die Bedingungen einlassen, die wir schaffen, und auf die Entscheidungen, die wir treffen. Über die Begrenztheit Gottes an der Welt, die er wollte, sollten wir uns keine Gedanken machen. Er hat es so gewollt. Er hat sein Allessein »gegeben, dass er's wieder nehme« zu seiner Zeit. Wir nehmen uns nicht ernst, wenn wir meinen, Gott solle sich (und uns) verleugnen und solle in das eingreifen, was wir sind; er solle sich über das hinwegsetzen, wozu wir fähig sind; er solle *durch sich* ersetzen, was wir verweigern: die Entscheidung zum Guten, das wir tun! Da wird der Glaube an die unbedingte Allmacht zu einem Frevel!

Wie oft haben Menschen vergeblich auf ein Eingreifen Gottes gewartet, darauf, dass er des Bösen Arm zerbricht und die Gerechten erhält, dass er dem Leiden ein Ende macht, ihr Schreien erhört und ihr Elend sieht und sie aus Angst und Not befreit. Wie oft haben sie gehofft, dass er sie mit mächtiger Hand und ausgestrecktem Arm herausführt. Doch es geschahen keine Zeichen und Wunder, und er hat sie nicht herausgeführt. Es geschah nichts. Nur Schweigen.

Dann wiederum geschahen Dinge, Menschen wurden weggerafft durch Fluten und Gewalten, Erschütterung brach aus heiterem Himmel in ihr Leben ein, und sie wussten nicht, wie ihnen geschah! Und es war kein Unterschied zwischen Gerechten und Ungerechten, Guten und Bösen, nichts, was es dem Frommen erlaubt hätte, von einem harten, aber begreiflichen Gottesgericht zu sprechen. Sollte Gott etwa keinen Unterschied machen, »dass ich mein Herz rein hielt und meine Hände in Unschuld wasche?« (Psalm 73). Ja, im Gegenteil: Wie oft erging es den Ungerechten gut, »die sich brüsten wie ein fetter Wanst und tun, was ihnen einfällt. Siehe, das sind die Gottlosen; die sind glücklich in der Welt und werden reich« (ebd.). Der Beter des Psalms »wäre fast gestrauchelt mit meinen Füßen; mein Tritt wäre beinahe geglitten. Denn ich eiferte mich über die Ruhmredigen, als ich sah, dass es den Gottlosen so gut ging«.

Paulus eifert sich nicht. Aber er ergibt sich: »Gott, wie unergründlich sind deine Entscheidungen, wie unerforschlich deine Wege! Wer hat deine Gedanken erkannt? Oder wer ist dein Ratgeber gewesen? Keine Weisheit gibt es, keine Einsicht, keinen Rat gegenüber dir« (Römerbrief 11,33).

Die Fragen führen am Ende doch nicht zur Lösung, sondern zum Lobpreis. Ich weiß nicht, ob ich Paulus, wenn es nötig wird, so weit folgen kann. Doch auch ich weiß, dass das Unerklärliche seine Antwort nicht in der Logik finden kann, es wäre damit ja erklärbar. Ein notwendiger Gegensinn ist der Logos, und darum muss ich im Gleichnis vom verschlossenen Klang weiterfragen, was das heißen kann.

Der Frage nach der göttlichen Allmacht ist der Gottesknecht entgegengestellt. Wenn ich den nicht sehe, werde ich – zumindest nach Auschwitz – an Gott scheitern. Wollen wir nicht in ein finsteres Schweigen gegen Gott verfallen, dann ist es notwendig zu sehen, was der Gottesknecht zeigt: Es gibt nicht nur Sinn und Sinnlosigkeit! Es muss ein Gegensinn entstehen. Was heißt das?

Wir dürfen nicht in dem altbewährten Schema nur die göttliche Allmacht und unsere eigene Verletzbarkeit sehen. Der Gegensinn – vielleicht ist dies der wahrhaft gebotene Gegensatz! – muss darin bestehen, die eigene Mündigkeit und die Verletzbarkeit Gottes zu sehen! Diese Verletzbarkeit ist im Logos, der sich seinem Sein entsagt und seiner Gottheit entkleidet hat, damit es die Welt gibt. Doch er hat sich ihr gegeben, dass wir ihn entdecken, entfalten und in ihm leben sollen.

Gott ersetzt nicht den Klang seiner Instrumente durch einen allmächtigen Gesang. Denn damit wäre nicht das Reich Gottes, sondern das Ende der Welt gekommen. Es ist die Bereitschaft Gottes, in unserer Welt nicht unbegrenzt und unbedingt zu sein. Wir setzen Gott Grenzen, und er lässt es zu. Würde ich mir verbieten, das zu glauben, so würde ich das In-der-Welt-Sein Gottes nicht wirklich ernst nehmen. Gott identifiziert sich nicht mit dem Großen, Unbegrenzten und Starken. Er hat sich mit dem Geringen, dem Unbedeutenden und Schwachen eins gemacht, denn er weiß, was es bedeutet, dass er um unseres Lebens willen selbst unbedeutend, missachtet und schwach geworden ist. Darum heißt es in der hebräischen Weisheit: »Wer sich des Armen erbarmt, der leiht dem Herrn« (Sprüche 19,17) und im Matthäusevangelium: »Was ihr einem dieser meiner unbedeutendsten Brüder getan habt, das habt ihr mir getan. (...) Was ihr einem dieser Unbedeutendsten nicht getan habt, das habt ihr auch mir nicht getan« (25,40.45).[94]

Greift Gott also in das Geschehen dieser Welt nicht ein? Ignatius von Loyola empfahl, in einem heilsamen Widerspruch zu leben, wenn er sagte: »Beten, als ob alles Arbeiten nichts nützte, und arbeiten, als ob alles Beten nichts nützte.« In dieser segensreichen Spannung zu leben bedeutet, dem Leben seine Mehrdeutigkeit (und damit seine Schönheit) zu lassen; es bedeutet, Gott und den Menschen in einem untrennbaren Zusammenspiel zu sehen. Denn die Liebe sucht die Gleichzeitigkeit der Liebenden. Weder im triumphalistischen Glauben, der nur die göttliche Allmacht bekennt, noch im Unglauben, der nur menschliche Eigenmächtigkeiten kennt, gibt es ein Geheimnis, eine Wechselwirkung, ein Zusammenspiel.

Wir müssen sehen, wie es im Gleichnis von der Berufung (Kap. 6) deutlich wurde: Wenn das Instrument erklingt, sind Musiker und Instrument *beide ganz da*! Den Widerspruch logisch aufzulösen, ist weder heilsam noch ratsam; wir sollen ihn vielmehr als eine kreative Kraft begreifen. Letztlich zeigt sich also auch hier die Harmonie der Gegensätze. Wir werden sie nur dort in ihrer ganzen Schönheit wahren, wo wir die Treue gegenüber unserer Verantwortung nicht gegen das Vertrauen auf Gottes Wirken ausspielen. Die kreative Spannung bedeutet für mich darum: So leben und arbeiten, wie es aus dem Hören und Beten kommt, und so beten und hören, wie es aus dem Arbeiten und Leben kommt. Es greift ineinander, und das eine löst das andere nicht auf.

Darum muss unser Herz ein doppeltes Gesetz wahren. Wir schleichen uns sonst mit dem Freibrief der »Allmacht« Gottes aus unserer Verantwortung heraus. Wir verkennen Gott, wenn wir seine Stärke rühmen, aber seine Selbsthingabe nicht sehen, die uns zur Berufung wird. Paulus sagte: »Die Schwachheit Gottes ist stärker, als die Menschen sind« (1. Korintherbrief 1,25). Da ist nicht von einer ordinären Stärke Gottes die Rede, die sich über uns hinwegsetzt. Wir müssen vielmehr die Schwachheit Gottes erkennen, die uns Raum und Vollmacht gibt, zu zeigen, wer wir sind. Das ist es wohl, was Gott wissen will!

Es gibt diese atemberaubenden Momente des Elends, in denen wir vollkommen versagen und Gottesfinsternis unsere Zeit verhüllt. Von der Stärke Gottes zu reden, kann da ein Frevel sein! Wir sollten erkennen, wo wir durch Glaube und Arbeit, Charismen und Begabungen, fähig sind, dem Schwachen, dem Glimmenden und Geknickten, zu dienen. So erfährt die Welt ihren Logos. Sie sieht die Schönheit, zu der sie berufen ist!

Jede Schönheit ist ein Lobpreis der Hoffnung. Es ist die Hoffnung auf das, was sein wird, wenn Gott einmal zu sich nehmen und vollenden wird, was ihm in dieser Welt geschah. Wir werden sehen, was ihn verklärte, aber auch, was ihn entstellte; wir werden dann sehen, was angenommen wird, aber auch, was preisgegeben wird. Weizen und Taumellolch. Es wird deutlich werden, was wir ihm waren, die wir ihn im Schwachen sahen und ihm dienten, indem unsere Stärke sich beugte, wie auch Gottes Stärke sich um des Lebens willen gebeugt hat, damit es diese Welt gibt. Gott ist in dieser Welt verletzbar. Das zu sagen ist keine Gotteslästerung, sondern es ist die Zumutung, die unsere Welt in ihrer Verheißung und ihrer Abgründigkeit erst möglich macht!

Die Folge ist, dass ich mich frage, zu welcher Ehrfurcht ich fähig bin. Wo wir uns dem Verletzten, dem Schwachen und Geknickten zuwenden und erlauben, dass sich das Leben uns zumuten darf, ist das Reich Gottes nah! Die künftige Welt aber spricht uns heute schon zu: »Hab Mut! Denn wir sehen heute schon mitten unter uns die Schönheit, die deiner Treue und deinem Glauben erwächst« (vgl. Johannes 15,8.16).

Nur so kann ich Jesus begreifen. Er brachte keine allmachtstrunkenen Judasfantasien zur Welt. Im Gegenteil. Er ging so weit zu sagen, dass der Mensch sogar imstande sei, dem Reich Gottes Gewalt anzutun! (vgl. Lukas 16,16) – der Mensch also fähig sei, das zu verwunden, was Gottes ist. Auch das zeigt etwas von der Verletzbarkeit des Himmels, die wir zu achten haben. Ohne diese Achtung bekommt unser Gottesbild einen ordinären Beigeschmack.

Ich bin überzeugt, dass für das Wesen des Reiches Gottes gilt, was Lao-Tse (6. Jh. v. Chr.) im 61. Abschnitt des Tao Te-King über das Leben der Demut sagte: »Ein großes Reich muss sich unten halten, so wird es der Vereinigungspunkt der Welt.«[95] An Jesus sehen wir, was es heißt, dass Gott sich unten hält.

»Christus« bei Platon und Lao-Tse

Ich möchte nun versuchen, deutlicher werden zu lassen, was ich als jenen *Gegensinn* begreife, von dem eben die Rede war. Doch eine Bemerkung zuvor: In der Begegnung mit dem mir Fremden möchte ich nicht nur das Eigene sehen. Es ist wie mit dem Aufbau der Schichten einer schönen Geigenlackierung: Ich koche meine Pigmente aus verschiedenen Substanzen und töne sie mit Metallsalzen ab, bevor sie in meiner kleinen Kugelmühle zu feinster Korngröße gemahlen werden. (Dazu ausführlicher im 11. Kapitel über die Rezeptur des Geigenlacks.) Legt man über das leuchtende Orange eine weitere dünne Lasur Orange, so wird der Farbton verstärkt.

Doch wenn ich nichts anderes tue als das, dann wird die Farbe am Ende schreiend sein. Es wird ein ordinärer Farbton sein. Darum ist es eine Kunst – ich habe sie von einer befreundeten Malerin in Anlehnung an die flämische Malerschule gelernt –, das Orange an den rechten Stellen durch seinen komplementären Farbton auch zu bremsen: die hauchdünne Schicht Blau wird niemand sehen, doch das Orange wird dadurch am Ende eine wunderbare Sanftheit und Tiefe haben.

So kann es manchmal wichtig sein, das eigene Denken nicht nur durch seinesgleichen zu verstärken, sondern den komplementären Farbton zu suchen und so etwas Sanftes und Reifes im Aufbau der eigenen Wahrheit zu sehen. Mit einfachen Worten: Es ist eine beglückende Vertiefung, wenn der andere etwas Ähnliches sagt; und es ist eine anstrengende Klärung, wenn der andere etwas Abweichendes sagt. Doch beides ist nötig: sich stärken zu lassen und sich bremsen zu lassen.

Man merkt es einem Menschen an, der nur mit seinesgleichen verkehrt. Suchen wir nur das Eigene, wird unsere Wahrheit grell und schreiend sein. Sich am anderen zu klären und zu bremsen, nimmt der Schönheit nichts, sondern es bereichert, was sich in uns bildet. Erst wer sich irritieren lässt, wird wirklich lernen.

Auch außerhalb des hebräischen Denkens haben die großen Meister etwas von der inneren Wahrheit des Gottesknechts erkannt. Niemand würde behaupten, dass die Meister der großen Kulturen alle das Gleiche sagen, doch wenn Paulus sagt: »In Christus, der das Geheimnis Gottes ist, liegen verborgen alle Schätze der Weisheit und der Erkenntnis« (Kolosserbrief 2,3), dann wäre es eine Leidenschaftslosigkeit, diese Schätze nicht zu heben, eine Achtlosigkeit, sie nicht wahrzunehmen und nicht zu ehren! Wer die Schätze hebt, der stößt auf Christus, auch wenn er noch nicht mit Namen genannt ist. Und doch ist er sichtbar.[96]

Durch Christus kommt es zur Umkehrung der Dinge. Die Antike heiligte den glänzenden Sieger und verherrlichte den Herrscher in seinem göttlichen Anspruch und seiner Macht. Auch wusste sie: Wer am Kreuz hängt, ist verflucht! Das Gründungsereignis des christlichen Glaubens – die Kreuzigung – dreht die Dinge vollkommen um. Es verherrlicht den Gottesknecht als Sieger und heiligt die Selbsthingabe des Liebenden. Dieser Gegensinn ist absolut neu. Das Verfluchte wird heilig; das Niedere erhaben.[97]

Es ist gewiss zu wenig, das Leben nur auf eine einsame Spitze zu treiben. Man nennt diesen Gipfel gemeinhin Sinn und wähnt links und rechts davon den Abgrund der Sinnlosigkeit klaffen. Das Gefüge der Gegensätze aber verlangt etwas anderes. Es wird dem Sinn einen Gegensinn entgegensetzen. Lao-Tse und Platon, die gewaltigen Lehrer des Ostens und des Westens, haben das innere Wesen jenes Gegensinns im »leidenden Gerechten« und im »dienenden König und Knecht« geschaut. Davon soll nun die Rede sein, denn es wird vertiefen, was bislang nur angeklungen ist.

Platon. Platon (428–348 v. Chr.) zeichnet das Bild vom gekreuzigten Gerechten. Im zweiten Buch seines Werkes »Politeia« (»Der Staat«) diskutiert er, wie man sich angesichts der mängelbehafteten menschlichen Verhältnisse den perfekten Gerechten und den perfekten Ungerechten vorzustellen habe: »beide als vollendet in ihrem Treiben«.

Glaukon, den Platon hier als Gegenspieler des Sokrates auftreten lässt, argumentiert, es sei nicht attraktiv, gerecht zu sein, und man werde schon sehen, wie lange der Gerechte in unserer Welt gerecht bleibe. Der Gerechte übe Gerechtigkeit nur deshalb, weil er unfähig sei, Unrecht zu tun. Würde man ihn dazu aber in einer besonderen Weise befähigen – etwa durch die Gabe, sich unsichtbar zu machen –, so würde er dieser Versuchung erliegen und unrecht handeln. Er würde handeln, »wie ein Gott unter den Menschen«, würde willkürlich morden, rücksichtslos seine Bedürfnisse befriedigen und seinen Vorteil ausnutzen, wo immer es ihm möglich sei. Denn: »Niemand ist freiwillig gerecht.«

Der perfekte Ungerechte agiert stets so, dass er immer und überall im Ruf des ehrbaren Menschen steht. Er wird reich werden, stets den Ton angeben, seinen Freunden Gutes tun und seinen Feinden Schaden zufügen. Seine vollendete Abgründigkeit besteht darin, dass man ihn für einen Gerechten hält, obgleich er in Wirklichkeit das Gegenteil ist.

Genau umgekehrt ist es mit dem vollkommen Gerechten. Ihm geht es nicht darum, wie er erscheint; er ist unbestechlich, nutzt die Dinge nicht für seinen Vorteil aus, bleibt der Gerechtigkeit treu; ja, er lässt sich sogar verleumden, »damit er hinsichtlich der Gerechtigkeit geprüft sei, ob er sich nicht erweichen lasse von der Verleumdung und deren Folgen«. Ihm wird Übles nachgesagt, und er erscheint bei den Angesehenen als ungerecht, obgleich er die Gerechtigkeit in keinem Moment verleugnen wird. Die Menschen werden den Gerechten nicht ertragen.

Glaukon argumentiert: »Wenn jemand im Besitze göttlicher Freiheit nie Unrecht tun wollte, so würde er allen, die es bemerkten, höchst unverständig erscheinen.« Der Gerechte werde am Ende erst darin vollkommen sein, dass er die Ungerechtigkeit auf sich nimmt: Er wird verkannt und verfolgt sein und doch den Weg der Gerechtigkeit nicht verlassen. Zuletzt, so malt es Glaukon aus, wird er nach all den Torturen gekreuzigt werden:»Sie werden denn sagen, dass der Gerechte unter diesen Umständen gegeißelt, gefoltert, gebunden werden wird, dass ihm die Augen ausgebrannt werden und dass er zuletzt nach allen Misshandlungen gekreuzigt werden wird.«[98]

Der vollkommene Gerechte wird am Ende also wie nichts geachtet sein. Er wird den schmachvollen Tod des Sklaven sterben. Denn die Kreuzigung war in Griechenland ausschließlich für Sklaven vorgesehen. Ihre Anwendung für Freie galt als barbarisch. Es galt die Regel, bei der Todesstrafe für freie Bürger jede unnötige Grausamkeit zu vermeiden. Glaukon erwartet also als Strafe für den Gerechten die schimpflichste Behandlung, wie sie Sklaven oder Schwerverbrechern vorbehalten war.[99]

Während der Ungerechte glücklich sein und höchstes gesellschaftliches Ansehen genießen werde, werde der Gerechte unglücklich sein, ihn werden unsagbare menschliche Leiden ereilen. So ist die Welt. Der ganze weitere Diskussionsverlauf bei Platon dient einzig dazu, nachzuweisen, dass es umgekehrt sei. Der Gerechte wird am Ende glücklich, der Ungerechte todunglücklich sein. Das entspricht der historischen Überzeugung des Sokrates, den Platon in diesem Werk gegen Glaukon auftreten lässt.

Platon hat diesen Text etwa 375 v. Chr. niedergeschrieben! Er wird sich kaum je vorgestellt haben können, dass seine ins Extrem überzeichnete Fiktion einmal Wirklichkeit werden wird. Es ist beeindruckend, bis in welche Tiefen hinein er Wesenszüge beschreibt, die sich Jahrhunderte später in den Worten und Taten und im Geschick Jesu tatsächlich verkörpern – das Wesen des Gerechten!

Jesus sagte:»Wenn ihr die liebt, die euch lieben, welchen Dank habt ihr davon? Denn auch die Sünder lieben ihre Freunde. Und wenn ihr euren Wohltätern wohltut, welchen Dank habt ihr davon? Denn die Sünder tun dasselbe auch. Und wenn ihr denen leiht, von denen ihr etwas zu bekommen hofft, welchen Dank habt ihr davon? Auch die Sünder leihen den Sündern, damit sie das Gleiche bekommen. Vielmehr liebt eure Feinde; tut Gutes und leiht, wo ihr nichts dafür zu bekommen hofft. So wird euer Lohn groß sein und ihr werdet Kinder des Allerhöchsten sein« (Lukas 6,32ff).

Der Ruf, der Jesus vorauseilte, zeigt sich auch an der Art, wie seine Feinde ihn auf die Probe stellten. Sie leiteten eine Fangfrage mit den Worten ein: »Meister, wir wissen, dass du wahrhaftig bist und fragst nach niemand; denn du achtest nicht das Ansehen der Menschen, sondern du lehrst den Weg Gottes recht ...« (Markus 12,14). Am Ende stirbt er den Tod des von Menschen Verachteten. Er stirbt den Tod des Ungerechten.

Ähnlich wie Platon sieht auch das »Buch der Weisheit« in der Ablehnung des Gerechten den menschlichen Widerstand gegen die Gerechtigkeit. So heißt es in jenem um etwa 50 v. Chr. verfassten Lehrbuch des Alten Testaments:

»Lasst uns den armen Gerechten unterdrücken (…) Unsere Kraft sei das Gesetz der Gerechtigkeit (sinngemäß: das, was ›Gerechtigkeit‹ neu definiert)! Das Schwache nämlich erweist sich als unnütz. So lasst uns dem Gerechten auflauern, denn er ist uns lästig und steht unserem Tun im Weg (…) Er behauptet, Gotteserkenntnis zu haben und nennt sich Knecht des Herrn. Er wird uns zu einer (ständigen) Anklage unserer Denkweisen, er ist uns schwer (erträglich), sobald wir ihn nur erblicken. Denn sein Leben unterscheidet sich von dem der anderen, und ganz verschieden (von ihnen) sind seine Pfade. (…) Die letzten Dinge von Gerechten preist er glücklich und prahlt, Gott sei sein Vater. So lasst uns doch sehen, ob sein Wort wahr ist, und prüfen, was bei seinem Ende geschehen wird. Wenn nämlich der Gerechte (wirklich) Gottes Sohn ist, so wird er ihm helfen und ihn erretten aus der Hand seiner Widersacher. Durch Erniedrigung und Folter wollen wir ihn prüfen, um seine Milde kennenzulernen und seinen Gleichmut auf die Probe zu stellen. Zu einem schändlichen Tod wollen wir ihn verurteilen« (Buch der Weisheit 2,10–20).

So wird am Ende Jesu Sterben tatsächlich von diesem zynischen und doch prüfenden Spott begleitet, wie die Evangelien berichten: »Hilf dir selber, wenn du Gottes Sohn bist, und steig herab vom Kreuz! (…) Andern hat er geholfen und kann sich selber nicht helfen. Ist er der König von Israel, so steige er nun vom Kreuz herab. Dann wollen wir an ihn glauben. Er hat Gott vertraut; der erlöse ihn nun, wenn er Gefallen an ihm hat; denn er hat gesagt: Ich bin Gottes Sohn« (Matthäus 27,40–43).

Jesu Leben und sein Ende entsprechen dem Typus des vollkommen Gerechten, von dem nicht nur Platon, sondern auch die Schriften der hebräischen Bibel, wie wir sehen, längst wussten, bevor er kam. Sein Ende macht deutlich, *was er zeitlebens war.*

Dass man den Gerechten einmal vollkommen verkennen wird, davon spricht das vierte Gottesknechtslied des Buches Jesaja. In der Erkenntnis des gewaltigen Irrtums ist dem Text das blanke Entsetzen ins Gesicht geschrieben. Da heißt es: »Wir hielten ihn für den, der geplagt und von Gott geschlagen und gemartert wäre! Aber er ist um unsrer Missetat willen verwundet und um unsrer Sünde willen niedergebeugt.« Die Wende sieht dieses prophetische Lied erst *nach* seinem Tode kommen! Es ist die Einsicht: »Durch seine Erkenntnis wird er, mein Knecht, der Gerechte, den Vielen Gerechtigkeit schaffen« (Jesaja 53,4ff).

Lao-Tse. Gehen wir um den halben Erdkreis nach Osten, dann stoßen wir auf den »Alten Meister« Lao-Tse (6. Jh. v. Chr.), der der Überlieferung nach im Staate Chu, der heutigen chinesischen Provinz Hénán, geboren sein soll. Auch er drückte die innere Wahrheit des Gottesknechts in einer wunderbaren Weise aus. Im 78. Abschnitt des Tao Te-King heißt es so:

»Nichts in der Welt ist
weicher und schwächer als Wasser,
und doch vermag nichts,
was Hartes und Starkes angreift,

es zu übertreffen,
es gibt nichts,
wodurch es zu ersetzen wäre.
Das Schwache überwindet das Starke,
das Weiche überwindet das Harte.
Jedermann weiß es auf Erden,
aber niemand vermag danach zu handeln.
Daher:
Der Berufene sagt:
›Wer die Unreinheit des Reiches auf sich nimmt,
der ist der Herr bei den Erdopfern.
Wer die Not und Pein des Reiches auf sich nimmt,
der ist der König der Welt.‹
Wahre Worte sind wie umgekehrt.«[100]

Als der Gottesknecht, der »König der Welt«, Jahrhunderte später erscheint, lebt er diese Umkehrung! »Wahre Worte sind wie umgekehrt«,
sagt Lao-Tse mit Blick auf den dienenden König. Und so spricht Jesus
von sich selbst: »Ihr wisst, die als Herrscher gelten, halten ihre Völker
nieder, und ihre Mächtigen tun ihnen Gewalt an. Aber so ist es unter
euch nicht; sondern wer groß sein will unter euch, der soll euer Diener
sein; und wer unter euch der Erste sein will, der soll aller Knecht sein.
Denn auch der Menschensohn ist nicht gekommen, dass er sich dienen
lasse, sondern dass er diene und sein Leben gebe als Lösegeld für viele«
(Markus 10,42–45).

»Wer der Erste sein will, der soll aller Knecht sein.« Das macht
deutlich: Die vollkommene Form der Gerechtigkeit ist die Umkehrung
der Dinge! Jesus hat diese Umkehrung gelebt. Darum ist er der Gerechte. Er ist der Erste, denn er ist aller Knecht. Das also ist gemeint
mit der Hingabe seines Lebens. Es ist ein Leben im Bewusstsein des
Himmels, dem Geist der Hingabe, in dem sich die Dinge umkehren.
Auch Maria rühmt ja gerade diese Umkehrung der Dinge in ihrem
Lobgesang (Lukas 1,46–55).

Die Umkehrung der Dinge

Der Tod Jesu war nicht das Ziel, er war die Folge dieses dienenden Lebens. In ihm zeigte sich, was geschieht, wenn – wie Platon es sah – der Gerechte bis ans Ende der Gerechte bleibt. Gott hatte seine Freude an dem gerechten, nicht an dem toten Jesus. Nicht sein Tod, sondern sein Leben war das Opfer. Er blieb der Gerechte und das heißt: Er blieb derjenige, der die Verhältnisse der Welt umdrehte, der den Entrechteten Würde gab, der das Evangelium den Armen gab, der Freiheit den Gefangenen gab, der Erlösung den Gefesselten gab, der Augenlicht den Blinden gab, der Ermutigung den Zerschlagenen gab – dass die Menschen sich aufrichteten und frei und ledig von ihrer Fessel waren. Das alles ist der Geist und das Wesen des Messias (Jesaja 61, 1–2; Lukas 4,18–19). In dieser Gerechtigkeit wird die Welt – so könnte man sagen – mit Gott gesalbt. Der Gottesknecht bringt das Wesen Gottes zur Welt. Darum steht am Anfang das Wort: »Der Geist Gottes, des Ewigen, ist auf mir, weil der Ewige mich gesalbt hat« (Jesaja 61). Der Gesalbte – das heißt Christus.

Das Wort Jesu vom Lösegeld (»dass ich mein Leben gebe als Lösegeld«) ist ein fremdes, fernes und schweres Wort, wenn wir es nicht verstehen. Der fromme Reflex in uns ist oft zu schnell. Wir müssen langsamer werden. Denn man muss doch rückfragen: *Wem* soll dieses Lösegeld – also das Leben des Gerechten – eigentlich gezahlt werden? Hat denn etwa Gott den Menschen versklavt, sodass der Mensch nun von Gott freigekauft werden müsste? Wenn wir meinen, Gott fordere ein Lösegeld, dann erklären wir ihn damit zum Räuber, zum Erpresser! Gott braucht kein Lösegeld, denn er hat niemanden gefangen genommen.

Nein, das Lösegeld des Gerechten wird woanders bezahlt! Es wird dort bezahlt, wo wir gefangen sind: gefangen in unseren Feindbildern. Wir müssen befreit werden von all dem, was unser Herz aufrührt und verdirbt. Das Lösegeld wird dort gezahlt, wo unser verkehrtes Denken uns das Leben raubt: im eigenen Herzen. Wir müssen befreit werden von den Feindbildern gegen Gott, die wir in uns tragen: vom Bild eines zynischen Gottes, der nicht eingreifen will; vom Bild eines rachsüchtigen Gottes, der ein Opfer will; vom Bild eines abwesenden Gottes, der gar nichts will. Der Schrei der Feindbilder gegen Gott wird seit jeher zum Echo in unserer täglichen Lebenswelt. Wir leben doch nur das, was wir im Herzen haben: Zynismus, Resignation, Gewalt – es ist das gelebte Triumvirat des Bösen. *Davon* erlöst zu werden, ist meine Not! Denn die gelebte Umkehrung des Zynismus ist der Glaube; die gelebte Umkehrung der Resignation ist die Hoffnung; die gelebte Umkehrung der Gewalt ist die Liebe. »Wahre Worte«, sagt Lao-Tse, »sind wie umgekehrt.«

Diese Umkehrung geschieht nur durch Umkehr. Jesus ist die Mensch gewordene, sanfte und demütige Kraft Gottes, die mich im Wurzelgeflecht meines Herzens und in den Ränken meines Handelns bekehren will, damit ich das Leben in der täglichen Umkehrung der Dinge erlernen kann. Die Gerechtigkeit Jesu ist so gewaltig, dass sie jeden, den sie ergreift, gerecht machen kann. »Gerecht« – nicht weil ich etwas tue, sondern weil etwas in mir zerbricht. Es ist die Kraft der Bekehrung. Wie der Teer oder Asphalt einer Straße bricht, obgleich es doch nur eine zarte Pflanze ist, die sich durch den Asphalt hindurch ihren Weg ins Tageslicht bahnt, so zerbricht in den Gedanken des Herzens das Feindbild gegen Gott, und eine zarte Pflanze der Gottesliebe bahnt sich ihren Weg ans Licht.

Wir werden in dem Maße die Ungerechtigkeit überwinden, in dem wir uns von Jesus überwinden lassen. Er ist der Gerechte. Die Überwindungskraft der Einsicht reicht nicht aus. Die notwendige Kraft wird einzig von der Liebe aufgebracht. Die Liebe ist die Liebe zu einer Person. Sie ist glühender und seelisch tiefer als die Liebe zu einer bloßen Idee. Sie gewinnt ihre Intensität aus der Hingabe des Geliebten, nicht aus der Macht einer Idee, sondern aus dem Leiden des Geliebten. Durch die Bekehrung zu dem, der die Liebe ist, gewinnt die Liebe in uns die Kraft, dass es zur Umkehrung der Dinge kommt. Es ist eine Umkehr *durch* die Liebe, die mich beruft. Nur in dieser Umkehrung kann Erlösung sein: Da werden wir Angst überwinden durch Glauben; Gleichgültigkeit überwinden durch Liebe; Schuld überwinden durch Vergebung. Das ist die Umkehrung der Dinge. »*Wahre Worte sind wie umgekehrt.*«

Ohne diese Umkehrung verstören wir unser Herz und vergreifen uns an der Welt – an ihrem Grund und ihrem Sinn! Da geben wir uns ihrem ungerechten Zustand hin und setzen dem nichts entgegen. Ohne diese Umkehrung sind wir der unbekehrte Mensch. Der Ungerechte. Da verwirke ich mein Dasein und werde an dem Sinn, der mich ins Leben rief, am Ende scheitern. Es gibt keine Umkehrung, die nicht der Umkehr im Herzen und im Handeln bedarf. Es gibt Momente, da erreicht unser Herz das Handeln; andere Momente, da erreicht unser Handeln das Herz. Niemals aber kommt es zur Umkehrung der Dinge, wenn wir zur Umkehr nicht fähig sind. Dieser unerhörte Sinn wird unserem Leben zugemutet.

»Das Schwache überwindet das Starke; das Weiche überwindet das Harte. Wer die Not und Pein des Reiches auf sich nimmt, der ist der König der Welt. Wahre Worte sind wie umgekehrt« heißt es bei Lao-Tse. Und Jesus sagt: »Wer groß sein will, der sei aller Diener; wer der Erste sein will, der sei aller Knecht.«

Was zeigt mir Gott? Der Liebende ist bereit zu leiden; der Herrschende ist bereit, sich hinzugeben; der Allmächtige ist bereit, am Willen des Menschen behindert zu sein. Wenn Martin Luther sagt: »Der Wille Gottes nämlich ist wirksam und kann nicht behindert werden, da er die wesensmäßige Macht Gottes selbst ist«[101], möchte man antworten: Natürlich kann der Mensch den Willen Gottes nicht behindern. Und doch kann er es. Denn Gott selbst hat sich für die Behinderung seines Willens entschieden. Es hat seinen Grund, dass Jesus uns beten gelehrt hat »Dein Wille geschehe« und nicht »Dein Wille geschieht«. Nicht alles, was geschieht, ist Gottes Wille. Wäre es so, dann wäre dies Gebet absurd – und mit ihm jedes andere auch. Der Wille Gottes ist die Macht, die alles ins Leben rief. Und doch erscheint

dieser Wille in der Welt schwach. Er ist das Höchste, das allem Dasein seinen Grund gibt, und doch droht er verloren zu gehen. Wir
müssen diese Umkehrung sehen. Der Wille Gottes zeigt sich in seiner
Verletzbarkeit. Im Heiligen Geist ist etwas Verletzbares, und in uns ist
es auch.

Nichts in der Welt ist
weicher und schwächer als Wasser,
und doch vermag nichts,
was Hartes und Starkes angreift,
es zu übertreffen,
es gibt nichts,
wodurch es zu ersetzen wäre.

Man kann unschwer sagen: Es ist das Wasser des Heiligen Geistes!

Gottesdepressionen

Das Lied vom Gottesknecht macht das notwendige Leiden der Gottesliebe sichtbar. Das ist der Grundgedanke dieses Gleichnisses vom Cellisten. Und ich versuche – wenn letztlich auch nur tastend und stam-
melnd –, diesen einen Gedanken aus unterschiedlichen Blickwinkeln
anzusehen. Nun möchte ich die Klangfarbe des Gedankens ein wenig
verändern: Dass Gott leidet, sollte uns keine Sorge machen. Gott ist
belastbar. Er kommt mit sich zurecht. Es ist sonderbar, solche Sätze
auszusprechen, aber es ist notwendig. Denn speist sich manch enger,
ängstlicher, verbissener und wenig froher Glaube nicht aus dem verborgenen Grundgefühl, irgendwie doch für Gottes Befindlichkeit verantwortlich zu sein? Da spricht unsere Seelenwelt: »Es geht um meine
Moral. Denn sonst geht es dem heiligen Gott nicht gut! Es geht um
meine Argumente. Denn sonst hat der unbegreifliche Gott keinen Anwalt, der ihn rechtfertigt!«

Das Gleichnis vom liebenden und darum leidenden Gott ist furchtbar missverständlich, wenn wir nicht begreifen, *von welcher Art* das Leiden Gottes ist, das wir in Jesus sehen. Nicht nur in der Liebe Gottes ist eine Vollkommenheit, sondern auch in seinem Leiden! Denn er leidet an keinem Defizit, sondern an der Liebe selbst. Es ist ein notwendiges Leiden. Ich sollte mir bewusst machen: Gott hat kein Defizit. Unser Glaube wird erst dann belastbar sein, wenn wir begreifen, dass wir Gott belasten können. Worauf will ich hinaus?

Es gibt eine Art von Glauben, der ist wie der herzzerreißende Schmerz eines Kindes, das sich für den Selbstmord eines Elternteiles verantwortlich fühlt. Im Seelengrund seiner selbst sagt sich das Kind: »Ich bin schuld. Ich bin verantwortlich. Wäre ich anders gewesen, dann wäre der Vater noch da. Er hätte sich nicht umgebracht. Wie schlimm und verwerflich muss ich doch sein, dass er nicht bei mir geblieben ist und nicht mehr lebt!«

Oft kommt es nicht zum Selbstmord, doch die Eltern sind seelisch krank. Es ist wie bei einem Kind, das spürt: »Meine Mutter ist nicht wirklich da. Sie ist innerlich abwesend.« Das Kind beginnt, seine depressive und in sich leidende Mutter durch ein mustergültiges Verhalten aufzumuntern. Das Kind will die innerlich abwesende Mutter beleben, ihr eine Freude machen, ihr irgendeine Regung, ein Lob abringen. Sein ganzes Verhalten ist ein einziger Aufschrei: »Sieh doch, wie gut ich bin! Nun hast du doch Grund, dich zu freuen!«

Von ebensolcher Art aber ist manch ein Glaube. Diese Vorgänge der kindlichen Seele sind nicht erfunden. Meine Schwester Gisela – sie ist Fachärztin für Kinder- und Jugendpsychotherapie – könnte davon Bände erzählen. Als ich durch sie von diesen inneren Vorgängen der kindlichen Seele erfuhr, stand mir sofort schmerzhaft vor Augen, dass es eine Art des Glaubens gibt, der sich in der Seele ganz ähnlich verhält. Da leidet der gläubige Mensch (*»Kind Gottes«*) unter der Abwesenheit Gottes. Doch nicht nur das. Er fühlt sich letztlich für Gott verantwortlich. Es gibt ein schuldbelastetes Glaubensleben, das sich in ganz ähnlicher Weise unentwegt bemüht, Gott aufzumuntern, dass er

endlich mehr aus sich herausgehe (»Gotteserfahrung«), endlich ganz
da sei, sich endlich uns zuwende und fröhlich darüber sei, wie gut
wir sind. Es entsteht eine wahnwitzige Frömmigkeit. Sie fühlt sich
für die Abwesenheit verantwortlich und glaubt, sie müsse die Anwesenheit kraft guter Moral, starken Lobpreises oder inbrünstigen
Glaubens irgendwie erarbeiten oder erlieben. Da baut sich ein unerträglicher Druck gegen sich selbst auf. Die Abwesenheit wird zur Anklage.

In diese herzzerreißende Welt des Glaubens möchte ich ein Credo
hineinrufen: »Du bist nicht verantwortlich für Gott!« Man muss es
mehrmals rufen. Lebendig und frei wird der Glaube erst dann sein,
wenn wir das Gegenteil erlernen: Wir müssen lernen, Gott zu belasten.
Wir brauchen ihn nicht zu beleben. Gott ist belastbar, und er zerbricht
nicht, wenn wir es ihm nicht recht machen. Wo ist eine Mutter, die
ihrem Kind sagen würde: »Ab jetzt bin ich nicht mehr deine Mutter,
denn du hast dieses oder jenes falsch gemacht!«? Dem Kind zerrisse es
das Herz. Wo ist ein Vater, der drohen würde: »Wenn du dieses oder
jenes tust oder unterlässt, werde ich mich dir entziehen und werde
nicht länger dein Vater sein. Ich will dich dann nicht mehr sehen!«?
Wenn wir doch spüren, wie krank es wäre, so etwas zu sagen, glauben
wir dann im Ernst, Gott sei derart krank? Gott zerreißt uns weder das
Herz noch ist er krank. Wir müssen lernen, ihn zu belasten; wir dürfen
werden wie ein Kind, das in seinen Eltern Heimat hat, weil es sich ihrer
sicher weiß.

Jesus sagt nicht umsonst: »Wenn nun ihr, die ihr böse seid, euern
Kindern Gutes tut, wie viel mehr wird euer Vater im Himmel es tun!«
(nach Matthäus 7,11). Wie wenig wir Gott auch verstehen – wir sind
nicht für ihn verantwortlich! Es gibt diesen schuldbeladenen Glauben,
der sich für Gott im tiefsten der Seele doch irgendwie verantwortlich
fühlt. Es ist ein moralisch ständig fordernder und anwaltsartig ständig
argumentierender Glaube. Die Außenseite hat etwas Harsches, Kaltes
und Kämpferisches gegen andere Menschen. Die Innenseite ist zerbrechlich und fühlt sich überfordert und schuldig. Ein Mensch, dessen

Glaube so ist, leidet in einer falschen Weise an Gott. Es ist ein Glaube, der damit beschäftigt ist, nach außen hin Gott zu rechtfertigen und nach innen hin ihn freundlich oder fröhlich zu stimmen. Als habe Gott eines dieser beiden Dinge nötig!

Nein, Gott hat kein Defizit. Sein Leiden ist von einer anderen Art. Gott ist fähig zu leiden – und da er liebt, tut er es auch. Das bedeutet: Es ist das Leiden der Liebe selbst. Es ist eine Liebe, der es – wo immer wir Gottes Anwesenheit verletzen – verwehrt ist zu lieben! Gottes Anwesenheit ist verletzbar, denn es ist die Verletzbarkeit der Liebe. Gottes Wesen aber ist belastbar, denn sein Wesen ist die Liebe.

Das Urprinzip des Lebens

Was bedeutet das, was der Gottesknecht dem Leben gibt und was er zu sagen hat? Wenn das Johannesevangelium die innerste Stimme Jesu hört, der von sich sagt: »So sehr hat Gott die Welt geliebt, dass er seinen Sohn dahingab« (3,16), dann spricht es damit das Urprinzip des Lebens aus: Es ist die Hingabe. Die Hingabe des Lebens ist der Grund alles Lebens. Denn was haben wir je zu uns genommen, das nicht für uns sein Leben gab? Nahrung, Nähe, Naturschätze, Wasser, Fürsorge, Lebenszeit – was ich Gutes bin, das bin ich durch die Hingabe anderer geworden; und was ich Gutes sein soll, das kann ich nur durch Hingabe sein. So ist die Hingabe der Grundgedanke des werdenden und wachsenden Lebens. Diese Hingabe ist in Gott. Wenn wir aus Hingabe leben, leben wir daher »aus Gott«. Wir empfangen Hingabe ebenso, wie wir unserem Nächsten Hingabe schenken.

Die Welt lebt vom hingegebenen Leben. Sich nicht hinzugeben (oder nicht wenigstens sich einzusetzen) ist letztlich ein Aufbegehren gegen die heiligste Kraft, die allem Leben ihr Leben gibt. Eine Mutter gibt sich hin für ihr Kind. Sie stellt ihre Zeit zurück, weil das Kind und dessen Zeit es braucht. Unsere Welt ist wie Gottes Kind. Das ist ja die Klangfarbe, in der Gott spricht: Könnte ich dich je preisgeben? Es ist, was der Prophet Jesaja hört: das Schreien der Gebärenden, die der Welt ihr Leben gibt.

So sehe ich die Urerzählung vom Gottesknecht. Gott hat »seinen Sohn dahingegeben« (Johannes 3,16). Er hat – wie es im Römerbrief steht – »seinen Sohn nicht geschont« (8,32). Das heißt: Er hat den Gerechten, den vollkommen Liebenden, uns Menschen ausgesetzt. Dass Gott seinen Sohn dahingegeben hat – es ist ja nicht im Passiv gesprochen –, das heißt: Jesus zerbricht nicht nur am Menschen. Er zerbricht auch an Gott! Denn Jesus zerbricht am Leiden Gottes. Er zerbricht an diesem notwendigen Leiden, das in der Gottesliebe ist. Er zerbricht an der Notwendigkeit der Liebe, in der die Welt ihren Ursprung hat. Denn der Ursprung alles Werdens ist die Selbsthingabe Gottes. In sie hinein hat sich der Sohn gegeben.

Jesus hat sich vollkommen mit dem Leiden Gottes identifiziert, und er hat sich vollkommen mit der Sehnsucht Gottes eins gemacht, die Welt durch die Liebe zu verwandeln. Das zu sehen, bedeutet, die Gottesliebe mit der Welt als einen Weg der Berufung zu sehen. Es ist ein Weg, der Verwandlung bedeutet und niemals Unterwerfung. Gott kann uns nicht zwingen; es würde ihn selbst zerstören. Er *kann* nicht? Kann es denn etwas geben, was Gott nicht *kann*? In der Tat sagt das Neue Testament dazu ein verblüffendes Wort. In einem der Briefe heißt es: »Sind wir untreu, so bleibt Gott doch treu; denn *er kann* sich selbst *nicht* verleugnen« (2. Timotheusbrief 2,13). So ist in diesem Wort doch ein starker Hinweis auf das Wesentliche der Allmacht verborgen: Da ist kein Bild einer ins Omnipotente gesteigerten Macht, vielmehr der Fingerzeig: Gottes *All*macht ist die Macht der Treue: »Ich bin *in allem* der, der ich bin.« All seine Macht steht unter der Gewalt dieser vollendeten Vollmacht, deren Name heißt: »Unter *allen* Umständen bleibe ich die Liebe.« Inmitten äußerster Ohnmacht zeigt sich gerade *diese* Macht in Jesus am Kreuz! Er blieb auch bis ins Letzte der, der er war: der Liebende – und er ist darin mit Gott vollkommen eins: »Wie du, Vater, in mir bist und ich in dir« (Johannes 17,21).

Wir sind berufen, Gott ähnlicher zu werden – als Menschen, die die Liebe nicht verleugnen. Wollen wir ihm ähnlicher werden, dann bedeutet das, dass wir Anteil nehmen an seinem Leiden. Es ist das Leiden des Liebenden. So sollen und können wir inmitten dieser Welt, die der Liebe bedarf und an der wir doch auch leiden, *eins werden mit Gott.*

Paulus sagt: »Ich lebe, aber nicht mehr ich, es lebt aber Christus in mir. (...) Ich lebe im Glauben an den Sohn Gottes, der mich geliebt hat und der sich selbst für mich dahingegeben hat. Ich werfe diese Gnade Gottes nicht weg« (Galaterbrief 2,20f). Es ist möglich, die Gnade Gottes wegzuwerfen – und eben das ist ja der verschlossene Klang. Wir können es tun. Wir haben die Macht, unsere Berufung zu verderben und Gott ins Leere laufen zu lassen. Es geschieht, wenn wir uns in unserm Stolz verstocken und in unserer Angst verstecken. Es gibt Momente, in denen sind wir erschreckend frei. Es zeigt sich in dem Moment, als Jesus seine Jünger fragt: »Und ihr, wollt ihr auch weggehen?« (Johannes 6,67). Er weiß, dass es ihm nicht erlaubt ist, den Willen der Berufenen zu brechen. Unser Leben bleibt eine Berufungsgeschichte.

Wir sind an unsere natürlichen Bedingtheiten und unser biografisches Gewordensein gebunden. Es wäre absurd zu glauben, man könne sich einfach »neu erfinden«. So gesehen sind wir gewiss nicht »frei« – nicht in einem absoluten Sinn. Aber es geht auch nicht um die Frage, wie groß unsere Freiheit denn nun sein mag, sondern um die Erkenntnis, dass wir *im Maß unserer Freiheit verantwortlich* sind! Verantwortung ist die Art von Freiheit, an die wir gebunden sind. Mit einfachen Worten: Welcher Art von Leben gebe ich mich hin? Bin ich fähig, *mich zu binden* und damit für Menschen, Mitgeschöpfe, Aufgaben und Dinge *da zu sein*? Das bedeutet Treue. Ein Bund zeigt ja nur das Äußere dieses inneren Prinzips der Liebe, *die sich bindet!* Darum spricht auch Jesus von einem neuen Bund.

Wäre Gott unfähig, sich zu binden – wie könnte er je der Liebende sein? Auch daran sehe ich, dass sich die Freiheit des Himmels mit meiner eigenen Begrenztheit verbunden hat. In den Einsetzungsworten des Abendmahls wird der Bund Gottes ausgesprochen, der unsere Welt erschuf und alles durchdringt und der sich im Moment der Kreuzigung manifestierte: »*Für dich gegeben!*« Ich lasse mich überwältigen, und es dringt in Brot und Wein etwas in mich ein, das ich bloß wusste. Die Wahrheit, die mir Leben gibt, ist die leidende Liebe, die gebundene Liebe. »Das ist mein Leib. Das ist mein Blut des Bundes.« Es ist eine unzerstörbare Verletzlichkeit, die sich an meine Antwort gebunden hat. Was kann ich mehr tun, als es aufzunehmen? Von dieser ersten Liebe Gottes will ich mich überwältigen lassen, denn ohne sie hat mein Leben schlicht keinen Horizont. Da ist nur die punktförmige Enge eines hingabeunfähigen und bindungsunfähigen Ichs.

Die Eucharistie (das Abendmahl) ist der Dank für die Verletzbarkeit Gottes, in der ich beginne, mich ernst zu nehmen. Das ist die Botschaft vom Leiden Gottes. So bin ich wirklich und tief versöhnt mit Gott und habe endlich aufgehört, ein kraftloser Empörer zu sein, bedeutungslos und verbissen. Empört in meinem Feindbild gegen Gott und die Welt; ohne Glauben. In der Eucharistie lege ich jede Eigenmächtigkeit ab und bestehe nur noch aus Dank. Hier muss ich mich überwältigen und durchdringen lassen. Wenn ich nicht fähig bin, vor der Verletzbarkeit Gottes zu erschrecken, die sich hier offenbart, werde ich wohl nicht zum Glauben kommen – nicht in der Tiefe, in der ich mich wirklich ernst nehmen kann und gerade darin Gott nah sein darf.

Das Erschreckende aber bleibt: Ich kann lieben, aber ich muss es nicht. Ich habe Macht, Gott auflaufen zu lassen. Es ist die Macht, in die hinein Jesus sterbend spricht: »Vater, vergib ihnen, denn sie wissen nicht, was sie tun.«

Es ist das Ende des Gottesknechts, und es wird zum Anfang einer neuen Existenz. Es ist nicht nur eine leidende, es ist eine vergebende Liebe! Dass solch eine Liebe die vollkommene Wahrheit ist, findet in meinem Glauben seinen Widerhall.[102] Darum ist die Eucharistie, in der ich es gemeinsam feiern kann, der Ort, an dem ich mich Gott ergebe. Nicht weil ich es muss, sondern weil diese Liebe mich überwältigt hat. Ihre Vollkommenheit hat Auferstehungskraft.

»Steh auf! Er ruft dich!« – wie ein blinder Bettler am Wege, so will auch ich mich einmal rufen lassen. Das ist mein Glaube. Und ich weiß: Nach der Klangeinstellung kommt das Konzert!

Damit möchte ich das Gleichnis vom Gottesknecht beenden. Es war ein langer Weg, aber ich denke, es ist tatsächlich auch das Innerste des Glaubens.

Der neue Klang

Jeder Musiker sehnt sich zu Recht nach dem freien und offenen Ton. Das Instrument soll reagieren, es soll sich im Ton formen lassen, aufblühen und leuchten und sich auch zurücknehmen, wo immer die Komposition es erfordert. Darum leidet der Musiker unter dem verschlossenen Klang. Das Schöne am Spielen des Instrumentes ist, mit Resonanzen zu spielen. Natürlich entsteht durch die Resonanzen notfalls auch ein lauter Klang. Aber das Befriedigende ist nicht die Lautstärke, sondern zu spüren, wie etwas in Resonanz gerät. Da ist es, als spüre man im Instrument das ihm eigene Leben. Man spürt die Kraft und es kommt etwas zurück. Man kann den klingenden Ton formen und ihn kneten, als sei er Ton in den Händen des Töpfers. Ich liebe kraftvolle Instrumente und genieße das Berauschende der Klangwolke, in der man im Fortissimo steht. Doch es ist nicht die Lautstärke, um die es geht, sondern das Gefühl, etwas in seiner Eigenschwingung anzuregen und die eigene Kraft mit der Kraft und dem Widerstand des Instrumentes zu verbinden. Es ist dieser dichte Ton, der den Bogen bremst, weil das Instrument die Energie aufnimmt, die man ihm gibt.

So will ich am Ende auch erzählen, wie es mit dem Cello und dem Cellisten ausging, mit dem ich angefangen habe. Zwei Tage später kam er wieder zu mir, um das neu eingestellte Instrument auszuprobieren.

Man kann sich vorstellen, dass solche Momente seitens des Geigenbauers – so selbstbewusst man sich auch geben mag – zwiespältige
Emotionen wecken. Die Spannung ist groß. Es ist ja nicht so, dass es
einen zweifelsfrei perfekten Klang gäbe, eine objektive Messlatte, die
man anlegen könnte. Das viel Anspruchsvollere ist, dass der Klang
dem Musiker entsprechen soll! Es ist, wie ich schon sagte: Man arbeitet
im Grunde nicht mit einem Instrument, sondern mit der Stimme des
Musikers. Die Erlösung stellt sich erst dann ein, wenn der Musiker
ausruft, wie wunderbar das Instrument nun sei.

Das erste Ausprobieren dauert in der Regel nicht länger als ein,
zwei Minuten. So setzte jener Cellist sich hin und begann charakteris-
tische Stellen zu spielen: Dvořák, Schumann, Schostakowitsch – all die
großen Dinge. Ich schloss meine Augen und fühlte mich in den Ton
hinein. Er hörte nicht mehr auf zu spielen, und es vergingen gut zwanzig (!) Minuten, ehe er den Bogen zur Seite legte. Anstatt nun aber etwas zu sagen, schaute er mich an und fragte: »Herr Schleske, wie finden *Sie* denn nun den Klang?«

Das war unerwartet, ich war nervös und begann einen Sendersuch-
lauf nach einer günstigen Antwort, entschied mich dann aber für eine
ehrliche Antwort: »Insgesamt bin ich zufrieden. Die A-Saite ist
viel freier, strahlend, offen. Die D-Saite passt gut dazu. Da sind beim
Saitenwechsel keine Brüche. Die C-Saite hat erheblich an Potenz
und Kraft gewonnen. Sie schnurrt auch im Piano samtig und warm in
der Tiefe – aber die G-Saite ist ein Problem. Da fühlen Sie sich nicht
wohl.«

Er schaute mich an und war einen Augenblick lang sprachlos.
Dann erwiderte er, ihm habe schon manchmal jemand treffend gesagt,
was er höre, doch er könne sich nicht erinnern, dass ihm jemals jemand gesagt habe, wie er sich beim Spielen fühle. Aber es sei genau,
wie ich es sage. Die G-Saite sei noch ein Problem. So verbrachten wir
noch eine gute (und anstrengende!) Stunde mit kleinsten Korrekturen,
bis auch die G-Saite sich in das Klangspektrum zwischen C- und
D-Saite einzufügen begann.

Es war ein wunderbares Konzert, das er Tage später gab. Man hatte beim Zusehen den Eindruck, er sei mit dem Instrument fast verwachsen. Denn jede Bewegung hatte eine große Natürlichkeit und Ursprünglichkeit. Er suchte in seiner Demut nach einem wirklich singenden Ton.

Nachgespräch

Mit dem Gleichnis vom verschlossenen Klang, das nun das längste meiner Gleichnisse geworden ist, habe ich versucht, einen Gedanken zu bewegen, der mir damals, in jenem Moment der Begegnung mit dem Cellisten, ins Herz gesprochen war.

Doch es wird uns nicht nur etwas geben, sondern auch etwas nehmen, wenn wir beginnen, das Bild des Gottesknechts zu sehen. Es wird uns den inneren Rückzug in die Opferrolle nehmen, in die unsere Seele so gern flüchten will. So Schlimmes und Schmerzvolles in unserm Leben geschehen sein mag, es ist doch eine frevelhafte Selbstentwürdigung, sich bleibend als ein Opfer anzusehen – ein Opfer der Umstände, der Menschen, des Schicksals. Diese Selbstentwertung verliert in Christus ihr zynisches Recht. Wir müssen über manches trauern, und auch der beglückendste Glaube wird uns das nicht ersparen, aber wir sollten uns nicht entwürdigen. Wir sollten die Opferrolle ablegen, die wir so gern spielen. Denn wir verspielen damit unser Leben. Nicht wir, sondern Christus ist der Gottesknecht. Es ist das, was Gott hingegeben hat, damit es uns gibt. Das aber ist geschehen, damit wir nicht Opfer, sondern Empfangende sind! Christus spricht: »Ich gebe mich dir, damit du empfängst! Du bist kein Opfer. Ich habe mich dir gegeben. Darum sei nicht Opfer, sondern Empfangender! Das soll deine Vollmacht und Würde sein!«

In seinem Nachsinnen über den Gottesbegriff nach Auschwitz sagt Hans Jonas im Eingang: »Es lässt sich am Gottesbegriff arbeiten, auch wenn es keinen Gottesbeweis gibt.«[103] Man muss seinen Gottesbegriff nicht teilen. Aber man sollte sich vor dieser Suche des Herzens nicht drücken, denn es macht die Existenz des Gott liebenden Menschen aus. Die Frage:»Gibt es Gott?« erfordert nur eine kurze Bewegung der Lippen. Man sagt Ja oder Nein. Ganz anders ist es mit der Frage:»Wie ist Gott?« Diese Frage hat Kraft. Denn zu glauben heißt, mit dem eigenen Leben die Antwort auf das Wie zu geben.

Ein persönlicher Gott?

Ich gehe im Gleichnis vom verschlossenen Klang stillschweigend davon aus, dass Gott ein »persönlicher Gott« sei. Es ist die gleiche Selbstverständlichkeit, in der auch die Bibel davon spricht, dass Gott nicht nur existiert, sondern, dass er »eine Person« sei. Man könnte mit Recht sagen, die Hauptperson der Bibel ist Gott. Kann man denn im Ernst an Gott als einen persönlichen Gott glauben? Kann man von ihm sprechen, als sei er ein individuelles Wesen? Sollen wir uns denn etwa eine Person *neben anderen* Personen vorstellen, etwa eine überdimensionale Megaperson, ein Maximalindividuum hinter dem All?

Ein Psalm kann uns ein Anstoß in dieser Frage sein. Das Psalmwort sagt:»Der das Ohr gepflanzt hat, sollte der nicht hören? Der das Auge gemacht hat,« sollte der nicht sehen?« (94,9). Ich will im Sinne dieser Fragen weitersprechen:»Der den Menschen als Person erschaffen hat, sollte der nicht mindestens Person sein?« Ich bin überzeugt, dass Gott nicht weniger sein kann als das, was ich bin: handelnd, wirksam, wollend, denkend, fähig zu leiden und zu lieben. Gott ist die Liebe, die uns zu Personen macht. Vor allem darum ist er ein persönlicher Gott. Gott zu erkennen heißt darum, ihm ähnlicher zu werden – und das heißt, ein Liebender zu werden.[104] Damit ist nicht die Frage nach Gott selbst beantwortet, sondern nur die nach unserer Beziehung zu ihm. Von was sonst aber könnte man reden als davon, was Gott in seiner Beziehung zu einem Menschen ist? Martin Buber sagt:»Der Begriff der Personenhaftigkeit ist völlig außerstande, das Wesen Gottes zu deklarieren, aber es ist erlaubt und nötig zu sagen, Gott sei *auch* eine Person.«[105]

Auch wenn es niemals ausreichen kann, Gott als Person zu verstehen, so ist es doch unmöglich, von Gott zu denken, er sei weniger als das. Wenn ich darauf verzichte, ihn als Person zu verstehen, wird mein Glaube im selben Augenblick ohne Gott sein. Denn dieser Verzicht macht Gott zur Idee. Eine Idee kann höchstens »geliebt werden«, aber sie kann nicht selbst »lieben«. Sie muss ins Leben gedacht werden, aber sie hat kein Leben in sich selbst. Genau das aber sagt Jesus über Gott: »Er hat das Leben in sich selber« (Johannes 5,26).

In der biblischen Gotteserfahrung, die jedem Menschen zuteilwerden kann, begegnet uns etwas erschütternd Souveränes. Doch gerade das soll uns Mut machen, mit mehr zu rechnen als mit uns selbst, mit mehr als der eigenen Liebe und dem eigenen Leben, und auf Größeres zu vertrauen als auf unsere eigenen Ideen.

Wie also will ich mich der Frage stellen, ob Gott ein »persönlicher Gott« ist – ein Gott also, mit dem wir in Beziehung treten können; zu dem wir beten können, weil er es hört; den wir erfahren können, weil er handelt; auf den wir uns einlassen können, weil er uns liebt; auf den wir hören können, weil er spricht?

Wir können Gott niemals als eine Definition, sondern nur als eine Erfahrung fassen, nämlich als die Erfahrung, dass nur Gott selbst deutlich machen kann, wer Gott ist!

Ich bin überzeugt davon, dass Gott uns um unseres Bewusstseins willen der Sinn wird; um unserer Abgründigkeit willen der Heilige; um unserer Heimatlosigkeit willen der Liebende; um unserer Lieblosigkeit willen der Vergebende; um unserer Endlichkeit willen der Ewige; um unserer Empfänglichkeit willen Heiliger Geist. Ja, ich bin überzeugt davon, dass Gott um unseres Ichseins willen uns zum Du wird. Gott begegnet uns, er geht mit uns »von Herrlichkeit zu Herrlichkeit« und führt uns auch »durchs finstere Tal«. »Er weiß, was für ein Gebilde wir sind« (Psalm 103).

Wie die Saite, die der Cellist in seinem Konzert mit dem Bogen anstrich, im Cello Resonanz fand und das Cello der schwingenden Saite Ansprache, Klangfarbe, Widerstand, Tragfähigkeit und Strahlkraft gab – so gibt auch der Mensch Gott Ansprache, Klangfarbe, Widerstand, Tragfähigkeit und Strahlkraft in unserer Welt. Dass Gott in mir Resonanz findet, heißt Glauben. Es ist das Vertrauen, dass ich in diesem Leben als ein Klangkörper Gottes Sinn, Würde und Vollmacht haben werde – aller Unbegreiflichkeit, Widrigkeit und Ohnmacht zum Trotz. Darum glaube ich nicht an ein pantheistisches großes Etwas, sondern an das Du Gottes. Denn in meinem *Personsein* findet er Resonanz und offenbart sich mir darin als ein »persönlicher Gott«. Es ist ein gemeinsamer Klang. Darin ist alles zusammengefasst: Gott ist die Liebe, die uns zu Personen macht. Vor allem *darum* ist er ein persönlicher Gott. Etwas Unfassbares macht mich zur Person und damit zu einem Bilde Gottes: Es ist die Liebe. Sie allein atmet etwas vom Geist der Ewigkeit. Das ist mein Bekenntnis. Ich glaube an einen liebenden und darum auch leidenden Gott. Ich glaube an mich als Person und darum auch an einen persönlichen Gott.

Wer ein mutiges Herz hat, weiß sich auch im Leiden zu halten;
wenn aber der Mut daniederliegt, wer kann's tragen?«
Sprüche Salomos 18,14

Das Nacharbeiten der Geige 8
Von den Schmerzen und Krisen des Glaubens

Es wäre absurd, den »Klang des Glaubens« als wahr und erleuchtend
zu beschreiben, Dunkelheiten und Krisen aber auszuklammern. Ich
will von meinem Umgang mit schmerzhaften Erfahrungen schreiben,
die in mein Leben hereingebrochen sind und den Glauben erschüttert
haben. Das Gleichnis wird darin verborgen sein. Doch vorweg ein Angriff:

Der egozentrische Zweifel

Nicht selten habe ich mich gefragt und gewundert, mit welchem Recht
wir meinen, verschont zu bleiben, wenn wir sehen, was in unserer Welt
geschieht. Haben wir etwa eine glaubensvolle Sonderrolle, die es uns
erlaubt, unser Leben von Schlägen und Nöten, Anfechtungen und Krisen keimfrei zu halten? Sind wir Lieblinge Gottes, nur weil uns die
Gnade vergönnt ist, an ihn zu glauben? Ist Gott denn nicht da, wo
Krisen einbrechen? Will ich die Augen verschließen und am eigenen
Glauben festhalten, solange es *mich selbst* nicht trifft, Gott aber loslassen in der eigenen Not? Warum ließ ich ihn nicht in der fremden Not
schon los? War die fremde Not denn kein Grund, an Gott zu zweifeln?
Gebe ich dem Zweifel denn erst dann das Recht, meinen Glauben zu

erschüttern, wenn es *mich selbst* betrifft? Ist das nicht im Grunde ein recht bornierter Glaube, dessen verborgenes Seelenbekenntnis lautet: »Gott ist gut, wenn es mir gut geht. Geht es mir aber schlecht, dann hat Gott mich verlassen, oder schlimmer noch: Es gibt ihn nicht!« Warum, um Gottes willen, gab es ihn denn zuvor, als es mir selber gut, anderen Menschen aber schlecht ging?

Ich habe mich oft gefragt, warum uns *die fremde* Not nicht zweifeln lässt und ob es wirklich ein Zeichen reifen Glaubens ist, erst in der eigenen Not mit Gott zu hadern. Ja, gebietet es nicht die Würde des reifen Daseins, dass ich in der *eigenen* Not meinen Glauben im Vertrauen befestige und in einem heiligen Trotz das innere Segel im Sturm nicht flattern lasse? In der *eigenen* Not will ich Vertrauen lernen, will lernen, meine Seele zu führen; in der *fremden* Not will ich kämpfen lernen, will mit Gott ringen und dem Nächsten Trost, Hilfe und Linderung sein! Denn wir sind einander anvertraut, und wir werden darin geprüft.

Was ich also gleich zu Anfang fragen will: Ist die Krisenfestigkeit eines Glaubens, wenn sie darauf beruht, dass *mir selbst* bisher nichts zugestoßen ist, nicht kindisch und klein? Solch ein im eigenen Glück verklemmter Glaube beruht im Grunde auf Ignoranz, Selbstsucht und Angst. Es ist kein Glaube, der offen und ehrlich in die eigene und fremde Welt blickt, um wahrzunehmen, was dem Leben geschieht; es ist kein Glaube, der bereit wäre, nach der Wahrheit Gottes zu fragen und glühend ihn zu suchen; es ist kein Glaube angesichts der Welt!

Wenn Gott uns als sein Gegenüber ernst nimmt, und wenn er glaubt, es sei recht, uns nach unserem Leben zu befragen, dann weiß ich: Es wird auch recht sein, dass ich *ihn* befrage. Wenn er so weit geht, mir in meiner Winzigkeit klarzumachen, dass ich nicht sein Berater bin, dann will ich ihm in seiner Größe klar machen, wie befremdlich seine Verborgenheit bisweilen war; wie unbegreiflich sein Schweigen, wie unerträglich die Unklarheit, in der er uns in vielem ließ. »Wo warst du, als ich die Erde gründete? Sag es denn, wenn du Bescheid weißt!«, fragt er Hiob (38,4). Da will ich ihm ins Angesicht rufen:»Nie habe ich behauptet, klug zu sein! Warum redest du so? Wenn du mich fragst, dann will ich auch darin dir zum Angesicht geschaffen sein, dass auch ich dich einmal fragen darf: Wo warst du? Wo warst du, als es mir nicht gelang, den Sinn zu ergründen? Wo warst du angesichts des Unergründlichen? Warum hast du geschwiegen? Und warum dich so schmerzhaft verborgen gehalten?« Ich bin davon überzeugt, dass mir dereinst das Recht nicht verwehrt sein wird, Gott zu fragen. Ich werde mich nicht wegducken, denn ich weiß, wie ich Gott in allem suchte und in welchem Schmerz er heute meinem Geist Antworten schuldig bleibt.

»Gott! In deiner Haut möchte ich nicht stecken!« – das war das letzte Gebet einer Frau, bevor ihr Glaube im Innern zerbrach, als sie die Bilder unschuldig verhungernder Kinder sah; ein Aufschrei des Glaubens, den ich nachvollziehen kann; ein Zerbrechen, das im Leben dieser Frau Jahre später neu in Glauben verwandelt wurde, doch nicht durch Antworten, sondern durch einen Trost angesichts des nun *am eigenen Leib* erfahrenen Leides. Wenn wir nicht schleichend verstummen, sondern uns aufbäumen gegen Gott; wenn wir ihm unseren hilflosen Glauben entgegenschreien, dann werden wir auch aufrecht vor ihm stehen dürfen und all das fragen, was heute keine Antwort finden kann und dereinst keine Antwort mehr verlangen wird – denn wir werden vor ihm stehen und werden ihn sehen. Wir werden in seinen Trost hineingerettet werden und werden erfahren, was es heißt, einem Gott zu begegnen, der unendlich mehr als wir selbst wissen wird, was Tränen sind. »Er wird abwischen all unsere Tränen von unseren Augen«, so sagt es das Buch der Offenbarung über diesen sanften und hellen Übergang vom Leid des Heute in das Morgen einer neuen Welt (vgl. Offenbarung 7,17 und 21,4). Denn die Tränen sind ihm nicht fremd. Das ist mit dem Wort gemeint, das besagt, Gott habe zwei Herzkammern, eine äußere und eine innere. »In der inneren verbirgt er seinen Schmerz und sein Weinen.«

Das Feuer

Die stärkste Erschütterung, die ich erlebte, kam, als ich achtzehn Jahre alt war. Es war am 9. Januar 1984. Ich war im zweiten Lehrjahr an der Geigenbauschule in Mittenwald und wohnte in einem der ältesten Häuser Mittenwalds, im historischen Untermarkt. In diesem gut dreihundert Jahre alten, großen, fassadenbemalten Haus waren lauter einzelne Zimmer vermietet, und man teilte sich mit den anderen Bewohnern eines jeden Stockwerks den Waschraum. An jenem Nachmittag traf ich mich mit zwei Mitschülern, Eckhard und Guido, zum Kaffeetrinken in meinem Zimmer. Ich hatte kurz zuvor eine moderne Designerkaffeemaschine geschenkt bekommen, bei der – ähnlich den bekannten Fonduegeräten – unten eine Spiritusflamme brennt. Diese erlosch, und der Spiritus musste nachgefüllt werden. Ich nahm die Spiritusflasche und näherte mich unachtsam und unwissend dem offenbar noch glimmenden Brenner. Da kam es zu einer explosionsartigen Verpuffung. Aus der Spiritusflasche, die ich in Händen hielt, schoss mit einer gewaltigen Wucht und einem lauten Rauschen eine etwa drei Meter lange und gut einen halben Meter breite Flamme. Sofort stand das Zimmer in Flammen. Ich merkte nicht, dass die beiden Jungen, die mir gegenübersaßen, durch die Flamme verletzt worden waren. Sie rannten aus dem Zimmer. Die Zimmerdecke mit ihren Styropordämmkacheln brannte, das Bett brannte. Ich stürzte zum Waschbecken, füllte eine Wanne mit Wasser und warf sie in Panik (und das Vaterunser aus mir herausschreiend) gegen die brennende Zimmerdecke. Dass das Zimmer mit einem Schlag gelöscht war und nur noch qualmte und dass es sonderbar war, wie ich das Feuer hatte löschen können, nahm ich in der Panik nicht wahr.

Minuten später vernahm mich die Kriminalpolizei. Ich hörte, dass die Jungen schwer verletzt waren, und war verzweifelt, dass ich dies alles verschuldet hatte. Ich konnte es vom ersten Moment an nicht akzeptieren, dass ich schuldig geworden, selbst aber völlig unverletzt geblieben war. Eine Zimmernachbarin hatte, wie ich erfuhr, sofort einen

Krankenwagen gerufen. Die Jungen waren schwer verletzt nach draußen in die Kälte gelaufen und nun im Krankenwagen in Richtung Garmisch. Ein Notarztwagen fuhr ihnen von dort entgegen und übernahm sie auf halber Strecke, denn unterwegs ergaben sich Komplikationen. Guido erlitt eine Lungenembolie. Im Kreiskrankenhaus Garmisch nahmen sie die Jungen gar nicht erst an, sondern schickten den Notarztwagen sofort in die Unfallklinik Murnau weiter. Es war ein glücklicher Umstand, dass es in Deutschland damals zwei speziell ausgestattete Brandverletzten-Intensivstationen gab, eine in Ludwigshafen, die andere in Murnau. So lagen die Mitschüler dort bereits eine Stunde später und wurden behandelt.

Wie kritisch die Situation anfangs war, wusste nur mein Vater, denn die Ärzte hatten ihn aufgrund seines Titels für einen Kollegen gehalten und ihm am Telefon Einzelheiten über die ernsten Komplikationen mitgeteilt, die eingetreten waren. Bei einem der Mitschüler war anfangs nicht klar, ob er überleben würde; bei dem anderen war nicht klar, ob er erblinden würde. Es ist im Nachhinein für mich wie ein zweites Wunder, dass Guido und Eckhard gesund wurden und keine bleibenden Schäden oder Entstellungen erlitten haben.

Eine Zimmernachbarin hatte am Abend nach dem Unfall meine Eltern informiert, dass sie mich für akut selbstmordgefährdet hielt. Das stimmte wohl nicht, denn ich hätte in diesen ersten Tagen kaum die Kraft dazu gehabt. Aber woran ich mich erinnere, ist, dass ich nichts stärker gewünscht hatte, als nie geboren worden zu sein. Dieser vernichtende Wunsch hat sich mir damals tief eingebrannt. Immer wieder sprach ich es in mich hinein. Meine Eltern nahmen die Mahnung meiner Nachbarin ernst, und so holte mein Vater mich aus Mittenwald nach Hause. Ich unterbrach die Geigenbauschule für einige Zeit, und mein Vater beschäftigte mich die nächsten Tage mit handwerklichen Aufgaben am Haus. Als ich zu Hause ankam, ging ich sofort zu meinem Freund Steffen.

Bevor ich aber weitererzähle, muss ich etwas über diese Freundschaft sagen, denn sie erwies sich in dieser Krise als überlebenswichtig.

Der Freund

Die Jahre unserer Jugendzeit hatten Steffen und mich eng miteinander verbunden. Es war eigentlich keine Gemeinde, eher eine Jugendbewegung, die wie aus dem Nichts in dem bei Heilbronn gelegenen Städtchen Beilstein entstanden war. Wir waren von einer leidenschaftlichen Liebe zu Jesus getrieben. Was uns geprägt hatte, waren all die Jugendtreffen, die Straßenmusik, die Kompositionen, Proben und Konzerte unserer christlichen Band. Mein Bruder Michael spielte damals Schlagzeug, Bernd Bass, Steffen und ich E-Gitarre. Meine Eltern bewiesen dabei ein erstaunliches Maß an Toleranz, denn die Proben fanden im Keller unseres Hauses statt, das durch den Schalldruck der Verstärker drei Mal wöchentlich von den Grundfesten her erschüttert wurde. Ein mantrahafter Satz meines Vaters, wenn auch im zweiten Stock an Arbeiten nicht mehr zu denken war: »Ich wage zu behaupten, es geht auch leiser!« Den Röhrenverstärker hatte ich an freien Nachmittagen gemeinsam mit unserem Physiklehrer Höhnberg gebaut – ein Genie, dessen Elektronik-Leidenschaft ich teilte. Wir hatten unserer Rockband den Namen *Aufbruch* gegeben, und eben das war sicher auch das Lebensgefühl unserer ganzen Jugendzeit. Wir schrieben unsere eigenen Lieder, gaben fromme Konzerte in linken Jugendhäusern und spielten immer wieder – dann aber mit unseren akustischen Instrumenten und größerer Besetzung – in der Fußgängerzone Heilbronns und manchmal auch in anderen Städten.

Viele Jugendliche schlossen sich damals dieser Jesusbewegung in unserm kleinen Ort Beilstein an. Auf dem Waldspielplatz des Wartkopf machten wir von Zeit zu Zeit Grillfeuer, backten Stockbrot und beglückten einander mit (exegetisch vermutlich höchst fragwürdigen) Bibelandachten. Zumindest für diejenigen, die sich darauf vorbereitet hatten, war es spannend. Ältere, die uns in all diesen Dingen angeleitet hätten, gab es kaum. Ohnehin waren die Entdeckungen, die wir als Jugendliche in der Bibel machten, wohl die einzige Autorität, die wir anzuerkennen bereit gewesen wären.

Es gab Zeiten, da gingen wir sonntags alle nach Schwäbisch Hall, um im Jugendgefängnis mit den jugendlichen Insassen Gottesdienste zu feiern. Einer der Freunde war vermutlich auf die Stelle im Matthäusevangelium (Kapitel 25) gestoßen und über das Wort erschrocken, wo es heißt: »Ich bin krank gewesen und ihr habt mich besucht. Ich bin im Gefängnis gewesen und ihr seid zu mir gekommen ...« Das Gefängnis war nicht weit, so konnten wir das Wort in die Tat umsetzen. Überhaupt bestand der ganze Reiz darin, die Dinge ernst zu nehmen und auszuprobieren, die wir in der Bibel lasen. Es war das Lebensgefühl: Jesus ist uns nah, und wir sind seine Jünger.

Prägend waren auch die ausgedehnten Spaziergänge durch die Beilsteiner Weinberge gewesen – vor allem mit Steffen –, wo wir Glaubensfragen besprachen, die uns bewegten, Erfahrungen teilten, von Entdeckungen erzählten und um Antworten rangen. Dieses starke jugendliche Ringen mit meinen Freunden war ein Gegengewicht zu den Diskussionen in meinem Elternhaus. Seit ich zwei, drei Jahre zuvor als Dreizehnjähriger durch ein Jugendcamp auf der Isle of Arran in Schottland Feuer für Jesus gefangen hatte – ich war der einzige Deutsche unter gut achtzig schottischen Jungen gewesen –, verging zu Hause kaum ein Mittagessen ohne Streitgespräche. Ich fühlte mich in meinen Überzeugungen zerlegt, etwa wenn mein Vater, der mir als Professor argumentativ weit überlegen war, wissen wollte, wie man angesichts all der unterschiedlichen Religionen und Weltanschauungen eigentlich von Wahrheit sprechen könne, oder warum ich in Anbetracht all des Leides, das in der Welt geschieht, an einen »lieben Gott« glauben könne. Mein Vater war in jungen Jahren gläubig gewesen und ist es heute wieder. Doch was im Dritten Reich dem »Volk Gottes« geschehen war, hatte ihn vom Glauben an Gott abgebracht. Es war einer der Gründe, die er mir damals nannte. Auf meine Frage, was er denn glaube, antwortete er mir einmal, er sei Nihilist. Was das war, wusste ich mit dreizehn Jahren nicht.

Meist zog ich mich nach diesen bis ins Mark schneidenden Diskussionen – oft den Tränen nah – mit meiner Bibel in mein Zimmer zurück. Eine schottische Studentin aus Köln, die ich nicht persönlich kannte, hatte mir diese kleine rote Bibel geschickt. Malcolm, einer ihrer schottischen Freunde, der für mich auf jener Freizeit entscheidend wichtig gewesen war, hatte ihr von mir erzählt. So schickte sie mir nun diese Bibel »in heutigem Deutsch«, dazu ein paar Zeilen. Vorn hatte sie als Segensspruch einen Vers aus dem achten Kapitel des Römerbriefs hineingeschrieben, der bis heute über meinem Leben steht. Ich begann damals mit dem Römerbrief, zündete in meinem Zimmer stets eine Kerze vor mir an, setzte mich und las. Immer wieder empfand ich dabei so etwas wie eine heilige Nähe – als stehe Jesus unmittelbar hinter mir, lege seine Hand auf die Schulter dieses dreizehnjährigen Gottessuchers und erläutere mir die Texte, während ich sie las. Das wirkte sich auch auf die Gespräche mit meinem Vater aus.

In dieser Anfangszeit kannte ich noch keine Christen am Ort. Je mehr ich in diesen Jahren las, desto mehr zog mich die Wahrheit, Fremdheit und Schönheit der Texte in ihren Bann. Sie wurden »meine erste Gemeinde« und sind es bis heute. Als ich fünfzehn, sechzehn Jahre alt war, gab es Tage, an denen ich viele Stunden lang in den Schriften der Bibel geradezu verschwand – nicht weil ich mich verpflichtet gefühlt hätte, sie zu lesen, sondern schlicht weil ich nicht mehr aufhören konnte! So wurde die Bibel zu meiner seelischen Heimat.

Als Jugendlicher war ich selten oder nie ohne eine Bibel in der ausgefransten Hosentasche unterwegs. Es war ein Schatz, den ich bei mir trug und in den ich mich vertiefte – sei es in den Beilsteiner Weinbergen, beim Trampen, im Wartezimmer, am Bahnsteig, wo immer ich auch war. Da entstand im äußeren Trubel oft ein unsichtbares Zelt, in dem ich saß und las; es war wie eine heilige Nähe und gewaltige Ruhe, wenn ich merkte, dass Gott zu mir sprach und ich anfing, Dinge zu erkennen. Manche Texte (vor allem aus Jesaja und dem Johannesevangelium) kannte ich bald auswendig – nicht weil ich sie hätte lernen wollen, sondern weil ich sie so oft gelesen hatte. In all diesen Dingen des Glaubens war ich mit Steffen gemeinsam auf dem Weg. Er teilte meine Leidenschaft.

Wenn wir uns (auch mit anderen Freunden) trafen, gaben wir einander an den Sachen Anteil, die uns umtrieben. Es war über all die Jahre hinweg ein bleibendes, gemeinsames, jugendliches Lernen und Fragen: Was hast du entdeckt? Was hast du erlebt? Über was bist du gestolpert? Wo ist Gott mit dir unterwegs, und woran merkst du es? Wir waren gespannt aufeinander, hatten natürlich auch erheblichen Ehrgeiz, wollten uns miteinander messen und ausprobieren, was wir selbst zu geben und beizutragen hatten.

Später dann, während meiner Zivildienstzeit, hatte ich ganz selbstverständlich kein eigenes Geld, sondern ein gemeinsames Konto mit Steffen. Wir waren auf die Stelle in der Apostelgeschichte gestoßen, an der es heißt: »Sie teilten alles untereinander, je nachdem es einer nötig hatte« (Apostelgeschichte 2,45). Jeder zahlte ein, was er hatte, und hob ab, was er brauchte. Steffen wurde dann später Pfarrer, ich Geigenbauer.

Nun aber – er noch in der Oberstufe des Beilsteiner Gymnasiums, ich bereits seit zwei Jahren Lehrling in Mittenwald – war mit dem Feuer und dessen Folgen eine wirkliche Katastrophe in mein Leben eingebrochen. Es war der erste gewaltige Schlag und ich hatte fürchterliche Angst um die beiden Jungen, die nun auf der Intensivstation in Murnau lagen.

Mein Vater hatte mich, wie gesagt, tags drauf in Mittenwald abgeholt und nach Hause gebracht. Steffen hatte von allem natürlich bereits erfahren. Ich suchte ihn auf. Ohne viele Worte nahm er seine Gitarre, und wir fuhren über Nacht an eine uns sehr vertraute Stelle im Wald. Was er dann über all das sagte, entzündete in mir eine starke Gewissheit, es war, als ob es Gottes Worte seien. Wir spürten, wie sehr auch Gott an dieser Situation litt und dass er auf der Intensivstation bei den Jungen gegenwärtig war. Ich habe solche Stunden nicht mehr erlebt. Mein *eigener* Glaube war nicht mehr da, es war nichts Eigenes mehr abrufbar. Doch als wir mit der Gitarre im Wald waren und für die Jungen beteten und sie segneten, war für mich die Gegenwart Gottes in einer Intensität und Nähe spürbar, wie ich es nie mehr erlebt habe. Beides war extrem und dennoch berührte es sich nicht: Die völlige

Verzweiflung und der Lobpreis Gottes; die Angst und die Gewissheit; der zerbrochene Glaube und die Gegenwart Gottes. Es ist menschlich in dieser Situation nicht verständlich, aber wir erlebten diese Gottesgegenwart und Gewissheit so stark und leuchtend, dass wir begannen, Loblieder zu singen. Natürlich ist das vollkommen absurd und würde einem niemals in den Sinn kommen. Doch neben der Angst und inneren Zerstörtheit war auch eine Gottesnähe da, die aus uns selbst nicht zu erklären war. Es war wie eine heilige Gegenwart. Wir wussten, dass Heilung geschehen würde. Auf eine andere Art war ich gleichzeitig völlig zerbrochen. Die innere Zerstörtheit und die starke Gewissheit löschten sich gegenseitig nicht aus.

Meine Mutter hatte während dieser Tage Angst um meinen Glauben, denn sie fragte sich, was sein würde, wenn die Gewissheit trügen sollte. Ich kannte die violett gefärbten Brandverletzungen und hatte entsetzliche Angst, dass die beiden Mitschüler diese würden tragen müssen. Dass keine bleibenden Schäden und keine entstellenden Verletzungen zurückblieben, ist für mich wie ein Wunder. In diesen Tagen erhielt die Klinik – wie der Chefarzt meinem Vater mitteilte – ein neues medizinisches Präparat, das dort nie zuvor erprobt worden war, und es schlug in einer kaum vorhersehbaren Weise positiv an.

Bereits auf der Intensivstation hatte Eckhard sich nach mir erkundigt und gebeten, ich solle ihn anrufen. Das Telefonat war eine nicht mit Worten zu beschreibende Entlastung. Eckhard sagte, er habe sich bereits, als er im Notarztwagen lag, gefragt, was nun wohl mit mir sei und dass er es so ansehe, als ob ich nicht beteiligt gewesen sei – als sei es ein Unfall gewesen. In diesen Momenten merkte ich, wie existenziell notwendig es ist, dass man aus der Vergebung leben kann. Ich bat ihn, auch mit Guido zu sprechen. Am nächsten Tag teilte Eckhard mir mit, Guido habe sinngemäß gesagt, ich sei halt ein Depp. Das war seine Art, mir Vergebung zuzusprechen, und ohne das wäre die Situation nicht zu ertragen gewesen. Denn mit jeder Woche, die sie länger in der Klinik bleiben mussten (und es war lang!), wurde die Bedrückung stärker, da ich merkte, wie schlimm alles tatsächlich war.

Eines wusste ich von Anfang an in einer selten scharfen Klarheit: Wenn ich in dieser Situation die Frage nach dem Warum stellen würde, würde ich mich am Ende umbringen, denn ich wusste, die Frage nach dem Warum führt unmittelbar zum Tod. Der Tod ist die konsequente Antwort, weil das Leben dieser Frage die Antwort verweigert. Mir war klar, dass ich die Frage nicht stellen durfte, und ich tat es auch nicht. Die Schülerschaft der Geigenbauschule war von der ganzen Sache stark betroffen. Die Mitschüler – auch solche, die ich kaum kannte – wuchsen während dieser Wochen über sich hinaus. Da war eine Menschlichkeit, Wachheit, Nähe, Hilfe und Freundschaft wie nie zuvor. Dennoch waren die Monate nach der Explosion eine furchtbare Zeit. Es war wie ein ständiges Verletztwerden, denn immer wieder brach völlig unerwartet mitten im Alltag das Bild von der Explosion und dem brennenden Zimmer vor meinen Augen auf, und von einem Moment zum andern befand ich mich wieder in einem Schockzustand, in panischer Angst.

Doch dann erlebte ich fast jedes Mal etwas Erstaunliches. Immer wenn das Feuer vor mir ausbrach, entstand zugleich auch ein anderes Bild, das das Feuer verblassen ließ. Es war so real wie eine eigene Erinnerung. Ich sah, ohne es zu wollen, das Bild einer Geschichte, die das Matthäusevangelium erzählt. Es war immer das gleiche, und ich musste nichts dazu tun; es war ebenso stark wie der Eindruck des Feuers:

»Als er den starken Wind sah, erschrak er und begann zu sinken und schrie: Herr, hilf mir! Jesus aber streckte sogleich die Hand aus und ergriff ihn. Und sie traten in das Boot und der Wind legte sich« (Matthäus 14,30–32).

Als hätte ich es selbst erlebt, so war diese Szene in mir. Ich sah die Hand, die mich ergriff, und es war ähnlich leuchtend und mächtig wie das Feuer. Die eine Szene wurde stets durch die andere ersetzt – als hätte ich *beides* erlebt.

Wochen später erhielt ich einen Strafbefehl wegen schwerer fahrlässiger Körperverletzung. Meine Eltern legten Widerspruch ein, denn ich wäre damit vorbestraft gewesen. So kam es zur Gerichtsverhandlung. Auch das war eine erstaunliche Erfahrung. Ich erzählte von der Zeit nach dem Unfall, von den Gesprächen mit den Jungen, von den Dingen, die mir wichtig waren, auch von der Vergebung, die ich erfahren hatte. Mein Rechtsanwalt hatte die ganze Zeit über kein Wort gesagt, dann stand am Ende der Staatsanwalt (!) auf und beantragte »angesichts dessen, was er gehört habe«, die Einstellung des Verfahrens. Der Strafbefehl wurde in ein Bußgeld umgewandelt, und man ließ mich sogar den Wunsch äußern, wofür es eingesetzt werden solle. Diese Wochen und Monate waren im Guten wie im Schlimmen wie nichts zuvor. Erst viel später merkte ich, welch tiefe Spuren das alles in mir hinterlassen hatte.

Das erhobene Schwert

Die Selbstverfluchungen, die ich im Schockzustand die Tage nach der Explosion unentwegt über mir ausgesprochen hatte, begleiteten mich noch gut zehn Jahre. Ich wusste nichts davon, aber in einer anderen krisenhaften Situation wurde es auf einmal deutlich.

Seit ich Mitte zwanzig bin, habe ich immer wieder starke Migräneanfälle, die mitunter von ekelhaften Seh- und Sprachstörungen begleitet sind. An einem Tag – es waren etwa zehn Jahre seit jener Explosion und dem Zimmerbrand vergangen – wurde es schlimmer als sonst. Ein Freund, der bei mir war, sagte, er neige nicht dazu, die Dinge zu dramatisieren, aber es scheine ihm doch, als sei hier noch mehr im Spiel. Er riet mir, das einmal mit einem Seelsorger zu besprechen.

Ich fühlte eine zentnerschwere Last und brach, als ich allein war, regelrecht zusammen – nicht wegen der Kopfschmerzen, sondern wegen dieser gewaltigen Last, die ich wohl seit Jahren schon auf meiner Schulter hatte. Als ich so dalag und vor innerer Erschöpfung auch nicht mehr aufstehen konnte, fing ich an zu beten und war erstaunt, dass ich Gott nicht als »Vater«, sondern als »Mutter« anrief. Das hatte ich noch nie getan. Natürlich kannte ich das Wort aus dem Buch Jesaja, in dem Gott spricht: »Ich will euch trösten, wie einen seine Mutter tröstet« (66,13), aber ich wäre nicht auf die Idee gekommen, Gott so anzurufen.[106] Die folgenden Stunden blieb ich kraftlos liegen und spürte eine unendlich sanfte, kraftvolle und tröstende Nähe. Ich merkte, dass Gott vieles mit mir sprach und gegenwärtig war. Da bestätigte sich, was jener Freund gesagt hatte, er habe den Eindruck, es sei noch mehr im Spiel. Während ich erschöpft dalag, sah ich – zehn Jahre später! – auf einmal wieder das Feuer, jenen rauschenden Feuerstrahl und das brennende Zimmer. Diesmal aber ohne jede Panik. Doch ich wurde an all die inneren Anklagen und Selbstverfluchungen erinnert, die ich damals über mir ausgesprochen hatte, diese entsetzliche Härte mit mir selbst.

Mit Walter, meinem damaligen Seelsorger, einem Pfarrer unserer Gemeinde, war ich sehr vertraut. Er war erstaunt, dass ich mit ihm nie zuvor über diesen Unfall gesprochen hatte, denn wir kannten uns schon lang. Ich erinnere mich nicht an alle Details unseres Gespräches, aber es war ein Weg der inneren Heilung, der wohl über zwei, drei Stunden dauerte. Immer wieder besprachen wir Dinge und hielten inne. Es war ein gemeinsames inneres Hören und Beten. Wir gingen Schritt für Schritt die Erfahrungen durch, auch jene innere Anklage, die es zu widerrufen galt. Manche inneren Bilder und Worte dieses Gebetsweges sind mir unvergesslich geblieben. Walter tat nicht viel, außer dass er auf diese Dinge hörte, mein Gebet begleitete und empfahl, welche Schritte wir gehen sollten.

Während eines solchen inneren Bildes sah ich die Gestalt Jesu. Es war ein Anblick, der bedrohlich und äußerst bedrückend war. Er trug ein leuchtendes Gewand und hatte in seiner Rechten ein im gleißenden Licht blendendes, scharfes Schwert, das er vor mir erhob, als wolle er mich erschlagen. Da blieb dieser innere Film auf einmal stehen, wurde zu einem Standbild, wie ein Dia, und ich hörte die Frage: »Was werde ich tun?«

So wurde ich gemeinsam mit Walter still über dieser Frage. Das erhobene Schwert passte ausgezeichnet zu dem Grundgefühl der inneren Anklage, in dem ich seit Jahren lebte. Da war etwas Bedrohliches und Unerbittliches gewesen. Als Antwort sprach ich aus, was ich von Jesus wusste, seine Demut und Sanftmut, in der er sprach, dass wir in seiner Nähe Ruhe finden werden für unsere Seelen. Er sprach von einem »sanften Joch« (Matthäus 11,30). Als ich dies ausgesprochen hatte, wurde das Standbild wieder lebendig wie ein Film, der weiterlief, und ich sah Jesus mit dem Schwert, das er erhoben hatte, langsam meine linke Schulter berühren, wie ein König es tut, der jemanden zum Ritter schlägt. Das also war der Sinn des erhobenen Schwertes gewesen! Ich begriff, dass ich in all meinem Ungenügen darauf zu antworten habe, für wen ich Jesus halte, und ich begriff, dass ich durch den Glauben an seine sanfte und demütige Herrschaft eine »Adelswürde« empfangen hatte. Dafür stand der Ritterschlag.

Die darauffolgenden Tage fühlte ich mich wie nach einer schweren Operation. Ich war geschwächt, merkte aber, wie die Dinge heilten. Sicher habe ich mich nicht völlig verändert, aber es begann doch ein anderes Lebensgefühl. Noch immer neige ich viel eher zur Schwermut als zur Unbekümmertheit – es ist eine Frage der Veranlagung, und es hat ja auch sein Gutes. Eine ältere Bekannte sagte mir einmal: »Wie kannst du ein ›dickes Fell‹ haben wollen? Meinst du, du wärst dann noch immer so empfänglich und so kreativ? Es ist schon gut so, wie du bist.« Man kann tatsächlich nicht alles sein und alles haben. Ein alter Glaubenshymnus ruft den Heiligen Geist mit den Worten an:

Komm, o du glückselig Licht,
fülle Herz und Angesicht,
dring bis auf der Seele Grund.
Ohne dein lebendig Wehn
kann im Menschen nichts bestehn,
kann nichts heil sein noch gesund.[107]

Schmerzen

Die meisten Krisen sind von körperlichen oder seelischen Schmerzen begleitet. Was haben Schmerzen mit dem Glauben zu tun? Solange wir in dieser Welt leben, leiden wir Schmerzen und sollten in ihnen die Berufung sehen, dass unsere Sehnsucht nach Stimmigkeit nicht erlischt. Wir werden in diesem Leben nicht schmerzfrei sein. Aber durch die Schmerzen wird doch die Sehnsucht wachgehalten, uns mit allen Kräften in einer guten »Intonation« unserer Gegenwart zu üben.

Vielleicht kann die Intonation, also die Stimmung eines Musikinstrumentes, hierfür ein Gleichnis sein: Es tut weh, wenn ein Gitarrist seine Gitarre nicht gestimmt hat und dennoch zu spielen beginnt. Doch dieser Schmerz ist nicht böse, er ist ein Signal dafür, dass etwas nicht stimmig ist. Im Schmerz ist der unbestechliche Drang, das Falsche zu korrigieren. Darum sollten wir im Schmerz die unbestechliche Sehnsucht nach Stimmigkeit sehen. Welche »innere Musik«, welchen unerträglichen Zustand hätte unsere Welt, wenn wir von dieser Sehnsucht nichts wüssten! Wie aber kann eine Sehnsucht je ohne eine Form des Schmerzes sein? Der Verlust der Stimmigkeit ist der Anfang des Schmerzes (vgl. 1. Buch Mose/Genesis 3,16–17) und die Wiederherstellung der Stimmigkeit steht für dessen Ende (vgl. Offenbarung 21,4).

Je älter man wird, desto notwendiger wird die geistliche Aufgabe sein, die Beziehung zu den eigenen Schmerzen zu klären. Ich möchte ein persönliches Beispiel erzählen: Die Schmerzen in den Bandscheiben des Lendenbereichs können einen völlig unvorbereitet wie ein Blitzeinschlag erwischen. Einmal war es an der Bandsäge im Maschinenraum. Da zog mir beim Sägen des Holzes der blitzhafte Schmerz die Beine weg, und ich konnte mich nur langsam mit den Armen am seitlichen Tisch wieder hochziehen. Die Spritze des Orthopäden hat den Schmerz gelindert; die anschließenden Osteopathiestunden waren ein großer Segen. In solchen wochenlangen Zeiten der Schmerzen erlebe ich mich im reflexartigen Beten: »Mein Gott, diese Rückenschmerzen!«

Einmal jedoch mischte sich da ein Gedanke ein: Wie stelle ich mir das eigentlich vor? Soll auf mein Gebet hin jeder Schmerz beendet sein, als sei das Gebet ein magischer Schalter, den man nur umlegen muss? Könnte ich damit denn umgehen? Wie würde mein Leben aufs Grässlichste entstellt, hätte ich einen Gott, der mir in allem zu Willen geht!

Auch wenn nicht jeder Schmerz aus einem Fehlverhalten folgt, kenne ich doch den Fanatismus des Geigenbauers allzu gut in mir: Wäre mein Körper »grenzenlos« und ohne Schmerzen – ich würde mich und meine Zeit ausnutzen. Ausbeuten! Ist mein Rückenschmerz nicht ein Signal dafür, behutsamer zu sein, mich zurückzunehmen, auf mich zu achten? Lade ich mir mit den angeblichen Sachzwängen nicht zu viel auf und merke die Belastung erst an den Schmerzen? Will ich weitermachen wie gehabt und Gott als einen Heilungsdiener befehligen, der die Symptome verschwinden lässt, mich und alles Falsche ansonsten aber ganz beim Alten belässt?

Nicht jeder Schmerz ist selbstverschuldet, aber ich will jedem Schmerz aktiv begegnen. Anstatt über Phasen schlafloser Nächte zu hadern, kann ich Menschen, deren Not ich kenne, in diesen langen nächtlichen Zeiten Gott anbefehlen und sie durch mein Gebet stärken. Ich will, so gut es geht, mir Gutes tun, aber wenn Mangel und Schmerzen dennoch kommen, will ich lernen, sie als eine extreme Form des Gebets zu akzeptieren. Zumindest eine Erinnerung sollen sie sein: Sie können mich in die Fürbitte für Menschen führen, um deren Not ich weiß. So werden Schmerzen nicht aufgehoben, sondern verwandelt, und meine Seele wird trotz der Schmerzen zum Himmel erhoben.

Auch das Vorbild des Apostels Paulus zeigt mir diese sonderbare Art, mit dem Schmerz umzugehen: »Ich möchte Christus gewinnen und ihn erkennen und die Kraft seiner Auferstehung und die Gemeinschaft seiner Leiden« (Philipperbrief 3,9f). Schmerzen sind keine Form der Frömmigkeit, aber der Umgang mit ihnen darf uns stolz machen, dass wir Wege der Reife gehen und uns ihnen nicht resigniert ergeben.

Bedrohung

Als ich mich im Jahr 1996 mit meiner eigenen Werkstatt selbstständig machte, begann in mehrfacher Hinsicht eine fürchterliche Zeit. Wir hatten den Eindruck, gleichzeitig an allen Fronten existenziellen Bedrohungen ausgesetzt zu sein. Ich hätte diese Zeit seelisch wohl kaum überlebt, hätte ich nicht Monate zuvor so etwas wie eine Berufungsgeschichte erlebt. Dazu später.

Während der Phase meiner Werkstattgründung – unser erster Sohn war gerade drei Jahre alt – wurde bei meiner Frau eine bedrohliche Krankheit diagnostiziert. Von heute auf morgen wurde uns mitgeteilt, dass sie – sollte es sich bestätigen – möglicherweise nur noch einige Wochen zu leben habe. Eine befreundete Ärztin sagte uns, sie habe weiche Knie bekommen, als sie den Befund gelesen habe. Es war ein gewaltiger Schock und damit begann eine Odyssee der Untersuchungen und der ständigen Unsicherheit. Ich möchte die Zeit nicht näher beschreiben. An konzentriertes Arbeiten war nicht zu denken, es war eine Zeit der Angst, der Schutzlosigkeit und völligen Verunsicherung. Immer wieder sah ich mich innerlich schon am Grab meiner Frau stehen und machte mir Gedanken, wie es sein würde, wenn Jonas ohne Mutter würde aufwachsen müssen. Meine Frau, die in diesen Wochen seelisch viel stärker war als ich, war in einer modernen onkologischen Praxis medizinisch und menschlich in guten Händen. Sie hatten dort die modernsten Diagnosemethoden, die es in Deutschland damals gab. Ich erinnere mich an das erste Gespräch und die Ruhe, die wir durch einen der Ärzte empfingen. Er sagte, wir könnten ihn getrost zu jeder Tages- und Nachtzeit anrufen, wenn wir Fragen hätten. Dann kam nach einigen Tagen zunächst Entwarnung, es sei keine der ganz aggressiven Krebserkrankungen, aber wenn sich der jetzige Verdacht erhärte, müsse es dennoch behandelt werden.

Anstelle eines starken Glaubens spürte ich in diesen Wochen eine unglaubliche Verletzlichkeit. Ich bin gewiss kein Glaubensheld und wusste nicht, was ich glauben sollte, aber wir spürten in diesen Wochen die Gebete unserer Freunde in einer bis dahin nicht gekannten Weise. Es war, als ob Claudia und ich an unterschiedlichen Orten gleichzeitig spüren konnten, wenn jemand für uns betete. Wir erfuhren später, dass unsere Freunde sich jeden Abend reihum getroffen hatten, um für unsere Situation und Claudias Gesundheit zu beten. Die Gemeinschaft mit diesen Freunden war wie eine Schutzhaut in einer absolut verletzlichen Zeit.

Während dieser sieben Wochen, die entsetzlich waren, hatte ich zweimal unverschuldet einen Fahrradunfall. Man kann es nicht einmal meiner seelischen Belastung oder Unkonzentriertheit zuschreiben, denn einmal riss der Autofahrer eines parkenden Autos eben in dem Moment, als ich vorbeifuhr, blitzartig die Fahrertüre auf und schleuderte mich im abendlichen Münchner Berufsverkehr bis auf die Mittelspur der dreispurigen, stark befahrenen Straße. Selbst mit höchster Konzentration hätte man nicht mehr reagieren können. Ich hörte das Reifenquietschen des nachfolgenden Autos, das um mich herumschleuderte, spürte den Luftzug der Stoßstange an meinen Haaren, wurde aber nicht getroffen. Dennoch musste ich mit starken Prellungen ambulant ins Krankenhaus. Das aber war schon fast nur eine Nebensache angesichts der tatsächlichen Probleme und Sorgen, die wir während dieser Zeit hatten.

Ein Weiteres: Ich hatte in dieser Anfangsphase meiner Werkstattgründung keinen Kundenstamm. Es kam niemand. In einer Mischung aus Mitgefühl und Zynismus dachte ich: »So muss es dir, Gott, auch ergehen. Du bist da. Aber keiner kommt.« Finanziell wurde es immer enger. Ich wusste nicht, wie wir diese Zeit gesundheitlich und finanziell überleben sollten. Immer wieder berief ich mich während dieser Wochen auf das, was ich Monate zuvor in Wales als eine Berufungsgeschichte erlebt hatte. Daran hielt ich fest. Man lernt, die biblischen Erfahrungen in solchen Zeiten neu und anders zu buchstabieren. Auch waren in diesen Wochen all die kleinen, aber unendlich wichtigen Zeichen der Güte Gottes überlebenswichtig. Einmal rief mich Walter an und sagte, er habe an diesem Morgen für mich gebetet und es sei ihm ein Wort in den Sinn gekommen, und zwar: »Verlass dich nicht auf Menschen, sondern setze deine Hoffnung ganz auf Gott.« Ich war froh, dass er für mich betete, wusste aber mit diesem Wort nicht viel anzufangen. Im Gegenteil. Ich fühlte mich angegriffen, denn ich fragte mich: Was soll das heißen? Habe ich nicht genug Glauben? Wie soll ich das Wort deuten? In dieser fürchterlich bedrohten Zeit hatte ich schlicht kein Gefühl für die Frage nach der Größe oder Intensität meines Glaubens. Alles war mit Angst vermischt. So bewegte ich dieses Wort dennoch die nächsten Tage in mir, dachte immer wieder darüber nach und kam damit nicht zurecht. Dann, an einem Vormittag, als ich versuchte, an der Werkbank zu arbeiten, kam eine sonderbare Unruhe über mich. Es war keine normale Unruhe, die ich kannte, sondern diese Art von geistlicher Unruhe, wie ich es immer wieder erlebt habe, wenn ich den Eindruck hatte, Gott wolle mir etwas sehr unmittelbar sagen. Also fragte ich. Die Antwort war: »Geh ins Büro und schlage dein Losungsbuch auf.« Ich musste es erst suchen, denn ich hatte seit Wochen nicht mehr darin gelesen. Dann schlug ich es auf, und die Losung für diesen Tag war ein Wort aus dem 146. Psalm: »Verlasst euch nicht auf Fürsten; sie sind Menschen, die können ja nicht helfen. Wohl dem, der seine Hoffnung setzt auf den Herrn seinen Gott.«

Noch immer begriff ich das Wort nicht, aber es war eine Freude, die bis ins Innerste drang, zu merken, die Botschaft war schlicht: Ich bin bei euch! Denn es war ja genau das Wort, das Walter einige Tage zuvor während des Betens für mich wichtig geworden war.

Während des Gebets für Claudia war nicht viel geschehen. Aber eines Morgens, als sie allein war und in der Bibel las, spürte sie auf einmal eine große Schwere über sich. Diese war so stark, dass sie sich hinlegen musste, und sie erlebte eine tiefe Ruhe, wie gelähmt, doch es war angenehm und in einem großen Frieden. Dann spürte sie, wie nacheinander sämtliche Lymphknoten ihres Körpers heiß wurden. Es fühlte sich an, als ob einer nach dem andern vorsichtig berührt würde. Das dauerte etwa eine Stunde, dann konnte sie wieder aufstehen. Die nächste Untersuchung in der onkologischen Praxis ergab einen sonderbaren Befund. Der Arzt stellte verwundert fest, dass er sich wohl getäuscht hatte. Doch der vorige Befund, den er aus seinem Archiv ziehen wollte, war nicht auffindbar. Er war verschwunden. Er war ungehalten, denn dass ein Befund verschwunden sei, sei all die Jahre noch nie vorgekommen. So jedenfalls ließ sich nicht bestimmen, ob die vorigen Untersuchungen fehlerhaft gewesen waren oder ob sich ihr körperlicher Zustand inzwischen verändert hatte. Es blieb im Verborgenen, doch die Ärzte gaben Entwarnung.

Meine Frau war die ganze Zeit über sehr stabil geblieben, viel mehr als ich, doch als die akute Bedrohung vorüber war, begannen einige Monate, die wir – und besonders sie – brauchten, uns davon in der Seele zu erholen. Es war keine angenehme Zeit, und es hat manche Spuren hinterlassen. Die frühere, jugendliche Leichtigkeit gegenüber dem Leben haben wir sicher verloren. All das macht einem doch den Wert, aber auch die entsetzliche Angreifbarkeit und Unverfügbarkeit des eigenen Daseins bewusst.

Erst nach diesen furchtbaren Wochen kam auch die Erlösung, dass jemand meine erste Geige (mein Op. 24) kaufte. Es war im Nachhinein naiv, mit so wenigen finanziellen Mitteln eine eigene Werkstatt zu beginnen, aber andere Optionen waren auch nicht in Sicht. Die ersten drei Jahre lebten wir von der Hand in den Mund – in der ständigen Ungewissheit, ob ich die monatlichen Kosten tragen und uns würde versorgen können. Das sind beißende Sorgen, zumal ich keine angeborene Unternehmerpsyche habe. Manchmal dachte ich, »mein Gottesdienst« besteht schlicht darin, immer wieder aus dem Raum der Sorgen herauszutreten und den Raum des Glaubens zu suchen. Diese innere Arbeit des Vertrauens fällt mir nicht in den Schoß. Aber ich empfinde es mit einem gewissen Stolz und auch als eine Art des Dienstes für unsere Gesellschaft, einen eigenen Arbeitsplatz zu schaffen und (inzwischen) auch anderen Familien Arbeit zu geben. Ich hatte in diesen schwierigen Jahren die wohlmeinenden Ratschläge, die mir manchmal zuteilwurden, reichlich satt, zumal, wenn sie mir von Freunden mit einem unkündbaren, leistungsunabhängigen Gehalt gegeben wurden.

Das Gespräch mit anderen Selbstständigen oder Unternehmern war wesentlich hilfreicher. Da bedurfte es oft nur weniger Worte und sie wussten, wie es mir ging.

Berufung

Dieser furchtbaren Zeit ging, wie gesagt, etwas Wichtiges voraus, was ich Berufungsgeschichte nennen will. Auch davon möchte ich nun erzählen. Ich war, was meine Werkstattgründung betraf, weder locker noch war ich überzeugt von mir. Auch begann ich ohne eigenes Kapitalpolster und ohne einen Kundenstamm. Die Meisterprüfung als Geigenbauer hatte ich zwei Jahre nach Beendigung meines Physikstudiums gerade erst mit sehr gutem Erfolg abgelegt, das selbstbewusste Gefühl, ausreichend qualifiziert zu sein, stellte sich dennoch nicht ein. Die Aufgabe ist sehr groß. Einige Monate zuvor besuchten wir meinen Bruder Michael, der an der Universität von Aberystwyth in Wales an seiner Doktorarbeit schrieb.

Wir gingen an jenem Sonntagmorgen, den 4. Juni 1995, in die Kirche, die Michael regelmäßig besuchte, die St Michael's Church – ein ehrwürdiges, monumentales Bauwerk. Schon beim Betreten berührte mich die Freundlichkeit und Offenheit der Menschen, die uns begrüßten, obgleich sie meine Frau und mich nicht kannten. Es war ein recht gewöhnlicher Gottesdienst, an dessen Ende die Termine für die kommende Woche angesagt wurden, unter anderem ein Abendgottesdienst, der am selben Tag ebenfalls stattfinden sollte. Ich bin es nun weiß Gott nicht gewohnt, sonntags *mehrmals* in die Kirche zu gehen. Meist bin ich schon stolz, dass ich es überhaupt schaffe. An diesem Tag aber hatte ich – sehr zum Erstaunen meiner Frau – das unbestechliche Gefühl, am Abend *nochmals* gehen zu sollen. So tat ich es dann.

Der Gottesdienst war anders als der am Vormittag. Wieder war die Kirche voll, doch es schien viel eher ein Kreis einander vertrauter Gemeindemitglieder zu sein, die sich hier zur Anbetung trafen. Ich fühlte mich wohl, ja heimisch. Es war eine innige, konzentrierte, musikalisch reiche Lobpreiszeit. Da ich manche Lieder von zu Hause kannte und die anderen nicht schwierig waren, stimmte ich mit ein. Während dieser Zeit des Singens geschah etwas, das mich nachhaltig erschüttert hat. Ich sah vor meinem inneren Auge leuchtend hell und klar, wie Jesus langsam und wortlos auf mich zukam. Dann sah ich, dass er sich vor mir niederkniete. Ich hielt diesen Moment nicht aus und konnte es nicht zulassen, dass er vor mir niederkniete. Ich sagte: Du kannst dich nicht vor mir niederknien! Doch es änderte sich nichts. Darum kniete ich mich ebenfalls hin. Was meine Banknachbarn dachten, war mir in diesem Moment nicht wichtig. So kniete ich, und alles war wortlos. Dann nahm er mit seinen Händen Erde – ich sah nicht den Fußboden der Kirche, sondern die bloße Erde –, und er nahm meine Hände und legte mir die feuchte Erde in die Hände. Ich wusste in diesem Moment, dass dies die Berufung bedeutete, etwas zu formen, und dass es meine bevorstehende Existenzgründung mit der Geigenbauwerkstatt betraf. Da fragte ich: Was soll ich denn formen? Da nahm er die Erde aus meinen Händen, legte meine Hände in seine Hände und drückte mit seinen Daumen seine Wundmale in die Innenflächen meiner Hände hinein. Ich meinte, den Druck zu spüren, öffnete die Augen, doch es war nichts zu sehen. Aber ich begriff, was es bedeuten sollte.

Ich erhielt keine Antwort darauf, *was* ich formen soll. Was es zur Berufung macht, hat mit dem *Wie* zu tun. Es soll in *seiner* Art, in *seiner* Hingabe geschehen, denn dafür stehen die Wundmale seiner Hände. Wenn unserm Tun die Hingabe fehlt, wird es seinen Weg zu Gott nicht finden. Auch war mir klar: Ich soll nicht alles anpacken, sondern nur das, was er mir zum Formen in die Hände gibt.

In diesem Moment war ich erschüttert und habe es nie wieder vergessen; vor allem in den schweren Zeiten, die wir dann ja erlebten und die auch später immer wieder waren, habe ich mich stets darauf berufen.

Nach der Zeit des Singens bestand in den beiden Seitenkapellen die Möglichkeit, sich segnen zu lassen. Auch hier war ich wohl der einzige

Fremde. Ich ging auf einen der ehrenamtlichen Verantwortlichen zu, stellte mich als Martin aus München vor und bat ihn, für mich zu beten. Er wirkte freudig verwundert, sagte, er heiße Paul, dann legte er mir die Hände auf und begann Worte zu sprechen, die mir schier unglaublich erschienen. Was er betete, hätten meine engsten Freunde nicht treffsicherer beten können. Ohne mich zu kennen und ohne dass wir je miteinander gesprochen hatten, betete, segnete und bestätigte er Dinge (Gaben und Aufgaben), von denen niemand außer mir selbst wissen konnte. Am Ende dieser Segnungszeit erlebte ich ein tiefes Ruhen im Geist, wie ich es so nie erlebt hatte. Ich wollte anfangen, innerlich zu beten, doch es war, als würde Jesus sagen: »Sei still! Denn jetzt bist nicht du dran, etwas für mich zu tun, sondern ich für dich.« So blieb ich still. In der Gemeinde waren diese Erscheinungen und Wirkungen des Gebets offenbar nichts Ungewöhnliches. Für mich war es neu. Es war wie ein Siegel, das zu der Berufung hinzukam, die ich zuvor gesehen hatte.

Zehn Jahre später wurde die Berufungsvision sichtbare Realität. Ich möchte erzählen, wie es dazu kam. Unerwartet erhielt ich Besuch von einer Mutter und ihrem sechzehnjährigen Sohn Charles aus West Virginia. Siegfried, ein älterer Freund, rief mich an, er habe diese Amerikanerin und ihren Sohn kennengelernt. Er sei ein fantastischer Geiger, und sie seien gerade in München und würden gern meine Werkstatt besuchen. Es war etwas sonderbar, wie es zu diesem Kennenlernen gekommen war. Siegfried hatte, so berichtete er mir, den Eindruck gehabt, er solle am Sonntag zuvor nicht erst um 18 Uhr, sondern bereits eine halbe Stunde vorher zum Abendgottesdienst gehen. Er wusste nicht warum, aber er ging hin. Als er sich von der einen Seite dem Haupteingang der Münchner Matthäuskirche näherte, näherte sich gleichzeitig ein ihm unbekannter, älterer Herr von der anderen Seite. So begegneten sie sich direkt vor dem Eingang, gaben sich die Hand und begrüßten sich, als würden sie sich kennen und hätten sich – das war beiden klar! – hier, zu diesem Zeitpunkt und an diesem Ort verab-

redet. Es stellte sich heraus, dass jener Herr mit seiner gesamten Großfamilie, all seinen Kindern, deren Ehepartnern und all seinen Enkeln
für einige Tage nach Deutschland gekommen war. Ihm war als Jude
während des Dritten Reiches die Flucht nach Amerika geglückt, nun
aber, am Ende seines Lebens, wollte er seiner Großfamilie das Land
seiner Jugend zeigen und hatte sie darum alle zu dieser Reise eingeladen. Sie sollten Deutschland kennenlernen. So waren sie nun in München gelandet und Siegfried, der ihn auf diese sonderbare Weise vor
der Kirche traf, bot sich für die kommenden Tage an, ihr Touristen-
führer durch die Stadt zu sein.

Eine der Schwiegertöchter des älteren Herrn und ihr Sohn besuchten nun im Zuge dieser Besichtigungen meine Werkstatt. Wir hatten
eine ungeheuer intensive Begegnung, denn es wurde deutlich, dass sie
eine starke Liebe zu Jesus hatten. Das sprach aus vielem, was sie sagten.
Auch lebten sie in einem hörenden Glauben. Als ich mich nach ihrem
Schwiegervater erkundigte, von dem mir Siegfried am Telefon berichtet hatte, erzählte Esther seine Geschichte. Am Ende warf sie ihre
Arme auseinander und sagte: »Er hat allen vergeben!«

Ich zeigte ihnen die Werkstatt, die Arbeit, die Neuentwicklungen.
Esthers Begeisterung war eine große Stärkung, denn ich war in einer
ermüdenden Zeit mit einigen Rückschlägen und vielen offenen Fragen. Durch ihre Wertschätzung für das, was ich tat, sprang irgendwie
ein Funke über, und am Ende spürte ich selbst eine neu aufkeimende
Freude an den klanglichen Visionen, mit denen ich mich in den vergangenen Monaten abgemüht hatte. Ihr Sohn, Charles Morey, war eine
absolute Überraschung. Er ist nicht nur ein phänomenaler Geiger,
sondern auch ein beeindruckender Komponist. So spielte er auf seiner
Geige – einer wunderschönen Mittenwalder Joseph Klotz aus dem
Jahr 1807 – eine dreistimmige (!) Komposition, die er jüngst geschrieben hatte. Es war in einer Reinheit und Noblesse in den Akkorden und
dem gleichzeitigen Zupfen mit der linken Hand, wie ich es – bei allen
Begabungen, die ich in meiner Werkstatt an Musikern genieße – selten
erlebe.

Seine Mutter erzählte, er habe bereits mit zwei Jahren (»noch in den Windeln!«) mit dem Geigespielen begonnen. Während einer Gebetszeit hatte sie damals gesehen, dass sie ihm eine kleine Geige geben solle (obgleich niemand in der Familie einen Bezug zur Geige oder zu Musikinstrumenten hatte). Sie konnte nicht ahnen, wie sich das entwickeln würde, denn wenn er die Geige nicht im Laufstall hatte, begann er zu schreien. Bereits mit sechs Jahren spielte er im Charleston Youth String Orchestra, mit vierzehn Jahren war er Konzertmeister im Youth Symphonie. Zu dieser Zeit übte er bereits fünf Stunden täglich und komponierte. Ich fragte, wie er zu dieser wunderbaren Geige gekommen sei. Das war eine Geschichte für sich, und auch sie hat mit dem hörenden Glauben zu tun. Es war zwei Jahre zuvor die Zeit gekommen, dass er von seiner einfachen Dreiviertel-Geige auf ein großes Instrument würde wechseln müssen. Die Familie hatte jedoch kein Geld für eine Geige, die seinem Niveau auch nur annähernd entsprach. Was Esther dann über ihren Sohn sagte, war ein schlichter Satz, doch er klang, so schien es mir, wie ein gewaltiger Paukenschlag gegen die Macht der Erwartungslosigkeit. Sie sagte: »*He took it on his prayer list!*«

Etwa eine Woche nachdem er also das Anliegen mit der neuen Geige auf seine Gebetsliste geschrieben hatte, hatte Esther den Einfall, einmal nicht zu Hause zu frühstücken, sondern – was sie sonst eigentlich nicht taten – mit ihren beiden Kindern und ihrem Mann in das örtliche Pancake House zu gehen. Sie setzten sich und kamen mit zwei fremden Frauen ins Gespräch, die am Nachbartisch saßen. Es ergab sich eine lebhafte Unterhaltung, in deren Verlauf sie auch auf die Kinder zu sprechen kamen. So wurde klar, dass Charles Geige spielte. Die jüngere Frau erzählte, ihr Großvater habe auch Geige gespielt. Dann fragte sie unvermittelt, ob Charles eine neue Geige brauche. Esther war verdutzt und ließ durchblicken, dass sie zurzeit auf der Suche seien. Daraufhin erwiderte die Frau, sie hätten fünf Geigen – und zwar im Kofferraum ihres Autos, direkt hier vor dem Pancake House! Die Geigen seien der Grund ihrer Reise. Ihr Großvater war Geiger in New York gewesen. Ihm hatten die fünf Geigen gehört, doch nun mussten sie den Haushalt auflösen. Die Geigen waren zu wertvoll gewesen, um sie zu schicken, darum waren sie selbst in New York gewesen und nun mit diesen Instrumenten auf dem Rückweg nach Florida. Sie waren die ganze Nacht durchgefahren und am frühen Morgen zufällig durch diesen kleinen Ort in West Virginia gekommen. Als sie im Vorbeifahren das Pancake House sahen, beschlossen sie spontan, hier eine Pause zu machen und sich beim Frühstücken von der Nachtfahrt zu erholen. Hier hatten Esther und ihre Familie sie nun getroffen.

Um die Geschichte abzukürzen: Charles spielte den Frauen in der nahe gelegenen Kirche Geige vor. Sie waren sehr bewegt von dessen Spiel, öffneten den Kofferraum ihres Autos und drückten ihm einen Geigenkasten mit der wertvollsten der fünf Geigen in die Hand. Es ist besagte Joseph Klotz aus dem Jahre 1807, die nicht unter 20.000 US-Dollar taxiert ist, und sie sagten:»Das ist nun deine!« Damit verabschiedeten sie sich. Die jüngere Frau sagte noch, ihr Großvater hätte sich darüber gewiss gefreut. So fuhren sie weiter. Charles wusste nicht, wie ihm geschah. So jedenfalls kam er zu dieser Geige, die ich nun, zwei Jahre später, in meiner Werkstatt hörte. »*He took it on his prayer list!*«

Die Begegnung mit Esther und Charles in meiner Werkstatt war derart intensiv, dass wir unmöglich einfach hätten auseinandergehen können. Darum fragte ich, ob wir nicht miteinander beten wollten. Esther war begeistert, und nachdem Siegfried und ich gebetet hatten, begann auch sie in einer sehr kraftvollen und glaubensvollen Art zu beten und mich und meine Arbeit und meine Familie im Namen Jesu zu segnen. Doch sie wirkte am Ende nicht recht zufrieden, schien unsicher, dachte nach und bat ihren Sohn, ob er nicht noch speziell für meine Hände beten wolle. Daraufhin begann Charles, der bis dahin eher schweigsam gewesen war, in einer Weise zu beten, wie ich es von einem Sechzehnjährigen nie zuvor erlebt hatte. Am Ende nahm er meine Hände, um sie zu segnen, legte sie in die seinen und gab mit seinen beiden Daumen einen leichten Druck in meine Handflächen. Es war genau auf die Weise, wie ich es zehn Jahre zuvor in jener inneren Berufungsvision erlebt hatte. Ich hatte mit niemandem darüber gesprochen,

aber es war, als hätte Gott diese beiden Menschen in meine Werkstatt
geschickt, damit sie meine Berufungsvision bestätigten.

Das Leben bestehen

Es wäre zynisch, das Stichwort Krise mit dem der Reife oder des Rei-
fungsprozesses zu verknüpfen – gerade so, als sei dies eine mechanische Selbstverständlichkeit. Und dennoch werden wir manchen Krisen die Macht nehmen, wenn wir durch sie unsere Berufung in einer
neuen und anderen Weise begreifen. Es erscheint manchmal wie das
schmerzhafte Nacharbeiten einer Geige, wenn man merkt, man muss
sie wieder öffnen. So kommt es von Zeit zu Zeit vor, dass ich mich
nochmals an ein Instrument heranwagen muss. Auch Krisenzeiten haben immer etwas von einer schmerzhaften Offenheit. Da sind die Augen aufgerissen, wir sind verletzbar. Um die Angst zu überwinden,
wollen wir Gott und die Welt verstehen. Wir können es nicht. Das ist
es, was jede Krise uns sagt. Darum weist uns der Glaube nicht den Weg
des Verstehens, sondern den Weg des Vertrauens. Das ist der Weg des
Glaubens, der sich dem eigenen Leben stellt. Der Glaube braucht diesen heiligen Trotz angesichts der Widrigkeiten des Lebens.

Natürlich wollen wir ohne Krisen leben, und wir halten es für einen Segen und ein Glück, wenn wir von schweren Zeiten verschont
bleiben. Doch in der Rückschau – vom Ende eines Menschenlebens
her gesehen – wird es ein Leben ohne Krisen vielleicht einmal schwerer gehabt haben, das Ziel seiner Berufung zu erreichen, als ein Leben,
das über Strecken der Schwachheit und Not hindurchgetragen und
geführt wurde.

Mir sind die vielen gemeinsamen Abende unvergesslich, die ich
mit einem Freund regelmäßig in den Monaten nach dem unerwarteten Tod seiner Frau verbrachte. Wir erlebten nicht nur Tränen und
Fragen, Erschütterung und die immer wieder aufflammende Resignation, sondern auch all das, was er über die innige Nähe des Geistes

Gottes und über einen tiefen, sonderbaren Trost berichtete. Gott war ihm in einer Weise nah, die nicht begreiflich war, und doch wurde nichts an Schmerzen einfach weggewischt. Gott hatte ihn und seine Kinder nicht vor dem Leid bewahrt, aber er hatte sie inmitten des Leides bewahrt und aufgerichtet. Es gibt diese atemberaubende Gegenwart. Es gibt diesen bis ins Tiefste dringenden Trost, auch wenn die Schmerzen nicht genommen und die Fragen nicht beantwortet sind. Es geht mit dem Glauben auch um unsere Verantwortung, am Leben zu bleiben und unser Leben zu bestehen.

Der Mann einer guten Freundin, der für meine Frau und mich nah und wichtig war, ist vollkommen unerwartet gestorben. Am Morgen noch hatte er sich verabschiedet, am Nachmittag war er tot. Er hat seine Frau und vier Kinder hinterlassen. Wir fuhren sofort hin. Durch all die Tränen hindurch werde ich nicht vergessen, wie ich sie erlebte: ihre Festigkeit, ihren Glauben, ihr Beten. Sie hatte die Stärke, ihre Kinder zu trösten, und nahm Abschied von ihrem Mann. Sie betete zu Gott und sprach auch mit ihrem verstorbenen Mann. Im Beten ließ sie ihn, den sie liebte, los. Sie gab ihn zurück in Gottes Hände. Über alles hinaus, was ich verstehen kann, leuchtete in ihrer Schwachheit und dem Entsetzen bis heute ein Glaube durch, der nicht von dieser Welt sein kann. Die Tränen werden dadurch nicht aufgehoben – oder vielleicht werden sie es doch! Sie werden aufgehoben bis ans Ende der Zeit. Dann werden die Tränen des Glaubens verwandelt sein in die Töne einer heiligen Sinfonie; sie werden verwandelt sein in Edelsteine, die der heiligen Stadt Schmuck und Schönheit sind. Unsere Tränen des Glaubens werden in Gott geachtet und am Ende der Zeit verwandelt sein.

Man kann die Erfahrungen des Glaubens nicht leugnen. Seine Deutungen kann man zynisch »Vertröstung« nennen, doch das Recht dazu hat nur, wer einen besseren Trost anbieten kann! Hat denn der Atheismus die besseren Antworten, hat er einen stärkeren Trost? Sind in ihm Erfahrungen verheißen, die uns in unserer Schwachheit stärken? Was und wo ist seine Gnade? Wenn dem Apostel Paulus in einer tiefen persönlichen Krise das Wort zuteilwurde: »Lass dir an meiner

Gnade genügen; denn meine Kraft ist in den Schwachen mächtig« und er darum sagt:»Darum will ich mich am allerliebsten rühmen meiner Schwachheit, damit die Kraft Christi bei mir wohne« (2. Korintherbrief 12,9) – worin ist dann der Atheismus mächtig? In nichts ist er überlegen! Er hat nicht mehr zu bieten, sondern in allem nur weniger. Darum muss man ihm das Recht verweigern, mit Blick auf den Glauben von»Vertröstung« zu sprechen, denn er selbst ist trostlos. Es fragt sich doch, ob die Gottlosigkeit der intelligentere Weg ist, die Sinnlosigkeit nicht zu begreifen. So fragt auch Hans Küng:»Erklärt denn Gottlosigkeit die Welt besser? Vermag etwa Unglaube in unschuldigem, unbegreiflichem, sinnlosem Leid zu trösten? Als ob an solchem Leid nicht auch alle ungläubige Ratio ihre Grenzen hätte!«[108]

Das tiefste Zeugnis des Glaubens ist, Gott zu belasten mit unserem Vertrauen.»Ich werde nicht aufhören, dir eine Last zu sein, denn dass du mich trägst, ist das Wesen deiner Liebe!« Diesen letzten Willen und diese tiefste Würde will ich mir nicht nehmen lassen. Und in nichts anderem als der Würde dieses Vertrauens will ich einmal vor ihm stehen. In diesem unbedingten Vertrauen ist der feste Glaube daran, dass die Verborgenheit einmal weichen wird wie der Morgentau in der Wärme des anbrechenden Tags und wir in eine Geborgenheit hineingerufen werden, die, wie der Himmel höher ist als die Erde, höher sein wird als unsere heutige, suchende und zweifelnde Vernunft. Wenn jenes Vertrauen unsere Herzen erleuchtet, dann ist der Lohn schon heute, dass die Finsternis nicht finster bleibt. Das ist die Vernunft des Glaubens. Es gibt keine Vernunft in der Welt, die angesichts der Not und des Leidens über das hinauszugehen vermag. Die Vernunft des Glaubens ist nicht, dass wir das Leid *verstehen*, sondern dass wir darin im Vertrauen *bestehen*.

»Wohin soll ich gehen vor deinem Geist, und wohin soll ich fliehen vor deinem Angesicht? Führe ich gen Himmel, so bist du da; bettete ich mich bei den Toten, siehe, so bist du auch da. Nähme ich Flügel der Morgen-

röte und bliebe am äußersten Meer, so würde auch dort deine Hand mich
führen und deine Rechte mich halten. Spräche ich: Finsternis möge mich
decken und Nacht statt Licht um mich sein –, so wäre auch Finsternis
nicht finster bei dir, und die Nacht leuchtete wie der Tag. Finsternis ist
wie das Licht« (aus Psalm 139).

Es gibt Momente, in denen wir uns entscheiden, ob wir uns dem Tod
oder der Hoffnung auf Leben zuwenden wollen. Oft ist keine Kraft zur
Entscheidung mehr da, nur noch Leere und Fassungslosigkeit. Nicht
einmal die Kraft zur Verzweiflung ist noch geblieben, ich stehe apa-
thisch vor dem Nichts. Aber auch dann will ich mich nicht der Ver-
nichtung überlassen, sondern will, wenn ich schon falle und es dunkel
wird, mich fallen lassen in die Hände eines Gottes, der mich nicht fallen lassen wird. Und wenn ich schon weiß, dass ich am Ende bin und
mein Ende nahe ist, dann will ich nur noch das eine wissen: Christus
ist der Anfang und das Ende. Wenn er ein Ende setzt, dann wird in
ihm auch ein Anfang sein, jetzt und in Ewigkeit. Er ist der helle Mor-
genstern. Ich werde das Licht eines neuen Himmels und einer neuen
Erde sehen und werde in der Liebe Gottes aufgehoben sein und in ihr
Frieden haben. Ich werde sehen, dass es sich gelohnt haben wird, mich
nicht aufzugeben.

Und wenngleich ich mich selbst und all das, worin ich lebte und
was ich von Herzen liebte, aufgeben muss und die Dunkelheit und
Angst hereinbricht in den Rest dessen, was von meinem Leben noch
geblieben ist, dann will ich dennoch Gott vertrauen. Wie klein und
blass stehen da Erfolg und Glanz, ja selbst Glück und Zufriedenheit
einmal neben dieser Würde: Ein Mensch, der bis ins Letzte sich dem
Kampf des Glaubens stellte und sich Gott überließ! Vor dir, du
Mensch – an den Grenzen deines Daseins geprüft –, verbeuge ich mich
tief!

Vielleicht ist das Wesentliche und auch Einzige, das mir in den Krisen
unvergesslich geblieben ist, wie sehr Menschen angesichts von leidvol-

len Situationen über sich selbst hinausgewachsen sind – Menschen, die uns zur Seite standen! Es war in diesen Situationen tatsächlich eine Zeit lang »eine andere Welt«. Inmitten der Angst und der Not hatte ich den Eindruck, andere Menschen – buchstäblich *bessere* Menschen – zu erleben, Menschen, die für uns da waren, Menschen, die uns nah waren, damals an der Geigenbauschule ebenso wie später während der Krankheits- und Existenzgründungsphase. Die alltäglichen Borniertheiten traten zurück, Desinteresse und Dumpfheit waren für einige Zeit überwunden. Ja, letztlich vermögen nur die Liebe und das Leid uns für den anderen zu überwinden. Es waren verletzte und offene Situationen, die wir erlebten. Aber die Offenheit war auch die Offenheit der Herzen, die sich kümmerten.

So missverständlich und paradox es auch zunächst klingen mag: Ich habe im Nachhinein den Eindruck gewonnen, dass eine Welt, in der zwar Unheil und Übel und Böses möglich sind – und wir wissen nicht, warum es in diesem Ausmaß sein muss! –, tatsächlich *noch schlimmer* wäre, gäbe es kein Leid! Das ist keine Antwort auf das Leid oder gar eine Rechtfertigung seiner Notwendigkeit. Das soll es auch nicht sein. Es ist ein erlebter Hinweis, dass leidende Mitgeschöpfe in unserer Nähe etwas in uns freisetzen können, was Nächstenliebe heißt. Erst in ihr wachsen wir über die Borniertheit und Banalität unseres bloßen Ich-Seins hinaus. Wir sind einander um unserer Bedürftigkeit willen anvertraut. Das Einzige, was das Leid aussprechen und wozu es berufen kann, ist: Sei nun für den anderen da!

Dieses Vertrauen und Dasein macht unsere Welt erträglich. Es ist darin eine heilige Kraft, die unser Leben erhält. Darum ist über alldem eine unerschütterliche Ahnung in mir geblieben: Es wäre eine unerträgliche Welt, die zwar zum Bösen, nicht aber zum Leiden fähig ist.

»Sammle meine Tränen in deinen Krug; ohne Zweifel, du zählst sie.«
Psalm 56,9

Die Skulptur (I) 9
Vom Sinn der Zweifel

In der Klangeinstellung eines Kundeninstrumentes liegt eine starke Berührung mit der menschlichen Seele. Gerade das ist für mich als Geigenbauer immer wieder auch sehr anstrengend. Im Gleichnis vom verschlossenen Klang war davon die Rede. Manche Musiker kommen in meine Werkstatt mit einer großen Erwartung und einer großen Not. Das Arbeiten am Klang des Instrumentes ist viel zu schwer, als dass man einfach sagen könnte: »Ich kann es!« Wenn ein Musiker mir die Nöte seines Instrumentes anvertraut, ist die einzige Möglichkeit, die ich habe, mich in diesen Momenten selbst als ein Werkzeug zu verstehen und darauf zu vertrauen, dass meine Sinne geführt sind und meiner Hand das Rechte gelingt. Man kann es nicht einfach *machen*, denn im Klang berührt man die Stimme eines Menschen. Die Stimme aber ist Ausdruck und Berührung der Seele. Vielleicht ist darum auch diese Ohnmacht und Erschöpfung nötig, die ich nach solchen Tagen der Arbeit am Klang immer wieder empfinde, denn sonst bestünde doch die Gefahr, sich am Menschen in der Hybris zu vergreifen, das Wesentliche sei einfach *machbar*. Man kann es nicht. Man muss es empfangen. So ist es auch mit dem Glauben. Unser Glaube ist wie ein heiliges und doch anfechtbares Instrument.

Im Werdegang arbeite ich an sichtbaren Formen. Sie nehmen Gestalt an, und ich prüfe sie. Augenscheinlich ist die entstehende Geige eine Holzskulptur. Erst dann aber, wenn sie erklingt, bildet sich ihre eigentliche Form: die Klangskulptur! Erst im Schwingen ihrer Resonanzen zeigt die Geige ihr unverwechselbares Wesen. So sehe ich auch den Glauben als eine innere Skulptur. Nicht nur die Schönheiten unseres Daseins in all den Gaben, die wir erfahren, sondern auch das Leidvolle und die Phasen der Zweifel bilden und formen unser inneres Leben. So wie meine Werkzeuge der augenscheinlichen Form ihre Gestalt verleihen, muss manchmal auch der Zweifel ein notwendiges Werkzeug im Werdegang des Glaubens sein. Dass wir geprüft und gebildet werden, geschieht eben nicht nur durch das Schöne.

Der ferne Gott

Es gibt Phasen unseres Lebens, die sind wie jene Momente, die ich in der Arbeit an der Wölbung beschrieb. Da geht der Hobel gegen die Faser, um ihren Verlauf zu erspüren. Das Holz reißt in diesen Phasen an manchen Stellen ein; scheinbar geht der Hobel blind über das Holz hinweg. Könnte es sprechen, so würde es aufschreien: »Ist die Weisheit des Schöpfers nun völlig verborgen? Was geschieht mir?«

Das wirklich Schmerzhafte sind die Zeiten der Gottesferne, in denen es scheint, als habe Gott sich uns völlig entzogen. Auch die Bibel kennt diesen Aufschrei: »Herr, wo ist deine Gnade von einst!« (Psalm 89,50).

Und dennoch werde ich meinem Glauben nicht erlauben, den Schmerz der Gottesferne dadurch zu überwinden, dass er zum Gesetz erstarrt – unanfechtbar zwar, aber nicht mehr am Leben. Dem gesetzlichen Glauben fehlt der Mut zur Gottesferne. Er ist unfähig zur Leere des Herzens, unfähig zum Fasten des inneren Menschen. Solch ein Glaube, der mir nichts zumuten darf, ist nicht souverän. Er muss verbissen gegen Zweifel verteidigt werden und hält doch an Sicherheiten fest, die im Zweifel nicht tragen. Der Philosoph Miguel de Unamuno schreibt: »Diejenigen, die glauben, dass sie an Gott glauben, aber dies ohne Leidenschaft in ihrem Herzen tun, ohne Qual des Geistes, ohne Ungewissheit, ohne Zweifel, ohne ein Element der Verzweiflung selbst im Trost, die glauben nur an den Gottesgedanken, nicht an Gott selbst.«[109]

Wie ist es denn, wenn ich als Geigenbauer gegen das Holz arbeite, gegen seinen Faserverlauf? Tatsächlich kann doch manchmal nur so das Wesentliche geschehen. Gerade dort, wo die Fasern für einige Zeit einreißen und sich zu erkennen geben, gerade dort, wo der Hobel stärker vibriert und die Fasern diesen rauen Klang von sich geben, gehe ich ja nicht über das Holz hinweg, sondern erspüre in diesen Momenten seinen Verlauf. So erscheinen uns manche Lebensphasen, als würde alles schmerzhaft und unbegreiflich gegen unsere Seele gehen. Und doch ist es am Ende auch hier wie mit der Arbeit am Instrument.

Die Rauigkeit des Hobels, der auch gegen den Faserverlauf geführt werden muss, ist für das Holz eine Krise. Und doch ist auch in der Krise die Weisheit noch immer Weisheit. Sie geht auch durch Schmerzen hindurch und wird am Ende doch der Verheißung und Vollendung des Werkes dienen. Darum will ich diese rauen Phasen der Kraftlosigkeit, des Entsetzens, der Enttäuschung und Ohnmacht viel eher begrüßen als Phasen der leidenschaftslosen Gewöhnung. Vielleicht machen gerade Zeiten der Zweifel uns klar, dass das Lebendige des Glaubens nicht nur aus Vertrauen, sondern auch aus Ehrfurcht besteht. Der reife Glaube ist nicht nur Vertrauen, er ist auch eine Verneigung der Seele vor dem Geheimnis Gottes. Erst dann, wenn unser Glaube nicht nur das Vertraute, sondern auch die Gottesfurcht kennt, wird in ihm die alles umfassende Bereitschaft erwachsen, sich dem Dasein auch in seiner Krisenhaftigkeit zu stellen. Zu wissen, dass mein Leben anders sein darf, als ich es mir wünsche, und zu wissen, dass Gott auch anders sein darf, als mein Glaube es ihm erlauben will – das zu wissen, ist die Verneigung meiner Seele vor Gott. Es ist Gottesfurcht. Doch gerade die Gottesfurcht steht ja nicht außerhalb meiner Liebe, sondern ist ein sehr ernster Teil ihres Wesens.

So ist es am Ende auch hier wie mit der Arbeit am entstehenden Instrument. Gott geht nicht über das Leben hinweg, sondern er spürt seinen Verlauf. Wie uns körperliche Schmerzen ein Hinweis darauf sind, dass in unserm Körper etwas nicht stimmt und wir auf etwas zu achten haben, so können die »Schmerzen des Glaubens« ein Hinweis für eine fehlende Stimmigkeit unseres Lebens sein. Unser Zweifel an Gott kann ein Bote Gottes sein. Wir sollten den Zweifel nicht fürchten. Wovor wir uns in Acht nehmen sollten, ist nicht der Zweifel, sondern die Gleichgültigkeit. Sie ist nicht nur der Tod der Liebe, sondern auch der Tod des Glaubens. Allein daran schon sehen wir, dass der Zweifel kein Feind des Glaubens sein kann, denn er ist der Gleichgültigkeit radikal entgegengestellt. Natürlich macht der Zweifel den Glauben nicht leichter, doch kann er ihn wahrhaftiger und tiefer machen.

Der Zweifel kann eine Form des Glaubens sein, denn in ihm lebt der fragende Glaube, der darunter leidet, dass manche Antworten ihn nicht mehr tragen, und der doch weiß, dass die Wahrheit, die sein Leben trägt, mehr ist als schablonenhafte Antworten, die die Ignoranz uns allzu schnell geben will. Der Zweifelnde hat *keine anderen* Antworten – schon gar keine besseren. Es wäre ja sonst nicht Zweifel, sondern schlicht ein anderer Glaube. Der Zweifelnde hat lediglich beschlossen, seinen Glauben nicht auf das dünne Eis menschlicher Ignoranz zu schicken.

Natürlich sind die Fragen, die wir haben, und die Anfragen, die das Leben an uns stellt, eine innere Kraft des Zweifels. Darum ist in einem auf Zweifelsfreiheit bedachten Glaubensmilieu in Gemeinden und Gemeinschaften die Übermacht der Antworten stets größer als das Recht der Fragen. Die Antworten blasen zum Kampf – in der Regel gegen andere. Die Fragen aber lassen uns innehalten und uns fragen, wozu wir berufen sind und was uns gesagt werden soll. Ohnehin denke ich, dass sich die wirklichen Fragen nicht intellektuell beantworten lassen. Sie beantworten sich durch das, was wir durchleben.

Der lernende Glaube

Zweifel können Boten Gottes sein. Wir werden die Zweifel unseres Glaubens nicht überwinden, wenn wir unentwegt die innere Temperatur unserer Glaubensglut prüfen. Wir sollten etwas anderes prüfen, nämlich, ob wir tatsächlich lernen, die Dinge zu tun, die wir begriffen haben. Gott hat nicht unserem Denken und nicht unserem Fühlen, sondern allein unserem Gehorsam erlaubt, unseren Glauben zu stärken. Darum wird der geisterfüllte Zweifel ein Bote Gottes sein, der uns fragt, wie es um unser Leben steht. Seine Frage wird schlicht sein, ob wir *tun, was wir begriffen haben.*

Ein Mensch, der »sich in Wahrhaftigkeit übt«, ist ein Mensch, dessen Kampf mit sich selbst darin besteht, das belastende Gewicht der »Eigentlich-Sätze« seines Lebens zu verringern (»Eigentlich sollte ich ...«). Im Wort »eigentlich« steckt ein Offenbarungseid. Hier offenbart sich unsere Wahrhaftigkeit. Dass Gott auch dem unwahrhaftigen Menschen nahe ist, heißt nicht, dass der unwahrhaftige Mensch Gott nahe ist.

Das Johannesevangelium erzählt von folgendem Gespräch, das Jesus mit seinen Jüngern führt. Er sagt: »Wer meine Gebote hat und hält sie, der ist's, der mich liebt. Wer mich aber liebt, der wird von meinem Vater geliebt werden, und ich werde ihn lieben und mich ihm offenbaren« (Johannes 14,21). Die Schüler fragten: »Warum nur uns, und nicht der Welt?« Wenn ich die Antwort Jesu auf diese Frage recht verstanden habe, dann sagt er sinngemäß: Die Wahrheit offenbart sich nur dem Liebenden. Die Welt sucht Kluges zu denken und Berauschendes zu fühlen, nicht aber den Gehorsam, der darin besteht, das Erkannte zu tun. Ohne Gehorsam ist alles Erkennen nur Eitelkeit. Da fehlt die Liebe zur Wahrheit, die darin besteht, das Erkannte zu tun – es fehlt das Streben nach Wahrhaftigkeit. Beginne, zu tun, was du begriffen hast, und du wirst mehr begreifen. Hörst du aber auf, die Dinge zu tun, die du begreifst, dann wirst du sogar das verlieren, was du schon begriffen hast (vgl. Matthäus 13,12).

Ein Geiger, der nicht übt, dessen Ton wird seine Intonation verlieren. Ein Gärtner, der das Wachsende nicht gießt, dem wird es verwelken. Wir wollen den Klang der Erkenntnis, wollen die Frucht der Gewissheit, wollen Flügel der Gotteserfahrung – dann sollten wir beginnen, uns in dem uns Gebotenen zu üben. Es ist keine Frage des Intellekts, sondern des Herzens. Denn Glauben zu lernen, wird bedeuten, dass wir die notwendigen Störungen begreifen und in ihnen Vertrauen gewinnen. »Wie ein Adler, der seine Brut aufstört zum Flug und über seinen Jungen schwebt, so breitet Gott seine Flügel aus, nahm uns und trug uns auf seinen Schwingen« (5. Buch Mose/Deuteronomium 32,11).

Wir wissen genug, doch das reicht nicht aus. Wir werden *aufgestört*, um unsere Flugfedern zu entfalten, um also zu begreifen, wozu wir eigentlich berufen sind. Wir werden nicht aus dem Nest der Sicherheiten geworfen, damit wir abstürzen, sondern damit wir das Fliegen lernen. Der Weg der Erkenntnis bedeutet, dass wir uns darin üben, das Berufene zu tun. Darin wird Gott uns unter die Arme greifen wie ein Adler, der sein Junges aus dem Nest warf und es doch auf seinen Schwingen trägt. Der Rat eines großen jüdischen Gelehrten kann in Glaubenskrisen seine wahre Kraft entfalten. Er lautet: »Übe, was Gott dir gebietet, dann weißt du, wer er ist.«[110] Das ist nah an dem eben zitierten Jesuswort, und es ist ein weises Wort in wirklichen Krisen.

Das Wesentliche des Glaubens heißt *Lernen*. Menschen, die an Jesus glauben, nennen sich heute Christen, obgleich dieser Begriff im Neuen Testament nur dreimal steht; der Begriff Jünger aber kommt über 180-mal vor. Hier wird doch ein feiner Unterschied deutlich: Der Christ definiert sich durch das, was er glaubt; er macht sein Bekenntnis zum Zentrum seiner religiösen Identität. Ein Jünger (oder Lehrling) aber bestimmt sich dadurch, wer sein Meister ist und was er durch ihn lernt. Der Glaubensweg der Jünger begann nicht damit, dass Jesus ihr Glaubensbekenntnis abfragte, sondern damit, dass er sie berief, mit ihm zu gehen und von ihm zu lernen. Erst mit Beginn des dritten Jahres, als sie vieles gelernt und gesehen hatten, stellte er ihnen die Frage: »Wer, sagt ihr, dass ich sei?« (Lukas 9,20).

Wir stellen diese Glaubensfrage oft an den Anfang. Dabei kann diese Frage doch nur die Folge dessen sein, was ich im Nachfolgen gelernt, berührt, gehört und gesehen habe (vgl. 1. Johannesbrief 1,1). Jesus sagte zu seinen Jüngern: »Nehmt auf euch mein Joch, und lernt von mir!« (Matthäus 11,29). Ein Lehrling folgt seinem Meister und lernt von ihm.

Als Geigenbaulehrling wusste ich, wer ich war, denn jeden Morgen ging ich in die Meisterwerkstatt der Schule und arbeitete an den entstehenden Instrumenten. Mein Meister wies mich an, und ich bemühte mich, die Werkzeughaltungen zu erlernen und diese an den entstehenden Instrumenten zu üben. Das Üben war das Wesentliche. Kein Mensch wird jemals lernen, ein Instrument zu bauen, wenn er nur zusieht und die Dinge nur zur Kenntnis nimmt. Man muss selbst das Werkzeug ergreifen und erlernen, was einem gezeigt wurde. Kein Adler wird jemals fliegen lernen, wenn er nur zusieht und die Dinge zur Kenntnis nimmt. Er muss selbst die Schwingen ausbreiten. Das Adlerjunge erlernt es einzig deshalb, weil es ihm widerfährt. Es wird aufgestört! So ist das Erlernen der eigenen Berufung kein geistlicher Zusatz zum Leben, sondern es ist das Leben selbst. Es ist das Lernen und Vertrauen in den Dingen, die uns aufstören, begegnen, fordern und widerfahren. Gerade, wenn wir die Dinge, die uns begegnen, nicht verstehen, sollten wir die Schwingen unseres Vertrauens ausbreiten, um zu erfahren, dass das Unerwartete uns in unsere Berufung werfen kann.

Entspringt unser Verlangen nach Gewissheit nicht bisweilen der Sünde, die eigene Wachheit zu früh befriedigen zu wollen? Ein Bekenntnis, das vor Glaubensgewissheit nur so strotzt, ist wie die Lösung einer schweren Aufgabe. Die Lösung mag ja durchaus richtig sein. Wem aber ist geholfen, wenn man das Lösungsblatt abgeschrieben hat, den Lösungsweg aber, der dorthin führt, gar nicht gegangen ist? Das ist geschummelt!

Darum will ich lieber sieben Minuten täglich Stille suchen und mich in diesen Zeiten vor Gott üben, als sieben weitere Bücher darüber lesen; und lieber will ich einem Menschen vergeben, der mich verletzt hat, als durch Jahre des Grolls mein Leben entwerten. Und lieber will ich meine Wohnung ausmisten, als noch mehr Dinge anzuschaffen. In der Maßlosigkeit rauben wir den alltäglichen Strukturen ihre Klärung und Ruhe. Es sind die tausend kleinen »Eigentlichs« des Alltags, die uns Kraft und Klarheit rauben und die ein gefundenes Fressen für unsere Zweifel sind.

Wir leiden selbst am meisten unter der Unwahrhaftigkeit, Ungerechtigkeit und Maßlosigkeit, der wir in unserm inneren und äußeren Leben Raum geben. Zweifel sind oftmals ein Aufschrei der Seele, die dieses Übermaß des »Eigentlich« einfach nicht mehr erträgt. Manch eine Bekehrung zur Gerechtigkeit, zur Wahrhaftigkeit und Klärung ist wie ein innerer Frühjahrsputz der Seele. Da brauchen wir einschneidende Maßnahmen, um das Maß des »Eigentlich« zu verkleinern. Vor allem aber brauchen wir Rituale des Alltags, die uns helfen, das Maß unserer Wahrhaftigkeit und Gerechtigkeit auch *zu schützen*. Die Stille, die Sammlung und Besinnung, in der wir uns regelmäßig klären, ist solch ein Ritual. Keine Stille zu suchen, nichts von Vergebung zu wissen, keine Maßhaltigkeit zu kennen – all das ist wie eine Wohnung, in die wir täglich unsere Dinge hineintragen, aber niemals den Abfall heraustragen. Es türmt sich auf, der Platz wird eng, wir blicken nicht mehr durch, und es beginnt vor lauter Lärm, Unversöhnlichkeit und Überfluss zu stinken. Wir wissen doch meist recht gut, was wir tun sollen. Warum tun wir es nicht? Von Hillel (dem Alten) stammt das berühmte Wort: »Wenn nicht jetzt, wann dann?«

Wahrhaftigkeit

Manchmal beklagen wir, dass wir nichts mit Gott erleben, aber wir gehen an den Dingen vorbei, in denen er sich uns zeigen möchte. Darum kann Umkehr auch bedeuten, an den Ort zurückzukehren, an dem Gott auf uns wartet: »Hier habe ich mit dir gesprochen, und ich warte schon seit geraumer Zeit, dass du es tust und begreifst. Du weißt es längst. Du hast meine Stimme gehört. Warum beklagst du dich, dass ich schweige und warte?«

Wenn wir uns vorbeigemogelt haben, kann es sein, dass Gott uns an der Stelle begegnet, an der er zuletzt zu uns gesprochen hat. Es gibt Orte, die unsichtbare Türen des Himmels haben:»Geh in allem, was du tust oder lässt, hindurch durch die Dinge, die du begriffen hast!«

Sind nicht Gottes Erwartungen manchmal von dieser Art des Wartens, wo er spricht und dann schweigt? Es ist die Demut des Heiligen, uns erneut zu erinnern. Es gibt Markierungen auf dem Weg, den wir gehen – oft unscheinbare, manchmal auch deutliche Hinweise. Doch die Wahrheit, die unseren Weg markiert, wird nur den Weg des Wahrhaftigen führen. Eben darum können Zweifel ein Segen sein, wenn sie einen Menschen, der sich verrannt hat, daran zweifeln lassen, dass der unwahrhaftige Weg, den er geht, der richtige ist.

Wir haben Zeit. Doch wir sollten in alldem begreifen, dass es viel mehr um Üben als um Wissen geht. Jesus nachzufolgen ist ein Weg. Wer Jesus ist, werden wir erst wissen, wenn wir üben, was er uns sagt. Wenn wir nicht *als Lernende* mit Jesus sind, werden wir ihn nicht erfahren. Denn es ist ein Geheimnis dahinter: Wir werden Gottes nur dann gewiss werden, wenn wir uns hineingestalten lassen in sein Wesen. Erst wenn wir die Vollkommenheit suchen, die das Wesen der Liebe ist, werden wir sehen, dass es einen vollkommenen Gott gibt. Nur als die Liebenden werden wir Gott als den Liebenden erkennen. Ein anderer Weg ist uns nicht möglich als der, dass wir Gott näher kommen, weil wir ihm ähnlicher werden. Er bleibt uns treu, doch wir sollen es auch sein. Darum redet Jesus zu seinen Jüngern so häufig vom Bleiben.»Bleibt in meiner Liebe. Bleibt in meinem Wort.« Was ich mit alldem sagen möchte, ist: Nur der *lernende* Glaube kann Zweifel überwinden; und nur derjenige, der sich in den gebotenen Dingen *übt*, wird in der Lage sein, Jesus nachzufolgen.

Der 14. Dalai Lama, Tenzin Gyatso, sagte:»Wir leben nicht, um zu glauben, sondern um zu lernen.«[111] Vordergründig greift diese Aussage empfindlich den zentralen Lebenswert der Bibel an. Das Wesent-

liche eines biblischen Lebens ist der Glaube. Es irritiert mich: Warum
stellt der Dalai Lama das Wesentliche meiner Existenz infrage? Weder
Jesus noch irgendeiner der Propheten hätte je infrage gestellt, dass das
Leben des Menschen »ein Leben aus Glauben« sein soll. Beim Propheten Habakuk heißt es: »Wer halsstarrig ist, der wird keine Ruhe in seinem Herzen haben, der Gerechte aber wird durch seinen Glauben leben« (2,4). An zahlreichen Stellen ist dieses Wort in die Schriften des
Neuen Testamentes eingegangen.[112] Der Glaube, den Jesus im Sinn hat
und in dem er selbst lebte, hat vor allem mit Wachsamkeit zu tun. Dass
wir »hinsehen auf die Werke Gottes« ist für die Propheten Israels ein
Synonym für Glauben. Ganz ähnlich ist es mit dem Begriff des Stille-
seins. Es ist eine wesentliche Seite dessen, was der Prophet Jesaja unter
Glauben versteht – ein wachsames Stillesein, das hinsieht auf die
Werke, die Gott tut. Das heißt für ihn Glauben.[113]

Ich halte ein glaubensloses Leben letztlich für lieblos gegenüber
den Wahrheiten, die wir als Menschen jenseits des offenkundig Be-
weisbaren aus der Kraft des Herzens erkennen und leben können. Und
dennoch sollte ich die Mahnung des Dalai Lama gut hören – und das
umso mehr, je inbrünstiger ich an die Wahrheit Gottes glaube.

Ein Glaube, der nicht lernt, ist wie eine Antwort ohne Frage. Auch
Jesus sagte nicht: »Hört folgende Definition von Gott. Das soll euer
Glaube sein. Selig, die ihr eure Dogmen heilig haltet. Sie werden euch
Ruhe geben«, sondern er sagte: »Kommt her zu mir, und lernt von mir.
So werdet ihr Ruhe finden für eure Seelen« (Matthäus 11,28f). Er zitierte mit Blick auf seine Schüler den Propheten Jesaja, bei dem es
heißt: »Sie werden alle von Gott gelehrt sein« (Jesaja 54,13; Johannes
6,45). Über sich selbst sagte er: »Ich tue nichts von mir selber, sondern,
wie mich der Vater gelehrt hat, so rede ich« (Johannes 8,28). Auch Jesus »lernte«.[114] Das zeigt sich auch in den Worten, die davon sprechen,
dass er »sich wunderte«.[115]

Wenn ein Lehrer seine Schüler nicht dazu bringt, sich zu wundern,
ist er sicher kein guter Lehrer. Unser Glaube soll viel eher ein innerer
Lehrer als eine bekenntniskorrekte Lehre sein. Wir leiden an manchen

Fragen, die das Leben uns stellt – und nennen diese Fragen »Zweifel« –, doch wir sollten diese Leiden als Chance des Lernens sehen. Wenn wir uns abgewöhnt haben, uns über Gott und diese Welt zu wundern, dann ist unser Glaube wohl zu einem »Bekenntnis« erstarrt. Christus spricht:»Glaube nicht, dass du mich schon kennst. Ich habe dir manches gezeigt, und du hast manches gesehen. Aber nun ersetze mich nicht durch deinen Glauben! Denn wie könnte ich mit dir weitergehen?«

Man kann nicht glauben, ohne zu lernen; und man kann nicht lernen, ohne zu glauben. Was heißt das? Die eine Seite ist: Nur indem wir *lernen*, reift unser Glaube. Lernen heißt, dass wir uns der Wirklichkeit in all ihren Schönheiten und Widrigkeiten stellen. Die andere Seite ist: Nur indem wir *glauben*, werden wir lernen. Glauben heißt, dass wir hinsehen und fragen, was Gott uns mit der Wirklichkeit sagen will. So heißt Glauben, dass wir uns fragen, was uns angesichts unserer täglichen Wirklichkeit geboten und verheißen ist. Das Lernen macht uns zu Menschen. Was haben die Jünger getan, die Jesus aussandte zu allen Völkern der Welt? Sie haben die Menschen daran erinnert, dass sie Menschen sind. Denn sie haben ihnen keine kluge Lehre, sondern die Gegenwart eines göttlichen Lehrers gebracht.

Die Ermahnung des Dalai Lama erinnert mich an eine Begegnung, die ich in Thailand hatte. Ein Kunde aus Bangkok lud mich in sein Haus ein, als ich ihm und seinem Bruder zwei Konzertgeigen übergab, die ich gerade fertiggestellt hatte. Vichai lebt mit seiner großen und gebildeten Familie in einem der Außenbezirke Bangkoks. Er ist ein besonnener, aufrichtiger und freundlicher – um es kurz zu sagen: ein beeindruckender Mensch. Beim Abendessen kamen wir auf den Buddhismus zu sprechen, denn es wurde deutlich, dass ihm dieser nicht nur formal, sondern in einer lebendigen Weise wichtig war. Neben vielem, über das wir sprachen, sagte er:»Das Ziel des Buddhismus ist, dass der Mensch zufrieden ist.« Dabei legte er seine rechte Hand auf sein Herz und fuhr fort:»Doch dafür muss man dessen Regeln begreifen *und sich darin üben.* Wissen und Tradition sind zu wenig. Wir sollen täglich lernen.«

Ich musste an das Wort des jüdischen Gesetzeslehrers Hillel denken, das ich bereits zitiert habe: »Wessen Weisheit mehr ist als seine Taten, der ist wie ein Baum, dessen Zweige viele sind und dessen Wurzeln wenige; es kommt ein Wind und reißt ihn aus und wirft ihn um.«[116]

Unser Glauben wird nicht zu jeder Zeit das Gleiche heißen. Es gibt Zeiten, da heißt glauben, das wir *in etwas Geschehenes einwilligen;* ein andermal, dass wir *etwas Gebotenes tun;* ein drittes Mal, dass wir einer Verheißung Glauben schenken und so *einen neuen Weg bahnen,* den wir im Glauben vor uns sehen. Eines bedeutet der Glaube an Jesus jedenfalls nie: Eine sich selbst feiernde Religiosität oder Kirche, die des Lernens und der Veränderung nicht bedarf. Darum gebe ich mit Blick auf Jesus der Mahnung des Dalai Lama doch recht, wenn er sagt: »Wir leben nicht, um zu glauben, sondern um zu lernen.« Es ist kein Wort, das dem Religionsstreit gilt, sondern der Krise. Denn in der Glaubenskrise wird der Glaube ein lernender und hörender Glaube sein, oder er wird aufhören zu sein.

Kein Mensch *hat* Vertrauen. Vertrauen lässt sich nicht speichern oder anhäufen; es lässt sich nicht in einer Scheune sammeln und herausholen, als sei es ein Glaubensbesitz. Man kann nicht sagen: All die Jahre habe ich Vertrauen angehäuft, nun habe ich Ruhe. Nein, wir können Vertrauen einzig in den Momenten gewinnen, *wenn wir es nötig haben.* In den guten Zeiten ist unser Leben wie von selbst von der Güte der Tage getragen. Dann aber, wenn Zweifel sich bleischwer auf unser Leben legen und Sorgen, Schmerzen, Ängste und Entsetzen uns bedrängen, ist es *nötig und darum möglich,* Vertrauen zu lernen. Hier ist der Ort, an dem wir Glauben empfangen. Wir fragen dann: Wo ist mein Glaube? Die Antwort ist: Er war nie da. Er war nie deine Habe oder dein Eigentum. Wir empfangen ihn einzig dann, wenn Gott uns lehrt, ihm zu vertrauen. Auf herrlichen Gipfeln sind wir voller Staunen und Dank. Auch das heißt Glauben. Doch erst im finsteren Tal suchen wir die Hand, die uns führt, und den Trost, der uns leitet. Hier lernt unser Herz zu vertrauen, wie ein Psalmwort sagt: »Die den Herrn suchen, deren Herz soll für immer leben« (22,27).

Es ist letztlich die Demut, ein Lernender zu bleiben. Lieber will ich ein Schüler des Vertrauens sein als ein stolzer Meister, der nicht mehr aus Glauben lebt. Denn wenn der Meister – all seiner Meisterschaft zum Trotz – nicht *täglich anfängt*, aus Vertrauen zu leben, dann ist er nicht einmal ein Anfänger.

Wenn der Zweifel ein Bote Gottes ist, dann widersetzt er sich dem stolzen Herzen. Er widersetzt sich demjenigen, der sich für einen Meister hält. Worin der Zweifel uns im Namen Gottes segnen darf, ist einzig, uns das Herz eines Anfängers zu geben – damit wir als Lernende an die Anfangsorte zurückkehren, an denen der Glaube seinen Segen hat. Darum erschüttert der Zweifel die Härte, die einmal Festigkeit war; er erschüttert Besitz, der einmal Gewissheit war; er erschüttert Starrheit, die einmal Klarheit war; er erschüttert Macht, die einmal Charisma war; er erschüttert Stolz, der einmal Segen war; er erschüttert Fanatismus, der einmal Leidenschaft war; er erschüttert Opfer, die einmal Hingabe waren; er erschüttert Lehren, die einmal Wahrheit waren; er erschüttert Erfahrungen, die einmal Gnade waren, er erschüttert Worte, die einmal Gebete waren – in alldem geschieht immer das eine: Er erschüttert, was einmal Liebe war. So wird allein das bleiben, was nicht erschüttert werden kann. Das Unerschütterliche geht durch Tränen der Erschütterung hindurch.

Doch die Tränen, die wir weinen, werden wertgeschätzt sein, denn wenn der Zweifel ein Bote Gottes ist, dann weiß er, was es heißt, erschüttert zu sein. Dieser Bote hat kein Recht, uns eine Antwort oder Gewissheit zu geben, doch er hat die Vollmacht, dem Heiligen einen neuen Raum zu bereiten. Die Tränen, die wir weinen, werden wertgeschätzt sein, denn Gott hat unseren Tränen ein heiliges Recht gegeben: Sie machen unsern Glauben jung.

Bruder Zweifel

Eines stillen Morgens hatte ich eine Unterredung mit dem Zweifel:
Bruder Zweifel, ich grüße dich. Du weckst mich früh aus dem
Schlaf. Wir haben gute und – weiß Gott – auch anstrengende Zeiten
miteinander verbracht. Und doch danke ich dir, denn ohne dich wäre
ich allzu schnell zufrieden gewesen. Du forderst mit Recht, dass ich
frage und forsche. Du forderst, dass ich gründlich bin. Drum hätte ich
ohne dich nicht erreicht, was ich heute tue und bin.

Aber sei nicht verdrossen, Bruder Zweifel, wenn ich im Moment
wenig Zeit für dich habe. Denn ich habe, wie du weißt, noch andere
Brüder und Schwestern, und auch auf die muss ich hören: Es stehen
Aufgaben an. Was sie fordern, soll nicht geschwächt sein; wozu sie berufen, das will ich tun. Hernach will ich auf deinen Einwand wieder
hören und wenn es sein soll, mit dir im Kreuzgang unsere Runden drehen. Eines aber sollst du wissen: In meiner Berufung will ich der Hoffnung mehr Recht geben als dir. Dann wirst du fragen, und ich werde
Antwort geben, denn unser Leben spricht durch das, was wir tun.

Es gibt Zweifel, die stellen unsern Glauben infrage, damit wir durch
unsere Berufung Antwort geben. Zweifel machen uns wachsam, wo
unser lernbehinderter Glaube allzu schläfrig war. Manch ein Zweifel
kann ein Bote Gottes sein, damit er uns in unsere Berufung führt. Er
wird Abschied nehmen, wenn er sieht, dass seine Zeit gekommen ist.
Er wird sich verneigen, wenn er geht – doch ohne uns Antwort zu geben, denn er sieht, dass wir ihrer nicht mehr bedürfen. Längst haben
wir uns aufgemacht, zu tun, was klar geworden ist. Das heißt: Wir haben Wahrhaftigkeit erlangt.

Der heilige Vinzenz von Paul (1581–1660) ist ein leuchtendes Vorbild für einen Menschen, der in ebendieser Weise Zweifel überwand
und in seine Berufung fand. Als Bauernsohn geboren, entschied er
sich für die Priesterlaufbahn. Nach Jahren der priesterlichen Arbeit
durchlebte er eine Glaubenskrise. Die Krise ließ ihn entdecken, was

sein Auftrag war: den Armen und Hilfsbedürftigen zu helfen und ihnen das Evangelium zu bringen. Er wendete sich in besonderer Weise der ungebildeten Landbevölkerung, den Galeerensträflingen und den Findelkindern zu, von denen es in dieser Zeit in Paris Tausende gab. Doch bald erkannte er, dass von spontaner Hilfe in Notsituationen nicht viel übrig blieb. Deshalb begann er, die Hilfsmaßnahmen professioneller zu organisieren. Er gründete unzählige Bruderschaften, Vereine, Priesterseminare, Asyle für Geisteskranke, Kinderheime und Krankenhäuser. Eine seiner Gründungen sind die Filles de la Charité, die Vinzentinerinnen, die sich bis heute seinem Vorbild verpflichtet sehen. Zehntausende Findelkinder haben Vinzenz von Paul und seine Helfer vor dem sicheren Tod gerettet, Hunderttausende Arme und Hungrige wurden in seinen Suppenküchen gespeist und getröstet. Vinzenz nahm wie mit Antennen der Liebe die Not seiner Zeit auf. Er war davon überzeugt: »Ohne aufrichtige Wertschätzung des Bedürftigen kann man ihm keine wirksame Hilfe leisten.«[117]

Vinzenz von Paul überwand seine Zweifel nicht durch kluges Denken, sondern durch ein brennendes Herz. Wir reden oft schöngeistig vom »göttlichen Funken« im Menschen, aber wir hören nicht dessen Klage. Jesus sagt: »Wenn das Licht, das in dir ist, Finsternis ist, wie groß wird dann die Finsternis sein!« (Matthäus 6,23).

Was soll dir der »göttliche Funke«, wenn du ihm nicht erlaubt hast, dein Herz zu entzünden? Welches innere Feuer soll deine Berufung erleuchten, wenn du die Frage nach Gott ein Leben lang auf kleiner Flamme gehalten hast? Was für ein schauerliches Licht wird jener Funke am Ende auf deine abgestorbene Berufung werfen! Das wird ein eigentümliches Begräbnis sein: Ein Stoffwechsler wird zu Staub!

Wie viel Gewalt haben wir unserer Berufung angetan! Wir haben unter unseren Zweifeln gelitten, anstatt ihre Botschaft zu begreifen! Wir haben unser Herz in Trägheit, Feigheit und Stolz erkalten lassen, anstatt es durch den göttlichen Funken zu entzünden, dass es anfinge, Gott zu lieben. Keiner kann machen, dass er zum Glauben kommt, aber wir können es wirksam verhindern.

Der heilige Vinzenz von Paul spricht davon, dass wir berufen seien, von einem göttlichen Feuer zu brennen:

»*Unsere Berufung ist es, die Herzen der Menschen zu entzünden, das zu tun, was der Sohn Gottes getan hat. Er ist gekommen, um das Feuer in die Welt zu bringen, um sie mit seiner Liebe zu entfachen. Was könnten wir uns mehr wünschen, als dass es brennt und alles verzehrt? Es ist also wahr, dass ich nicht nur gesandt worden bin, um Gott zu lieben, sondern auch, um alles zu tun, damit er von den anderen geliebt wird. Mir reicht es nicht, dass ich Gott liebe, wenn mein Nächster ihn nicht liebt. Ich muss meinen Nächsten als Ebenbild Gottes und Gegenstand seiner Liebe lieben. So muss ich alles daransetzen, damit auch die Menschen ihren Schöpfer lieben, der sie als seine Brüder [und Schwestern], die er gerettet hat, ansieht und anerkennt. (...) Wenn es unsere Berufung ist, das göttliche Feuer in der ganzen Welt zu verbreiten, wenn dem so ist, Brüder, wie sehr muss ich dann selbst von diesem göttlichen Feuer brennen!*«[118]

Die Glaubenszweifel, in die Vinzenz von Paul als Priester geraten war, waren nötig. Gott mutet uns manche Verunsicherungen zu, damit wir erkennen, was er uns sagt. Der Glaube darf uns nicht nur zur Gewissheit werden, er muss auch zur rechten Zeit eine Verunsicherung sein! Eine kreative Verunsicherung. Etwas, das uns Einhalt gebieten darf! Verunsicherungen sind nötig, um uns von unseren Borniertheiten zu befreien. Manch eine »Anfechtung« bedeutet nichts anderes, als dass wir uns endlich etwas sagen lassen. Da hat der Zweifel eine Botschaft: »Bekenne nicht nur das, was du verstehst. Glaube nicht nur an das, was dir angenehm erscheint. Erkenne nicht nur das, was deinen Lieblingsgedanken entspricht. Vertraue nicht nur auf das, was du fühlst. Sei vielmehr wachsam für das, was geschieht, und suche Zeiten, in denen du beginnst, vor Gott zu schweigen!«

Denn erst wenn das ständige Pulsfühlen der eigenen Befindlichkeit und das Plappern der eigenen Argumente in uns ein Ende finden, werden wir beginnen hinzuhören. Mein Glaube ist nicht von Antworten getragen. Wäre es so, hätte ich ihn längst verloren. Was mich einzig trägt, ist die Suche des Herzens. Ich stehe arm vor Gott. Diese Armut muss ich aushalten, denn ich weiß: Tragfähig ist nur das, was ich empfange. Ich kann meinen Glauben nicht festhalten, als sei er ein Ding in meiner Hand. Man merkt es einem Menschen an, der noch immer glaubt, er müsse Gott festhalten. Man spürt die Enge.

Der äußerste Schmerz des Glaubens ist der Zweifel: »Woher weiß ich, dass Jesus sich nicht in allem geirrt hat?« Es ist der Satz, den Jean Paul (1763–1825) den toten Christus vom Weltgebäude herab sprechen lässt, »dass kein Gott sei«. Da geht es nicht um unsere dogmatische Feinjustage oder ein wenig konfessionelle Empfindlichkeiten, sondern um den Grund und die Hoffnung unserer Existenz. Da wird, wie Jean Paul es sagt, »das ganze geistige Universum durch die Hand des Atheismus zersprengt und zerschlagen in zahlenlose quecksilberne Punkte von Ichs, welche blinken, rinnen, irren, zusammen- und auseinanderfliehen, ohne Einheit und Bestand«.

Wir fürchten mit Jean Paul, der Zweifel könnte uns in die »Einsamkeit des Gottesleugners stürzen, dessen verwaistes Herz den größten Vater verloren hat«, »dessen Herz so unglücklich und ausgestorben wäre, dass in ihm alle Gefühle, die das Dasein Gottes bejahen, zerstöret wären«. Und doch hilft uns das Grübeln nicht weiter. In den letzten Fragen des Glaubens lässt sich durch Grübeln nichts klären. Die konkretesten Dinge lösen sich im Grübeln wie in Säure auf, und auch die offensichtlichsten Wahrheiten werden darin zerfleddern. Ich habe keine Lösung, aber doch wenigstens einen Rat:

Was die Kraft haben wird, mich am Ende zu überzeugen, wird nicht das sein, was ich glauben kann, sondern das, was ich lieben will. In den wirklichen Krisen werden wir vielleicht erfahren müssen, dass das Seil der Wahrheit, an die wir glauben, sich aufreiben kann – und es am Ende reißt! Das einzige Seil, das uns trägt, ist die Wahrheit, die wir lieben. In der Krise wird das Tragende allein die Liebe sein. Auch Petrus, dieser für alles kämpfende Mensch, wurde nach der Krise des Kreuzes nicht gefragt: »Glaubst du an mich?«, sondern: »Liebst du mich?« (Johannes 21,15ff).

Meine Schwägerin hatte eine überraschende Bitte. Ihr Sohn hatte Erst-
kommunion. Sie bat die Verwandtschaft, man möge in einem Brief
eine Erfahrung aufschreiben, die man in seinem Leben mit Gott gemacht hatte (eine anspruchsvolle Bitte!). Sie wolle diese Briefe dann
gemeinsam mit den Fotos der Kommunion für ihren Sohn zu einem
kleinen Album zusammenfassen, das ihn sein Leben lang begleiten
soll. Ich hatte mich lang davor gedrückt, dann setzte ich mich endlich
hin. Ich schrieb nicht über die Höhenflüge des Lebens mit Gott, sondern über eine Zeit, die über Monate finster war und am Ende doch zu
einer Wende kam. Natürlich war mir klar, dass dieser Brief für meinen
Neffen nicht für den Moment geschrieben war. Am Tag der Feier war
für ihn – ganz kindgerecht! – doch die Attraktivität der Geschenke den
Gedanken um Welten voraus.

Es war ein Satz, den ich eines Nachts hörte und der in seiner
Schlichtheit jener Krise eine Wende gab: »Martin, gib acht, dass du
mich lieb hast; ich kümmere mich um deinen Glauben!« Als ich das
hörte, drehte ich mich um, doch mir war sofort klar, dass es nicht
akustisch hörbar, sondern ein Satz des Herzens war und dass ich die
Stimme Jesu gehört hatte.[119]

Die Erkenntnis darin war schlicht und einfach: Mir ist nicht die
Fähigkeit gegeben, aus mir heraus an Gott zu glauben. Meine Fähigkeit
und Berufung besteht einzig darin, ihn zu lieben. Wie sehr der Glaube
auch von Zweifeln bedrängt sein mag und wie schwer es dann fallen
mag zu beten »Jesus, ich *glaube* an dich« – eher werde ich fähig sein
zu beten: »Jesus, ich sehe, wie du gelebt und was du getan hast. Ich
habe deine Barmherzigkeit und deine Wahrhaftigkeit gesehen, deine
Zuwendung und deinen Mut, deine Liebe und deine Verletzlichkeit
habe ich vor Augen. Dafür will ich dich *lieben*. Darum will ich hören,
was du mir zeigst, und tun, was du mir sagst!«

Es gibt Menschen, für die kann Glauben nur bedeuten, zu akzeptieren, dass Zweifel ein Teil ihres Glaubens sind. Man kann an Gott zweifeln und ihn dennoch lieben. Da will der Glaube ein gelebtes *Dennoch*
sein, und der Glaube wird als eine Entscheidung gelebt. Da ist die

Liebe wie die wärmende Sonne, die den Frühnebel der Zweifel verdampfen lässt. Es ist in diesen Phasen wie Carl Friedrich von Weizsäcker es einmal sagte:»Glauben heißt, so leben, wie man lebt, wenn das wahr ist, was man glaubt.« Wir sollten in diesen schmerzhaften Zeiten in dem Wissen getröstet sein, dass wir unsere Zweifel nicht überwinden müssen, um an Gott zu glauben. Denn mit dem Glauben ist es anders als mit dem Tun. Was unser Tun betrifft, können wir uns überwinden. Da gibt es sehr wohl ein inneres Müssen; es ist die Würde des Willens, dass Dinge von uns mit Recht gefordert sind. Doch was den Glauben betrifft, können wir nichts müssen und müssen nichts können. Denn es gibt einen Glauben durch alle Zweifel hindurch. Auch im Angesicht von Zweifeln kann man Vertrauen beschließen und das Rechte tun. Wir werden geführt auf rechtem Wege. Auch im Tal des Todesschattens wird Gott bei uns sein. Er wird den Weg mit uns gehen; wir werden durch das Unbeantwortete hindurch doch getröstet sein. Wir werden die Fragen nicht lösen – darauf aber läuft es auch nicht hinaus! Denn das Ende wird nicht die Lösung, sondern der Lobpreis sein. Wir sollten wissen: Das feindlich Erscheinende auf diesem Weg ist nicht selbstverständlich ein Feind und das freundlich Erscheinende nicht selbstverständlich ein Freund. Damit möchte ich nach all den Gedanken vom *lernenden Glauben* angesichts der Zweifel nun einen Schritt weitergehen: zum *Lobpreis*.

Der Gottessänger

Eine Geschichte, die ich sehr liebe, macht es deutlich. Es ist die Geschichte vom Kampf des Erzvaters Jakob am Jabbok, wie sie das Buch Genesis erzählt. Der hebräische Name Jakob geht auf ein Wortspiel aus »Ferse« und »Betrüger« zurück, wie wir ja auch im Deutschen davon sprechen, dass jemand »*hintergangen*« wurde, wenn er betrogen wurde. Die Ferse ist der hintere Teil des Fußes, mit dem man geht. Das Buch Genesis erzählt:»Als die Zeit kam, dass Rebekka gebären sollte,

da waren Zwillinge in ihrem Leibe. Der Erste, der herauskam, war rötlich, ganz rau wie ein Fell, und sie nannten ihn Esau. Danach kam heraus sein Bruder, der hielt mit seiner Hand die Ferse des Esau, und sie
nannten ihn Jakob« (1. Buch Mose/Genesis 25,24–26). Später sagt der
Prophet Hosea über den Erzvater Jakob: »Er hat schon im Mutterleibe
seinen Bruder betrogen und im Mannesalter mit Gott gekämpft. Er
kämpfte mit dem Engel und siegte, er weinte und bat ihn« (12,4).

Jakob war sein Leben lang ein Kämpfer gewesen. Was er wollte,
hatte er sich stets erkämpft oder erschlichen – das Erstgeburtsrecht
und am Ende auch den väterlichen Segen. Doch der Kampf, in den er
nun gerät, ist größer. Er ist von einer anderen Art. Es ist ein Kampf mit
Gott. Von dieser Art sind auch die Phasen dunkler Zweifel, die Tage
und Nächte der Ängste und der Verzweiflung, in die auch wir geraten
können. Stets waren wir gewohnt zu kämpfen, doch nun spüren wir, es
geht über unsere Kraft!

Die Geschichte von Jakobs Kampf am Jabbok wird im Buch Genesis folgendermaßen erzählt (1. Buch Mose/Genesis 32,23–30):

*»Und Jakob stand auf in der Nacht und nahm seine beiden Frauen und
die beiden Mägde und seine elf Söhne und zog an die Furt des Jabbok,
nahm sie und führte sie über das Wasser, sodass hinüberkam, was er
hatte, und blieb allein zurück.*

*Da rang ein Mann mit ihm, bis die Morgenröte anbrach. Und als er sah,
dass er ihn nicht übermochte, schlug er ihn auf das Gelenk seiner Hüfte, und
das Gelenk der Hüfte Jakobs wurde über dem Ringen mit ihm verrenkt.*

Und er sprach: Lass mich gehen, denn die Morgenröte bricht an.

Aber Jakob antwortete: Ich lasse dich nicht, du segnest mich denn.

Er sprach: Wie heißt du? Er antwortete: Jakob.

*Er sprach: Du sollst nicht mehr Jakob heißen, sondern Israel; denn du
hast mit Gott und mit Menschen gekämpft und hast gewonnen.*

Und Jakob fragte ihn und sprach: Sage doch, wie heißt du?

Er aber sprach: Warum fragst du, wie ich heiße?

Und er segnete ihn daselbst.«

Jakob erhält einen neuen Namen. Er heißt nun Israel! Ein Ehrentitel. Denn er ist ein Mensch, der nicht mit Menschen kämpfte, sondern mit Gott! Jakob ist auch für mich ein Vater, der mich lehrt, bis ins Letzte aus Glauben zu leben. Es ist wichtig zu sehen, dass diese Geschichte unmittelbar vor der Begegnung mit seinem Bruder Esau steht, die am folgenden Tag stattfinden wird. Nach all den Jahren der Feindschaft – von welcher Art wird die Begegnung mit dem Bruder sein? Es steht auf Messers Schneide, ob es zur Vergebung oder zur Vergeltung kommt. Wir lesen die Geschichte weiter: Jakob ist sich nicht sicher, nähert sich verhalten. Esau aber läuft ihm entgegen, fällt ihm um den Hals, und sie weinen.

Im rabbinischen Judentum gibt es eine besondere Deutung dieses nächtlichen Kampfes, der der Versöhnung der Brüder vorausgeht. Diese Deutung trifft unsere Betrachtungen über das Wesen des Zweifels ins Herz: Die Vollmacht der Überwindung, um die es hier geht, liegt im Lobpreis. Das ist die Deutung des Midrasch Tanhuma[120]. Der Kampf zwischen Jakob und dem Engel wird dort auf die Pflicht *zu singen* hin gedeutet. Der poetische Text weitet die biblische Erzählung aus und dramatisiert sie als ein Streit- und Feilschgespräch. Ich gebe wieder, wie es in jenem Midrasch steht:

»Der Engel sprach zu Jakob: Nun ist meine Zeit gekommen, ein Lied zu singen. (...) [Jakob aber sprach:] Ich lasse dich nicht los, es sei denn, du hast mich gesegnet (Gen 32,27). Kamen nicht die Engel zu Abraham und segneten ihn?

Er [der Engel] sprach zu ihm: Dazu wurden sie geschickt. Aber ich wurde nicht dazu geschickt.

Da sprach er zu ihm: (...) Ich lasse dich nicht los, es sei denn, du hast mich gesegnet.

Er sprach zu ihm: Und was wird mit dem Lied sein, denn schon ist die Zeit herangekommen?

Er [Jakob] erwiderte: Deine Genossen sollen preisen.

Er sagte zu ihm: Aber siehe, es ist meine Zeit zu preisen gekommen!

Er erwiderte: So preise morgen, wenn nicht heute!
Da sprach er zu ihm: Wenn ich morgen zu meinen Genossen komme,
werden sie sagen: Zu deiner Zeit hast du nicht gepriesen, so sollst du
auch zu der Zeit, die nicht deine ist, nicht preisen. (...)
Er sprach: Ich lasse dich nicht los, es sei denn, du hast mich gesegnet.
Er [der Engel] sprach: Und wer wird das Lied singen?
Da sprach er: Ich will es an deiner statt singen, wie es heißt: ›Er kämpfte
mit dem Engel‹ (Hosea 12,5). Das meint ›Gesang‹.«[121]

Der Engel bittet Jakob, ihn ziehen zu lassen, damit er die ihm zum
Lobpreis festgesetzte Zeit nicht verpasse. Jakob aber bleibt beharrlich
und lässt den Engel nicht ziehen, bevor er nicht gesegnet ist. Worin
besteht dieser Auslegung zufolge Jakobs Sieg? Er besteht darin, dass er
anstelle des Engels lobsingt! Diese Interpretation wird – so Heidy Zimmermann[122] – aus dem Schrifttext dadurch legitimiert, dass die Wort-
form »er kämpfte« (wa-yaśar) gelesen wird als »er sang« (wa-yaśar).
Jakob wird einige Verse später auf den Namen Israel umbenannt. Indem die Konsonanten umgruppiert werden, macht die rabbinische
Midrasch Jakob schließlich zum »Gottessänger«. Das ist eine wichtige
Bedeutung: Der Kämpfer wurde zum Sänger! (Auch ich habe das einmal in einer Nacht erlebt.) Der verzweifelte Kampf wurde in einen
Lobpreis verwandelt.

Ich denke, diese biblische Urgeschichte und ihre rabbinische Auslegung sind darum so wichtig, weil diese Verwandlung tatsächlich
stattfinden muss. Geschieht sie im Leben eines Menschen *nicht*, dann
wird die Begegnung mit dem Bruder zum Kampf. Der Umgang mit
den Zweifeln der eigenen Seele und mit all den Zumutungen, die das
Leben uns stellt, ist ein Kampf des Glaubens. Doch der Glaube darf
niemals zu einem Kampf gegen Menschen werden. Er muss ein Kampf
mit Gott sein, der uns einen neuen Namen gibt und unsere Sehnsucht
in Segen verwandelt – allen Schlägen zum Trotz! Wer nicht hinkend
aus den Kämpfen mit Gott hervorgeht, der hat wohl auch nicht gekämpft.

Der Sieg Jakobs bestand darin, dass er anstelle des Engels lobsang!
Das berührt die tiefste Bedeutung des Glaubens: Es ist der Lobpreis.
Ohne ihn können wir nicht leben – wir würden Menschen sein, deren
traurige Existenz darin besteht, mit anderen Menschen zu kämpfen
und an Gott zu zweifeln. Ohne diesen Lobpreis zu erlernen, machen
wir unser Leben zum Betrug. Unser Name bleibt Jakob, in der ganzen
Banalität unseres Denkens, in der Enge unseres Herzens, in der Borniertheit unseres Tuns. Erst durch den Lobpreis hindurch werden wir
mit einem anderen Namen genannt, und unsere Welt wird in einen
anderen Zustand hineingetaucht. Wie sehr wir auch hinkend daraus
hervorgehen mögen, so haben wir doch das Rechte getan, dass wir
nicht abließen zu sagen:»Ich lasse dich nicht, du segnest mich denn.«
Das ist doch die höchste Würde, die unserem Leben einen Adel und
Gotteskräfte verleiht, dass wir aller Dunkelheit und Ängste und Zweifel zum Trotz sagen:»Ich will es an deiner statt singen!« Das heißt:
»per sonum«, Mensch, du sollst ein Gottessänger sein!

Manchmal wird unsere Gottesliebe uns dazu führen, dass wir das Grübeln unterbrechen und stattdessen Lieder schreiben, Gedichte, ein
geistliches Tagebuch, oder in die Stille gehen. Je weiter wir uns von den
Schönheiten und von den *Schwierigkeiten* des realen Lebens entfernen,
desto weniger wird unser Denken fähig sein, Gottes Wahrheit zu erkennen, und desto weniger werden wir uns und anderen zu sagen haben.

Wo bist du Gott?
Er spricht: Und du?
Bist du nicht Geist von meinem Geist
Und Verlangen von meinem Verlangen?
Drum reich mir die Hand deines Geistes – dein Glaube!
Denn ich bin da.

Was immer uns begreifen lässt, dass wir nicht nur aus Gedanken bestehen, wird uns helfen, die Lebensliebe Gottes zu sehen. Ein Waldlauf

am frühen Morgen. Die gemeinsame Wanderung. Ein Kräuterbeet, in dem jedes Kraut seinen Platz hat. Das gemeinsame Musizieren. Die Bereitschaft des Mannes zu einem Tanzkurs mit seiner Frau.[123] Es gibt viele Arten, für einige Zeit einmal nicht die Gedanken zu verherrlichen, sondern die »Geschenke des Lebens« zu sehen.

Wir sollten nicht nur den starken Glauben, sondern auch manch einen Zweifel als eine Gestalt unserer Liebe ansehen. Es ist der Schmerz über die Verborgenheit des Gesuchten, der Schmerz über die Ferne des Geliebten. Erst indem wir diesen Schmerz bejahen, wird er zu einer Gestalt des Glaubens. Entscheiden wir uns, den Schmerz des Zweifels als Gestalt der Gottesliebe zu bejahen, dann entscheiden wir uns letztlich für die Liebe. Denn die wahre Liebe kann ohne Leiden nicht sein. In der Gottesliebe ist die Spannung aus Nähe und Ferne, Erfahrung und Verborgenheit, Gewissheit und Suche, Lobpreis und Leid in einer unauslöschlichen und vollkommenen Weise zusammengebracht. Es ist, wie Søren Kierkegaard sagte: »Die Wahrheit siegt nur durch Leiden.« Gerade der Heilige bejaht den Weg, um des Geliebten willen auch zu leiden. Fulbert Steffensky merkt dies mit Blick auf die Lebenswege der Elisabeth von Thüringen und des Franz von Assisi an: »Vielleicht ist es so, dass man eine große Liebe oft nur in der Gestalt der Verwundung bewahren kann.«[124]

Natürlich ist meine Liebe zu Gott eine hinkende Liebe. Aber erst durch den Schmerz habe ich begriffen, dass Gottes Verborgenheit keine Abwesenheit ist. Er ist da. Wenn wir den Heiligen nacheifern, und das sollten wir tun, dann werden wir den Schmerz der Ferne und der Verborgenheit, den Schmerz der Suche nach dem Geliebten als einen unstillbaren und doch nötigen Liebeskummer unseres Glaubens annehmen. Für den Heiligen ist der Zweifel nicht böse, sondern eine Gestalt seiner Liebe; es ist der unruhige Teil einer Liebe, die um des Geliebten willen nicht, ja niemals, in die Gewöhnung hineinschlafen wird, jene Gewöhnung, in der der Schmerz betäubt und die Liebe erloschen ist.

Wenn wir einen reifen Glauben suchen, müssen wir die »Chemie der Zweifel« verstehen: Es ist uns selten vergönnt, unseren Zweifeln durch Antworten Lebewohl zu sagen, doch sie verneigen sich vor unserm Lobpreis und unserem Mut.

Ein neuer Mut

Nähe und Ferne sind weder abstrakte noch gefühlte Größen. Es sind Größen der gelebten Existenz. Damit hängt es wohl zusammen, dass wir die wirklichen Zweifel nicht durch Denken oder Fühlen überwinden, sondern indem wir unsere Berufung annehmen und einander dienen. Nicht die Zweifel sind es, *wir selbst* sind es, die sich zu überwinden haben!

Ein Geiger, den ich aus meinem Werkstattleben gut kenne, berichtete mir, er nutze die Zugfahrten zwischen seinen Konzertterminen in der Regel zum Geigeüben. Meist setzt er sich in das etwas größere Mutter-Kind-Krabbelabteil. Wenn er dort nicht allein ist, fragt er die Mitreisenden, ob es sie störe, wenn er Geige spielt, was diese in aller Regel verneinen und – ganz im Gegenteil – durch aufmerksames Zuhören begleiten. (Sie wissen ja nicht, welchen Virtuosen sie da mit seiner Stradivari hören.) Auf einer Zugfahrt gab es eine Notbremsung. Er spielte in diesem Moment glücklicherweise nicht Geige, sondern saß mit vielen anderen Reisenden im Großraumwagen des ICE. Es folgte die Durchsage, »wegen eines Personenschadens« werde sich die Weiterfahrt verzögern. Die Menschen murrten, kramten in ihren Taschen, holten ihre Handys hervor, telefonierten ungehalten, informierten Geschäftspartner, dass sich Termine verschieben müssten, usw. usf. Der Geiger war erschüttert über das, was er da erlebte. Ein Mensch hatte sein Leben vor den Zug geworfen, doch die Menschen erachteten es nur als eine lästige Unterbrechung ihres alltäglichen Getriebes. Nach einigen Minuten stand Ingolf auf, packte seine Geige aus, stellte sich hin und richtete sein Wort an die Reisenden. Er sei bestürzt darüber, dass ein Mensch, den er zwar nicht kannte, dessen Leben aber doch wohl eine große Traurigkeit oder Verzweiflung vorausgegangen sein müsse, soeben sein

Leben verloren habe. Daher werde er nun zum Gedenken an diesen Menschen den ersten Satz aus Beethovens Violinkonzert spielen. Dann setzte er den Bogen an und erfüllte durch den Klang seiner Geige diese Situation mit etwas völlig Neuem. So verwandelte er das eben noch geschäftige Milieu des ICE-Großraumwagens in einen Konzertsaal. Ich bin sicher, es entstand ein Raum der heilsamen Ermahnung und der Nachdenklichkeit, die in unseren Tagen so nötig ist!

Ich erinnere mich, dass meine Schwester Gisela, als damals angehende Ärztin, während einer Praktikumsphase des Studiums für einige Zeit auf einer Station für krebskranke Menschen arbeitete. Eines Tages hatte sie den Mut, ihr Cello auszupacken. Sie setzte sich in den Klinikgang und begann, eine der Solosuiten von Johann Sebastian Bach zu spielen. Die Station hatte eine großartige Akustik. Nach und nach öffneten sich vorsichtig die Türen all der Krankenzimmer und die Menschen kamen langsam heraus. Selbst Ärzte und Schwestern, die in diesem starken Getriebe oft über die Maßen beansprucht waren, blieben stehen, viele setzten sich – und es entstand in diesen Klängen des Cellos ein besonderer Raum des Herzens, ein Raum der Versunkenheit und Stille. Das ist der Mut, der nötig ist, um Zweifeln und Verzweiflung etwas entgegenzusetzen. Auch unsere Seelen brauchen Klangräume der Heilung, und manche Sonate ist in der Klinik wohl besser gespielt als im Konzertsaal.

Ich habe am Anfang vom Klang meiner Kundeninstrumente gesprochen und gesagt, man kann den guten Klang nicht einfach *machen*, denn der Klang berührt die innere Stimme eines Menschen. Wenn mir ein Instrument gelingt, dann kommt es aus meiner ganzen Leidenschaft, und es ist dennoch Gnade. Eine der schönsten Rückmeldungen, die ich vor Kurzem über eine meiner Geigen bekam, war von einer Kundin aus Freiburg. Sie schrieb mir: »Die Klänge dieser Geige sind wie Medizin, die einen nach einem harten Arbeitstag wieder lebendig werden lässt.«

Der Klang ist wie die Stimme der Seele. Darum bin ich überzeugt: Musik ist letztlich in Klang gegossenes Gebet. Wenn es um den Klang und die Stimme eines Instrumentes geht, dem ich mich als Geigenbauer zu widmen habe, setze ich darum meine Hoffnung auf die Gnade. Denn hier berühre ich Bereiche, die mir nicht vorbehalten sind. Ich glaube, es ist immer eine Stärke, wenn wir lernen, unsere Hoffnung auf die Gnade zu setzen. Wo immer es um Menschen und Zustände geht, ist diese Hoffnung nötiger als jedes noch so kluge Argument!

Ich habe drei Dinge genannt: unser *Lernen*, unseren *Lobgesang* und unseren *Mut*. Zweifel können Boten Gottes sein, damit wir in ebendiesem Dreiklang unserer Berufung reifer werden. Sicher ist es ein Sieg des Lebens, wenn es uns gelingt, unsere Zweifel umzuformen – umzuformen in den berechtigten Zweifel daran, dass das Mühselige, Schlimme und Leidvolle des Lebens schon alles ist. Es gibt mehr als das. Wenn wir das erkennen, dann hat sich uns die Tür zum Glauben schon aufgetan.

»Es sollen wohl Berge weichen und Hügel hinfallen, aber meine Gnade soll nicht von dir weichen, du Elende, über die alle Wetter gehen und die keinen Trost fand!«

Jesaja 54,10–11

Das Charisma der Stradivari 10
Von der Bedeutung der Gnade

In einem der letzten und innigsten Gespräche Jesu mit seinen Jüngern, die das Johannesevangelium weitergibt, redet Jesus von einem gewaltigen Charisma des Herzens: der Freude. Charis heißt Gnade. Ein Charisma ist eine Gnadengabe. Doch Charis heißt auch: Anmut des Schönen. So singt ein Hochzeitspsalm (45,3)[125]: »Charis ist ausgegossen auf deinen Lippen.«

Es gibt besondere Geigen, deren räumlicher Klang erschließt etwas vom Wesenszug der Gnade. Tatsächlich haben diese Geigen eine charismatische Stimme. Durch sie wird ein Raum mit Klang, Schönheit und Freude erfüllt. Wenn wir etwas vom Wesen der Gnade erleben, dann werden wir von der äußeren Welt in die inneren Räume der Herzensfreude geführt. Manche Geigen können uns darin ein sinnliches Gleichnis sein. Von diesen Geigen möchte ich nun sprechen.

Johann Sebastian Bach

Die raumfüllende Schönheit einer Stradivari erlebte ich in großer Eindringlichkeit, als ich das erste Mal in meinem Atelier die »Schreiber«-Stradivari[126] hörte. Michael spielte dieses – auch äußerlich so vollkommene – Instrument aus dem Jahr 1712 eher zurückhaltend und behutsam. Die Musik, die er wählte, um mir das Instrument zu zeigen, war die »Ciaccona«[127] (Chaconne) von Johann Sebastian Bach. Schon mit dem ersten Akkord erfüllte eine Wärme, ein Atmen, ein Volumen und Glanz den Raum, wie es schwer in Worten zu beschreiben ist. Jeder auch noch so ungeübte Hörer würde es hören. Ich habe selten am eigenen Leibe ein stärkeres sinnliches Gleichnis für die geistliche Wirklichkeit der Gnade erfahren. Die Stradivari ist wie ein in Klangfarben getauchtes Gebet. Es kann kein Zufall sein, dass Antonio Stradivari (anders als seine Zeitgenossen) auf seine Zettel, die das Innere eines jeden Instrumentes signieren, seine Initialen »AS« unter das Kreuz gezeichnet hat. Er stellte sich in seinem Werk unter das Kreuz. Auf solch einer Geige zu spielen ist, als stünde man in einer Klangwolke. Wann immer ich in meinem Leben die Nähe des Heiligen Geistes in einer besonderen Weise erfahren durfte, war es stets diesem Klang ganz ähnlich, es ist diese besondere Gleichzeitigkeit von Sanftheit und Kraft. Tatsächlich gibt es Klangfarben, die sind wie ein sinnliches Gleichnis für die Erfahrung von Gnade.

Dieser Geige jedenfalls ist eine Vollmacht gegeben, dass sie unsere Seele berührt. Später konnte ich sie dann auch selber spielen und einige akustische Analysen vornehmen. Als meine Frau mich spielen hörte, sagte sie anschließend versonnen: »Wenn man diesen Klang hört, kommt man sofort ins Träumen!« Vielleicht ist das die schönste Beschreibung für einen Klang, der eine Vollmacht hat. Es schließt etwas in uns auf und spricht zu unserer Seele. Als Spieler erlebt man das noch stärker. So sagte auch eine Geigerin unlängst, nachdem sie ein am Tag zuvor erst fertiggestelltes Instrument von mir probierte und sehr innig und intensiv beim Spielen auf einzelnen Tonbereichen verweilte: »Ich merke, wie manche Töne anfangen, sich zu öffnen, wenn man mit ihnen zu sprechen beginnt ...«

Jene Stradivari aus dem 18. Jahrhundert hat viele Generationen an Geigern und Geigerinnen erlebt. Weniges könnte die Art dieser Geige passender beschreiben als besagte »Ciaccona«. Ganz anders ist es mit den Instrumenten von Giuseppe Guarneri del Gesù (1698–1744). Da sehe ich die Einheit zwischen Geige und Werk viel eher beim Violinkonzert von Johannes Brahms. Das Brahmskonzert (1878) fordert eine Belastbarkeit und einen Widerstand, das es für die Geigen von Guarneri prädestiniert. Man spürt auf diesen Geigen unter dem Bogen, wie die Töne sich »kneten und formen« lassen. Sie saugen den Bogen förmlich in sich hinein. Besonders auf der G-Saite suche ich auch bei meinen eigenen Instrumenten immer diese Eigenschaft. Da spürt man die Töne wie frisch gefallenen Schnee, den man Schritt für Schritt unter den Füßen komprimieren kann. Es ist dieses satte, knirschende Gefühl. So sind die Töne einer guten G-Saite in ihrem Klang: dicht, dunkel und komprimierbar. Diese Geigen haben unten einen rötlichen Klang und ein silbriges Schillern auf der E-Saite. Sie können fast archaisch werden, wild, fauchend und groß im Ton. Es ist ein leidenschaftlicher und berauschender Klang.

Die Geigen von Antonio Stradivari (1646–1737) sind ganz anders. Man darf mit ihnen nicht kämpfen. Das wäre unangemessen und grob. Man muss immer »unter ihnen bleiben«, muss ihre Noblesse beherzigen, muss sich an ihre Möglichkeiten und Klangfarben herantasten. Hier ist jedes Forcieren und Machenwollen fehl am Platz. Man muss sie gewinnen. Bachs »Ciaccona« passt deshalb besonders gut zu solch einer Stradivarius, weil hier die gleiche Demut und Tiefe zu spüren ist. Es ist für mich eine innere Einheit von Geige und Werk, ohne Aufdringlichkeit, nichts schiebt sich künstlich in den Vordergrund. Die »Ciaccona« ist ein unglaubliches Werk. Und ich muss daran denken, wie es zu jener Komposition eigentlich kam.

Das Werk. In der »Ciaccona« ist ein himmelschreiender Schmerz. Sie findet unter all den Partiten und Solosonaten Johann Sebastian Bachs kein Ende – weder in ihrer ungewöhnlichen Länge noch in ihrer Intensität. Sie ist ohnegleichen, steht über allem, was Bach für Solovioline je komponiert hat. Er schrieb die »Ciaccona« angesichts des völlig unerwarteten Todes seiner Frau Maria Barbara.

Man muss sich das vorstellen: Er unternahm im Jahre 1720 mit seinem damaligen Dienstherrn, dem Fürst von Anhalt-Köthen, eine Reise. Als er sich von seiner Frau verabschiedet hatte, war sie noch gesund. Als er nichts ahnend zurückkam, war sie tot. Sie war bereits beerdigt. So komponierte Johann Sebastian Bach über dieser Konfrontation mit dem unerwarteten Abschied von seiner Frau besagte »Ciaccona«. Es ist ein erschütterndes und ergreifendes Werk; sie ist für mich eine der atemberaubendsten Antworten auf das Leid, die ein Mensch je gegeben hat. Über dem Schmerz und Andenken findet die »Ciaccona« kein Ende.

Es steht mir nicht zu, dieses gewaltige Werk gedanklich zu vereinnahmen. Dennoch will ich sagen, was ich höre. Es ist ein Schmerz, der am Ende einen Trost findet. Es ist darin eine Hoffnung, die nicht von dieser Welt sein kann; Fragen, die aufschreien und am Ende doch in einem Trost geborgen sind. Die »Ciaccona« ist ein unbegreifliches Werk. Sie beginnt mit einem verzweifelten Aufbäumen der Geige. Immer wieder sind die Fragen und die Verzweiflung hörbar. Es sind diese verloren-einstimmigen Passagen, die nicht von sich loszukommen scheinen (etwa in den Takten 84 bis 87), doch sie werden wieder und wieder von einer warmen und bergenden Mehrstimmigkeit umschlossen – eine Stimme, die das Fragen nicht beantwortet, sondern es tröstet.

Bach, der all dies in sich hörte und schrieb, muss erfahren haben, dass es einen Trost gibt, der mehr ist als bloße Menschenweisheit. In der »Ciaccona« wird nichts beschönigt und trotzdem klingt etwas durch sie hindurch, das die Tränen trocknet, als greife jemand in die Welt jenes Menschen ein. In ihr ist das himmlische Eingreifen hörbar: die Geige wächst – man hört es – vollkommen über sich hinaus. Sie wird in ihren Klangfarben und ihrer Mehrstimmigkeit wie zu einer Orgel. Es entsteht ein raumgreifender, alles füllender Choral. Ich glaube, man kann tatsächlich sagen: Was hier über sich selbst hinauswächst, ist das Eingreifen der Gnade in das Leben eines vom Leid geschüttelten Menschen.

Was über Jahrhunderte verborgen war, entdeckte man erst in unseren Tagen: Durch harmonische Analysen wird erkennbar, dass Johann Sebastian Bach in dieses Werk für Sologeige verborgen und wortlos einige seiner größten Choräle hineingearbeitet hat[128]: »Christ lag in Todesbanden«; »Dein Will' gescheh'«; »Jesu meine Freude«; »Auf meinen lieben Gott« und schließlich »Dein Will gescheh', Herr Gott, zugleich«. Wir wissen durch Bachs späte Schriften, dass er einer bestimmten Harmonielehre stets geistliche Bedeutung gab. So gilt dieses atemberaubende Werk für Geige heute als ein »verschlüsselter Lobgesang«. Bach hat diese Choralverse nicht formal »zitiert«, sondern hat sie im Erklingen der Geige in einer verborgenen Weise ausgerufen.

Die Geige. Nun jedenfalls hörte ich – fast drei Jahrhunderte später – die »Ciaccona« in meinem Atelier auf einer der schönsten und modulierbarsten Geigen, die unserer Welt geschenkt wurden, auf einer Geige, die Antonio Stradivari Anfang des 18. Jahrhunderts geschaffen hatte – nur wenige Jahre, bevor Johann Sebastian Bach die »Ciaccona« komponieren würde. Was diese Stradivarius aus der »goldenen Schaffensperiode« des großen italienischen Meisters ausstrahlt, ist das hörbar gemachte Gegenteil einer jeden Härte und Enge. Ihr Klang scheint den Raum vollkommen auszufüllen. Sie ist nicht aufdringlich und nimmt doch alles ein. Sie muss nicht laut sein, um so zu wirken, schon gar nicht schroff oder eng. Es gibt Geigen, die haben einen harten, aufdringlichen Ton, aber sie öffnen nichts im Menschen. Ganz anders ist diese Geige: Sie erfüllt auch im feinsten pianissimo den ganzen Raum und öffnet in ihrer eigenen Vollmacht Räume des Herzens. Sie nimmt sich nichts. Sie trumpft nicht auf, ist niemals ordinär. Sie ist von einer gewaltigen Modulierbarkeit, da ist nichts Eindimensionales in ihrem Klang. Man merkt es, wenn man einzelne Töne spielt und einmal versucht, ihre Klangfarben nachzusingen.

Gnade finden

Der Klang dieser Geige, die den Raum erfüllt, ist seinem Wesen nach ein akustisches Sinnbild für eine um nichts weniger erfüllende Erfahrung des Glaubens: die Gnade. Gnade zu haben heißt, Raum zu haben. Man muss ihn sich nicht nehmen. Wer Gnade hat, der hat Raum im Herzen anderer. Das ist das Wesentliche der Gnade: Sie ist ein Raum, den man sich nicht nehmen *kann*. Die Freude, die wir aneinander haben und bewahren, und das Vertrauen, das wir einander entgegenbringen und in dem wir leben, schaffen unserem Dasein Raum. Freude und Vertrauen sind das Charisma der Seele. Man spürt es einem Menschen ab, ob er glaubt, dass er sich alles erarbeiten und erkämpfen muss, oder ob er erfährt, dass er beschenkt ist. Da weitet sich der Raum der Seele.

So ist es auch mit dem Glauben an Gott. Es ist eine Art zu leben, die nur dort entsteht, wo etwas Gegenseitiges geschieht. Die Gnade bewegt sich nicht auf einer Einbahnstraße – gewissermaßen von Gott zum Menschen. (Alles Lebendige beruht auf Wechselwirkungen; das Reizvolle ist ein Wechselspiel.) Gott wird Raum in unserem Leben finden, wenn wir ihm diesen Raum »einräumen«. Dass Gott sich diesen Raum nicht einfach nimmt, bedeutet, dass jeder Mensch so etwas wie eine »Gnade« hat, die er geben oder verweigern kann! Würde Gott die Erlaubnis übergehen, die wir Glauben nennen, würde er also sich den Raum einfach nehmen – ungeachtet dessen, ob wir es gewähren oder verweigern –, es wäre ein fürchterlich primitiver Gott!

Ein Gebet, durch das wir Gott Raum geben und durch das wir in einem Zustand liebender Aufmerksamkeit leben, ist das Gebet: »Dein Name werde geheiligt; dein Reich komme; dein Wille geschehe.« Das kann ein bleibendes Grundmotiv unseres Daseins sein. Es gibt Phasen inmitten des unruhigen Werkstattalltags, die wollen mir diese Aufmerksamkeit und das Vertrauen rauben. Wenn ich es merke, ziehe ich mich für einige Augenblicke zurück, und das Gebet, das ich dann in der Regel (langsam und ruhig atmend) spreche, ist dies: »Ehre sei dem Vater und dem Sohn und dem Heiligen Geist. Wie es war im Anfang, so auch jetzt und allezeit und von Ewigkeit zu Ewigkeit. Amen.« Es braucht nicht mehr als diesen langsamen, ruhigen Satz. Da bekommen die Situationen eine neue Freiheit. Es öffnet sich tatsächlich der Horizont der Ewigkeit, vor dem ich das aktuelle Geschehen sehe. Inmitten der Enge entsteht so ein weiter Raum. Das Gebet ist die gelebte Wechselseitigkeit. Da findet nicht nur die Gnade ihren Ausdruck, die wir bei Gott haben, sondern auch die Gnade, die wir ihm durch unser Vertrauen geben.

Freundschaft

Der Beginn meiner Existenzgründung war für mich eine harte Schule, die mich lernen ließ, diesen Raum des Glaubens zu betreten. Oft musste ich in den ersten Jahren – finanziell bisweilen am Rand dessen, was man braucht, um zu leben, eine Familie zu ernähren und all die monatlichen Kosten der eigenen Firma zu decken – immer wieder die Entscheidung treffen, den inneren Raum der Sorgen zu verlassen und in diesen Raum des Glaubens einzutreten.

Doch wir würden Gnade falsch verstehen, wenn wir sie nur als etwas Innerliches ansähen. Sie zeigt sich nirgends stärker als in einer echten Freundschaft. In unseren Sorgen und Nöten sind wir nicht nur uns selbst, sondern auch uns gegenseitig anvertraut. Wir sollen Raum im Leben anderer Menschen haben, Raum in ihrem Mitdenken, Mitfühlen und Mithelfen, und sie in uns. So waren Freundschaften in dieser ersten Zeit meiner beruflichen Selbstständigkeit etwas, das ganz ins Handfeste, Praktische und Finanzielle ging. Ein Freund, der um meine Werkstatt wusste, nötigte uns so lange, doch bitte Geld von ihm anzunehmen – und es war nicht wenig! –, bis wir in den akuten Anfangsjahren über den Berg waren und es ihm langsam (zinsfrei!) zurückzahlen konnten. Auch dabei sagte er immer wieder: Lasst euch Zeit! Reinhardt wusste als Betriebswirt gut, wie man sein Geld »gewinnbringend« vermehren kann. Doch ein anderer Wert war ihm ganz offensichtlich wichtiger. Freundschaft ist das, was wir einander ermöglichen und einräumen; wo wir den anderen stärken und ihm zeigen, dass wir an ihn glauben. Was ich mit Reinhardt erlebt habe, erinnert mich an die rabbinische Weisheit, die lautet:»Die materiellen Bedürfnisse deines Nächsten sind dein spirituelles Anliegen.«[129] Wir haben bei ihm nie einen Funken von Überheblichkeit oder Gönnerhaftigkeit gespürt. Vermutlich hätten wir es sonst nicht annehmen können. (Hilfsbedürftigkeit verletzt ja auch irgendwie den eigenen Stolz.) Dass »beim Geld die Freundschaft aufhört«, wie eine Redewendung sagt, haben wir nicht erlebt; im Gegenteil, hier erwies die Freundschaft einen wahren Sinn, sie stärkte unser Leben.

Ganz ähnlich war es auch mit einem anderen Freund. Günter, der als Zahnarzt selbstständig ist, wusste, dass man in den Anfangsjahren als Selbstständiger gute Nerven braucht. Wenn bei mir einmal die Auftragslage wirklich schwierig sei, so sagte er, würde er gern eine Geige bei mir bestellen. Er spiele zwar selbst kein Instrument, aber bestimmt werde er einen begabten jungen Musiker finden, dem er die Geige ausleihen könne. Ich solle also wissen, dass es immer noch diese letzte Geige geben dürfe, die ich baute. Bis heute war es nicht nötig, sein Instrument zu bauen, denn all die Jahre hatte ich genug zu tun – und kann seit einiger Zeit mit meinen Mitarbeitern auch noch weitere Menschen und Familien mit meinem Atelier ernähren. Aber es war bis heute ein entlastendes Netz unter diesen Hochseilakten von Kunst, Musik und wirtschaftlichen Gegebenheiten. Es ist ein Netz der Freundschaft, um solche Menschen zu wissen. So könnte ich noch einige weitere Geschichten von Freundschaft und Glauben erzählen, etwa von einem schwäbischen Kapitalgeber, der mit einem tatsächlich »väterlichen Herz« eines meiner klanglichen Entwicklungsprojekte förderte, weil er gemeinsam mit mir an die Vision glaubt, die ich damit verbinde. Es ist erfüllend zu sehen, dass Glauben, Vertrauen, Treue und Freundschaft nicht nur innere Angelegenheiten sind.

Die Gnade, in der wir einander begegnen und begleiten, ist eine handfeste Erfahrung. Wir geben aufeinander acht und schaffen damit dem Herz unseres Freundes einen Freiraum. Es geht also nicht nur um die inneren Räume der Gnade (Glaube und Vertrauen), sondern auch um die äußeren Räume, in denen sie sich verkörpert. Zeitraum. Lebensraum. Wir sollten unser Leben als eine »charismatische Erfahrung« von Freundschaft und Gemeinschaft begreifen und sollten umkehren, wenn sich unser Miteinander davon entfernt hat. Freundschaft ist eine große Quelle an Lebenskraft, weil sie bedeutet, dass die Freude und Wertschätzung des anderen *in mir lebt*. Es ist die Gewissheit, gekannt, geachtet, geschätzt und unterstützt zu werden. Das ist Gnade. Und noch tiefer: Es ist das Wissen, dass es Menschen gibt, die sich von Herzen an einem freuen. Das ist einer der schönsten Gründe zu leben. Freundschaft und Lebenssinn gehen Hand in Hand.

In ebendieser Weise redet Jesus auch zu seinen Jüngern darüber, dass sie nicht »Knechte«, sondern »Freunde« seien (Johannes 15,15). Und wenige Atemzüge zuvor sagt er jenes Wort, mit dem das Charisma der Freude überschrieben ist: »Dies habe ich euch gesagt, damit meine Freude in euch ist und damit eure Freude vollkommen wird« (Johannes 15,11). Es geht hier um die innersten Räume der Freude, die ein Mensch erfahren kann: die alles erfüllende Freude der Gottesliebe. Ein Leben aus dem Glauben bedeutet, die Freude zu genießen, die Gott an mir hat. Ich habe Raum in Gott gefunden und dafür andere Räume verlassen: den Stolz, die Ichsucht, die ständige Sorge. So geht es darum, welchen Raum ich Gott gebe und ob ich diese Räume des Glaubens je betreten habe.

Wie viele Verletzungen im Miteinander entstehen, weil wir uns nicht Raum geben. Es geht um den Wirkungsraum, den ein Mensch einnehmen kann – den Raum seiner Liebe und Vollmacht. Wenn einem Menschen kein Raum eingeräumt wird, weil er nicht geglaubt und nicht geachtet und darum nicht erkannt wird, rauben wir ihm das, was ihm gegeben ist. Er kann sich zurückziehen oder verbissen Macht und Aufmerksamkeit erkämpfen, doch er wird es schwer haben, das zu sein, was er sein soll. Die Räume, die wir einander verweigern, sind

der Grund für die Armseligkeit, in der wir einander einem beklagens-
werten Dasein ausliefern. Mit einem Wort: Wir verweigern uns wahrer
Freundschaft und wundern uns, dass unser Leben so wenig Sinn und
Grund zur Freude hat. Darum kann man über Gnade nicht schreiben,
ohne über Freundschaft zu schreiben.

Weite und Enge

Wo der Geist Gottes gegenwärtig ist, da entsteht im Herzen des Menschen ein weiter Raum, ein Raum der Befreiung aus Enge und Angst.
So heißt es bei Paulus: »Wo der Geist des Herrn ist, da ist Freiheit« (2.
Korintherbrief 3,17). Es ist wie der räumliche Klang der Geige, von
dem ich sprach. Von diesen »Klangunterschieden des Lebens« – von
Enge und Weite, von Angst und Glauben – redet auch das Buch Hiob,
wenn es von Gott sagt: »So reißt er auch dich aus dem Rachen der
Angst in einen weiten Raum, wo keine Bedrängnis mehr ist; und an
deinem Tische, voll von allem Guten, wirst du Ruhe haben« (36,16).
Hier ist vom Tisch die Rede. Der Tisch drückt die Gnade aus.
Denn Tischgemeinschaft hat mit Vertrauen und Dienen zu tun. Sie
ist Ausdruck von Freundschaft. Sie ist Gastfreundschaft. Hier hat ein
Gast den Raum eines anderen betreten, sein Haus, sein Herz. Einander diese Nähe einzuräumen, dass man gemeinsam zu sich nimmt,
was man zum Leben braucht – dafür ist die Tischgemeinschaft ein
Sinnbild. Es bedeutet Leben in der Gnade – nicht abstrakt, sondern
im täglichen Miteinander. So heißt es von der ersten Jüngerge-
meinde: »Sie waren täglich einmütig beieinander im Tempel und
brachen das Brot hier und dort in den Häusern, hielten die Mahlzeiten mit Freude und in der Schlichtheit des Herzens« (Apostelgeschichte 2,46). Ich habe erlebt, wie der Leitungskreis einer Gemeinschaft seinen Charakter veränderte, als man aufhörte, sich zum Essen
und Gespräch in den Häusern zu treffen, und sich stattdessen – es
war praktischer – im Gemeindehaus traf. Auf das gemeinsame Essen

wurde verzichtet und man öffnete einander nicht mehr den Raum der eigenen Wohnung. Da waren die inneren Spaltungen, Machtkämpfe und Eifersüchteleien nicht mehr aufzuhalten. Die Gastfreundschaft, von der die Bibel erzählt, erstreckt sich auch auf den Umgang mit dem Fremden. Daran werden wir geprüft. Engstirnigkeit und Angst grenzen ab; die Grenzen aber, die Gott schafft, sind die Grenzen des Vertrauens. Einzig durch Vertrauen werden wir weit, und Menschen finden Raum. Von diesem Raum der Gnade redet der Prophet Sacharja in einer Vision. Es ist der gleiche Zusammenhang von Weite und Gnade, Raum und Herrlichkeit, den wir überall in der Bibel sehen:

»Und ich hob meine Augen auf und sah, und siehe, ein Mann hatte eine Messschnur in der Hand. Und ich sprach: Wo gehst du hin? Er sprach zu mir: Jerusalem auszumessen und zu sehen, wie lang und breit es werden soll. Und siehe, der Engel, der mit mir redete, stand da, und ein anderer Engel ging heraus ihm entgegen und sprach zu ihm: Lauf hin und sage diesem jungen Mann: Jerusalem soll ohne Mauern bewohnt werden wegen der großen Menge der Menschen und des Viehs, die darin sein wird. Doch ich will, spricht der Herr, eine feurige Mauer rings um sie her sein und will mich herrlich darin erweisen« (Sacharja 2,5–9).

Durch geistlose Grenzziehung und eigenmächtiges Mauerwerk ist es im Innern eng geworden. Wo Stolz und Angst wohnen, findet das Heilige keinen Raum. Auch Jesus fand, als er geboren wurde, keinen Raum. Wie ein frühes Gleichnis heißt es:»Sie hatten keinen Raum in der Herberge« (Lukas 2,7). Später, als gestandener Mann, sagte er:»Mein Wort findet bei euch keinen Raum« (Johannes 8,37). Es waren die Herzen, die sich verweigerten.

Gnade ist eine Kraft, die über alles eigene Leisten und Vermögen, über alles Scheitern und Versagen hinaus einen Raum des Lebens schafft. In unserer Unerbittlichkeit richten wir einander und rauben einer dem anderen den Raum, der uns verheißen ist. So werden unsere

Beziehungen eng und hart. Wer den andern richtet, der hat das Wesentliche von Christus nicht begriffen, und der Geist Christi ist nicht in ihm. Wir sollten fragen, wie wir dem anderen Raum geben können, dass – trotz all seiner nervigen Schwächen – das Gute an ihm sich Ausdruck verschaffen kann. Wenn wir das Gute am anderen nicht entdecken, weil wir es durch unsere Kritiksucht verdecken, dann haben wir die Augen der Barmherzigkeit verloren. So vergreifen wir uns an Gott, denn wir rauben dem anderen die Gnade, die Gott ihm verheißen hat.

Das innerste Wesen Christi wird durch das Zeugnis Johannes des Täufers deutlich, der ihn kommen sieht und sagt: »Siehe, das ist Gottes Lamm, das der Welt Sünde trägt!« (Johannes 1,29). Dieses »Tragen«, von dem hier gesprochen wird, bedeutet – dem Wortstamm und seiner Natur entsprechend – im besten Sinne *Toleranz*[130]. Angst und Ärger sollten uns die Lammesnatur nicht rauben, zu der wir berufen sind. Wer Christus sieht, der wird jene Toleranz als einen innersten Wesenszug der Wahrheit erkennen. Toleranz ist die Kraft, sich nicht über den anderen zu erheben, sondern ihn zu tragen. Das Erste, was Johannes der Täufer an Jesus erkennt, ist nicht die Wahrheit, die er bringt, sondern die Last, die er trägt. Ihm nachzufolgen heißt, zu fragen, was wir tragen. Doch man kann sich daran überheben und merken: Die Last, die der andere ist, wird mir zu schwer. Darum ist es wichtig, im Gespräch mit Christus zu bleiben und in dem Maß, das er uns gibt, den anderen mit ihm gemeinsam zu tragen. Das heißt: Ich trage den anderen, der mir zur Last geworden ist, zuallererst im Gebet. Es wird meine Sicht für ihn verändern und mir neue Kraft verleihen. Wir sind in vielem schwach, doch wir sollten uns nicht noch weiter schwächen, indem wir einander aburteilen, anstatt füreinander vor Gott zu stehen. Selbst Christus sagt von sich: »Ich bin nicht gekommen, dass ich die Welt richte« (Johannes 12,47) – um wie viel weniger steht es *uns* dann zu! Wer den andern richtet, verliert die Kraft Christi. Er merkt es daran, dass er unfähig wird, den andern – und am Ende auch sich selbst – zu tragen.

Es ist ein notdürftiges, aber doch hilfreiches Gebet, zu sagen:»Gott, ich kann diesen oder jenen Menschen im Moment nicht lieben. Liebe du ihn!«– das ernsthafte Gebet für einen Menschen, der uns schwerfällt, wird oft etwas von der Gottesliebe auf uns überspringen lassen. Es wird *auch uns* verändern. Denn es ist ein Geheimnis, dass ich den mir schwer gewordenen Menschen in Gott lieben kann, wie ich umgekehrt in dem Schweren, das mich umgibt, Gott lieben kann. Dass wir jedenfalls mit Blick auf die eigene Begrenztheit um Liebe *bitten* können, ist eine gewaltige Gotteserfahrung, die unserer Welt ans Herz greifen kann. Es zeigt, dass es eine Gnade gibt, die mit unserer Schwachheit zusammenwirkt. An diese Gnade nicht zu glauben heißt, sich der Verarmung des eigenen Lebens preiszugeben.

Verantwortung für die Gnade

Was also über den Klang der Geige zu sagen ist, von der ich eingangs sprach, lässt sich auch über das Wesen der Gnade sagen: Sie öffnet innere Räume. Sie nimmt sich nichts. Sie trumpft nicht auf. Sie ist nie ordinär, sondern von einer großen Modulierbarkeit. Sie sucht uns zu gewinnen. So sind auch viele Worte der Bibel. Sie suchen in uns ein Instrument, durch das sie klingen können. Es sind Worte, denen dieser Klang der Gnade gegeben ist. Nicht *wir* lesen diese Worte, sondern *sie lesen uns!* Sie wirken in uns, wie Musik, die durch ein Instrument hörbar wird. Augenscheinlich meint man, die Geige spiele die Musik. In Wahrheit aber spielt die Musik das Instrument! So geht es doch darum, welche»Musik«in unseren Herzen gespielt werden kann.

Ein Wort des Propheten Jona sagt:»Die sich halten an das Nichtige, verlassen ihre Gnade«(2,9). Jeder Mensch hat *seine* Gnade. Sie ist, könnte man sagen, so etwas wie die Augenfarbe und Zeichnung seines inneren Lebens. Es ist Teil unserer Würde, dass wir verantwortlich für die Gnade sind, die uns gegeben ist. Paulus sagt:»Gebt acht, dass ihr die Gnade Gottes nicht vergeblich empfangt«(2. Korintherbrief 6,1).

Wir können sie verlieren wie den Glanz unserer Augen. Da steigt ein Nebel über der Trübung des Herzens auf. Wer sich an das Nichtige hält, so sagt es das Wort des Propheten, der verlässt seine Gnade.

Die Gnade verlieren

Der besondere Klang jener Stradivari wurde hörbar durch den Raum, den sie schuf. Wenn Gnade vor allem der »Raum« ist, den wir haben, dann möchte ich fragen, was diesem die Weite nimmt und das Leben im Inneren und Äußeren so eng und mühsam macht. Ich sehe vier Dinge, die uns die Gnade rauben: das Lagerdenken, die Vermessenheit, das Richten und das Wissen.

Das Lagerdenken. Wir ziehen Grenzen um unser Credo, um zu schützen, was uns wahr und wertvoll erscheint. Dabei verteidigen wir unsere kleine geistige Parzelle, als sei sie das Gelobte Land. Sollte Gott, der die Weite des Himmels ausgebreitet hat, sich in Räumen zu Hause fühlen, in denen es durch Rechthaberei, Kränkung und Empörung eng und krank geworden ist?

Geistige oder weltanschauliche Inzucht macht das Gute krank. Darum dürfen wir uns nicht nur mit »unseresgleichen« zusammentun. Gott ist nicht »meinesgleichen«. Mehr als »der Eigene« ist und bleibt Gott »der Andere«. Darum ist die Begegnung mit dem anderen Menschen, mit der anderen Gemeinschaft, der anderen Konfession, der anderen Erfahrung, dem anderen Zeugnis immer auch ein Lebensgleichnis für die Begegnung mit Gott. Oft wird Gott uns gerade dann überraschen und begegnen, wenn wir über uns selbst hinausgehen – dort also, wo wir anfangen, mehr zu suchen als uns selbst.

Je weniger Gott uns begegnen darf, desto emsiger werden wir die Grenzen um unseresgleichen ziehen. So entsteht das Lagerdenken einer inzüchtig-vertrauten Binnenkultur, die in ihrem Kranksein nicht gestört werden darf. Jesus Christus musste ertragen, außerhalb zu stehen und außerhalb zu sterben – wie es heißt:»draußen vor dem Tor«. Darum heißt es im Hebräerbrief:»So lasst uns nun zu ihm *hinausgehen aus dem Lager* und seine Schmach tragen« (13,13). Das Eigene nicht nur mit seinesgleichen, sondern mit dem anderen zu teilen, ist gelebte Gottesbegegnung. Denn wenn wir fähig werden, das Anderssein des anderen zu achten, obgleich wir seine Andersartigkeit *nicht verstehen*, wird unsere Menschlichkeit aus einer neuen Quelle schöpfen. Es ist die Quelle der Ehrfurcht. Das Vertraute sucht unser Vertrauen; das Fremde aber sucht unsere Ehrfurcht. Wie viele Schätze bleiben unentdeckt, weil wir nicht fähig sind, unser Herz über die gewohnte Vertrautheit hinaus weit zu machen. Es braucht Demut, zu sehen, dass die wesentlichen Dinge oft außerhalb des Eigenen geschehen.[131]

Die Vermessenheit. Wir werden uns erst dann in einer größeren Freiheit und einem tieferen Vertrauen auf dem Feld des Heiligen bewegen, wenn wir erfahren, dass die Wahrheit unserer Nachhilfe und unserer Belehrungen nicht bedarf. Sie ist souverän. Doch sie bedarf unserer Liebe und Wachsamkeit. Darum heißt es:»Die Weisheit lässt sich gern erkennen von denen, die sie lieb haben, und lässt sich von denen finden, die sie suchen. Sie kommt denen entgegen, die sie begehren, und gibt sich ihnen zu erkennen« (Buch der Weisheit 6,13–14).

Oft wird man doch viel eher von der Weisheit gefunden, als dass man sie findet; man wird auf etwas gestoßen, erfährt beglückende Führungen und Fügungen; wird eher erleuchtet, als dass man alles durch eigenes Verstehen zu durchleuchten vermag. Von den wesentlichen Dingen wird man viel eher ergriffen, als dass man begreift. Es ist faszinierend, sich Dinge zu erschließen, doch es gibt Bereiche, die müssen sich uns »von selbst« (vgl. Markus 4,28) auftun. Durch all unser *Forschen* finden wir nur zu jenem Teil des Universums Zugang, den man *erkennen* kann. Durch unser *Vertrauen* aber finden wir einen Zugang zu dem weitaus größeren Teil, den man nur *anerkennen* kann. Da gilt: Du wirst nur erkennen, was du liebst; und nur das Gute, das du anerkennst, wirst du erfahren. Das entspricht dem inneren Wesen der Liebe ebenso wie dem inneren Wesen des Glaubens. Ein Mensch, der nur verstehen und erkennen will, nicht aber vertrauen und anerkennen kann, dessen Leben wird unweigerlich verarmen. Der Glaube ist ein Forschen der ganzen Existenz, das von Anerkennung getragen ist. Fehlt dem Forschen diese Demut der Liebe, dann steht man vor verschlossener Tür.

Das Richten. Wir ermahnen einander, weil wir uns berufen fühlen, den Irrenden zu führen, den Verstockten zurechtzuweisen, den Törichten aufzuklären. Natürlich wird ein geisterfüllter Mensch immer ein *ermahnbarer* Mensch sein. Nur der Dumme ist nicht bereit, sich etwas sagen zu lassen. Doch wie man eine Geige stimmen muss, bevor man sie zu spielen beginnt, so muss auch ein Mensch, der einen anderen Menschen ermahnt oder belehrt, sich zuvor vom Geiste Gottes stimmen lassen – sein Ton wird hernach eine andere Intonation haben, er wird barmherziger sein. Der Unterschied zwischen Ermahnen und Richten heißt Barmherzigkeit. Nur die Barmherzigkeit erlaubt es uns, mit den Augen des Herzens zu sehen. Ein Mensch, der dazu nicht fähig ist, ist – sosehr er auch recht haben mag – wie ein Blinder, der einem Blinden den Weg weist. Wir übersehen, dass das rechte Verstehen immer eine Frage der Vernunft (oder der Gnade) ist und nicht eingeklagt werden kann. Den Willen zur gegenseitigen Achtung aber kann man fordern. Wo dieser Wille fehlt, ist auch das höchste Wissen Dummheit.

Das Wissen. Wie viele Menschen lieben Gott und verurteilen zugleich diejenigen, die ihn anders lieben, als sie selbst es tun! Müsste man da – in Anlehnung an ein Jesuswort – nicht sagen: »Wenn ihr nur euresgleichen achtet, welchen Lohn habt ihr? Und wenn ihr nur denen Raum gebt, die eure Einsichten teilen, was tut ihr Besonderes?« Wir verurteilen ja meist nicht aus mangelnder Liebe – das würde uns auffallen und beschämen –, sondern aus einer götzenhaften Überhöhung der eigenen religiösen oder weltanschaulichen Überzeugung. Als wäre Gott in unseren theologischen Einsichten und nicht in der Armut unserer Herzen geboren!

Wir bekämpfen einander mit Einsichten, weil wir Bettler vor den Toren der Gotteserfahrung sind. Sie öffnen sich nicht dem Wissenden, sondern dem Nichtwissenden. Er ist der geistlich Arme, der all sein Wissen für nichts achtet gegenüber dem Gebot, Gottes Wort zu hören und seinem Nächsten zu dienen. Wenn wir eintreten, werden wir einander nicht den Kopf, sondern die Füße waschen. Nur so wird sichtbar sein, dass unser Wissen von Gott ist.

Heraklit von Ephesos (um 500 v. Chr.) sagte: »Vielwisserei lehrt nicht, Vernunft zu haben.« Wir täuschen uns, wenn wir meinen, die großen Lehrer des Menschseins würden uns vor allem zu Wissenden machen. Der Überlieferung nach soll Konfuzius (Khung-Tse) im sechzigsten Jahr seines Lebens seine Anschauung von Grund auf geändert haben. Seine Bekehrung wird der Begegnung mit Lao-Tse zugeschrieben, der zu ihm sagt: »Du hast Verwirrung in den Menschengeist gebracht«, und an anderer Stelle: »Wasche deine Seele, dass sie schneeweiß werde, und entlasse dein Wissen.«[132] In manchem ähnelt diese Begegnung zwischen Lao-Tse und Khung-Tse der Unterredung zwischen Jesus und Nikodemus, von der das Johannesevangelium erzählt. Der Gelehrte beginnt das nächtliche Gespräch mit den Worten: »Meister, *wir wissen* ...« Jesus aber redet nicht vom Wissen, sondern vom Wirken des Geistes Gottes. Er sagt: »Der Wind bläst, wo er will, und du hörst sein Sausen wohl; *aber du weißt nicht* ...« (Johannes 3,1.8).

»Du hörst – aber du weißt nicht ...« Vielleicht bilden geisterfülltes Hören und geisterfülltes Nichtwissen eine engere Einheit, als es dem Wissenden lieb sein will. Es gibt ein Wissen, das übertönt die inneren Ohren und raubt uns den Mut, mit Gott zu rechnen. Wie oft verdunkeln wir das, was uns verheißen ist, durch das, was wir zu wissen meinen! Was ein chinesisches Weisheitswort über das Tao sagt, könnte man gewiss ebenso über das Reich Gottes sagen: »Man kann vom Geheimnis des Reiches Gottes nicht zu einem Schulmann sprechen: Er ist in seiner Lehre eingemauert.«

Es ist ein schlechter Ersatz, wenn wir – eingeklemmt zwischen Buch-deckeln, unentwegt süchtig nach Wissen und läufig streunend nach neuen Erfahrungen – die Leere des hörenden Herzens verloren haben. Ein Vorbild des geisterfüllten Nichtwissens ist gewiss die Selbstverges-senheit des Kindes. Die Lehrer des Ostens sagten, dass der Heilige oder Erleuchtete ein Mensch sei, der »zurückgekehrt sei zur Einfalt des Kin-des«.[133] Auch Jesus sagte: »Wenn ihr nicht umkehrt und werdet wie die Kinder, werdet ihr das Reich Gottes nicht sehen« (Matthäus 18,3).

Was ist das natürliche Wesen des Kindes? Es hat mit seiner Welt nicht abgeschlossen, es hat sich den Trieb bewahrt, auf das Leben ge-spannt zu sein. Was mich an meinen Kindern fasziniert, ist ihr uner-müdliches Fragen. Sie haben – unwissend und unverletzt – noch kein abgeschlossenes Weltbild erlitten, sondern erforschen das sich ihnen mehr und mehr offenbarende Leben. Wer aber auf seinem Wissen be-harrt, der ist für Offenbarungen des Lebens nicht offen, er hat die Gnade des Kindseins verloren, er ist kein suchender und lernender Mensch. Jedes Lernen ist eine kleine Offenbarung. Zu dieser Gnade sollen wir umkehren.

Unsere Aufgabe ist es, der Gnade Raum zu geben, dass Gott selbst sich offenbaren kann. Wir aber verengen den Raum durch unser Wis-sen und schließen einander durch unsere Verurteilungen und Verlet-zungen aus. Wir ersetzen Gottes Offenbarungen durch unsere Einsich-ten! So machen wir uns selbst zu Gott. Wir sind Götzendiener unserer Urteile und Überzeugungen.

Es darf kein Dauerzustand sein, an die Grenzen der Wahrheit berufen zu sein. Denn wenn wir an den Grenzen verharren, werden wir die Weisheit des Glaubens verlieren. Man findet die Weisheit nicht an der Grenze. Wenn wir an den Grenzen *verharren*, wird die Wahrheit, für die wir einstehen wollen, uns korrumpieren. Sie wird uns hart ma-chen, wenn wir zu Zeiten und an Orten kämpfen, ohne berufen zu sein. Da wird sich die Leidenschaft in Fanatismus verkehren, und der Heilige Geist zieht den Hut und geht.

Jesus hat uns nicht berufen, kraft unserer Einsichten Zäune zu erdenken, die das Feld der Wahrheit definieren. Er sagte:»Meine Schafe hören meine Stimme, und sie folgen mir nach« (vgl. Johannes 10,27). Wir aber sagen:»Hauptsache wir bleiben am Weidezaun und verteidigen die Grenzen der Wahrheit!« So bleiben wir zurück. In Anlehnung an ein Jesuswort könnte man sagen:»Weh euch, ihr Eiferer, die ihr eure Ohren verliert. Ihr kämpft für mich, aber verliert mich zugleich. Ihr verbraucht eure Kraft an den Rändern. Wie wollt ihr mich hören?« Die Liebe zur Wahrheit darf niemals *alles* sein, wozu wir fähig sind. Darum spricht uns die Weisheit ins Herz:»Lerne, an Gott nicht weiter zu glauben, als du fähig bist, die Welt zu lieben! Deine Liebe setzt dir die Grenzen!« Am Ende jedenfalls werden nicht unsere Richtigkeiten, sondern unsere Gerechtigkeit zählen. Den frevelhaften Luxus, unsere Richtigkeiten wichtiger zu nehmen als unsere Gerechtigkeit, gönnen wir uns ja nur, weil wir nicht fähig sind, das Seufzen unserer Welt zu hören und uns miteinander zu verbünden, um den Ungerechtigkeiten und Widrigkeiten den Segen entgegenzusetzen, den wir – jeder auf seine Weise – empfangen haben.

Das Eigene achten

Was ist der»Götzendienst der Überzeugung«, von dem ich gerade sprach? Sind Überzeugungen in Sachen Glauben denn nicht wichtig? Natürlich dürfen wir uns fragen, was wir glauben und begreifen sollen (das ist ein bleibendes Gebet, in dem ich lebe!), doch wir sollten nicht vergessen, dass die Antwort in den seltensten Fällen die»Reinheit der Lehre« betrifft. Viel häufiger wird es die»Reinheit des Herzens« sein, über die Gott mit uns spricht. Diejenigen, die reinen Herzens sind, werden Gott schauen, und wahrhaftiger kann ein Mensch nicht gelehrt sein.

Natürlich dürfen wir davon überzeugt sein, dass wir an die Wahrheit glauben, aber wir sollten dabei doch nicht vergessen, dass unsere

Wahrheit niemals nur eine Wahrheit ist, die *Gott* entspricht; es ist zugleich immer auch das, *was uns selbst* entspricht – unserer Berufung, unserem Verständnis, unserer Erfahrung und Zeit. Dass wir die Wahrheit durch uns selbst färben, ist nicht schlimm. Auch ein Resonanzkörper färbt den Klang der schwingenden Saite durch die ihm eigenen Resonanzen. Jede Zeit und Kultur hat ihre Resonanzen. Warum sollte Gott nicht die Demut haben, mit unserem Glauben etwas in uns zu schaffen, was nicht nur ihm, sondern *auch uns* gerecht werden kann? Er neutralisiert nicht das Eigene des Menschen, um sich – quasi in Reinform – in uns abzubilden. So heilig ein Mensch auch sein mag, wir sehen immer nur ein Bild. Da nimmt Gott Gestalt an, doch er tut es nicht anstelle des Menschen, sondern durch den Menschen. Dass Gott den Menschen »zu seinem Bilde schuf« (1. Buch Mose/Genesis 1,27), bedeutet nicht, dass wir göttlich seien. Schon gar nicht ist damit gemeint, dass Gott aussehe wie ein Mensch. Es bedeutet vielmehr, dass Gott sich durch den Menschen abbilden will.

Durch jeden Menschen kommt etwas Eigenes in die Welt hinein. Das soll uns zur Selbstachtung führen: Wir können reifer werden, aber wir können nicht *ein anderer* werden! Darum sollen wir uns empfangen und annehmen und heil werden als diejenigen, die wir sind. Denn nicht die Wunschfigur, die wir gern wären, sondern nur der Mensch, der wir sind, kann in seiner Berufung reifen und ein Resonanzkörper der Gnade sein. Jeder Mensch ist sich selbst gegeben, doch wir verlieren die Gnade, die uns gegeben ist, wenn wir die Treue und die Hoffnung uns selbst gegenüber verlieren – die Treue: Du bist kein anderer! Die Hoffnung: Es kann in dir und durch dich Gutes geschehen! Zu diesem Selbstvertrauen sind wir berufen.

Wie soll Christus in uns auf Resonanz stoßen, wenn er uns nicht in dieser Treue und Hoffnung uns selbst gegenüber vorfinden kann? Man darf den Resonanzkörper nicht durch die schwingenden Saiten ersetzen und nur deshalb, weil die Saiten schwingen, behaupten, man bedürfe des Resonanzkörpers nicht. Beides hat seinen Sinn. Wollen wir etwa uns selbst durch Christus ersetzen? Dieses Spiel der Selbstverachtung wird Christus nicht mitspielen! Er sucht nicht in jedem Menschen und zu jeder Zeit den *gleichen* Klang, er entfaltet sich nicht in jedem Menschen und jeder Kultur auf die *gleiche* Weise. (Darum betete Jesus auch nicht, dass sie alle *gleich* seien, sondern »dass sie alle *eins* seien« – Johannes 17,21. Das ist ein großer Unterschied.) Die Gnade wird den Menschen niemals ersetzen, sondern durch ihn wirksam sein. Darum spricht sie: »Gib dich nicht auf, sondern lerne zu achten, wer du bist! Hat nicht jedes Instrument seine eigenen Resonanzen?« In der kommenden Welt wird man mich gewiss nicht fragen: »Warum bist du nicht Stradivari gewesen?« oder: »Warum bist du nicht Jesaja gewesen?«, sondern man wird mich fragen: »Warum bist du nicht Martin gewesen?«

Das Eigene zu begreifen, ist auch ein Gebot der Einsamkeit. In der Gemeinschaft entsteht unwillkürlich ein Vergleichen. Dem muss man sich entziehen. Jedes Herz muss die Einsamkeit ertragen und sich selbst fragen, was es glauben und empfangen soll. Wir müssen bereit sein, uns hörend und fragend, suchend und liebend Gott auszusetzen. So wird die Einsamkeit zu einer Erfahrung des Glaubens. Wer diese erfüllende Einsamkeit erfährt, in dem entsteht die Kraft, dass er der Gemeinschaft das Eigene geben kann. Es ist – mit den alten Worten gesprochen – die Kraft, aus dem Herzen zu leben: Was spricht Gott? Was teilt er dir zu? Die Einsamkeit vor Gott ist eine Verheißung, die zu uns spricht: Mache dein Herz zu einer weiß grundierten Leinwand und bitte Gott, in dir zu bilden, *was ihm und dir* entspricht! Mache dein Herz zu einem Buch der Offenbarung und bitte Gott, *sich selbst* in dir zu beschreiben! Glaube, dass er dir das Deine zuteilwerden lässt. Habe den Mut, dich zu öffnen und in deinem Vertrauen vor Gott zu sein. Habe den Mut, mit der Gnade Gottes in deinem Leben zu rechnen!

Die Gnade ersetzen

Gott lächelt über unsere Erkenntnisse – nie spöttisch, doch wie ein Vater, der sich über eine Entdeckung seines Kindes freut. Das heißt aber auch: Hinter aller Wahrheit, die wir reden und lehren, sollten wir doch immer das Lächeln Gottes sehen. Verbissenheit wäre kindisch. Wir sollten uns durch unsere Gedanken nicht vom Wesentlichen ablenken lassen: Das Tragende der Gnade ist nicht die Lehre, der wir zustimmen – das ist schnell getan –, sondern die Verhältnisse, in denen wir leben. Man kann das Leben aus dem Glauben nicht durch eine theologisch korrekte oder bekenntniskorrekte Lehre ersetzen. Darum will ich mich nicht an einem geistigen Lehrgebäude ergötzen, denn da wird die rechte Überzeugung zum Gott – ein höchst wackeliger Gott, den man am eigenen Denken befestigen muss, damit er nicht umfällt. Wenn die »rechte Lehre« uns gerecht machen kann, dann wird sie selbst zum größten Angriff auf die Gnade. Da entsteht durch die Hintertür doch wieder eine furchtbare Form der »Werkgerechtigkeit«, die darin besteht, das »Rechte« zu glauben; die Rechtgläubigkeit wird so zum wichtigsten »guten Werk«. Da verkommt der Glaube zum bekenntniskorrekten Sprechen. Das Herz wird erniedrigt, weil man auf einmal etwas Bestimmtes »glauben muss«.

Das Herz erkennt anders als der Intellekt. Es erkennt nicht dadurch, dass es über die Dinge nachdenkt, sondern dadurch, dass es in sie eingeht. Es erkennt nur, indem es in Beziehung lebt. Wir wissen nichts von Gott, wenn wir nicht ein »inneres Wissen« von Gott haben. Darum müssen zum *denkenden* Glauben der *betende* Glaube, der *handelnde* Glaube und der *feiernde* Glaube hinzutreten. Denn wer seine Lehrsätze kennt, aber von Mystik, Ethik und Ritus nichts weiß, dessen Glaubensweg kommt an ein schnelles Ende; sein Glaube wird am Ende nichts weiter als eine dogmatische Banalisierung Gottes sein.

Wo bist du?

Gott ist der Fragende. Man kann sich den Glauben in seinen Gewissheiten wünschen, aber machen kann man ihn nicht. Mehr habe ich nicht, als auf die Frage zu antworten, die Gott mir stellt. (Und man sollte zu jeder Zeit seines Lebens wissen, welche Fragen sich einem eigentlich stellen.) Gott ist der Fragende. Was heißt es, dass er zum Menschen mit den Worten spricht: »Wo bist du?« (1. Buch Mose/Genesis 3,9)? Weiß er denn nicht, wo der Mensch, den er sucht, gerade ist? »Zu jeder Zeit«, so sagen die Bewährten, »ruft Gott jeden Menschen an. Wo bist du in deiner Welt? So viele Jahre und Tage von den dir zugemessenen sind vergangen, wie weit bist du derweilen in deiner Welt gekommen?«[134]

Wie wollen wir je zum Glauben kommen, wenn wir nicht mutig genug sind, uns Gott zu stellen? »Wo bist du?« Das heißt: Was hast du aus dir – aus dem dir Anvertrauten – bis heute gemacht? Die Frage, ob wir Gott finden werden, ist schlicht die, ob wir uns von Gott ins Herz treffen lassen oder ob wir versuchen, der Verantwortung für unser Leben zu entgehen. Je mehr wir uns verstecken, umso tiefer verstricken wir uns in die Verkehrtheit. Gott zu begegnen bedeutet, das Versteck zu verlassen und sich dem zu stellen, was man längst begriffen hat. Gott zu finden ist somit die Fähigkeit, vor sich selbst – den eigenen Ausflüchten – endlich zu schweigen und der Frage mit dem eigenen Leben Antwort zu geben. Weniger als das kann unsere Verantwortung vor Gott nicht sein. (Es ist sicher nötig, mehr als das zu sagen, aber gewiss nicht weniger!) Die Antwort auf die Frage Gottes ist damit das Wort des unverstellten Herzens: »Hier bin ich! Du hast recht!«

So verlassen wir das Versteck und wagen uns endlich auf den Weg. Gerade der Taoismus, dem wir den berühmten und millionenhaft missverstandenen Sinnspruch »Der Weg ist das Ziel« verdanken, wird einen »Weg«, der um sein Ziel nicht weiß, niemals als einen Weg bezeichnen. Ein zielloser Weg ist ein Irrweg. Es reicht nicht aus, in selbstverliebter Ziellosigkeit nur von sich selbst bewegt zu sein. Da bleiben wir die Antwort schuldig und machen unser Leben zur Lüge. Die einzige Bewegung besteht dann darin, sich um sich selbst zu drehen. Gottes Gnade wird erst wirksam sein, wenn wir unsere Berufung annehmen und ihr gemäß beginnen, unseren Weg zu gehen. Der erste Schritt unseres Weges kann nur bedeuten, dass wir einsehen, was wir *eigentlich* längst wissen. So beginnt jeder Weg mit der eigenen Wahrhaftigkeit. Je weniger wir es tun, je mehr wir also gegen unser innerstes Wissen leben, desto mehr wird uns diese Unaufrichtigkeit gegen Gott betäuben, und wir werden sogar die letzte Ahnung davon verlieren, was Berufung heißt. Da ist die einzige Gnade, die uns erreichen kann, vielleicht nur noch der Schlag, der unser kreiselndes Ich aus der Bahn wirft, damit wir aufstehen und einen Weg sehen, dessen Ziel nicht wir selbst sind.

»*Wo bist du?*« – Diese erste Frage Gottes in der Bibel hat noch einen weiteren Sinn. Am Anfang der Welt sprach Gott, und es geschah. Nun aber – das steckt im Urmythos des Sündenfalls – war etwas *durch den Menschen* geschehen! Adam erkannte es, und er hatte sich aus Furcht versteckt. Da war offensichtlich auch etwas bei Gott geschehen. Denn zuvor hatte Gott nur Worte gesprochen, die hießen »Ich will ...«, oder »Es werde ...«, nun aber beginnt Gott *zu fragen*. Beides also geschieht zugleich. Der Mensch ist fähig, etwas gegen Gott zu tun, und Gott beginnt, den Menschen zu fragen, sein Dasein zu befragen, sein Tun und Lassen zu hinterfragen. Und wir sehen: Erst durch die Frage verlässt der Mensch das Versteck! Der fragende Klang der Stimme Gottes lockt ihn heraus. Er betritt den Raum vor Gott. Es kommt zum Dialog. Das ist nicht nur ein äußeres, viel mehr auch ein inneres Sprechen. Was nun beginnt, bringt den Menschen weiter. Wort und Antwort, Logos und Dialogos. Wo zuvor nur Anweisung und Gehorsam war, kommt es nun zur ersten Frage!

Damit ist über das instinkthafte Dasein hinaus nun etwas Neues in der Welt. Zuvor war die Welt recht einfach: Gott sprach, und es geschah. Die Welt war göttliches *Sprechen* und kreatürliches *Entsprechen*.

Nun aber – durch die Frage! – beginnt der Logos den Dialog! In diesem Moment verlässt Adam das Versteck und tritt als ein anderer hervor. Er kommt, ängstlich zwar, doch nicht als ein Knecht, der Befehle empfängt, sondern als ein Mensch, der Gott Antwort gibt. Was dich zum Menschen macht, ist deine Fähigkeit zum Dialog; es ist das innere Sprechen, es ist die Antwort, die dein Leben dem Logos (dem Sinn) zu geben vermag. Was dich dein Versteck verlassen lässt und dich als Mensch erkennbar macht, ist die Verantwortung, der du dich stellst. In diesem Sinne sollten wir die Frage »Wo bist du?« hören.

Es hat mit dem eben genannten Weg zu tun. Denn der Weg beginnt durch den inneren Dialog. Er lässt uns aufrecht vor Gott stehen. Im inneren Leben *aufgerichtet* zu sein und im äußeren Leben *aufrichtig* zu leben – das lässt sich nun nicht mehr trennen. Du bist würdig, Antwort zu geben! Richte dich auf! Der aufrechte Gang ist ein äußeres Zeichen. Werde ein aufrichtiger Mensch! Dazu dient dir die Frage.

»Nun *muss* ich das Gute nicht tun, sondern ich *will* es« – das ist die Aufrichtigkeit gegenüber dem Erkannten. So wird, indem der Mensch sich erhebt, das Gesetz in die Gnade verwandelt. Die Berufung des Bewusstseins ist es, im Dialog mit Gott zu sein. Ich verlasse mein Versteck, und wenn ich mich für die Gnade entscheide, dann bedeutet das, im Einklang mit der Frage zu sein, die Gott mir stellt. Wir können es, aber wir müssen es nicht. Wir haben unsere Möglichkeiten – darunter auch jene, uns der Gnade zu verweigern. Und das heißt: Nicht wissen zu wollen, was Gott mich fragt; mich zu verstecken. Das heißt es, sich Gott zu entziehen und sich um sich selbst zu drehen. Und eben darin zeigt sich das Harsche und Enge, das manche Geigen an sich haben, von denen ich am Anfang sprach. Sie haben keinen Raum, und sie geben keinen Raum. Sie öffnen nichts. Sie sind wie Menschen, die sich dem Dialog verweigern und sich gegenüber den Fragen betäuben; es sind Menschen, die ihr Versteck nicht verlassen und die darum auch keinen Zugang zur Gnade haben.

Vorbilder der Gnade

Vor Jahren lernte ich Gabriel Weinreich, einen renommierten Wissenschaftler im Bereich der Akustik- und Klangforschung, kennen. Eine meiner ersten Begegnungen mit ihm war auf einer internationalen Akustikkonferenz. Während der Diskussion im Anschluss an meinen Vortrag stand er auf und deutete die Kontroverse in einer derart differenzierten Art, dass keine weiteren Wortmeldungen zu diesem Punkt mehr nötig waren. Unsere Begegnungen waren meist nur kurz und viel zu selten und doch waren sie immer ungeheuer intensiv. Als wir uns vor einigen Jahren in Ann Arbor (Michigan) in einem Café wiedertrafen und über akustische Vorhaben sprachen, fragte ich ihn auch zu Dingen des Glaubens, und er erzählte von seinem Leben und von manchen Erfahrungen.

Nach der Invasion der Deutschen in Polen war ihm im Jahr 1941 die Flucht in die USA geglückt. Er hatte über Jahrzehnte hinweg nicht nur einen renommierten Lehrstuhl für Physik an der Universität von Michigan inne, sondern studierte parallel zu dieser Lehrtätigkeit in späteren Jahren noch Theologie. So konnte man ihn in Ann Arbor nicht nur wochentags auf dem Lehrstuhl der Universität, sondern als einen der ordinierten Pfarrer der anglikanischen Episkopalkirche auch sonntags auf der Kanzel hören – ein Amt, das er mit all den diversen Verpflichtungen parallel zu seiner Lehrtätigkeit als Physikprofessor über viele Jahre ehrenamtlich innehatte.[135] Gabriel Weinreich sprach nicht nur über Gnade, er verkörperte sie auch in seinem Leben. Ich möchte ein Wort von ihm zitieren, mit dem er im Jahr 1999 seinen Festvortrag angesichts des 75-jährigen Bestehens der *Acoustical Society of America* beendete. Er hätte über vieles sprechen können, denn das Gebiet der Akustik ist groß. Doch er sprach in Ohio über Phänomene des Geigenklanges und endete schließlich mit folgenden Worten:

»Letztlich wohnt der Erforschung der Musikinstrumente ein ganz besonderer Reiz inne. Denn über Jahrhunderte (wenn nicht gelegentlich sogar

Jahrtausende) hinweg wurde durch ›trial and error‹ eine überaus beeindruckende Genialität im Bau jener Instrumente erreicht. Es hat etwas
Erfüllendes, dem geheimnisvollen, einzigartigen Charakter dieser Musikinstrumente einen kleinen Baustein logischen Verständnisses zur Seite
zu stellen und gerade dadurch ehrfürchtig zu erkennen, welche Werke
der Mensch über Epochen hinweg zu entwickeln in der Lage war – durch
Intuition, Geduld und Gottes Gnade.«[136]

Weinreich blickt auf die Werke zurückliegender Jahrhunderte, die uns
noch heute faszinieren und berühren. Wenn uns für kurze Momente
die Dankbarkeit die Augen öffnet, werden wir erkennen, wie sehr wir
in unserer Welt von Werken umgeben sind, die ein Ausdruck jener
Gnade sind, die in Menschen lebte – in ihren Künsten, ihrem Dienen,
ihrem Arbeiten, ihrem Forschen. Es ist eine Frage des Charakters, das
Gute anzuerkennen, das man erfährt. Man kann es auch anders sagen:
Ein glücklicher Charakter ist fähig zur Dankbarkeit. Nicht alles ist
Gnade, was wir in unserer Welt entfaltet haben, aber wir haben uns so
sehr an das Jammern gewöhnt, dass wir oft nicht mehr erkennen, von
welch einer atemberaubenden Gnade wir umgeben sind und wie se-
gensreich unser Leben von Werken berührt und getragen wird, die wir
vorausgegangenen Menschen und Epochen verdanken. Es ist angemessen, dass wir uns vor den Werken und Weisheiten, dem Wissen
und der Kultur verbeugen, die uns über Generationen hinweg überge-
ben wurden und die wir mit dem bescheidenen Beitrag unserer eigenen Gnade (die größer sein möge als unsere Sünde!) an die nächste
Generation weitergeben werden.

Gute Politik ist in einem Land nur möglich, wenn in ihm eine aus-
reichende Anzahl von Menschen leben, denen es um mehr geht als um
sich selbst. Wenn der Glaube das leistet, ist er im besten Sinne politisch
und wird zu einer Gestaltungskraft dessen werden, was wir den kommenden Generationen an Gnade oder an Sünde vererben. Ja, auch der
Begriff der Sünde ist dringend angebracht, wenn man von Gnade
spricht, denn wie die Gnade etwas ist, das uns Raum gibt und die Dinge

unserer Berufung möglich macht, so ist einer der Hauptbegriffe der Sünde, dass der Mensch vom Weg abkommt und sein Ziel verfehlt![137]

Zwei gewaltige Werke der Gnade habe ich beschrieben, jene Geige von Antonio Stradivari aus dem Jahre 1712 und die »Ciaccona« von Johann Sebastian Bach aus dem Jahre 1720. Jeder Geiger, der den Mut hat, sich der »Ciaccona« zu stellen, weiß, was es heißt, sich vor der Gnade zu verbeugen, die ein Mensch hier empfangen hat und der er – allem Leid zum Trotz – seinen Ausdruck gab. Es reicht nicht aus, die Dinge nur zu erklären, wir müssen ihnen auch einen Ausdruck geben.

»Und mache daraus ein heiliges Salböl
nach der Kunst des Salbenbereiters.«
2. Buch Mose/Exodus 30,25

Das Geheimnis des Geigenlacks 11
Von der versöhnten Vielfalt der Gemeinschaft

Eine der schönsten Arbeiten im Werdegang der Geige ist das Lackieren. Hier bekommt das Holz seine optische Schönheit, sein leuchtendes Kleid. Der Brechungsindex der Grundierung kann wahre Wunder vollbringen: Man blickt in die Tiefe der Tracheiden des Fichtenholzes hinein und gewinnt den Eindruck, die Oberfläche sei dreidimensional. Ein guter Lack drängt sich nicht in den Vordergrund, sondern bringt das Holz zum Leben. Die Geheimnisse des Geigenlackes erzählen gleichnishaft von einer großen geistlichen Schönheit.

Die Rezepturen

Zahlreiche Ingredienzien der edelsten Lacke sind uns aus historischen Rezepturen überliefert, und aus gutem Grund fehlen sie bis heute nicht in der Lackküche eines jeden guten Geigenbauers. Die Fülle und Schönheit der Stoffe ist überwältigend!

Mastix. Da ist zunächst das feine *Mastixharz*. Mit Recht gilt es – gemeinsam mit Bernstein, Dammar und Sandarak – als eines der wichtigsten Harze für die Herstellung der fetten Öllacke im Geigenbau. Mastix ist das Harz des im Mittelmeerraum heimischen Mastixbaumes

(*Pistacia lentiscus*). Es fließt in kleinen, zähflüssigen Perlen (den sog. Tränen) aus und wird direkt vom Baum abgenommen. Mastix ist ein weiches, wärmeempfindliches, elastisches Harz, das in der Lackherstellung anderen Harzen als Weichmacher beigemischt wird. Bereits in der Antike spielte es (auch für medizinische Anwendungen) eine wichtige Rolle. Vor allem wegen der Steigerung des Glanzes wurde es Überzugslacken beigegeben. Im Orient war Mastix wegen seines hohen Naturgummianteils auch als Haremskaugummi beliebt. Tatsächlich entfalten die kleinen Tränen ein großartiges, würziges Aroma und der Gummianteil lässt sich über lange Zeit hinweg kauen, ohne seinen Geschmack zu verlieren.[138]

Wir kennen Mastix aus dem Buche Genesis. Die Josephgeschichte berichtet, dass Joseph von seinen Brüdern an eine Karawane ismaëlitischer Kaufleute verkauft wird. Dort heißt es: »Die Ismaëliter waren auf dem Weg nach Ägypten; ihre Kamele waren mit den kostbaren Harzen Tragakant, Mastix und Ladanum beladen« (1. Buch Mose/Genesis 37,25). Auch Jahre später, als Jakobs Söhne inmitten der Hungersnot des Landes ein zweites Mal nach Ägypten reisen müssen, lesen wir von jenem Harz. Der Erzvater Jakob gibt ihnen die edelsten Gastgeschenke des Landes mit und spricht: »Wenn es unbedingt sein muss, dann nehmt meinen Sohn Benjamin mit. Aber bringt dem Ägypter als Geschenk etwas von den Schätzen unseres Landes: Honig, Pistaziennüsse, Mandeln und dazu die kostbaren Harze Mastix, Tragakant und Ladanum« (1. Buch Mose/Genesis 43,11).

Aloë. Ein weiteres Harz, das aus dem Saft der fleischigen Blätter der Aloëpflanzen – einem Liliengewächs – gewonnen wird, ist das bräunliche Farbharz Aloë. Das edle *Aloë sokotrina* wurde von der Küste Sansibars und aus Madagaskar in dünnen, rötlich durchscheinenden Schichten in den Handel gebracht. Wo immer in der Bibel Aloë auftaucht, wird es in einem Atemzug mit anderen Harzen genannt. So ist in einem der Königspsalmen Israels davon die Rede:

»Der Herr, dein Gott, hat dich gesalbt
mit Freudenöl wie keinen deinesgleichen.
Deine Kleider sind lauter Myrrhe, Aloë und Kassia;
aus Elfenbeinpalästen erfreut dich Saitenspiel.
In deinem Schmuck gehen Töchter von Königen;
die Braut steht zu deiner Rechten in Goldschmuck aus Ofir.«
(Psalm 45,8–10)

Ähnlich sinnlich spricht auch das Hohelied Salomos:

»Meine Schwester, liebe Braut, du bist ein verschlossener Garten,
eine verschlossene Quelle, ein versiegelter Born.
Du bist gewachsen wie ein Lustgarten von Granatäpfeln
mit edlen Früchten, Zyperblumen mit Narden,
Narde und Safran, Kalmus und Zimt,
mit allerlei Weihrauchsträuchern, Myrrhe und Aloë,
mit allen feinen Gewürzen.
Ein Gartenbrunnen bist du, ein Born lebendigen Wassers,
das vom Libanon fließt.«
(Hohelied 4,12–15)

Am Ende des Johannesevangeliums lesen wir von Josef von Arima-
thäa, der mit Nikodemus, der vormals in der Nacht zu Jesus gekommen war, den Leichnam Jesu vom Kreuz nimmt. Er »brachte Myrrhe
gemischt mit Aloë, etwa hundert Pfund. Da nahmen sie den Leichnam
Jesu und banden ihn in Leinentücher mit wohlriechenden Ölen«
(19,38–49).

   Immer erscheint Aloë in der Bibel gemeinsam mit dem Myrrhe-
harz. In meinem Geigenlack verwende ich Aloë nicht allein, denn es
ist nicht lichtecht.

Myrrhe. Der Milchsaft der arabischen Balsambaumgewächse Burser-
aceae, der durch Einschnitte in der Rinde ausfließt, erstarrt zu den an-

fangs öligen, zuletzt braunrot erstarrenden Myrrhestückchen. Sie haben einen würzig-balsamischen Geruch und einen kratzigen, bitteren Geschmack. Die Anwendung der Myrrhe war seit Jahrtausenden überwiegend medizinischer Natur: Innerlich gegen Leiden der Brust und des Halses, äußerlich gegen Krankheiten des Zahnfleisches und bei eiternden Wunden. Vor allem Weingeistlacke verwendeten die Myrrhe als eines der tragenden Harze im Geigenbau.

In der Bibel spielt Myrrhe eine besondere Rolle: Es ist eines der drei wertvollen, eines Königs würdigen Geschenke, die die Sterndeuter (die erst in der späteren Tradition zu den »Heiligen Drei Königen« geworden sind) Jesus als dem neugeborenen König der Juden darbringen (vgl. Matthäus 2,11).

Bernstein. Eines der härtesten Harze aus dem Balsam der sog. Bernsteinfichte ist das fossile rötlich-braun getönte Bernsteinharz[139]. Nur noch fossile Kopale haben eine ähnliche Härte. Für Geigenlack ist Bernstein nur geeignet, wenn es zuvor in einem Schmelztiegel bei ca. 290 °C geschmolzen wird. Erst dann ist es (noch heiß) in erwärmtem Leinöl löslich. Bernsteinlack (auch Glasfirnis genannt) ist seit dem 15. Jahrhundert nachweisbar. Wegen seiner Festigkeit und Durchsichtigkeit zählt es zu den bestgeeigneten Substanzen der Öllacke für den Geigenbau. »Es trocknet langsam und widersteht den Einflüssen der äußeren Luft.«[140]

Drachenblut. Zur farblichen Abtönung meiner Krappwurzelpigmente verwende ich neben dem giftigen südostasiatischen gelben Gummiguttiharz in meinen Lacken immer auch geringe Mengen des sog. Drachenbluts. Das Harz, das »roth wie Bluth ist, und aus gewissen gerissenen Bäumen schwitzt«[141], wurde seiner Farbe wegen im Mittelalter für das Blut des Drachen gehalten. Es tritt aus den Früchten der südostasiatischen Rohrpalme aus. Die guten Sorten des anschließend zu Kugeln geformten Drachenbluts sind mit einem Goldsiegel versehen.

Leinöl. Das Leinöl ist seit 3000 v. Chr. als transparenter Überzug für hölzerne Gegenstände nachweisbar. Die Lacke für meine eigenen Instrumente basieren auf Leinöl und auf Rezepten, die bereits im 16. Jahrhundert üblich waren. Es ist faszinierend, dass diese Lacke die akustischen Eigenschaften sämtlicher moderner Lacke übertreffen, die ich in meinen Experimenten untersucht habe.

Benzoe. Das rötliche oder gelbliche Benzoeharz hat einen fantastisch aromatischen Geruch. Allein das wäre schon Grund genug, es als feinstes Auspolierharz zu verwenden. Es verleiht der Oberfläche einen samtigen Glanz. Wir kennen das pathologische Sekret als Konservierungsmittel. Ähnlich wirkt sein Charisma auch im Geigenbau: Es nimmt dem Lack alles Trübe, besonders dort, wo er Wasser gezogen hat. Einige wenige Tropfen im Polierlappen verschaffen dem Lack ein neues Leuchten. Das Benzoeharz, das ich zum Auspolieren meiner Geigen verwende, stammt aus Sumatra und Siam.

Es wären noch gut zwei Dutzend weiterer Lackharze zu nennen und zu beschreiben, so etwa das Dammarharz aus den Stämmen der Flügelfruchtgewächse oder das Sandarakharz. Doch ich will es hierbei belassen, denn es soll durch die Harze ein geistlicher Gesichtspunkt deutlich werden. Das Entscheidende einer jeden guten Geigenlackrezeptur ist, dass keine der Substanzen für sich allein verwendet wird. Es geht nicht um eine einsame geniale Eigenschaft, sondern um das Zusammenwirken. Darin besteht die eigentliche Genialität: die Rezeptur! Eine der wohl ältesten Lackrezepturen der menschlichen Kultur finden wir im Buch Exodus. Das Rezept »nach der Kunst des Salbenbereiters« ist dort als eine Anweisung zur Lackierung des aus Akazienholz gefertigten hebräischen Wanderheiligtums beschrieben. Alle für den Dienst im Heiligtum verwendeten Geräte sollten damit behandelt werden. Die Thora gibt uns einen detaillierten Einblick in die damalige Kunst der Firniserzeugung, sowohl was die Mischungsverhältnisse als auch die Substanzen betrifft. Als Geigenbauer erkennt man unschwer, dass es sich hierbei um einen typischen fetten Öllack handelt. Er basiert jedoch nicht wie die meisten späteren (ab dem 13. Jh. n. Chr. allgemein gebräuchlichen) trocknenden Lacke auf Walnuss- und Leinölbasis, sondern verwendet als Trägersubstanz das Olivenöl. Wir lesen im Buch Exodus:

»Und der Herr redete mit Moses und sprach: Nimm dir die beste Spezerei: die edelste Myrrhe, fünfhundert Lot, und Zimt, die Hälfte davon, zweihundertundfünfzig, und Kalmus, auch zweihundertundfünfzig Lot, und Kassia, fünfhundert nach dem Gewicht des Heiligtums, und eine Kanne Olivenöl. Und mache daraus ein heiliges Salböl nach der Kunst des Salbenbereiters. Und du sollst damit salben die Stiftshütte und die Lade mit dem Gesetz« (2. Buch Mose/Exodus 30,24ff).

Viele Rezepturen – wie auch jenes hier zitierte Urrezept – folgen einem klaren Prinzip. Watin, ein alter Meister der Lackherstellung, drückte es im 18. Jahrhundert so aus:»Das wahre Geheimniß eines Künstlers ist, bey allem, was er unternimmt, so simpel zu verfahren, als möglich ist.«[142] Gleichzeitig bewegen sich die alten Rezepturen noch im Gedankenkreis der harmonikalen Weltschau. Deren Symbolik bestimmte oft die Verfahrensweise. Wir erkennen dies etwa an der Art, in der die Proportionen der Ingredienzien den Planeten zugeordnet wurden.[143]

Walnussöl war bereits ab dem 1. Jahrhundert, Leinöl ab dem 7. Jahrhundert n. Chr. als eine Art Lack üblich. Ab dem 13. Jahrhundert wurden Bernstein und Sandarak in diesen Ölen gelöst, sie bildeten die weithin gebräuchlichen Lacke. Mitte des 16. Jahrhunderts kamen die ätherischen Öllacke[144] auf. Neben einigen mittelalterlichen Manuskripten ist uns seit dem 16. Jahrhundert eine kaum zu überblickende Fülle an Rezeptsammlungen zur Maltechnik, Alchemie, Medizin und Lackierkunst überliefert. Erst Anfang des 18. Jahrhunderts wurden, wegen ihrer geringeren Trocknungsdauer, die (akustisch schlechteren!) Weingeistlacke üblich.[145]

Einige bedeutende Öllackrezepturen stammen von dem italienischen Jesuitenpater R.P. Bonanni[146]. Seinem Rezept N° 4 (Rom 1713) gemäß wird Venezianer Terpentin und Bernstein bei stetem Umrühren in polymerisiertem Leinöl gelöst. Dieser Lack wird auch heute für Geigen noch verwendet. Einen »weißen (venedischen) Lack für Geigen« beschreibt Johannes Kunckel im Jahre 1707 in folgender Weise:

»Nimm 1 Pfund lauter Lein=Oel / das Oel in einem Kessel sieden lassen / Beern=oder Agtstein 1. Pfund den Beern=oder Agtstein auch sonderlich in einen Stollhafen than / darunter 2. Loth Cremor Tartari (es ist in Apotheken zu kauff) und über ein starck Kohl=Feuer gesetzet / und mit einem glüenden Eisen umgerühret / bis es gantz zerschmoltzen ist / hernach nimm das siedende Oel und gieß es in den zerschmoltzenen Agt=oder Beernstein / und rühre es mit einem Spatel wohl um / und lasse es ein wenig erkalten / hernach nimm 2. Loth Silberglett / und 2. oder 3. Loth Postolin von dem besten / alles klein gestossen / und unter den obgedachten Fürniß / mit wenigen hinein gestreuet / es laufft sonsten über / du must alsdenn den leeren Kessel darbey stehen haben / dass du es theils hinein giessen kanst / bis es sich ein wenig gesetzet hat / alsdenn seyhe oder zwinge es durch ein Tuch / und hebe es auff / dann je älter er wird/ je besser ist er.«[147]

Bisweilen lesen sich derartige Lackrezepturen für unsere heutigen Ohren ungewohnt und man ist geneigt zu schmunzeln, wenn etwa in manchen Rezepturen eindringlich darauf hingewiesen wird, den Lack im so und so geformten, über dem Kohlenfeuer erhitzten Kupferkessel keinesfalls öfter als drei Mal umzurühren. Auch die Art des Rührgeräts wird detailreich beschrieben. Doch man wird schnell bescheiden, wenn man die Entdeckung macht, dass gerade durch jene Vorgehensweise ein bestimmtes Temperaturprofil entsteht und die mechanischen Eigenschaften mancher Harze erheblich vom vorausgegangenen Schmelzprozess abhängig sind! So ist es etwa beim *Venezianer Terpen-*

tin. Dieses feine Balsam, das von der Lärche stammt, bleibt, bei 120 °C geschmolzen, klebrig zäh, bei 140 °C ist es, wenn es hernach erkaltet ist, fest und biegsam, bei 160 °C bricht es und ist spröde. Zu heiß geschmolzen verliert es seine Bedeutung, die darin besteht, ein Weichmacher zu sein, um den Öllack streichfähiger und geschmeidiger zu machen.

Besonderes Augenmerk lege ich auf die Herstellung meiner Pigmente. Sie geben dem Lack seine Farbe, und es ist eine wirkliche Kunst, ein Pigment zu schaffen, in dem sich starke Farbintensität mit hoher Transparenz verbindet. Eigentlich ist das ein Widerspruch, aber gerade dies macht das Aussehen reizvoll: Die Lackierung darf die Holzstruktur keinesfalls zudecken, sie soll in ihrer Tiefe zum Leuchten kommen; doch es darf auf der anderen Seite kein blasser Lack sein, dem das Farbspiel fehlt. Der Brechungsindex des Pigmentes lässt die Farbe unter unterschiedlichen Betrachtungswinkeln und unterschiedlichem Lichteinfall variieren. Dieses Farbspiel kann nicht entstehen, wenn man lediglich (wie heute leider oft üblich) eine monochromatische Anilinfarbe in den Lack hineinrührt. Da erspart man sich den Aufwand, ein gutes Pigment herzustellen, und verzichtet auf den Reiz dieses optischen Spiels. Unter manchen Lichtbedingungen erscheint die Geige hellgold, dann wieder mit einem rötlichen Schimmer. All dies ist nur möglich, wenn das Pigment gut gelungen ist.

Bisher habe ich noch kein käufliches Pigment gefunden, das dies alles in der notwendigen Weise erfüllt, und koche daher (wie einige meiner Kollegen auch) sämtliche Pigmente selbst. Es ist ein stundenlanger Prozess. Als Ausgangsmaterial verwende ich die Krappwurzel[148]. Das aus der Krappwurzel gezogene Pigment gilt als der älteste im Orient verwendete Stoff zur Herstellung roter Farblacke. Seit der Antike wird es zur Färbung von Textilien verwendet. Als Pigmentträger verwende ich Pottasche und Alaun. Der spätere Farbton lässt sich raffiniert durch Zugabe unterschiedlichster Salze im Prozess des Kochens in allen Nuancen einstellen: Durch Eisensulfat bringt man ein bräunliches Pigment hervor, mit Aluminiumsulfat geht es ins tiefe Rot, Zinksulfat verschiebt es ins leuchtende Goldorange. Das ist seit Jahrhunderten bekannt, dennoch ist es jedes Mal ein aufregendes Vorgehen, wie das Pigment gelingt, bevor ich es in meine kleine Kugelmühle gebe, wo es fein zerrieben wird. Die Feinheit der Pigmente wird übrigens letztlich mit den Ohren kontrolliert. Wenn ich mit dem Glasläufer auf der Glasplatte die angerührten Pigmente verreibe und ihnen die richtige Feinheit gebe, entsteht ein immer deutlicher werdendes helles Zischen. Erst dann ist das Pigment ausreichend angerieben. Die Feinheit hat einen großen Einfluss auf die spätere Transparenz und Leuchtkraft des Lackes! Erst wenn das anfänglich raue Geräusch diesem Zischen weicht, hat das Pigment die richtige Feinheit erreicht. Anschließend trage ich die Pigmente in einer Technik auf, wie sie auch die alten Meister der Renaissance schon kannten. Neben dem Bindemittel ist ein spezieller Verteilerpinsel vonnöten – eine Technik, die viel Übung erfordert, um zu gelingen. Während der vergangenen Jahre habe ich zahlreiche historische Lacke in meiner kleinen Geigenbauerküche akribisch nachgekocht, um sie anschließend in ihren akustischen Auswirkungen auf das Klangholz zu testen. Sehr früh war mir klar, dass eine makellos gebaute Geige durch eine gute Lackierung klanglich ihre letzte Veredelung bekommen kann, man andererseits aber selbst die schönste Geige durch einen schlechten Lack unwiederbringlich zerstören wird. Durch meinen Mentor Helmut A. Müller angeregt, begann ich, schmale Tonholzstreifen anzufertigen, um mit einem eigens entwickelten Messaufbau die Resonanzgipfel der ersten Biegeeigenschwingungen zu untersuchen, zunächst im unbehandelten Zustand, anschließend nach jeder neuerlich aufgetragenen Schicht des Lackes.[149] Anfangs waren nur fünf bis sieben exemplarische Substanzen und Rezepturen geplant. Doch bei näherer Beschäftigung tat sich mir eine ganze Welt auf! Die Einflüsse der Eindringtiefe, der Schichtdicken, die Rezeptvarianten und zahlreiche weitere Größen waren zu faszinierend, um es dabei zu belassen. So waren es am Ende knapp dreihundert Holzstreifen, die ich in allen erdenklichen Prozeduren und Rezepturen behandelt – und über zwölf Jahre hinweg in ihrem akustischen Einfluss auf das Holz untersucht habe. Es ging mir nicht nur um das kurzfristig erreichbare Ergebnis, sondern mehr noch um den Langzeiteinfluss der klanglichen Entwicklung.

Die Salbung

Man kann in den Geheimnissen des Geigenlackes ein Gleichnis sehen. Unsere Freude über die Geheimnisse der Natur und unser Staunen über die Dinge des Lebens haben eine Kraft, uns zu Gott zu führen.

Worin sehe ich das Gleichnis des Geigenlacks? Der große Pfingsthymnus »Veni Creator Spiritus« spricht in seiner zweiten Strophe vom Heiligen Geist als einer »Salbung heiliger Geisteskraft«. Martin Luther übersetzte (1524) dies mit »ein geistlich Salb an uns gewandt«. Angelus Silesius übersetzte (1668) »Herzenslabung, Gnadensonn«. Heinrich Bone übertrug die Worte (1847) als »der Seele Salbung, höchstes Gut« ins Deutsche.

Dieses »Veni Creator Spiritus« ist gewiss eine der größten Hymnen, die der Christenheit gegeben ist. Die Pfingsterfahrung spricht von der Salbung des Herzens durch den Heiligen Geist. Wir haben die Salbe »nach der Kunst des Salbenbereiters« kennengelernt, wie sie uns zur Salbung des Heiligtums in der Rezeptur des Alten Testamentes überliefert ist. Nun ist von einer anderen Salbung die Rede, auf die der Ritus uns hinweist. Es ist eine Salbung, die wir erfahren sollen und die in unserm Leben ihre Wirkung hat.

Der Pfingsthymnus spricht davon, dass der Heilige Geist unser Leben salben, heiligen, erneuern, stärken, befreien, aufrichten, ganz und gar durchdringen kann. Hier ist nicht von einer zusätzlichen (etwa »charismatischen«) Möglichkeit des christlichen Lebens die Rede, sondern von dessen ureigenem Wesen! Christus heißt »Der Gesalbte«.

Auch wir sollen gesalbt sein, denn das wird uns in die Nähe zu Christus bringen. Christus spricht nicht nur:»Wo ich bin, da soll mein Diener auch sein« (Johannes 12,26), sondern auch:»Wie ich bin, so soll mein Diener auch sein – gesalbt mit dem Heiligen Geist. Darum wartet, bis ihr diese Kraft aus der Höhe empfangt. Ich will ihn euch senden.«

Es gibt Bibelworte, die lesen sich wie die Weisheit einer guten Lackrezeptur. Sie zeigen uns die Vielfalt der geistlichen Substanzen, die als etwas Heiliges unser Herz erfüllen sollen. So spricht der Prophet Jesaja über den Gesalbten Gottes mit folgenden Worten:»Auf ihm wird ruhen der Geist des Herrn, der Geist der Weisheit und des Verstandes, der Geist des Rates und der Stärke, der Geist der Erkenntnis und der Furcht des Herrn. Und Wohlgefallen wird er haben an der Furcht des Herrn« (11,2f).

Je mehr wir den Heiligen Geist kennenlernen, desto eher und glaubensvoller werden wir ihn anrufen. Gott spricht:»Reich mir die Hand deines Geistes: dein Glaube!« Und so kann unser Glaube rufen: Komm, du Geist des Friedens: Komm in meine Getriebenheit! Komm, du Geist des Rates: Komm in meine Verzettelung. Komm, du Geist der Gnade: Komm in meine Borniertheit und Enge! Komm, du Geist des Glaubens: Komm in meine Selbst- und Gotteszweifel! Komm, du Geist der Hoffnung, du sanftes Harz: Komm in meine Sorgen! Komm, du Geist der Stärke: Komm in meine Unsicherheit! Komm, du Geist der Gottesfurcht, du durchläutertes Harz: Komm in all meine Verstrickungen! Komm du Geist Gottes, ja, komm du höchster Tröster! So spricht Gott über dem aufrichtigen Ruf unseres Herzens:»Ich will Wasser gießen auf das Durstige und Ströme auf das Dürre: Ich will meinen Geist auf deine Kinder gießen und meinen Segen auf deine Nachkommen« (Jesaja 44,3).

Auch der 2. Timotheusbrief beschreibt den Heiligen Geist in der Art einer heiligen Salbe:»Gott hat uns nicht gegeben den Geist der Furcht, sondern der Kraft und der Liebe und der Besonnenheit« (1,7).

Auch hier ist eine heilige Lackrezeptur wie aus zwei Harzen und einem Öl: der Geist der Kraft, der Liebe und der Besonnenheit.

Solche Listen der Gnadengaben, wie uns die Bibel sie gibt, lesen sich manchmal wie Lackrezepturen, in denen jedes Harz in seiner Eigenart und Stärke das ihm eigene Charisma zum Nutzen des Ganzen hat. Darum sollen wir einander als die Empfänger dieser Gaben besser begreifen und aufrichtiger achten. Denn der Heilige Geist vertraut das, was er dem Einzelnen gibt, dem Glauben und der Liebe *der anderen* an. Wenn wir einander nicht glauben und nicht achten, wird es ein Fremdkörper bleiben, eine einsame Substanz, die im Lack nicht lösbar ist. Man könnte sagen: Die Harze und Öle, die Pigmente, all die Substanzen der Rezeptur, werden der Gemeinschaft *von Gott* gegeben. Doch die Wärme und die Weisheit, die für jeden Öllack nötig ist, um dies alles miteinander zu verbinden, ist die Liebe, die *von uns* gefordert ist. Dass Gott uns etwas anvertraut, heißt nicht, dass er das Menschliche in uns durch etwas Geistliches *ersetzt*. Auch die Lackierung ersetzt ja nicht das Holz, sondern bringt es zur Geltung. Der Apostel Paulus schreibt in einer jener Charismenlisten:

»Es sind verschiedene Gaben; aber es ist ein Geist. Und es sind verschiedene Ämter; aber es ist ein Herr. Und es sind verschiedene Kräfte; aber es ist ein Gott, der da wirkt alles in allen. In einem jeden offenbart sich der Geist zum Nutzen aller; dem einen wird durch den Geist gegeben, von der Weisheit zu reden; dem andern wird gegeben, von der Erkenntnis zu reden, nach demselben Geist; einem andern Glaube, in demselben Geist; einem andern die Gabe, gesund zu machen, in dem einen Geist; einem andern die Kraft, Wunder zu tun; einem andern prophetische Rede; einem andern die Gabe, die Geister zu unterscheiden; einem andern mancherlei Zungenrede; einem andern die Gabe, sie auszulegen. Dies alles aber wirkt derselbe eine Geist und teilt einem jeden das Seine zu, wie er will« (1. Korintherbrief 12,4–11).

Die Gemeinschaft

Dieses Wort führt uns nun einen Schritt weiter, denn es macht deutlich, dass das Gefäß, das erfüllt werden soll, nicht nur das Herz des Einzelnen ist. Es ist das Herz der Gemeinschaft, die im Miteinander eine Glaubensgemeinde bildet. »Wir sind eine Wohnung Gottes im Geist«, heißt es im Epheserbrief (2,22). Aus der Zeit des alttestamentlichen Ritus können wir lernen, dass das Heiligtum der Salbung bedarf! Es heißt: »Mache daraus ein heiliges Salböl nach der Kunst des Salbenbereiters. Und du sollst damit salben das Heiligtum« (vgl. 2. Buch Mose/Exodus 30,25).

Wenn wir glauben, der Geist Gottes sei eine Privatangelegenheit zwischen Gott und uns selbst, er sei eine Sache der inbrünstigen Innerlichkeit, er sei eine Sache der charismatischen Selbsterfahrung, dann haben wir das Wesentliche nicht begriffen. Denn die Bedeutung der Charismen im Leben des Einzelnen sagt uns: Du bist ein hartes oder weiches Harz oder ein Öl oder ein Pigment für die Salbung des Heiligtums. Jedes in seiner Eigenschaft und Art. Wir sollen uns mit den anderen verbinden, damit die Gemeinschaft der Weisheit der Rezeptur entsprechend etwas Heiliges erfährt.

Wie die Fasern des alttestamentlichen Akazienholzes mit der heiligen Lackrezeptur aus Myrrhe, Zimt, Kalmus und Olivenöl grundiert wurden, so sollen die Fasern des neutestamentlichen Heiligtums mit den Substanzen des Geistes erfüllt und durchtränkt werden, die wir Charismen oder Gnadengaben nennen. So muss in unseren geistlichen Gemeinschaften zusammengebracht werden, auf welch unterschiedliche Weise der Heilige Geist in den einzelnen Menschen wirken will.

Für uns allein sind wir kein Geheimnis. Darum ist es sinnvoll, wenn ich fragen lerne, auf welche Weise der Heilige Geist mit mir kooperieren will. Welche Sorge soll durch ihn zur Fürsorge werden? Welche Gaben sollen durch ihn zu Aufgaben werden? Welche Leidenschaft soll durch ihn zur Vollmacht werden? Welcher Glaube soll durch diese

Salbung zum Segen werden? Wir müssen nichts produzieren. Es reicht das schlichte Gebet: Komm, Heiliger Geist!

So vielfältig der Heilige Geist auch in Erscheinung treten mag, so ist doch das *eine*, gemeinsame Merkmal dies: Er führt uns in das hinein, *was er selbst ist*: die Liebe! Es mag intellektuell einfach klingen und ist doch eine gewaltige Botschaft: Der Heilige Geist befreit uns, *indem er uns erfüllt*. Er erfüllt uns mit dem, was er ist: mit Liebe. Eben das ist seine Weise, uns von der Eigenliebe zu befreien. Es geschieht nicht, indem er uns die Attraktivität des Egoismus verbietet, sondern indem er uns mit der Schönheit der Gottesliebe erfüllt. So heißt es bei Paulus: »Die Liebe Gottes ist ausgegossen in unsre Herzen durch den Heiligen Geist, der uns gegeben ist« (Römerbrief 5,5). Um diese Erfahrung können wir bitten. Die Frage ist nicht: »Wie sehr kann ich mich verändern?«, sondern: »Bin ich bereit, darum zu bitten?« Es sind doch oft nur kurze Momente der Stille und des Innehaltens im alltäglichen Getriebe, die uns neu beatmen können, wenn wir uns dieser heiligen Gegenwart anvertrauen. Es bedarf der einfachen Bitte: Komm, Heiliger Geist!

Für Jesus war das Handeln Gottes durch diese Gabe des Geistes eine Selbstverständlichkeit. So sagte er: »Wo ist unter euch ein Vater, der seinem Sohn, wenn der ihn um einen Fisch bittet, eine Schlange für den Fisch biete? Oder der ihm, wenn er um ein Ei bittet, einen Skorpion dafür biete? Wenn nun ihr, die ihr böse seid, euren Kindern gute Gaben geben könnt, wie viel mehr wird der Vater im Himmel den Heiligen Geist geben denen, die ihn bitten!« (Lukas 11,13).

Die Strahlungsdämpfung der Berufung

Eine der akustischen Eigenschaften, auf die der Geigenlack einen starken Einfluss hat, ist das Maß der inneren *Verlustreibung* in den Fasern des Holzes. Manch eine Grundierungssubstanz muss ins Holz eindringen, sie ändert die Faserdämpfung und macht sie sensibel, den Schall der schwingenden Saiten aufzunehmen. Eine gute Rezeptur wird die innere Reibung in den Holzfasern verringern. So verbraucht die Geige weniger Schwingungsenergie in sich selbst (Verlustreibung) und gibt stattdessen mehr Energie als Klang an die Umgebungsluft ab (Strahlungsdämpfung).

Diese beiden ganz unterschiedlichen Vorgänge der Dämpfung stehen sinnbildlich für unsere Berufung. Denn wenn der Heilige Geist unser Miteinander erfüllt, werden wir durch die Demut und die Ehrfurcht, die unter uns entsteht, weniger Energie an »inneren Reibereien« verbrauchen und können stattdessen der uns verheißene Klang in unserer Umgebung sein. So werden unsere Gaben ihre Kraft an unseren Aufgaben verlieren und nicht an uns selbst!

Wie ein Spaten durch die Erde gebremst wird, in die er gräbt, so werden die Schwingungen der Geige durch die Umgebungsluft gebremst, wenn ihre Schwingungsenergie in Klang verwandelt wird. Nur wegen dieses Verlustes an Energie kann das Instrument seine Berufung erfüllen, denn eben das ist die Strahlungsdämpfung der Geige: Sie versetzt die träge Umgebungsluft in Schallschwingungen. Wie die Erde den Spaten Kraft kostet und wie die Luft der Geige Energie entzieht, so geben auch wir unsere Kraft und Energie an das weiter, zu dem wir berufen sind.

Wenn wir die Salbung durch den Heiligen Geist erfahren, werden wir merken, dass unsere Berufung uns einiges kostet. Wir werden merken, dass unsere Aufgaben uns fordern und dass es uns Kraft entzieht, uns von der Lebenswelt berühren zu lassen, die uns umgibt. Doch eben das ist ja das Wesen der Strahlungsdämpfung unseres Herzens! Man gibt seinen Klang an seine Umgebung ab. Es ist der Klang, den unser inneres Leben hörbar macht. Wer an dieser Welt keine Kraft verbraucht, der lebt wohl auch nicht in seiner Berufung.

Wie ich die Geige grundiere und lackiere und ihre Fasern tränke, so will ich auch mit der Wirkung des Heiligen Geistes rechnen. Er verringert die innere Reibung und erhöht die Strahlungsdämpfung des Herzens. Wenn das geschieht, wird die Frage nicht nur sein, welche

Kraft wir haben, sondern welche Kraft wir empfangen. Aus dieser Erfahrung spricht der Apostel Paulus, wenn er sagt: »Wir werden nicht müde; sondern wenn auch unser äußerer Mensch verfällt, so wird doch der innere von Tag zu Tag erneuert« (2. Korintherbrief 4,16). So will ich nicht durch mich selbst, sondern durch meine Berufung Kraft verlieren.

Die Grundcharismen

Wenn wir das Wesen eines guten Geigenlackes genauer betrachten, werden wir sehen: Es kristallisieren sich doch immer vier Charaktere heraus, die allen guten Rezepturen gemeinsam sind. Es ist das folgende Muster: Harte Harze – Weiche Harze – Öle – Pigmente.

Diese Vierfachheit hat etwas Geniales, denn sie ermöglicht eine Kombination des Guten, und man wird sofort einsehen, was geschieht, wenn nur einer der vier Grundstoffe fehlt:

- Ohne *harte Harze* wird der Lack sich zwar gut mit dem Untergrund verbinden, aber ihm fehlt die Widerstandskraft. Er ist den mechanischen und klimatischen Einflüssen der Umgebung nicht gewachsen. Er reibt sich ab.
- Ohne *weiche Harze* wird der Lack spröde sein. Er ist zwar hart, doch er droht abzuplatzen. Er hat keine Bindungskraft. Wo nur harte Harze sind, da entstehen Risse, einzelne Inseln, alles separiert sich.
- Ein Lack, der auf *das Öl* verzichtet, verzichtet damit auf die Vielfalt. Da ist keine Substanz, die fähig ist, das Unterschiedliche aufzunehmen und es miteinander zu verbinden.
- Ein Lack, dem *die Pigmente* fehlen, wird zwar nützlich und gut, aber nicht reizvoll sein. Da ist weder Lichtbrechung noch Schönheit. Alles ist praktisch und nützlich, aber ohne jede innere Weite und Großzügigkeit.

Wenn eine Gemeinschaft sich entschließt, Verantwortung in einer *charismatischen Weise* wahrzunehmen, wird sich etwas von der Genialität einer guten Geigenlackrezeptur zeigen. Es sind vier grundverschiedene Substanzen:

Die Pigmente. Diese Menschen sind keine Funktionäre, sie werden nicht durch ihren offenkundigen Nutzen erkannt. Doch wenn sie fehlen, vergeht die Schönheit der Gemeinde; sie verkommt zur Arbeitsgemeinschaft, zum Zweckverband. Dann ist alles ohne Lichtbrechung, ohne Farben und Leuchten. Alles ist dann nur noch zweckmäßig, nützlich, effizient. Da ist nichts verkehrt und doch zugleich das Entscheidende nicht mehr richtig. Menschen, die den Pigmenten gleichen, verstehen, andere einzuladen und in ihrem ganzen Wesen einladend zu sein. In ihnen ist ein Charisma der Gastfreundschaft und Herzlichkeit. Die Pigmente brauchen – mehr als die anderen, deren Nutzen sofort sichtbar wird – die Achtung, die ihnen gebührt. Natürlich funktioniert der Geigenlack in gleicher Weise auch ohne Pigmente. Aber was für eine Armseligkeit mutet man da der Geige zu!

Die Trägeröle. Wenn die »Trägeröle« fehlen, sind keine Menschen da, die das Unterschiedliche verbinden und die Verschiedenheit miteinander versöhnen. Da geraten die Harze, je härter sie sind, desto härter aneinander. Sie stoßen sich, sie kämpfen – jeder vornehmlich für das Eigene. Aber es ist keine Substanz da, die etwas Gemeinsames schafft. So erlebe ich einen Freund in unserer Gemeinde: Wenn er da ist, bringt er selten sehr viel ein. Doch wenn er fehlt, dann geraten wir in unseren Eitelkeiten und Empfindlichkeiten viel stärker aneinander. Wenn er da ist, entsteht ein Raum der Freundlichkeit, die vieles in sich aufnimmt. Dem Öl ist eine geistliche Integrationskraft gegeben, ohne die alles nur eine Summe unverbundener, markanter Substanzen bleibt.

Die harten Harze. Die »harten Harze« stehen für Inhalte, Wahrheiten, Überzeugungen, Ideen. Sie werden das Bekenntnis sehen. Es ist auffällig, dass die harten Harze die einzigen sind, die im Schmelztiegel zuvor geschmolzen werden müssen, um dann lösbar – das heißt: genießbar und gemeinschaftsfähig! – zu sein. Bernstein kann nur so gelöst und damit eine Substanz des Lackes werden. Es liegt ein gewaltiges Charisma in seiner Festigkeit. Diese Menschen schaffen Orientierung. Ohne sie ist die Gemeinschaft ohne Widerstandskraft, und sie ist dem rauen Umgebungsklima und schwierigen Zeiten nicht gewachsen. Darum sind die harten Harze unerlässlich. Sie beunruhigen im Innern und werden von außen angefeindet. Ihnen fehlen oft die Geschmeidigkeit und der Charme der weichen Harze.

Es gibt »harte Harze«, die haben, wenn sie geläutert sind, eine *prophetische* Kraft, in die Gemeinde und in die Gesellschaft hineinzuwirken. Sie haben erfahren, wovon das Wort Jesajas spricht: »Gott der Herr hat mir das Ohr geöffnet. Und ich bin nicht ungehorsam und weiche nicht zurück. Ich bot meinen Rücken dar denen, die mich schlugen, und meine Wangen denen, die mich rauften. Mein Angesicht verbarg ich nicht vor Schmach und Speichel. Aber Gott der Herr hilft mir, darum werde ich nicht zuschanden. Darum hab ich mein Angesicht hart gemacht wie einen Kieselstein; denn ich weiß, dass ich nicht zuschanden werde« (50,5–7).

Und doch müssen diese harten Harze den Schmelztiegel erfahren, denn ohne diesen werden sie keine Bedeutung für das Heilige des Ganzen haben. Auch ich musste meine wertvollen Bernsteinstücke in meinem Porzellantiegel schmelzen. Am Bernstein sehen wir es deutlich. »Wie der Tiegel das Silber und der Ofen das Gold, so prüft der Herr die Herzen« (Sprüche 17,3).

Die fossilen Harze sind zu nichts nütze, wenn sie vom Schmelztiegel nichts wissen. Erst im Schmelztiegel verwandelt sich die unangenehme oder gar gefährliche Härte in eine notwendige und segensreiche Festigkeit. Es ist der Schmelztiegel der Not, aber auch der Schmelztiegel der Anbetung, der die Härte eines Menschen verwandeln kann. Vielleicht hat die Sonderbehandlung der harten Harze mit ihrer seelischen Nähe zum Fanatismus zu tun. Je härter das Harz ist, desto größer muss die Demut sein, sich schmelzen zu lassen. Das Eigentümliche daran ist, dass Bernstein nach dem Schmelzen seine Festigkeit nicht einbüßen wird. Doch das Schmelzen verleiht ihm seine Löslichkeit im Öl. Ohne den Schmelztiegel werden die harten Harze nicht fähig sein, sich mit den anderen Harzen zu verbinden. Sie sollen nicht unlösliche Fremdkörper im Ganzen des Lackes sein, sondern ihm eine kostbare Festigkeit und eine heilige Widerstandskraft geben.

Die weichen Harze. Auch die weichen und mittelharten Harze haben ihre Bedeutung und ihre Charismen zum Nutzen aller. Es sind:

- Menschen wie das *Mastixharz,* denen etwas gegeben ist, was die Herzen weicher macht. Ihnen ist der Lobpreis gegeben, durch den die Gemeinschaft ihren Glanz gewinnt.
- Menschen wie das aus der *Myrrhe* gewonnene Harz, das gegen Leiden, Krankheiten und Wunden hilft. Sie haben eine Kraft, Menschen die Hände aufzulegen und sie zu segnen. Durch sie handelt Gott, wie er spricht:»Ihre Wege habe ich gesehen, aber ich will sie heilen und sie leiten und ihnen wieder Trost geben, und denen, die da Leid tragen, will ich Frucht der Lippen schaffen. Ich will sie heilen« (Jesaja 57,18f).
- Menschen wie das *Aloëharz,* die selten *einzeln* wirken. Sie sind erst richtig stark im Dialog. Sie leben aus der Gemeinschaft und für die Gemeinschaft. Sie bauen auf. In ihnen lebt ein Charisma des Helfens – gerade in den praktischen Belangen.»Ich habe ihn erweckt in Gerechtigkeit, und alle seine Wege will ich eben machen. Er soll meine Stadt wieder aufbauen« (Jesaja 45,13).»Denn Gott hat die Erde bereitet, dass man auf ihr wohnen soll« (Jesaja 45,18).
- Menschen wie die festen *Schmelzkopale,* die für geistige Klarheit und innere Orientierung sorgen. Hier geht es nicht um schnelle Lösungen, sondern um ein tieferes Verstehen, denn diese Harze trocknen langsam. Sie widerstehen dem oberflächlichen Pragmatismus, ihr Forschen und Fragen ist ein Gebet:»Meine Seele ver-

zehrt sich vor Verlangen nach deinen Ordnungen allezeit« (Psalm 119,20). Es sind Menschen, durch die Gott einlöst, was er sagt: »Ich bin der Herr, dein Gott, der dich lehrt, was dir hilft« (Jesaja 48,17).

– Menschen wie das *Venezianer Terpentin,* deren Anwesenheit verhindert, dass die Gemeinschaft in all ihren Differenzen und Meinungsverschiedenheiten rissig, hart und spröde wird. Ohne sie entsteht das Krakelee (franz. *craquelé* – rissig, gesprungen) der Separation durch Eitelkeiten und Besserwisserei.

– Menschen wie die harten *Kopale,* die den Glauben bewahren und stärken, die auch in den Krisen fest bleiben. Durch sie spricht Gott: »Tut auf die Tore, dass hineingehe das gerechte Volk, das den Glauben bewahrt! Wer festen Herzens ist, dem bewahrst du Frieden, denn er verlässt sich auf dich« (Jesaja 26,2f).

– Menschen wie das *Benzoeharz,* deren Hören und deren Worte das Trübe wieder zum Leuchten bringt. Sie haben ein Charisma, »mit den Müden zu rechter Zeit zu reden, denn der Herr öffnet ihnen das Ohr« (Jesaja 50,4). So entsteht – wie es dem Benzoe gegeben ist – ein neues Leuchten.[150]

Der Fluss und das Wasser

Jede Substanz im Rezept des Geigenlacks hat ihren eigenen Sinn. Doch dieser entfaltet sich nicht in isolierter Eigensinnigkeit, sondern erst in der Verbindung mit den anderen. Der Geigenlack ist ein Gleichnis für die Harmonie der versöhnten Vielfalt. Die einzige Möglichkeit, eine gute Geigenlackrezeptur zu gewinnen, besteht darin, die unterschiedlichen Substanzen in einem guten Verhältnis und in der rechten Temperatur zusammenzubringen.

So wie ich als Geigenbaumeister über den Lack rede, so redet Raniero Cantalamessa in ganz ähnlicher Weise über die Verwirklichung der Kirche: »Die Verschiedenheit ist nicht eine Beschränkung oder ein

Korrektiv der Einheit, sondern die einzige Weise, sie [die Einheit der Kirche] zu verwirklichen.«[151]
Die verletzlichen Fasern der uns anvertrauten Welt des Lebens sollen grundiert werden mit einer heiligen Rezeptur. Wie das Wasser, das den Ländern Leben gibt, nicht auf Flüsse verzichtet, so kann auch das Wasser des Lebens nicht auf äußere Strukturen verzichten. Auch das lebendige Wasser des Evangeliums hatte ja die Demut, sich das Flussbett der Kirche zu schaffen. Sie ist berufen, nicht nur Struktur, sondern Träger des Wassers, nicht nur äußere Organisation, sondern zugleich charismatischer Organismus zu sein. Ein Fluss kann ein mächtiges Flussbett haben, das aber sagt noch nichts darüber, wie viel Wasser er führt. Ob und wo die Kirche inneres Leben hat, zeigt sich nicht durch ihre notwendigen *Ämter*, sondern durch ihre *Kräfte* und *Gaben* (siehe zu diesem »Dreiklang«: 1. Korintherbrief 12,4ff).

Über *Ämter* hat das Gleichnis vom Geigenlack nichts zu sagen, doch was die *Charismen* und *Kräfte* betrifft, gilt gewiss in Anlehnung an Paulus (Galaterbrief 3,28): Hier ist nicht Mann noch Frau, nicht Klerus noch Laie, denn ihr seid allesamt *ein* Volk Gottes. Dass die äußere Organisation in ihrem Innern ein geistlich begabter Organismus ist, in dem sich Leben entfalten und als lebendiges Wasser weitergegeben werden kann, wird nur möglich sein, wenn das geistliche *Ich* (in den ihm anvertrauten Charismen!) und das geistliche *Wir* (in den ihm anvertrauten Sakramenten!) zu einer wechselseitigen Achtung finden. Cantalamessa beschreibt »mit dem Begriff ›Sakramente‹ die Gaben, die allen gemeinsam geschenkt sind, und mit dem Begriff ›Charismen‹ jene, die dem Einzelnen in besonderer Weise zu eigen sind (...) Die Sakramente sind der Gesamtheit der Kirche gegeben, um die Einzelnen zu heiligen, und die Charismen sind den Einzelnen gegeben, um die Gesamtheit der Kirche zu heiligen.«[152]
Wie das Flussbett beharrlich vom Wasser gegraben wurde und doch umgekehrt das Wasser vom Flussbett seinen Lauf bekommt, so sind das lebendige Wasser der Charismen und das Flussbett der heiligen Sakramente in einer wechselseitigen Abhängigkeit einander anver-

traut. Der Fluss führt das Wasser. Doch wo (kraft Amtes) zwar die Sakramente gesichert werden, die Charismen aber nicht ermöglicht, gewollt oder zugelassen werden, da wäre das wie der Glaube an den Sinn eines ausgetrockneten Flusses. Ohne charismatisches Leben trocknet die Kirche aus. Da erfüllt der Fluss nicht, wozu er berufen ist. So bilden Charismen und Sakramente einen harmonischen Gegensatz, den wir lieben und in dem wir leben sollen.

Das Geheimnis des Geigenlacks liegt jedenfalls nicht in der Verherrlichung der einzelnen Substanz (Charisma), sondern in der Rezeptur. Darum heißt es nach der Aufzählung der Substanzen: »Mache daraus ein heiliges Salböl nach der Kunst des Salbenbereiters. Und du sollst damit salben das Heiligtum.«

Es ist mit diesen Gedanken natürlich noch schmerzlich wenig über die biblischen Kräfte und Charismen (die wunderbaren Gaben der Gnade) im Einzelnen gesagt. Eines aber ist durch das Gleichnis von den Lackharzen gewiss deutlich geworden: Kein Harz, kein Öl, kein Pigment ist um seiner selbst willen da. Es geht um eine gute Rezeptur, in der sich alles im rechten Maß und der rechten Temperatur miteinander verbindet. Die Wärme steht für die Liebe. Das heißt nichts anderes, als dass wir *das Charisma des anderen hervorlieben* sollen. Der »Kontrollgeist«, der das charismatische Leben zerstört, ernährt sich von Angst und Macht. Wir verletzen einander nicht nur durch Rechthaberei, sondern (oft mehr noch) durch unsere Angst. Zu lieben bedeutet darum manchmal auch, die Angst zu überwinden und die eigene Macht in die Schranken zu weisen. Denn charismatisches Leben in seiner Unverfügbarkeit und Verletzbarkeit braucht Ermutigung und Vertrauen.

Gott gibt uns alle Charismen, er gibt uns all die Fülle der himmlischen Gaben. Eines aber wird er nicht an unserer statt tun: Es liegt an uns, dass wir die Kräfte und Gnadengaben unter uns erkennen, sie ermöglichen, ihnen Raum geben, sie wollen und begrüßen, dass wir ihnen erlauben, Fehler zu machen, dass wir ihnen Zeit geben, sich zu riskieren und sich zu entwickeln, dass wir ihnen auch unsere Hoffnung geben. Mit einem Wort: Es liegt an uns, sie zu schützen und zu lieben. Darum will ich nicht in der befremdlich selbstbezogenen Frage verweilen, was Gott mir geben will. Denn manchmal wird Gott sagen: »Es liegt an dir, das Charisma in deinem Bruder und deiner Schwester zu erkennen; du sollst durch deine Liebe ins Leben rufen, was ich ihnen geben will!«

»Lass leuchten über uns das Licht deines Antlitzes!«
Psalm 4,7

Das innere Feuer 12
Vom Leben aus dem Heiligen Geist

Über das Wesen und das Wirken des Heiligen Geistes habe ich in den vorausgegangenen Kapiteln schon manches geschrieben. Nun möchte ich die Frage stellen, wie wir den Heiligen Geist in einer größeren Tiefe empfangen und im Leben aus diesem Geist wachsen können. In diesen Dingen haben Menschen großartige Erfahrungen gemacht und tiefsinnige Bücher geschrieben.[153] Man wird keinen Anfang und kein Ende finden, und ich kann auch hier nichts anderes tun, als es wieder durch ein Gleichnis aus dem Werdegang der Geige anzusehen.

Der Lohn

Der letzte Arbeitsschritt, bevor man dem Instrument die Saiten aufziehen kann, ist das Auspolieren des Lackes. Es ist einer der schönsten Arbeitsgänge, eine Zeit der Erfüllung, in der meine Gedanken ruhen und ich unter der rechten Hand die Form der Geige spüre, die ich geschaffen habe. Es ist der Lohn für all die Arbeit. Ich will diese Arbeit genau beschreiben, denn die drei Dinge, die bei diesem Arbeitsgang ineinandergreifen, erscheinen mir wie ein Gleichnis für das Leben aus dem Heiligen Geist, wo ebenfalls drei Dinge zusammenkommen, die gemeinsam zum Ziel führen sollen.

Die Schichten des Lackes sind aus vielen Substanzen aufgebaut. Grundierung, Porenfüller, Pigmente, Öllack – ich habe den Lack in gut fünfzehn unterschiedlichen Schichten aufgetragen und dabei Pinsel, Lappen und teilweise die bloßen Hände verwendet – da ist der Kontakt noch unmittelbarer. Der Lack ist durch das Licht getrocknet, nun kann er auspoliert werden. Das Polieren ist nicht das, was ein Laie darunter verstehen mag. Man wischt nicht einfach darüber. Es ist viel eher ein tiefes Massieren der Schichten. Nun erst bekommt der Lack sein inneres »Feuer«.

Die Vorbereitung dieses Arbeitsganges dauert einige Minuten. Das kostbare Werkzeug ist ein einfacher Leinenlappen. Er muss alt sein, damit er weich ist und seine Fäden homogen sind. Keinesfalls dürfen Leinenknoten oder spröde Fäden die Geschmeidigkeit des Lappens stören. Er wird nun zweifach gefaltet, so entsteht eine feste Ecke. Dann tauche ich ihn in Alkohol und gebe einen Tropfen Polieröl dazu. Um die Feuchtigkeit vollkommen in jeder Faser des Lappens zu verteilen, muss er in alle Richtungen auf einer glatten, staubfreien Fläche aufgerollt werden wie ein kleiner Teppich. Der Lappen wird wieder glatt gezogen und in eine andere Richtung aufgerollt. Dieser Vorgang wiederholt sich einige Male, dann wird er endgültig glatt gezogen, um die vordere Faltungskante zu bilden. So ist der Lappen vorbereitet.

Das alles ist wichtig, denn das Polieren ist nicht ohne Risiko. Wenn hier die Sorgfalt fehlt, droht der junge Lack beim Polieren zerstört zu werden. Wenn es aber gelingt, kommt eine wahre Hochstimmung auf: Der Lack bekommt sein inneres Feuer! Die Oberfläche des Holzes wird auf einmal wie dreidimensional. Doch das Polieren will gelernt sein. Ist man dabei zu langsam, oder ist der Lappen zu feucht oder der Druck zu groß, dann wird die Oberfläche unweigerlich zerstört. Darum ist eine eigene Handhaltung erforderlich, wie man den Lappen zwischen den Fingern hält. Die Faltungskante wird zwischen Daumen und Zeigefinger-, das hintere Ende zwischen Mittel- und Ringfinger geklemmt. Bevor man die Lackfläche berührt, kreist man einige Male knapp über der Oberfläche, um die richtige Bewegung und Geschwindigkeit in der Hand zu haben. Erst dann setzt der Lappen auf. Es müssen nun – der Wölbungspartie entsprechend – kreisförmige und achterförmige Bewegungen sein, die niemals unterbrochen werden dürfen, solange noch Feuchtigkeit im Lappen ist.

Das gute Auspolieren ist eine geheime Kunst, denn drei Eigenschaften müssen dabei eine Einheit bilden: die Feuchtigkeit im Lappen, der intensive Kontaktdruck zwischen Lappen und Lack und die Geschwindigkeit der Bewegungen. Ist eines dieser drei Elemente nicht richtig, wird der Lack an dieser Stelle zerstört. Ein zu feuchter Lappen wird den Lack auswischen, anstatt ihn zu massieren. Ein zu trockener Lappen wird nichts ausrichten, da ist die Arbeit umsonst. Durch eine zu langsame Bewegung wird der Lappen am Lack festkleben, eine zu schnelle Bewegung wird den Lack nicht massieren. Ein zu großer Druck ist wie eine zu langsame Bewegung, ein zu geringer Druck ist nur ein oberflächliches Wischen ohne jede Wirkung. Da wird die Oberfläche am Ende ein wenig glänzen, der Lack aber nicht in seiner Tiefe leuchten. Je feuchter der Lappen anfangs noch ist, desto behutsamer muss man mit dem Druck des Lappens sein, erst gegen Ende kann man den Druck erhöhen. Da spürt man, wie man den Lack anpackt, ohne ihm zu schaden. Man spürt es am Widerstand. Es muss alles gut aufeinander abgestimmt sein. (Ich hatte von Anfang an eine große Liebe für diesen Arbeitsgang. Mein früherer Lehrmeister vertraute mir bisweilen sogar seine eigenen Geigen an, weil er den Eindruck hatte, dass mir das Auspolieren gut gelang.) Das Wichtige ist das Gefühl für den Widerstand unter der Hand. Das Schöne aber ist das tiefe Leuchten das Lackes, das nun entsteht. Besonders die Lackierung des italienischen Altmeisters Domenico Montagnana (Venedig 1687–1750) hat mich in ihren Bann gezogen. Da ist eine Tiefe der Farben, die zu jeder Tageszeit (bei sich veränderndem Licht) unterschiedlich erscheint, mal honiggold, dann tiefrot. An einigen Stellen scheint es, als seien kleine orangefarbene Lämpchen ins Holz gesetzt. Der Lack leuchtet aus der Tiefe heraus in einer großen Reinheit und Schönheit, und so veredelt er das Instrument. Auf den eigenen Polierlappen wird man stets mit Argusaugen achten. Je öfter er benutzt wurde, desto besser ist er. Niemals darf er eintrocknen, wenn man ihn für einige Tage nicht benutzt. Darum verwahre ich ihn in einer luftdicht verschraubbaren Dose. So bleibt er weich.

Wenn die Oberfläche des Instrumentes gegen Ende des Polierens ihr »Feuer« bekommt, sind das wunderbare Momente. Man hat den Eindruck, als schaue man durch ein gefülltes Wasserglas in die Tiefe des Holzes. Die Oberfläche hört auf, eine Oberfläche zu sein. Sie wird optisch dreidimensional. Man blickt in die Tiefe, die obersten Tracheiden des Fichtenholzes erscheinen transparent. Das Licht wird vom Grund des Holzes reflektiert, zurückgeworfen. An den mikroskopisch feinen Pigmenten, die man über Wochen hergestellt und gemahlen hat, wird das Licht abgelenkt und gebrochen. So entsteht der optische Reiz. Doch erst mit dem Auspolieren kommt es zur vollen Geltung. All die Arbeit und Mühe wird in dem Moment belohnt. Erst jetzt wird das Instrument wirklich sichtbar.

Die Geige in meiner Linken, den Polierlappen in meiner Rechten – da entsteht ein Gebet des Herzens: »Wenn du doch genauso stillhalten würdest in der Hand deines Gottes wie diese Geige in der Hand ihres Meisters. Wenn du doch die gleiche Leidenschaft verspüren würdest, die du allzu gut kennst, während du dem Instrument dieses Leuchten und diese Tiefe gibst! Und wenn du nur etwas von der Freude erfahren würdest, die in Gott ist, wenn ein Mensch durch den Heiligen Geist sein inneres Feuer bekommt!«

Der Lack gibt dem Holz die Tiefe und lässt es leuchten, er deckt das Holz optisch nicht zu, sondern bringt es in einer neuen Reinheit und einem inneren Leuchten zur Geltung. Das ist ein Gleichnis für das innere Leben, das in der Berührung mit Gott entsteht. Ich habe drei Dinge beschrieben, die während dieses Arbeitsganges wichtig sind:

– Die Feuchtigkeit des Polierlappens. Sie steht für *die Reinheit der Gnade*.

- Der rechte Kontakt zwischen Lappen und Instrument. Er steht für *das Ja des Glaubens*.
- Die Bewegung des Lappens. Sie steht für unser *alltägliches Üben*.

Nur in der rechten Abstimmung aufeinander führen diese drei zum Ziel. Auch im Leben aus dem Geiste Gottes sehe ich drei Dinge, die in ähnlicher Weise zusammenwirken, und auch sie führen nur gemeinsam zum Ziel. Diese drei müssen ineinandergreifen.

Die Reinheit der Gnade

Die Geige bekommt in der Brechung des Lichtes eine neue Qualität. Es ist, als entstünde in der Tiefe des Holzes ein eigenes Feuer. So will auch Gott unserem Leben ein inneres Feuer geben. Dieses Feuer ist der Heilige Geist.

Als Jesus am höchsten Tag des jüdischen Laubhüttenfestes in Jerusalem im Tempel stand, rief er aus: »Wer an mich glaubt, von dessen Leib werden Ströme lebendigen Wassers fließen« (Johannes 7,38). Der Evangelist Johannes kommentiert dieses Jesuswort: »Das sagte Jesus von dem Geist, den die empfangen sollten, die an ihn glaubten.«

Über achtzig Mal heißt es im Johannesevangelium »Jesus sagte« oder »Jesus sprach«, aber *nur drei Mal* heißt es »Jesus rief«. Er ruft in diesen Momenten buchstäblich etwas ins Leben: es geht da nicht um die Weitergabe von Information, sondern um die Weitergabe göttlichen Lebens.

Im Lukasevangelium hören wir, dass Jesus sagte: »Wo ist unter euch ein Vater, der seinem Sohn, wenn der ihn um einen Fisch bittet, eine Schlange für den Fisch biete? Oder der ihm, wenn er um ein Ei bittet, einen Skorpion dafür biete? Wenn nun ihr, die ihr böse seid, euren Kindern gute Gaben geben könnt, wie viel mehr wird der Vater im Himmel den Heiligen Geist geben denen, die ihn bitten!« (11,11–13).

Diese beiden Worte der Evangelien beantworten die Frage, wie wir den Heiligen Geist empfangen können, auf eine erschreckend schlichte

Weise: Es ist der Glaube an Jesus und die Bitte zu Gott. Über beides möchte ich für einen Moment nachdenken.

Die Bitte. Ich habe mich oft gefragt, warum die Form der Bitte überhaupt ein angemessenes Gebet sein kann. Sollte Gott nicht wissen, wessen ich bedarf? Oder muss ich ihn erst überzeugen oder überreden? Hat Gott das nötig? Ist das Bitten nicht letztlich ein geistloses Plappern, dem das Vertrauen fehlt, dass Gott doch weiß, was gut ist und wessen ich bedarf? Auch Jesus sagte: »Wenn ihr betet, sollt ihr nicht viel plappern wie die Heiden; denn sie meinen, sie werden erhört, wenn sie viele Worte machen. Darum sollt ihr ihnen nicht gleichen. Denn euer Vater weiß, wessen ihr bedürft, bevor ihr ihn bittet« (Matthäus 6,7).

Und doch ist das nicht alles. Jesus lehrte, dass wir Gott aus einem vertrauenden Herzen bitten sollen, denn im Bitten liegt eine geistliche Kraft. Nicht *Gott*, sondern *wir* bedürfen der Bitte! Sie ist eine radikale Form der Offenheit. In ihr hat jede Selbstverschlossenheit und Selbstbesessenheit ein Ende. Wer bittet, der zeigt, dass er sich selbst nicht genug ist und dass er es nicht dabei belässt, was er aus sich selbst vermag. Er stellt sich seiner Bedürftigkeit und macht sich zugleich empfänglich. Darum wird uns die Bitte zu Gott verändern. Es ist eine der Bibel völlig fremde Geisteshaltung, wenn wir sagen: Gott wird mir den Heiligen Geist schon geben, wenn er es will. Der Jakobusbrief sagt: »Ihr habt nichts, weil ihr nicht bittet« (4,2).

Ein Mann, der sich für demütig und weise hielt, ging zu einem alten Mönch und sagte, es sei nicht nötig, Gott um irgendetwas zu bitten. Man solle sich genügen lassen. Da antwortete der Mönch in verschmitzter Ironie: »Auch ich, in meiner großen Demut, habe Gott um nichts gebeten; und Gott, in seiner großen Güte, hat mein Gebet erhört – und mir nichts gegeben!«

Der Glaube an Jesus. Wenn wir Gott um den Heiligen Geist bitten, sollten wir uns tunlichst auf nichts berufen, was man uns positiv anrechnen kann! Denn Gott lässt sich nicht kaufen. Den Heiligen Geist zu empfangen, ist *reine Gnade*. Gnade ist eingegossen, nicht verdient und nicht gemacht. Sie ist einzig geschenkt. Sie ist das Licht, das uns erleuchtet.

Was ist nötig, um den Heiligen Geist zu empfangen? Die ersten Jünger machten die Erfahrung, dass eine Art der inneren Reinheit nötig war, die weit über das hinausging, was ein Mensch je durch Moral, Tugend oder Ritus erreichen kann. Die nötige Reinheit kam einzig aus der Reinheit der Gottesliebe. Es ist eine Liebe, die es im Foltertod noch fertigbringt, ihre letzte Kraft in diesen Satz zu legen: »Vater, vergib ihnen, denn sie wissen nicht, was sie tun!«

Darum hat der Glaube an die Reinheit dieser Liebe von Gott das Recht bekommen, unsere Herzen zu reinigen, dass sie nun den Geist Gottes empfangen. Alles andere wäre zu schwach. Liebe kann nur geglaubt sein. In den Stand der Liebe versetzt zu sein, bedeutet, versöhnt zu sein. Es macht die Dinge neu und bringt ein Leuchten in die Tiefe dieser Welt. So entsteht nun ein inneres Feuer, und da geschieht tatsächlich etwas Neues, denn es heißt nun nicht mehr: »Gott liebt uns«, sondern: »Die Liebe Gottes ist ausgegossen in unsere Herzen durch den Heiligen Geist, der uns gegeben ist« (Römerbrief 5,5).

Die ersten Jünger aus den Völkern, die den Heiligen Geist empfangen hatten, wussten, dass das nicht deshalb geschehen war, weil sie so tugendhafte Menschen waren. Warum geschah es dann? Die Apostelgeschichte spricht von diesen Erfahrungen und sagt: »Gott hatte ihnen den Heiligen Geist gegeben, nachdem er ihre Herzen gereinigt hatte durch den Glauben« (15,8–9).

Die Reinheit des Herzens

Jesus sah das Herz des Menschen als einen inneren Tempel der Gottesgegenwart. Er sagte: »Selig sind, die reinen Herzens sind, denn sie werden Gott schauen« (Matthäus 5,8). Jeder Tempel erfordert eine dem Tempel entsprechende Reinheit. Da das Herz kein ritueller Tempel ist,

ist mit einer Reinheit, die dem Weg des Ritus folgt, noch nichts erreicht. Es muss eine andere Reinheit sein. Ein inneres Bild, das unsere Seele leiten kann, wenn wir nach der Reinheit des Herzens fragen, stellt uns das Johannesevangelium vor Augen:

»*Als Jesus erkannte, dass seine Stunde gekommen war, stand er vom Mahl auf, legte sein Obergewand ab und nahm einen Schurz und umgürtete sich. Danach goss er Wasser in ein Becken, fing an, den Jüngern die Füße zu waschen, und trocknete sie mit dem Schurz, mit dem er umgürtet war. Da kam er zu Simon Petrus; der sprach zu ihm: Herr, solltest du mir die Füße waschen? Jesus antwortete und sprach zu ihm: Was ich tue, das verstehst du jetzt nicht; du wirst es aber hernach erfahren. Da sprach Petrus zu ihm: Nimmermehr sollst du mir die Füße waschen! Jesus antwortete ihm: Wenn ich dich nicht wasche, so hast du kein Teil an mir.*« (Johannes 13,1–8)

Hier wird etwas vom Wesen des Heiligen Geistes sichtbar, denn was Jesus tat, das tat er vollkommen im Heiligen Geist. Es wird deutlich, dass die einzige Kraft, die uns zum Guten hin verwandeln kann, die Liebe ist. Sie ist die Kraft Gottes, die in ihrer Demut alles heiligt, was sie berührt. Nichts an uns kann heilig sein, wenn wir nicht fähig sind, Empfangende zu sein. *Ich empfange, also bin ich.* Dafür steht das Bild von der Fußwaschung. Die einzige Frage, die dieses Geschehen mir stellt, lautet: Hältst du es aus, in dieser Weise als ein Empfangender vor Gott zu sein?

Das Heilige, das Gott fordert, kann nicht erworben werden; es muss uns zuteilwerden. Es ist die Reinheit derer, die um ihre unguten Seiten und ihr fragwürdiges Verhalten wissen und dennoch Jesus in dieser Innigkeit an sich heranlassen. Das wird uns zur existenziellen Heilung und so zum Heil der ganzen Existenz. Ich brauche innere Momente, in denen ich die Augen schließe, damit ich es aufnehmen kann: »Jesus, ich lasse das geschehen!« Es hat seinen Grund, dass er sagt: »Wenn ich es nicht tue, so hast du kein Teil an mir!«

Mit anderen Worten: Der Heilige Geist ist nicht die Folge, sondern die Voraussetzung eines heiligen Lebens! Wir müssen nicht Gutes tun, um uns den Heiligen Geist zu verdienen. Es ist umgekehrt: Wenn er uns dient, dann wird es mit uns gut. Darauf will ich vertrauen. Die Gerechtigkeit Gottes ist die Umkehrung der Dinge. Es ist gerade *nicht* so, wie Rabbi Neusner (mit Blick auf eine Stelle in der Mischna[154]) erklärt, dass wir »über eine Stufenleiter vielfältiger Tugenden gleichsam in den Himmel hinaufsteigen«[155], etwa weil wir – »durch Achtsamkeit, Reinlichkeit, Reinheit, Enthaltsamkeit, Heiligkeit, Demut, Furcht vor Sünde, Frömmigkeit« – schließlich den Heiligen Geist erlangen. Mein Leben (und alles, was es heilig und wertvoll macht) ist kein Aufsteigen zu Gott, sondern die Begegnung mit dem »Heruntergekommenen«. Es ist der Glaube an Jesus, der vor mir niederkniet und mir die Füße wäscht. Eben das ist das Heilige an Gott. Es ist seine Demut. Will ich mich tatsächlich auf meine Tugendhaftigkeit berufen? Da wäre ich wie ein kleiner Junge, der sein Sparschwein öffnet und sagt: Ich kaufe die Welt!

Die Gnade ist eingegossen wie das Wasser in das Becken, mit dem Jesus seinen Jüngern die Füße wäscht. Sie ist nicht mit unserer Großartigkeit angereichert. Mir werden die Füße gewaschen, und ich lasse es geschehen. Das ist mein ganzer Reichtum. Manchmal ist es in der Tat schwerer, die Gnade zu glauben, als Gutes zu tun. Denn im Guten blicke ich noch immer auf mich selbst. Da ist nicht die heilsame Selbstvergessenheit, die darin besteht, geliebt zu sein. Eine Liebe, die verdient werden muss, ist nicht Liebe, sondern Lohn. Liebe ist niemals verdient. Darum ist sie Inbegriff der Gnade. Sie kann und braucht keine Pluspunkte zu sammeln, denn sie ist einzig geschenkt. Das gilt schon im zwischenmenschlichen Miteinander, um wie viel mehr gilt es für Gott! Darum muss ich mich darin üben, jenes Bild von der Fußwaschung in mich aufzunehmen – es steht bei Johannes aus gutem Grund anstelle des Abendmahls. Ich muss im Geist in einer Reihe mit den Jüngern sitzen und wissen: Nun bin ich an der Reihe. Und er fing an, den Jüngern die Füße zu waschen, und trocknete sie mit dem Schurz, mit dem er umgürtet war. Die Frage, die diese Übung mir stellt, lautet: Hältst du es aus? Es ist heilsam, die Augen zu schließen und dieses Bild in sich aufzunehmen, bis wir es sehen.

Ich erinnere mich an einen Gottesdienst während meiner Lehrzeit in Mittenwald. Es war während des Abendmahls. Neben mir stand ein geistig behinderter junger Mann. Als er an der Reihe war, die Hostie zu empfangen, sah er den Pfarrer an und fragte:»Was kostet das?« (Er meinte es wörtlich.) Der Pfarrer antwortete, ohne zu überlegen:»Es ist schon bezahlt!« Er wunderte sich hernach selbst über seine Antwort, denn er hatte spontan geantwortet und über die Doppeldeutigkeit dieses Wortes nicht nachgedacht. Es gibt mit Blick auf unsere Berufung etwas, das wichtiger ist als das, was wir uns mit all unserer Tugendhaftigkeit verdienen könnten. Wären unsere Tugenden die Voraussetzung und nicht die Folge eines heiligen Lebens, so würden sie den Menschen zwingen, sich unentwegt mit sich selbst zu befassen. Nur der Geliebte hat die Selbstvergessenheit, nicht zu fragen, wie weit er ist und was man von ihm denkt; er wird durch die Liebe geformt. So nimmt unsere Berufung ihre Form an, und wir werden uns weniger mit uns selbst, umso mehr aber mit der Welt befassen, für die wir bestimmt sind.

Wie billig müsste der Heilige Geist zu haben sein, ließe er sich durch unsere moralische Reife und Tugenden kaufen. Worauf will ich mich vor Gott berufen? Es gibt kein »Jetzt bin ich endlich heilig genug, demütig genug, achtsam genug. Jetzt bin ich weit genug, reif genug, rein genug. Jetzt bin ich moralisch genug, konsequent genug, sozial genug. Jetzt bin ich spirituell genug, gläubig genug, überzeugt genug ...«. Wir sind es nicht und werden es nicht sein! Weder was wir für uns vorbringen noch was wir uns absprechen, bringt uns weiter. Die mächtigsten Bollwerke unserer Seele gegen Gott – die Selbstgerechtigkeit und die Selbstanklage – müssen durch den Geist Gottes in uns überwunden werden. Der Heilige Geist erfüllt uns nicht, weil wir etwas vorbringen können oder etwas gebracht haben, sondern weil etwas für uns vollbracht wurde, wie es das Johannesevangelium am Tag nach der Fußwaschung bezeugt:»Jesus sprach: Es ist vollbracht! und neigte das Haupt und verschied« (19,30).

Die geistlichen Gedanken dieses Kapitels sind eine innere Fortsetzung des Kapitels»Vom verschlossenen Klang«, in dem ich vom notwendigen Leiden der Gottesliebe sprach. Ich sagte dort, dass das Wort, das sich in Jesus verkörperte,»*Für dich*« heißt. In diesem Logos wurde die Welt erschaffen und in ihm erfährt sie ihren bleibenden Sinn. Nun aber zeigt sich ein Drittes: Auch die Verheißung des Heiligen Geistes, den wir empfangen sollen, ist in diesem»*Für dich*« gesprochen. In ebendiesem Tenor sagt Jesus in den letzten Gesprächen mit seinen Jüngern, kurz vor seinem Tod:»Ich sage euch die Wahrheit: Es ist gut für euch, dass ich weggehe. Denn wenn ich nicht weggehe, kommt der *Paraklet* nicht zu euch. Wenn ich aber gehe, will ich ihn zu euch senden« (Johannes 16,7). Was im Urtext»Paraklet« heißt, vereint eine Vielzahl von Begriffen, die sich in diesem einen Wort zusammenfinden: der Tröster, der Lehrer, der heilige Helfer, der innere Prophet. All das ist der *Paraklet* – der Heilige Geist (vgl. auch Johannes 14,26).

Jesus sagt: Er gibt sich für dich hin, wie auch ich es tat,»denn er verherrlicht mich« (vgl. Johannes 16,14). Dieses Bild der Hingabe wird in der Fußwaschung sichtbar:»Wenn ich dich nicht wasche, so hast du kein Teil an mir.« Doch dann folgt ein Gebot:»Wenn nun ich euch die Füße gewaschen habe, so sollt auch ihr euch untereinander die Füße waschen« (Johannes 13,14). Es ist das Gebot, dass der Mitmensch tatsächlich *auch durch uns* etwas erfährt, was ihn reinigt! Wenn wir diesem Gebot treu sind, dann bedeutet das eines ganz gewiss: Wir empfangen und wir gewähren einander ein Leben aus der vollkommenen Vergebung der Sünden! Sich dem zu widersetzen bedeutet, sich der Gnade zu widersetzen, die wir empfangen haben und von der wir auch einander Anteil geben sollen. Was wir hier einander verweigern, das verweigern wir Gott.

Ähnlich wie die Mischna, so sagt auch das Neue Testament, dass der Heilige Geist sich der Sünde entzieht, da wir ihn durch Sünde»betrüben« (Epheserbrief 4,30) und»dämpfen« (1. Thessalonicherbrief

5,19) können. Das ist kein Widerspruch zu dem bislang Gesagten. Wenn die Väter und Mütter des Glaubens die Reinheit betont haben als das wirksamste Mittel, um den Heiligen Geist zu gewinnen, dann dürfen wir diese Reinheit nicht als ein gutes Werk verstehen – so als sei sie etwa wie eine Währung, die man ansparen und zum Erwerb des Heiligen Geistes einsetzen könnte. Die Reinheit, um die es geht, ist etwas anderes. Sie ist viel eher wie der Zauber, der uns die Augen der Liebe öffnet, dass wir den Geliebten sehen. Sie nimmt dem Herzen den trüben Schleier, der uns dumpf und gleichgültig, ahnungslos und leidenschaftslos gegenüber dem Geiste Gottes macht. Darum ist die Reinheit wichtig. Es ist eine Abscheu gegen das Böse, eine Anziehungskraft zum Hilfreichen, Lauteren, Wahrhaftigen, Aufrichtigen, Ehrlichen, eine Sehnsucht nach Gott, eine Freude an allem, was seinem Wesen entspringt: Barmherzigkeit, Güte, Geduld, Freundlichkeit, Heiligkeit, Wahrheit, Gerechtigkeit. Wir dürfen nicht dem Missverständnis erliegen, Reinheit sei etwas, womit sich – wenn man nur genug davon vorzuweisen habe – Gott kaufen ließe. Nicht *Gott* braucht unsere Reinheit. *Wir* brauchen sie, um im Geiste Gottes zu leben. Wie Verliebte in einem anderen Zustand leben, so ist es mit der Reinheit. Sie macht uns empfindlich und empfänglich für Gott. Sie öffnet uns die Augen. So verstehe ich das Wort Basilius des Großen[156], der sagt:

»Gereinigt vom Schmutz, mit dem man sich durch die Sünde vermischt hatte, und zurückgekehrt zur natürlichen Schönheit, wie wenn man einem Bild durch die Reinigung seine alte Form zurückgegeben hat, ist es möglich, sich endlich dem Heiligen Geist zu nähern. Der fleischliche Mensch, der seinen Geist nicht in der inneren Betrachtung geübt hat, sondern ihn vielmehr wie in einem Sumpf mit den Gedanken des Fleisches vergräbt, kann die Augen nicht zum geistigen Licht der Wahrheit erheben. Darum empfängt die Welt, das heißt das den fleischlichen Leidenschaften[157] versklavte Leben, die Gnade des Geistes nicht mehr als ein krankes Auge das Licht eines Sonnenstrahls.«[158]

Das Ja des Glaubens

Die Gnade ist die Voraussetzung, die alles durchdringt, was heilig ist, wie es bei einem der großen Lehrer des Glaubens heißt: »Was nicht vom Heiligen Geist erreicht worden ist, ist nicht geheiligt.«[159] Damit komme ich auf das Polieren der Geige zurück. Der zweite Aspekt: die Berührung. Die Gnade durchfeuchtet den Lappen, sie erreicht jede Faser, doch dann muss der Lappen das Instrument auch berühren. Das ist ein Bild für den Glauben. Glaube ist immer eine Berührung. Ohne Glauben bleiben Himmel und Erde getrennte Welten, die sich nichts zu geben haben. Es mag noch so viel himmlische Gnade geben – der Glaube bringt sie zur Welt!

Jedem Entschluss des Glaubens geht die Gnade voraus, wie auch der Polierlappen zuerst die Feuchtigkeit empfängt. Doch ohne Glaubensentschlüsse lassen wir die Gnade ins Leere laufen. Berührt der Lappen nicht das Instrument, so wird die Feuchtigkeit verdunsten. So kann auch die Gnade, die dem Leben eines Menschen gilt, schlichtweg verdunsten, ohne je etwas bewirkt zu haben. Das sagt der Apostel Paulus mit dem Wort: »Gebt acht, dass ihr die Gnade nicht vergeblich empfangt« (2. Korintherbrief 6,1), und: »Erforscht euch selbst, ob ihr im Glauben seid; prüft euch selbst!« (ebenda 13,5).

Gott müsste uns durch sich selbst ersetzen, wollte er auf unsern Glauben verzichten. Die dumpfe Ahnung ist zu wenig. Und dennoch leben viele Menschen in einer Dumpfheit gegen Gott. Ihr Glaube hat sich die geschenkte Gnade und all die Gnadengaben, aus denen sie leben könnten, nie angeeignet! Das gleicht einem Geiger, der die schönste Geige geschenkt bekommt. Er hängt sie sogleich freudig in die Vitrine, aber er kommt nicht auf die Idee, darauf zu spielen. So bleibt die Gnade ohne Glauben stumm. Es gibt tatsächlich – was den Glauben betrifft – die Sünde der Erwartungslosigkeit.

So heißt Glauben jedenfalls nicht, die Sache getrost auf sich beruhen zu lassen. Da verstaubt die Geige ungespielt in der Vitrine, sie verliert ihren Glanz, und ihre Fasern verhärten sich. Ich erinnere mich an einen Kunden, der eine wertvolle altitalienische Geige aus dem frühen 18. Jahrhundert spielt. Der Eigentümer hatte sich das Instrument als bloße Geldanlage zurückgelegt, aber sie war seit vielen Jahren nicht gespielt worden. Ihr Klang war anfangs störrisch, spröde und hart. Jener Musiker, dem sie dann anvertraut worden war und der sie heute in seinen Konzerten spielt, sagte mir, es habe ihn gut neun Monate an täglicher Klangarbeit gekostet, bis diese Stradivari ihren modulierbaren und samtigen Ton wiedergefunden habe.[160]

Eine Geige, die über Jahre nicht gespielt wird, hat ihren Klang verloren. Man kann sie wieder zum Leben erwecken, aber man muss täglich darauf spielen. Darin kann die Geige ein Bild für einen Neuanfang des Glaubens sein. Wenn wir beginnen, die Dinge des Glaubens neu zu leben – die Stille, das Gebet, die Anbetung, die Liebe zur Arbeit, die Gemeinschaft, die formende Kraft der Bibel –, mag es anfangs noch spröde sein. Aber auch dann, wenn wir den freien und schönen Klang noch nicht sofort geschenkt bekommen, ist es unsere Aufgabe, die Dinge aufzuwecken. Es ist das tägliche Spiel des Glaubens.

Wie es verschiedenartige Musik gibt, so muss man die Vielfalt der Gnade entdecken. Zu den »Etüden« des Glaubens gehört gewiss die Erfahrung der Seelsorge. Die Nähe zu einem Seelsorger (einem Beichtvater, einer geistlichen Mutter) kann in uns die Kraft der Dankbarkeit und der Reue wecken. Es ist gesund, das eigene Leben bewusst unter diesen beiden entgegengesetzten Blickwinkeln anzusehen: Ohne Dankbarkeit machen wir unser Leben zur Schwarzmalerei, ohne Reue zur Schönfärberei. Die Kraft der Dankbarkeit leuchtet unmittelbar ein – was aber bedeutet Reue?

Der Apostel Paulus schreibt, es gibt eine »Reue zur Rettung« (2. Korintherbrief 7,10), sie hat nichts mit Selbstzermarterung zu tun, denn sie kommt aus der Erkenntnis der Gnade. Es ist nicht vernichtend, wenn der Geist Gottes uns an den Ort der inneren Erkenntnis führt. Wir werden erkennen, wo wir versäumt haben, das Rechte zu tun, und zu feige oder träge waren, das Verheißene zu glauben; wir

werden erkennen, wo wir den Tagen und Jahren unseres Lebens das
geraubt haben, was uns geschenkt war, da wir das Gebot, das uns galt,
nicht gesehen haben – doch die Reue kann eine Kraft entfalten, das
Instrument des eigenen Lebens wieder neu zu erwecken! Wie Basilius
der Große es vom gereinigten Bild sagte, das zurückkehrt zu seiner
Schönheit, und wie es mit dem zum Leben erweckten Klang jener
Geige war, so ist es auch mit dem erneuerten Klang des Glaubens.
Ein wunderbares Wort aus dem Talmud sagt: »Wo die Bußfertigen
stehen, vermögen auch die vollkommen Gerechten nicht zu stehen!«[161]
Der Ort der Einsicht und der Umkehr ist der heiligste Ort, den ein
Mensch je betreten kann. Es ist der Ort der Gnade. In diesem Sinn sagt
der Apostel Paulus: »Weißt du nicht, dass Gottes Güte dich zur Umkehr leitet?« (Römerbrief 2,4). Wenn meine Reue Gottes Herz erreicht,
dann ist seine Gnade längst an diesem Ort. Nur dort kannst du ertragen, alles anzusehen. Gnade ist nicht der Ort der großen Gefühle, sondern der klaren Entscheidungen. Dies nicht zu sehen, würde bedeuten,
die Bibel ihrer prophetischen Kraft zu berauben: »Wascht euch, reinigt
euch, tut eure bösen Taten aus meinen Augen, lasst ab vom Bösen!
Lernt Gutes tun, trachtet nach Recht, helft den Unterdrückten, schafft
den Waisen Recht, führt der Witwen Sache! So kommt denn und lasst
uns miteinander rechten, spricht der Ewige. Wenn eure Sünde auch
blutrot ist, soll sie doch schneeweiß werden, und wenn sie rot ist wie
Scharlach, soll sie doch wie Wolle werden« (Jesaja 1,16f).
Ein einziger Tag der Umkehr kann im Himmel wie tausend Tage
sein. Es gibt diese Momente der Gnade im Leben eines Menschen, die
den ganzen Himmel mit Freude erfüllen! (Lukas 15,7). Da wird ein
spröder Klang wieder neu zum Leben erweckt. Rabbi Baruch, mit dem
ich darüber sprach, sagte: »Ja, das ist der Grund, weshalb die Umkehr
als die stärkste Kraft im Universum betrachtet werden kann – sie ist
dem Willen des Menschen unterstellt.«[162]
Die tiefste Sünde, derer ein Mensch gegen Gott und sich selbst fähig ist, ist die Weigerung, die Vergebung der Sünde zu akzeptieren. Es
ist die radikale Weigerung, durch die geöffnete Tür der Umkehr und

Vergebung hindurch sich in die Liebe Gottes hinein zu bekehren. Vergebung bedeutet im Tiefsten: Gott verteidigt mich gegen mich selbst! Denn er überwindet, was mich – und durch mich auch andere – zerstört. Doch meine Reue muss das Zerstörende erkennen und es beim Namen nennen. Jeder Mensch, der beginnt, ehrlich gegen sich zu sein, wird erkennen, was der wunde Punkt ist, auf den Gott in seiner Sanftheit und heilenden Macht den Finger des Heiligen Geistes legen will. Was der Geist Gottes berührt, das wird von einer heiligen Kraft zurechtgebracht. Es wird gut. Doch unser Glaube muss es erlauben. Es ist das Ja des Glaubens, auf das Gott hören wird.

Im Namen Jesu ist das Geheimnis, dass es Kleider des Heils und einen Mantel der Gerechtigkeit gibt, die uns angezogen werden, obgleich unser Leben sich diese Kleider nicht geschneidert hat. Und doch verändern sie, wie wir leben; sie verändern, wer wir sein werden und sind. Gnade ist etwas, das tatsächlich nur der Glaube dem Herz des Menschen schenken kann! Sie bleibt ein Geschenk; doch der Glaube öffnet es, und er lebt in all dem, was er von Gott empfängt. Da ist nicht länger die Frage, wie stark oder schwach ich bin, sondern dass ich ein Werkzeug und Werkstück der Gnade bin. Dem ständigen Pulsfühlen der eigenen Gestärktheit und Geschwächtheit fehlt doch die Selbstvergessenheit, die der vertrauende Mensch in sein Wesen aufgenommen hat. Er ist nicht länger bereit, sich ohne Gott zu denken! Er vertraut, dass Gottes Gnade mit ihm ist.

Der Glaube ist also die seelische Kraft, in der wir uns die Wahrheiten aneignen, aus denen wir leben. So entfacht sich in unserm Leben ein inneres Feuer, wie es dem Lack der Geige geschenkt wird, wenn der befeuchtete Lappen das Instrument berührt. Ein bekanntes Lied drückt es mit den folgenden Worten aus:

Zünde an dein Feuer, Herr, im Herzen mir,
hell mög’ es brennen, lieber Heiland dir.
Was ich bin und habe, soll dein Eigen sein.
In deinen Händen schließe fest mich ein.

Quelle des Lebens und der Freude Quell,
du machst das Dunkel meiner Seele hell.
Du hörst mein Beten, hilfst aus aller Not,
Jesus, mein Heiland, mein Herr und Gott.[163]

Das alltägliche Üben

Es ist der dritte Aspekt: die Bewegung. Wenn wir üben, im Geist Gottes zu leben, dann ist das wie die Bewegung des Lappens, der dem Lack sein Feuer gibt. Denn weder die Feuchtigkeit (Gnade) noch der Kontakt (Glaube) allein reichen aus, uns das Leben aus dem Heiligen Geist »in Fleisch und Blut« übergehen zu lassen. So selbstverständlich es eigentlich klingen mag: Wir bleiben – aller Gnade zum Trotz – an unserm eigenen Leben beteiligt! Und das heißt: Uns wird zugemutet, das, was uns zum Guten hin verändert, zu lernen, zu üben und in der rechten Weise zu tun. Zu meinen, man müsse nur den Heiligen Geist empfangen und die Dinge des Lebens würden sich im Handumdrehen lösen – das wäre nicht der Glaube an die Gnade, sondern der Glaube an einen Zaubertrick. Gnade bedeutet nicht, es geht von allein. Sie wird immer dort wirksam sein, wo wir uns im Glauben, in der Hoffnung und in der Liebe *üben*. Es ist leicht, den Glauben auf hohem Pathoslevel andauernd zu überhitzen und sich dabei einzubilden, man sei radikal; doch viel radikaler ist es, die Dinge in nicht-radikalen kleinen Schritten zu verändern, schlicht und ergreifend, weil nur diese Veränderung tatsächlich stattfindet. Nur solch ein Glaube hat Alltagskraft. Wir können uns niemals auf die Gnade berufen, wenn wir das Unsere nicht tun. Da hätten wir nicht begriffen, was Resonanz mit Gott bedeutet: Die *Anregungen und Kräfte* des Heiligen Geistes finden in unserm *Hören und Tun* ihren Widerhall. Das heißt: Die Gnade will die Dinge des Lebens nicht ersetzen, sondern darin wirksam sein. Das kann bedeuten, dass wir uns »etwas zu Herzen nehmen« und sich daher Dinge verändern; es kann eine Zusage sein, der wir vertrauen; eine

Ermahnung, die wir ernst nehmen; eine Erinnerung, der wir nachgehen; ein Trost, den wir annehmen; eine neue Sicht der Dinge, die zur rechten Zeit Klarheit und Orientierung schafft; ein treues Üben in den Dingen, die uns nicht gelingen. Nur ein Mensch, der sich etwas zu Herzen nimmt und sein Leben ändert, hat gezeigt, dass er sich bewegen lässt.

Denn lehrt uns nicht die Physik, dass eine Kraft zweierlei bewirken kann? Sie kann einen Körper *bewegen*; lässt er sich aber nicht bewegen, dann wird sie ihn *verbiegen*. Wenn wir uns nicht bewegen lassen, wird Gottes Kraft sich uns entziehen, denn anders würde sie uns verbiegen oder gar brechen. Wir können die Kraft Gottes nur verkraften, wenn wir uns bewegen lassen, das Erkannte auch zu tun und uns in dem uns Gebotenen zu *üben*.

Ich bin überzeugt davon, dass die Lobpreiszeiten eines Gottesdienstes und die Zeiten der Stille und der Anbetung gerade darin ihren Sinn von Gott erhalten haben, dass sie unser Herz formbar machen und es ihm leichter machen, sich zu bewegen. Im Lobpreis geschieht keine Demütigung des verstockten Herzens, denn das Herz selbst macht sich formbar und weich für Gott. Der Lobpreis ist wie die Hand des Töpfers, die den Ton knetet, damit er weich und formbar wird und ein gutes Gefäß entstehen kann. Das demütige Herz ist wie der formbare Ton.

Wenn die Liebe Gottes ausgegossen wird in unser Herz, dann werden wir formbar und doch gefestigt sein. Oft sind wir spröde wie Glas. Wir gehen unseren Weg, es kommt ein krisenhafter Schlag, und wir zerbrechen. Oft sind wir weich wie Wachs. Wir gehen unsern Weg, es kommt die Hitze der Zweifel und Anfeindungen, und wir lösen uns auf. Im geistlichen Leben werden wir formbar, aber nicht weich sein; wir werden fest, aber nicht spröde sein. Formbarkeit und Festigkeit sind Widersprüche, die nur in einem heiligen Herzen eine Einheit sind. Ein unreines Herz aber ist voll Härte gegen andere und voll wachsweicher Überzeugungen gegenüber sich selbst.

Der dreifache Sinn

Während ich mit dem Auspolieren einer Geige beschäftigt war und dieses wunderbare Feuer in seiner Reinheit und Tiefe des Lackes sah, wurde mir klar, dass auch im geisterfüllten Leben die genannten drei Dinge ineinandergreifen sollen, über die ich geschrieben habe: *die Gnade, der Glaube und das Üben.* Erst so entsteht ein inneres Feuer im Leben mit Gott. Darum habe ich in diesem Gleichnis darüber geschrieben, was ich in jenem Moment des Polierens geistlich sah.

Das Auspolieren des Lackes verlangt, dass man die genannte Dreiheit mit seinen Fingern begreift, doch auch die Lackierung selbst hat einen dreifachen Sinn: Sie dient dem *Schutz*, dem *Klang* und der *Schönheit* der Geige. Auch dazu ein abschließendes Wort:

Der Schutz. Das Holz wird durch die Harze des Lackes gegen mechanische Abnutzung, Schweiß und Witterungseinflüsse wirksam geschützt.

So ist auch der »Balsam« des Heiligen Geistes, den die Bibel beschreibt: Er ist eine Kraft, die unsere Lebenshoffnung erhält, wo die Witterung des Alltags unserm inneren Menschen zusetzt. Wir sollen nicht der Resignation erliegen! Der Heilige Geist ermutigt uns durch seine Stimme. Wir können es hören. Er richtet uns auf und ist in all unserer Traurigkeit ein Geist der Ermutigung und des Trostes.

Der Klang. Die Fasern des Holzes werden durch den Lack akustisch veredelt. Hier hat besonders die Grundierung, die in das Holz eindringt, ihren Sinn. Sie beeinflusst die Ausbreitung der Schallwellen, sie beeinflusst die Dämpfung und die Dichte der Zellen und veredelt damit den Klang.

So ist auch der »Balsam« des Heiligen Geistes, den die Bibel beschreibt: Er ist eine Kraft, die unsere Berufung stärkt, denn der Geist Gottes lehrt, was uns hilft, und er leitet uns auf dem Weg, den wir gehen. Er inspiriert jedes ihm geöffnete Herz. Wir sollten den Mut haben, ihn zu fragen. Warum wagen wir nicht diese Versuche des Glaubens? Der Jakobusbrief ermutigt uns: »Wenn es jemandem unter euch an Weisheit mangelt, so erbitte er sie von Gott. Denn Gott ist ein gebender Gott« (vgl. Jakobusbrief 1,5).

Die Schönheit. Die Pigmente geben dem Lack das Leuchten seiner Farben. Dieses Spiel mit dem Brechungsindex des Lichtes macht das Instrument erst schön. Die Pigmente haben keinen anderen Nutzen außer dem der puren Schönheit. Dass ein guter Geigenlack (besonders nach dem Polieren) auch einen guten Geruch hat, ist ein Letztes. Es ist der süße und zugleich würzige Geruch der Benzoe, deren Besonderheit darin besteht, dass sie den Glanz bewahrt. Aber auch das gehört zur Schönheit.

So ist auch der »Balsam« des Heiligen Geistes, den die Bibel beschreibt: Er ist eine Kraft, die der Schönheit unseres inneren Menschen gilt, denn der Geist führt uns in die Gnade der Gottesliebe. Die Liebe beginnt, wo der Nutzen endet. So ist die Geigenlackierung eine Schule der Weisheit. Denn wahrer Schönheit geht es letztlich um das Paradox des nützlich Nutzlosen. Von diesem Reiz spricht Fulbert Steffensky, wenn er sagt: »Schönheit bleibt nie folgenlos. Sie bildet unsere Seele.«[164] Gerade in der Freiheit vom vordergründigen Nutzen erfüllt die Schönheit ihren Sinn. In diesem Wesenszug ist die Schönheit immer ein Gleichnis für die Gottesliebe.

Eine wunderbare Form, in der die alte Pfingstliturgie um den Heiligen Geist bittet, ist der in England im 12. Jahrhundert entstandene Pfingstgesang »Veni Sancte Spiritus«[165]. Ich möchte dieses Gebet hier um seiner Schönheit willen wiedergeben:

> *Komm herab, o Heilger Geist,*
> *der die finstre Nacht zerreißt,*
> *strahle Licht in diese Welt.*
> *Komm, der alle Armen liebt,*

komm, der gute Gaben gibt,
komm, der jedes Herz erhellt.

Höchster Tröster in der Zeit,
Gast, der Herz und Sinn erfreut,
köstlich Labsal in der Not,
in der Unrast schenkst du Ruh,
hauchst in Hitze Kühlung zu,
spendest Trost in Leid und Tod.

Komm, o du glückselig Licht,
fülle Herz und Angesicht,
dring bis auf der Seele Grund.
Ohne dein lebendig Wehn
kann im Menschen nichts bestehn,
kann nichts heil sein noch gesund.

Was befleckt ist, wasche rein,
Dürrem gieße Leben ein,
heile du, wo Krankheit quält.
Wärme du, was kalt und hart,
löse, was in sich erstarrt,
lenke, was den Weg verfehlt.

Gib dem Volk, das dir vertraut,
das auf deine Hilfe baut,
deine Gaben zum Geleit.
Lass es in der Zeit bestehn,
deines Heils Vollendung sehn
und der Freuden Ewigkeit.

Amen. Halleluja.

»Dient einander, ein jeder mit der Gabe, die er empfangen hat.«
1. Petrusbrief 4,10

Das Konzert 13
Vom Ich zum Du

Das Auspolieren des Lackes, das ich im letzten Kapitel beschrieben habe, ist der letzte Arbeitsschritt im Werdegang der Geige. Die Stimme ist gesetzt, der Steg geschnitten, dann endlich können die Saiten aufgezogen werden und es erklingt der erste Ton!

Der alles erfüllende Klang

Als ich mit Anfang zwanzig gerade meine Geigenbaulehre abgeschlossen hatte, ging ich mit einem guten Jugendfreund für eine Woche auf Exerzitien nach Ralligen am Thunersee. (Ich wusste eigentlich gar nicht so genau warum. Eine ältere Frau aus unserer Gemeinde kam auf mich zu und sagte, sie habe den Eindruck, es würde mir guttun. Darum fuhr ich hin.) Es werden gut achtzig Menschen gewesen sein, die an den Einkehrtagen der Christusträgerbruderschaft innere Kraft und neue geistige Ausrichtung suchten. Anfangs war man sich fremd. Es waren Menschen aus unterschiedlichsten Hintergründen, Berufen und Lebensphasen. Doch am Ende waren wir mit vielen vertraut geworden. Der letzte Abend sollte ein persönlicher Präsentationsabend sein. Wer immer etwas beitragen wollte, war eingeladen, das Programm zu bereichern. Ein Architekt stellte ein Bild vor, das er in diesen Tagen mit Kohle gezeichnet hatte, und deutete an, was dies mit

einer Krise zu tun hatte, in der er sich befand. Eine ältere Dame trug
ein Gedicht vor, das sie am Nachmittag geschrieben hatte, und so ging
es weiter. Viele teilten auf ihre Weise etwas davon mit, was sie während
jener Zeit erlebt hatten, was ihnen klar geworden oder an neuer Hoffnung in ihnen gewachsen war. Es war ein sehr mutiger und authen-
tischer Abend. Schließlich waren auch Jan und ich an der Reihe. In der
Klosterbibliothek hatten wir am Nachmittag Klaviernoten von Johann
Sebastian Bach gefunden. Wir hatten uns diese vorgenommen, doch
anstelle des Klavierspielens taten wir das, was wir konnten: Jan spielte
Gitarre, ich spielte Geige. Da Jan im Herzen ein wahrer Jazzmusiker
ist, merkten wir schon beim Proben, wie wir uns bereits nach zwei
oder drei Zeilen von den Noten lösten und dass diese uns am Abend,
wenn es gut lief, wohl eher eine Inspirationsquelle als eine unmittel-
bare Vorlage sein würden. Immer wieder aber kehrten wir zu den Motiven Bachs zurück.

Am Abend war ich aufgeregt. Feste Noten wären mir nun doch lieber gewesen. So spielten wir zunächst noch nah am Notensatz, doch
dann entstand der Klang aus dem Moment heraus. Ich schloss die Augen und spielte meine Melodien in die faszinierenden Harmonien der
Gitarre hinein – so wie ich es im Moment in mir hörte. Was ich in
dieser Weise noch nie erlebt hatte, war, dass ich alles, was Jan im nächsten Augenblick spielen würde, quasi voraushörte. Mir war klar, wie er
die Harmonien führen würde und welche Rhythmen und Melodie ich
in diese hineinlegen würde. Es war eine absolute Einheit zwischen den
Instrumenten, mal waren es ruhigere, mal heftigere Phasen, alles entstand aus dem Hören und einer gegenwärtigen Inspiration. Wir spielten »ohne Netz« ganz in die Vertrautheit dieses hörenden, aufmerksa-
men und gespannten Publikums hinein. Jan konnte spielen, was er
wollte, ich wusste, was es war. Während dies alles geschah, begann ich
zu vergessen, dass uns Menschen zuhörten. Es war nicht länger wichtig, denn es war kein Vorspielen mehr, sondern ein lebendiges Geschehen, das vollkommen erfüllt war von dem gemeinsamen Klang. Absolute Gegenwart. Was mich im Nachhinein wunderte, war, dass ich im

Laufe des Spielens sogar vergaß, dass ich gerade Geige spielte. Die Klänge entstanden wie von selbst. Das Instrument war ein Teil meines Körpers. Es war keine Trennung mehr da. Ich war eigentlich nicht mehr mit Geigespielen beschäftigt, obwohl ich natürlich genau dies tat, sondern hörte nur noch, was geschah, und ließ es geschehen. Mit einem Freund in dieser Weise in die Vertrautheit eines hörenden und wohlwollenden Publikums hinein zu improvisieren, gehört zu den erfüllendsten Momenten tiefer Gemeinschaft und gemeinsamen »Verstehens«.

Nach einer (vermutlich langen) Zeit war es dann wie ein Aufwachen. Während wir weiterspielten und es zu Ende brachten, war ich fast erschrocken und fragte mich, wie lange wir eigentlich gespielt hatten. Auch war ich nun auf einmal unsicher, wie die Leute es wohl empfunden hatten. Es folgte nach einer ausgedehnten Stille starker Applaus. Am folgenden Tag erhielten wir die Rückmeldung eines sonst eher schweigsamen und, wenn überhaupt, dann nur wohldosiert lobenden Ordensbruders. (Er war für den Gartenbetrieb zuständig und Jan war ihm dort die Woche über zur Hand gegangen.) Es sei, so sagte er, nicht in Worte zu fassen, wie wir am gestrigen Abend musiziert hätten. Er habe den Eindruck gehabt, er sei im Himmel gewesen. Beim Zuhören sei irgendetwas geschehen. Am Ende ermahnte er uns inständig, diese Art, miteinander Musik zu machen, weiter zu verfolgen.

Leider lassen sich solche Momente nicht auf Kommando reproduzieren. Es war eine außergewöhnliche Woche der inneren Sammlung, und es war ein besonderer Abend der Gemeinschaft und des Vertrauens. Aber wir haben damals etwas davon erlebt, wie erfüllend das gemeinsame Musizieren sein kann – besonders, wenn es solch ein ungeschützter Aufbruch in das inspirierte gemeinsame Spielen ist. Diese Geschichte zu erzählen, ist mir wichtig, um den Unterschied zwischen dem *Ich* und dem *Wir* deutlich zu machen, in dem wir leben können – je nachdem, wie wir uns entscheiden.

Vor einiger Zeit hörte ich ein Interview mit einer afrikanischen Jazz-musikerin. Was sie über das Musizieren sagte, konnte ich sofort verste-hen. Ihre zentrale Aussage:»Improvisation heißt hören, was gerade geschieht. Improvisation heißt, der Musik das hinzuzugeben, was ich bin. Dazu werden Menschen fähig, wenn sie Vertrauen und Offenheit spüren. Und es heißt auch, einmal still zu werden, wenn es geboten ist, um den anderen ihren Einsatz zu ermöglichen.«

Das ist der Kerngedanke! Es ist das Geheimnis unserer Berufung vom Ich zum Du: *Hören, was geschieht, und hinzugeben, was ich bin.* Es ist zu wenig, wenn wir glauben, es würde dem Geist Gottes ausreichen, uns – *einen jeden für sich allein* – als ein Individuum vorzufinden! Es ist doch für jeden, der es einmal erfahren hat, deutlich, dass Gemein-schaft mehr bedeutet als eine Ansammlung von Individuen. Das wäre bestenfalls eine Gruppe zu nennen. Gemeinschaft aber ist etwas un-vergleichlich anderes. Da geht es um den gemeinsamen Klang, der aus dem dienenden Selbstbewusstsein eines jeden Einzelnen erwächst. Und es ist vor allem ja auch diese Freude, aufeinander gespannt zu sein.[166]

Das Gleichnis der Musik

Wenn wir einmal vor Beginn eines Konzertes im vollen Konzertsaal die Augen schließen, dann können wir den Gedanken, den ich nun bewegen möchte, als ein wunderbares akustisches Gleichnis hören. Die vielen menschlichen Stimmen sind ein einziges verhaltenes Rau-schen. Es hat eine gewisse Faszination, dass Menschen solch ein Bro-deln an Frequenzen zustande bringen, doch es hat keine Kontur, es ist keine Komposition. Dann betritt das Orchester die Bühne. Nach dem Eingangsapplaus folgt eine kurze, erwartungsvolle Stille – und dann der Klang! Nun sind die Stimmen der Instrumente in ihrer Schönheit klar zu hören. Sie verbinden sich in der Komposition zu einem gewal-tigen *Du*. Das macht den Unterschied. Klang ist kein Rauschen, es ist das Zusammenklingen der vielen in dem *einen* Werk. Nun wird der Gedanke des Komponisten hörbar! Ein Orchester ist ein gewaltiges und sinnliches Gleichnis für das Geheimnis des *charismatischen Organismus*, in dem – wie Paulus sagt – ein jeder im Maß seiner Gabe und Stimme und seines Einsatzes dem Ganzen dient.[167]

Während meiner frühen Geigenbauerjahre hatte ich immer wieder die Gelegenheit, den Dirigenten Sergiu Celibidache während der Proben mit den Münchner Philharmonikern zu erleben. Celibidache war einer der großen Dirigenten des 20. Jahrhunderts, und er hat die Münchner Philharmoniker zu einem Weltorchester geformt. Das schalltechnische Institut, in dem ich zu dieser Zeit als Geigenbauer arbeitete, war mit der Einstellung der Akustik der Philharmonie im Münchner Gasteig befasst. Es wurden riesenhafte, transparente Schallsegel über der Bühne montiert. Sie sollten den unterschiedlichen Gruppen des Orchesters helfen, sich angesichts der ungewöhnlich breiten und zum Saal hin weit geöffneten Bühne besser untereinander zu hören. Ich durfte die beiden Raumakustiker begleiten und so die durch die unterschiedlichen Stellungen der Schallsegel erzeugten klanglichen Veränderungen des Saales erleben. Ich setzte mich irgendwo ins Parkett und erlebte die Orchesterarbeit dieses großen Dirigenten. Immer wieder unterbrach er die Stücke und erläuterte die Komposition. Er achtete darauf, wie die Musiker sich untereinander hören konnten. Ein Orchester ist wie ein charismatischer Organismus. Jede Gruppe hat ihre Stimme, ihre Pausen und ihren Einsatz, und es ist darum unerlässlich, dass man gut aufeinander hört.

Die Einheit der Sinfonie beruht darauf, dass jeder Einzelne das Recht aufgibt, das zu spielen, was er will. Ohne dies Recht aufzugeben, haben wir keinen Platz im Orchester und auch keinen Platz im Orchester Gottes, das im Neuen Testament Basileia (Reich Gottes) heißt – egal, wie genial wir eigentlich spielen. So ist es in der Sinfonie, zu der Gott uns beruft. Wenn wir dieses eigensinnige Recht nicht aufgeben, zu tun und zu lassen, was wir wollen, verspielen wir unseren Platz im Orchester des Lebens. Denn da geht es doch darum, dass ich die Kompositionen des Wortes Gottes kenne, dass ich auf den Taktstock des Heiligen Geistes sehe und mich in dem mir Gegebenen übe. Denn kein Instrument spielt sich von allein. Wenn diese Wesenszüge des »symphonischen Musikers« nicht einer Bekehrung gleichkommen, was sonst hätte je die Würde, mit diesem Begriff benannt zu sein? Der symphonische Musiker ist in diesen drei inneren Wahrheiten (Komposition, Taktstock und Stimme) ein Gleichnis des »charismatischen Dieners«, der im Willen Gottes lebt.

Sergiu Celibidache wusste, dass ein gutes Orchester nur dann ein gutes Orchester ist, wenn es aufeinander hört. Darum hatte er die Schallsegel angefordert, denn speziell die Gruppe der Kontrabässe beklagte sich darüber, dass sie von den Ersten Geigen nichts hörte.

Im 16. Jahrhundert wurde in unsere Kulturgeschichte der musikalische Gattungsbegriff der Symphonie eingeführt. Er beschreibt das mehrsätzige Instrumentaltonwerk, in dem das ganze Orchester zusammenklingt. Der Begriff kommt vom griechischen *symphonía* – »das Zusammenklingende«. Dem Neuen Testament ist der innere Zusammenhang zwischen Musik und dem »Zusammenspiel« der Menschen ein vertrautes Thema. So gibt der Evangelist Matthäus ein bekanntes Jesuswort an seine Jünger mit dem aus der Musik entlehnten Wort wieder: »Wenn zwei unter euch eins werden auf Erden (hier wird wörtlich das Verb *symphoneín*, »zusammen-klingen« verwendet)[168], worum sie bitten werden, so soll es ihnen zuteilwerden von meinem Vater im Himmel« (18,19). Eine »Symphonie« ist also in der biblischen Sprache der Inbegriff des *Einswerdens*.

Nicht jeder Grund der Einheit ist bereits gerechtfertigt oder gut. Eines aber ist uns gesagt: Wo Einheit ist, werden uns erstaunliche Dinge zugänglich und möglich sein (vgl. 1. Buch Mose/Genesis 11,6)! Jesus betete für die Gemeinschaft seiner Jünger. Doch er betete nicht, dass sie alle *gleich* seien, sondern dass »sie alle *eins* seien« (Johannes 17,21). Das Gleichsein hätte mit der *symphónesis*, dem Einklang, von dem Jesus spricht, nicht viel zu tun. Die Kontrabässe sind den Geigen nicht gleich, doch in dem gemeinsamen Werk werden sie mit ihnen eins. Wir sollen das Reich Gottes als ein Konzert begreifen, in dem wir mit anderen Menschen und Gemeinschaften zusammenklingen. Es ist wie in einer Sinfonie. Jeder hat seine Stimme, doch nur in der Einheit der Instrumente wird der Gedanke des Komponisten hörbar. Wenn wir eins werden, kommt es zu einem guten Konzert. Es bedeutet nicht, dass alle das Gleiche spielen, sondern dass wir zusammenspielen. Das macht das Besondere der charismatischen Gemeinschaft aus. Wir müssen angesichts der ungewöhnlich breiten und zur Welt hin weit geöffneten Berufung aufeinander hören. Denn sonst ist alles nur ein Rauschen, ein Brodeln von Frequenzen, ohne jede Kontur.

Wir dürfen nicht meinen, das »Du« und »Dich« in der Bibel meine immer den *Einzelnen*. Es ist in den Schriften oft vielmehr das Du der Gemeinschaft, es ist das Du des miteinander gelebten und geteilten Lebens, es ist das Du, in dem auch wir (wie eine Resonanz im Instrument oder wie ein Instrument im Orchester) unseren Raum, unseren Ton, unsere Melodie, unsere Klangfarbe, unseren Einsatz finden sollen. So sagt die Bibel tatsächlich häufig »Du«, wenn sie »Ihr« meint, und das ist mehr als nur rhetorische Raffinesse oder dichterische Freiheit. *Das Du der Gemeinschaft ist das wahre Gegenüber Gottes.* Die Bibel zeigt uns gewaltige Bilder, die diesen Grundgedanken deutlich machen. Gemeinschaften sind aus Sicht des Himmels ein lebendiger Organismus, sie sind ein Du. So heißt es im Epheserbrief, der wie keine andere Schrift des Neuen Testamentes das gemeinsame Leben ins Blickfeld nimmt: »Lasst uns aber wahrhaftig sein in der Liebe und wachsen in allen Stücken zu dem hin, der das Haupt ist, Christus, von dem aus der ganze Leib zusammengefügt ist und ein Glied am andern hängt durch alle Gelenke, wodurch jedes Glied das andere unterstützt nach dem Maß seiner Kraft und macht, dass der Leib wächst und sich selbst aufbaut in der Liebe« (Epheserbrief 4,15f).

Das Resonanzprofil

Wir können diesen Gedanken des Epheserbriefes durch die Geige tiefer begreifen. So wie Gott zu jeder Zeit dem Reich Gottes seinen eigenen Klang gibt, so muss auch meine Klangkunst als Geigenbauer darin bestehen, die Resonanzen in der rechten Weise abzustimmen und so den Klang des Instrumentes zu schaffen. Ist die Helmholtzresonanz zu stark, so wird die Geige wummern, ist sie aber zu schwach, so fehlt ihr das Atmen. Ist die Korpusresonanz zu stark, so wird die Geige topfig klingen, ist sie aber zu schwach, so wird ihr Ton flachbrüstig sein. Sind die Resonanzen im Nasalbereich zu stark, so wird alles von einer ordinären Klangfarbe überzogen, sind sie aber zu schwach, so wird ihr Klang etwas Mutloses und Bedecktes haben. Sind die Resonanzen im Brillanzbereich zu stark, so wird der Klang scharf und schrill sein, sind sie aber zu schwach, so werden alle Töne dumpf und matt und ohne Strahlkraft sein. Die Resonanzen müssen also das rechte Maß und die rechte Beziehung wahren.

Mit einer Resonanz allein ist nichts getan. Eine herausragende einsame Resonanz schafft einen ordinären, unangenehmen und eindimensionalen Klang. Wohlklang kann nur dort entstehen, wo die Resonanzen dem Ganzen in der rechten Weise zugeordnet sind und einander dienen. Das Ich eines jeden Menschen ist wie eine starke Resonanz. Wie jede Resonanz stets durch drei Merkmale gekennzeichnet ist – nämlich ihre Frequenz, ihre Schwingungsform und ihre Gipfelbreite –, so sehe ich auch das Ich des Menschen als eine Trias: Es ist ein Dreiklang aus *Charisma, Charakter* und *Kompetenz,* der die Persönlichkeit des Menschen formt.[169] Wie nun eine Resonanz nur *in der Beziehung zu anderen* Resonanzen dem Klang das Ihre geben kann, so kann auch das Ich des Menschen nur im Du der Gemeinschaft seine Berufung erfüllen. Eine starke Resonanz macht noch keinen Klang. Das Geheimnis der geistlichen Gemeinschaft ist die Abkehr vom bloßen Ich-Sein. Um der Gemeinschaft willen werde ich an meinem *Charakter* arbeiten, werde *Kompetenzen* erlernen und Gott um *Charismen* bitten. Denn in diesem Dreiklang meines Ich-Seins soll ich dem anderen dienen. Denn »in einem jeden offenbart sich der Geist zum Nutzen aller« (1. Korintherbrief 12,7).

Gerade darin sollte der Gedanke des *per sonum*, von dem ich eingangs sprach, nochmals in einem viel tieferen Sinn gegründet sein: Das Ich eines jeden ist vor allem deshalb bedürftig, damit wir Grund haben, aufeinander zu achten. Diese gegenseitige Achtung zu suchen, heißt Gott zu suchen; in dieser Achtung zu leben, heißt Gott zu finden. Manch gewaltige Prophetenworte sprechen vom Du. So etwa das Wort Jeremias, durch den Gott spricht: »Mit ewiger Liebe liebte ich dich, darum zog ich dir nach mit Güte« (Jeremia 31,3)[170]. Wir hören solche Worte gemeinhin individualistisch und lesen sie gern auf uns selbst bezogen. Das ist angenehm, aber vielfach unangemessen. Denn mit dem Du und Dich dieser Worte ist häufig nicht das laute, einzelne Ich, sondern die Gemeinschaft gemeint.

Unmittelbar zuvor lesen wir: »Das Volk hat Gnade gefunden in der Wüste. Israel zieht zu seiner Ruhe.« Ruhe hat eine Gemeinschaft nur dort, wo sie in ihrer Berufung lebt. Es gibt weder inneren Frieden noch Vollmacht an der Berufung vorbei. Nur im Miteinander können wir die Krisen des bedürftigen Lebens auffangen und bewältigen. In unserer Bedürftigkeit hat unsere Berufung ihren Grund: Liebende zu werden, die aufeinander achtgeben und füreinander da sind. Die Krise des Einzelnen ist immer eine Berufung der Gemeinschaft (vgl. 1. Korintherbrief 12,26). Hier bewähren wir uns oder scheitern als das Gegenüber Gottes – als das Du, das wir vor Gott in unserm Miteinander sind.

Wenn wir nicht bereit sind, in eine Gemeinschaft hinein zu leben und ihr zu dienen, werden wir kaum ein Herz gewinnen, das Gott erkennt. Denn Gott zeigt uns den zurzeit Bedürftigen und den in die Krise Geratenen und spricht: Nun ist der Moment gekommen, mich zu erkennen – nicht aber durch das, was du glaubst, sondern durch das, was du nun tust. Es ist bisweilen eine sehr unbequeme Art der Gotteserkenntnis, mit der die Propheten uns konfrontieren. Das provozierendste Wort der ganzen Bibel ist für mich ein Wort, das der Prophet Jeremia einst einem ungerechten König entgegenschleuderte. Er sagte:»Er [dein Vater] half dem Elenden und Armen zum Recht, und es ging ihm gut. Heißt dies nicht, mich recht erkennen?, spricht der Herr« (22,16). Manchmal muss unser Tun uns (und Gott) zeigen, was wir in Wahrheit glauben. Was dabei »manchmal« heißt, ist nicht eine Frage unserer Dogmen, sondern unserer Reife.

Wenn wir das Du und das Dich, das Gott spricht, nur als das Ich hören, das wir selbst sind, nicht aber als die Gemeinschaft, der wir in unserer Bürde und Würde, unseren Krisen und Gaben zugehörig sind, dann haben wir von Gott nicht viel erkannt. Denn als bloßes Ich stelle ich noch immer mich selbst als eine Präambel vor das erste Gebot und spreche:»Ich bin das Ich, dem es gut gehen soll. Gott hat dafür zu sorgen. Der Glaube an den Frieden Gottes reicht so weit wie meine eigene Zufriedenheit; Gottes Liebe reicht so weit wie mein Empfinden, geliebt zu sein. Ich bin dein Ich, dem Gott dienen soll.«

Wenn unser Glaube vor allem ein »Ich-Glaube« ist, nicht aber das, was er sein soll, nämlich das gemeinsame Leben, dann muss es nicht wundern, wenn im Maße des krisenhaft geschüttelten Ichs auch der Glaube in die Krise kommt. Es ist ein Glaube auf dünnem Eis. Er wird einbrechen, wenn die Selbstachtung wegbricht, oder wenn auf eine widrige Weise die Umstände oder Erfahrungen dem eignen Ich vor Augen führen:»Das Leben hat die Achtung vor dir verloren! Sieh doch, wie jämmerlich es dir geht! Sollte Gott wirklich gut sein?«

Ein Mensch, der sich vor allem um sich selbst dreht – hier das eigene Wohlergehen, dort das eigene Seelenheil –, nicht aber sich mit der Gemeinschaft und Berufung befasst, für die er geschaffen ist, ist nicht nur ein unreifer, er ist auch ein überaus anfechtbarer Mensch. Der Glaube muss in die Krise kommen, wenn das Maß meines Vertrauens einzig daran hängt, wie gut es mir geht. Denn in solch einer Unreife habe ich die Umstände zu meinem Gott erklärt:»Geht es mir gut, dann ist Gott gut. Ich bin gesegnet. Geht es mir schlecht, dann ist Gott nicht da – oder er segnet mich nicht.« Darum sollen unsere Krisen in die Gemeinschaft eingebunden sein, denn die Krise des Einzelnen wird *der*

Gemeinschaft zur Bewährung! Erst jetzt zeigt sich ihre Wahrheit – und sie kann (im Sinne Jeremias) zeigen, ob sie »Gott recht erkennt«. Nur in dem Maße, in dem wir unsere Berufung leben, können wir das Leben aus Gott erfahren. Denn die Treue zur Berufung und die Erfahrung von Wahrheit lassen sich nicht trennen. Darum werden wir dermaleinst auch nicht nur als die vielen einzelnen quecksilbernen Ichs vor Gott stehen und Antwort geben, sondern wir werden vielmehr *als das Du* der Gemeinschaft, die wir waren, Antwort geben und auch die Schönheit unseres gemeinsamen Daseins sehen. Es wird eine gemeinsame Frucht sein! Erfordert es nicht ohnehin ein gerüttelt und geschüttelt Maß an Naivität und Borniertheit, unser Leben als etwas rein Eigenes, Individuelles zu verstehen? Wie vielen guten Dingen, die ich tun und bewirken konnte, gingen die Gunst der Umstände und das gute Wirken anderer Menschen an mir voraus! Was habe ich, das ich nicht empfangen habe? Wessen Gutes ist es denn dann – meines oder das der anderen? Das ist es, was dies Gleichnis sagt: Das Musizieren ist ein *gemeinsamer* Klang! Wir sind in den Schönheiten und Abgründigkeiten des Lebens, im Guten wie im Bösen, miteinander eng verflochten. Es ist ein Gewebe aus den farbigen Fäden der sichtbaren Welt und den unsichtbaren Kettfäden der Gnade, die alles trägt und erhält.

Das transzendente Du

Eine Vorahnung davon, wie sehr unser Miteinander *ein gemeinsames Du* vor Gott ist, bekommen wir in den Sendschreiben an die sieben Gemeinden vermittelt, wie sie im Buch der Offenbarung stehen. In jedem der sieben Briefe stellt Christus sich anders dar. Auch die Gemeinden werden unterschiedlich charakterisiert. Jede hört eine andere Ermahnung, eine andere Bestärkung und am Ende auch eine andere Verheißung. Wir erkennen: Eine jede Gemeinde ist von ihrer eigenen Art und hat etwas anderes zu hören und zu begreifen. Das Eigentümliche aber ist etwas anderes: Die Briefe sprechen die Gemeinden mit ihrem *Du* an. Sie beginnen nicht einfach mit den Worten: »Den Menschen der Gemeinde in Ephesus schreibe ...« oder »Den Menschen in Smyrna schreibe ...«. Stattdessen heißt es: »Dem *Engel* der Gemeinde in Ephesus schreibe ...« oder: »Dem *Engel* der Gemeinde in Smyrna schreibe ...« Ebenso wird der Engel der Gemeinde in Pergamon, in Thyatira, in Sardes, in Philadelphia und schließlich in Laodicea angesprochen – stets heißt es: »Dem *Engel* der Gemeinde schreibe« (vgl. Offenbarung, Kap. 2–3).

Diese eigentümliche Anrede als »Engel« drückt das *transzendente Du* aus, das eine jede Gemeinde vor Gott ist! Darin ist sie erkannt, berufen und geschützt. Die Gemeinschaft ist nicht einfach eine Aufsummierung der Einzelnen, es entsteht vielmehr eine Geisteshaltung in ihrem jeweiligen Charakter und Wesen vor Gott. So können – um ein Beispiel zu sagen – einzelne Menschen für sich selbst genommen durchaus demütigen Herzens sein, das Du der Gemeinschaft aber, das sie bilden, dennoch eine kollektive Eitelkeit und eine Überheblichkeit haben, die sich über andere Gemeinschaften stellt. In diesem Sinne kritisieren und loben die Sendschreiben nicht das Leben und den Glauben der Einzelnen, sondern den Geist, der im Du der Gemeinschaft herrscht und deren gemeinsamen Klang bestimmt. Dass es hier nicht um den Einzelnen geht, nimmt der Verantwortung des Einzelnen nichts, sondern im Gegenteil: Es verschärft sie! Denn nun bist du nicht nur für dich selbst vor Gott verantwortlich, sondern auch für das Gemeinsame, in dem du mit anderen Menschen »webst und lebst«!

Wir werden einmal sehen, was wir als Gemeinschaften vor Gott für ein Muster waren; werden sehen, was wir an Gnade erfahren haben, an Treue bewahrt haben, an Wahrheit durchliebt haben, an Liebe gelebt haben, an Schwierigkeiten überwunden haben. All das sind Farben der Gemeinschaft. Das laute einzelne Ich findet in der Bibel keine Resonanz – nicht, weil der Einzelne keine Würde hätte, sondern weil sich seine Berufung erst im Du der Gemeinschaft erweist.[171]

Unser Glaube bekommt etwas Armseliges und Krankes, wenn wir ihn nur als die Kultivierung unserer eigenen Gottesbeziehung verstehen. Jede Gemeinschaft ist ein transzendentes Du. Die Ehe, der Freundeskreis, die Gemeinde, die Firma, die Gesellschaft, das Land – all die Gemeinschaften, in denen ich lebe, sind vor Gott ein Du. Wie ein Geigenbauer die Resonanzen des Klanges gestaltet, so soll auch dieses Du eine Gestalt haben, an der man sich freuen kann. Welchen Klang hat meine Firma mit ihren Mitarbeitern? Welchen Klang hat sie in ihrer Aufrichtigkeit und ihrem Angebot? Welchen Klang im Miteinander der Wettbewerber, im Umgang mit Kunden, Lieferanten und Finanzen? Welche Stimme strahlt durch das Du, das wir bilden, in unsere Kultur und Gesellschaft hinein? In diesen Fragen zeigt sich der Lobpreis des Alltags, von dem Frère Roger spricht, wenn er sagt: »Der Lobpreis Christi, wie er in der Liturgie zum Ausdruck kommt, ist in dem Maße wirksam, als er sich auch in den bescheidensten Arbeiten fortsetzt.«[172]

Außerhalb des Du, in das wir uns einbringen und in dem wir leben, wird das Ich zwar seine Resonanz, aber keinen guten Klang haben. Meine Familie, die Freunde, die Gemeinde, die Firma, die Gesellschaft – müssen wir uns nicht immer wieder zu alldem auch bekehren? Die Bekehrung wird am Ende immer das Gleiche sein: Es ist die Abkehr vom bloßen Ich-Sein. Das Ich bekommt erst im Du Kontur. Es geht nicht um die einzelne Stimme eines lauten Ichs, sondern um die »charismatische Stimme«, die erst im Du ihren Klang finden kann. Sechs Milliarden Einzelresonanzen sind in der Summe nur ein charakterloses Rauschen. Die Berufung aber, die jede Zeit erfüllen soll, gleicht einer Komposition.

Der atmende Lobpreis

Wie ein in Musik gegossener Ausdruck des gemeinsamen Du, das wir vor Gott sind, ist der Lobpreis der Gemeinde. Immer wieder habe ich erlebt, dass die tiefste Gemeinschaft einer Glaubensgemeinde der gemeinsame Lobpreis ist. Das eigene Wollen tritt zur Seite. Nun gilt es

weder zu predigen noch Erfahrungen zu teilen noch sich über Aufgaben zu beraten. Es ist in diesen Zeiten des Gottesdienstes einzig der
gemeinsame Lobpreis, um den es nun geht. In ihm ist die hörbar werdende Gemeinschaft des Glaubens. Man steht gemeinsam vor Gott, in
den Lobpreisliedern, in der Stille, im Hören. Es ist wie ein gemeinsames Atmen.

Verblüffend ähnlich drückte es eine Geigerin der Berliner Philharmoniker aus, als sie beschrieb, was ihr Beruf ihr bedeute. Sie sagte:
»An meinem Beruf liebe ich gerade die Momente, in denen das ganze
Orchester gemeinsam mit der Musik zu atmen anfängt.«[173] Diese Aussage ist wie ein in Musik gegossenes Gleichnis für diese Glaubenser-
fahrung, die ich meine. Wenn einer Gemeinschaft vom Geist Gottes
der Lobpreis geschenkt wird, dann ist es wie ein gemeinsames Atmen
mit Gott.

»Ich bin der Herr, dein Gott, der dich lehrt, was dir hilft,
und dich leitet auf dem Wege, den du gehst.«
Jesaja 48,17

Die Skulptur (II)   14
Vom Sinn der Schönheit

Jeder bewusst lebende Mensch sollte so etwas wie eine Lebensregel formulieren. Diese Regel müsste beschreiben, was ihm für sein Leben wesentlich erscheint. Sie müsste ausdrücken, wonach er streben will und was für ihn unbedingt gilt. Sie müsste nicht zwingend etwas Eigenes sein, doch man müsste sie sich so *zu eigen machen,* als hätte man sie selbst verfasst. Man müsste sie sich täglich zu Herzen nehmen und wissen: Habe ich die Regel vergessen und gebrochen, dann habe ich meinem Leben etwas von seiner Schönheit geraubt – ich habe etwas davon beschädigt, was mir schön und lebenswert ist.

Schönheit ist nicht willkürlich schön. Sie folgt bestimmten Regeln. In welchem Maß diese Regeln von unserer individuellen Kultur, in welchem Maß von unserer menschlichen Natur vorgegeben sind, wird kontrovers diskutiert. Unzweifelhaft aber ist die Tatsache, dass es keine Schönheit gibt, die nicht bestimmten Regeln folgt. Einige dieser Regeln habe ich mit Blick auf die Schönheit und den Klang der Geige bereits beschrieben. Diese äußeren Regeln sind uns gegeben, damit wir etwas über die inneren Dinge lernen. Wir sind mitverantwortlich für die Schönheit unseres Lebens. Darauf will ich mit dem folgenden Gedanken von der Lebensregel hinaus.

Martin Luther sagte im 16. Jahrhundert:»Jeder Mensch ist ein Theologe.«[174] Joseph Beuys sagte im 20. Jahrhundert:»Jeder Mensch ist ein Künstler.«[175] Die unterschiedliche Ausdrucksweise ist durch die unterschiedliche Zeit bedingt, aber es ist das Gleiche gemeint: Jeder Mensch hat die Aufgabe, sein Leben zu deuten und zu gestalten. Dass das Ergebnis immer nur vorläufig ist, nimmt der Aufgabe nichts an Entschiedenheit. Zu deuten und zu gestalten – diese Zumutung heißt Menschsein. Jeder Mensch sollte kraft seines Geistes ein Theologe und Künstler seines Daseins sein. So formuliert sich ein Werk. Es ist das »Gesamtkunstwerk« einer Kultur, nämlich die Frage, wie wir eigentlich miteinander leben (wollen). Das Phänomen des Menschseins zeigt sich daran, dass in allen Kulturen, über die natürlichen Triebe hinaus, Lebensregeln entstanden sind, die sich mit ebendieser Frage befassen.

Die zweite Natur

Der zeitgenössische Bildhauer Tony Cragg sagt: »Ich muss gestehen, dass ich kaum je sagen könnte, wer das Sagen hat – ich oder die Skulptur.« Seine Ausstellung *Second Nature*[176] reflektiert die Tatsache, dass die Kultur des Menschen dessen zweite Natur darstellt. Wer hat das Sagen? Auf der einen Seite die Kräfte der Kultur: Deuten und Gestalten. Auf der anderen die Kräfte der Natur: Triebe und Bedürfnisse. In einer faszinierenden Ambivalenz liegen diese Kräfte in uns miteinander im Streit. Die Skulptur des Geistes ist die Lebensregel. Wer hat das Sagen – ich oder die Skulptur? Ich will mich nicht meiner bloßen Natur überlassen, denn das würde bedeuten zu degenerieren. Es würde heißen, die Berufung zu verderben, die darin besteht, ein Theologe und Künstler meines Daseins zu sein.

Der Philosoph Giovanni Pico della Mirandola (1463–1494) sagte über die Würde dieser Berufung: »Ich habe dich in die Mitte der Welt gesetzt, damit du von da aus besser bemerken kannst, was es in ihr gibt. Ich habe dich weder himmlisch noch irdisch, weder sterblich noch unsterblich gemacht, damit du von dir aus wie ein freier und souveräner Künstler dich selbst formen und modellieren könntest in die von dir gewählte Gestalt. Du kannst degenerieren zum Niederen, Tierischen; du kannst, wenn du willst, dich regenerieren zum Höheren, Göttlichen.«[177] Unsere Natur ist uns gegeben, wir können nichts dafür; doch wir formen uns durch unsere Kultur, und dafür können wir viel. Sie lässt uns fragen, welches die inneren Regeln sind, denen unser Leben gehorchen soll. Was wählen wir, worauf hören wir? Wer nur seiner Natur recht gibt, der hat nichts gewählt. Was formen und modellieren wir in die von uns gewählte Gestalt? Mit Luther und Beuys: Wie deuten und gestalten wir?

Eine Lebensregel ist weder allgemeingültig noch endgültig. Sie ist weder eine autoritäre Behauptung noch ein objektives Naturgesetz. Sie ist ein Zeugnis. Solch ein Zeugnis zählt nicht nur Regeln auf, sondern erzählt auch davon, was wir mit den Regeln erleben. Darum enthalten alle großen und heiligen Schriften nicht nur Gesetze, sondern ebenso Geschichten. Der Talmud etwa hat zwei grundsätzlich verschiedene Schichten: die Halacha und die Haggada. In der Halacha finden wir den religiösen Gesetzestext, in der Haggada all die Erzählungen, Beispiele, Legenden und Aussprüche zur Veranschaulichung der Gesetze.

In den Evangelien ist es ähnlich. Wir finden in ihnen viele gute Lebensregeln, aber mehr noch stoßen wir in ihnen auf Lebensgeschichten. In den Geschichten spüren wir etwas von den inneren Kämpfen zwischen der Natur und der Kultur des Menschen. Wir können uns die Lebensregeln nur dann zu eigen machen, wenn wir diesen Kampf auch in unserem eigenen Dasein spüren. Man muss es nachvollziehen und im Innern selbst durchleben. Dass wir heilige Lebensregeln nicht nur zur Kenntnis nehmen, sondern sie uns zur eigenen Lebensgeschichte machen, das bedeutet es wohl, »in das Heilige hineinzugehen« (Matthäus 23,13).

Alexandria

Vor einiger Zeit habe ich eine Lebensregel geschrieben. Es war auf dem
Weg von Alexandria zurück nach Kairo. Ich möchte erzählen, wie es
dazu kam. Es hat mit der Erfahrung von Schönheit zu tun. Der Direk-
tor der Bibliothek von Alexandria, Ismail Serageldin, hatte mich eingeladen, im Arts Center Vorträge über die Themenbereiche Klang und
Musikinstrumentenbau zu halten. Die Bibliothek von Alexandria mit
ihrer überwältigenden Architektur ist gewiss eines der wichtigsten
und modernsten Kulturzentren der arabischen Welt. Zahlreiche Nati-
onen und multinationale Konzerne haben den Bau dieses großartigen
Werkes unterstützt. Dass dort über zweitausend Mitarbeiter beschäftigt sind, ist nicht nur der Tatsache geschuldet, dass es sich um eine der
weltweit umfassendsten Einrichtungen ihrer Art handelt, sondern
dass ihr neben sieben Museumsbereichen auch acht Forschungsinsti-
tute angegliedert sind. Eines davon ist das *Arts Center*, in dem es während jener Tage um die Geschichte, Ästhetik und Visionen des Musik-
instrumentenbaus gehen sollte.

Ismail Serageldin, der die beeindruckende Zahl von 21 Ehrendok-
torwürden innehat, hatte zahlreiche ägyptische Komponisten, Musiker
und Musikwissenschaftler zu diesem Symposium eingeladen. Ich erlebte eine große Wachheit und Leidenschaft in all diesen Fragen nach
Schönheit und Klang. Da ich am Vormittag u.a. über die Modulierbarkeit des Tones gesprochen und manches veranschaulicht hatte, zeigte
mir eine Musikwissenschaftlerin während der Pause Bilder vom Prinzip der Koni. Die Koni ist ein traditionelles vietnamesisches Streichinstrument, das die Resonanzräume der menschlichen Mundhöhle verwendet, um bestimmte Klangfarben körperlich zu modulieren. Es war
wieder einer jener Anstöße, der mir Türen in neue Klangräume öffnete.
Hier wird der menschliche Körper mit dem Ton des Instrumentes verbunden. Während des Mittagessens diskutierten wir die unterschiedlichen Tonsysteme der arabischen und westlichen Welt. Wir mussten
unsere musikalischen Leidenschaften, die wir später, unter der warm-

herzigen und gewinnenden Leitung Serageldins an einem »runden Tisch« fortsetzten, allerdings vorerst unterbrechen, denn man wollte den Gästen unbedingt auch die Museen zeigen.

Die folgende Führung durch die Museen der *Bibliotheca Alexandrina* war eine Klasse für sich. Sie fand außerhalb der üblichen Öffnungszeiten statt. So spendeten diese Räume mit all den alten und ältesten Menschheitsmanuskripten, den Heiligen Schriften, den urgeschichtlichen Darstellungen und Bildern, ihre ganz eigene Ruhe und Würde. Es war wie ein Eintauchen in die Kultur, den Geist, die Geschichte der Menschheit. Und man war stolz darauf, uns all dies zu zeigen.

Während des Konzerts am Abend wurde mir klar, wie sehr Kunst, Tanz, Komposition, Musik – ja, im Grunde jede kulturelle Schönheit – in der Lage sind, den verletzenden Fanatismus der Religionen ins Leere laufen zu lassen. Denn auf einmal wird etwas von dem deutlich, was uns – all der schmerzhaften Fragen und Unterschiede zum Trotz – als Menschen ausmacht. Es ist die gemeinsame Liebe an diesen Ausdrucksformen des Wertgeachteten und Schönen.

Nach dem Konzert erlebten wir eine Probe des neu gegründeten Alexandrinischen Kammerorchesters und Chores. Die Stimmen der Oper gingen mir auch Stunden später, bis tief in die Nacht hinein, nicht mehr aus dem Kopf. Die etwa fünfzehnjährige arabische Solistin verlieh dem Werk, das Sharif jüngst für Orchester und Chor komponiert hatte, eine leuchtende Kraft. Sie hatte eine atemberaubende Stimme. Sharif, der Komponist des Werkes, hatte am Nachmittag noch am Symposium teilgenommen. Nun erlebte ich ihn als Dirigenten. Spontan wurden Instrumente ausprobiert. Ich hatte meine jüngste, vor vier Tagen erst »zur Welt gebrachte« Geige mitgebracht. Als der Konzertmeister sie probierte, lernte ich nebenbei auch das faszinierende arabische Tonsystem mit seinen Mikrotönen kennen.

Natürlich klingt es pathetisch, trotzdem will ich es sagen: Wir kamen mit fachlichen Interessen zusammen und gingen nach diesen Tagen als Freunde auseinander – alle mit dem Wunsch, miteinander in

Kontakt zu bleiben und uns auch in Zukunft darüber auszutauschen, woran wir arbeiteten und was uns wirklich wichtig war.

Tags drauf hatten wir etwas Zeit, und ich besuchte eine Werkstatt, in der auf traditionelle Weise Papyrus hergestellt wurde. Ich war überrascht von dem ganz eigenen Rascheln und Rauschen der Papyrusbögen zwischen den Fingern und von dem besonderen Faserverlauf. Dieser Papyrus erschien mir für meine Versuche an Resonanzdecken geeignet zu sein. Innere feinste Patches aus Flachsgewebe, aus Karbonfasern und Pergamenten hatte ich zur Erhöhung der musikalisch so attraktiven, fast unhörbaren Nichtlinearitäten während der vergangenen Jahre schon ausprobiert – und einige Konzertinstrumente sind daraus entstanden, die heute von guten Musikern im »solistischen Ernstfall« gespielt werden. Dort in der alexandrinischen Werkstatt entwickelten sich nun vor meinem inneren Auge zukünftige Versuche mit Papyrusinseln, die ich in einzelnen unmittelbar erregbaren Schwingungsbäuchen der Geigendecke einarbeiten würde. Es war natürlich nicht geplant, aber das neuartige Rauschen und Rascheln zwischen den Fingern ließ sich unmöglich ignorieren. Was sollte ich tun? Ich kaufte einige große Bögen, denn die Begegnung mit dem Rauschen des Papyrus war wie eine unerwartete und doch vielversprechende Führung.

Vibrato

Vielleicht sollte ich den klanglichen Aspekt, um den es hier geht, einen Abschnitt lang genauer beschreiben. (Wem das zu sehr in die Tiefe geht, der möge den Abschnitt überspringen.) Mit »Vibrato« meine ich hier nicht das übliche Vibrato der Partialtöne, das der Geiger durch die periodischen Bewegungen seiner linken Hand während des Geigespielens vollzieht. Das ist normal. Es ist, was Streichinstrumente seit jeher haben. Worum es mir geht, ist ein amplitudenabhängiges Vibrato der Resonanzfrequenzen des Instrumentes. Nicht also eine Frequenzmodulation der einzelnen Bestandteile des Tones (Partialtöne), sondern eine Frequenzmodulation *der Resonanzen selbst*, die den Partialtönen ihr Gewicht geben. Das wäre absolut ungewöhnlich, und nur die menschliche Stimme ist dazu in der Lage.

Kein akustisches Instrument der Welt, in dem ein Oszillator (zum Beispiel die schwingende Saite) mit einem Resonator (zum Beispiel dem Geigenkorpus) »spielt«, vermag bis heute solch ein vom Musiker einsetzbares Vibrato der Resonanzen zu erzeugen. Das Ergebnis wäre gewaltig, denn es würde eine starke und kontrollierbare Amplitudenmodulation der Partialtöne schaffen und damit eine Lebendigkeit, die selbst dort spürbar ist, wo der Musiker darauf verzichtet, den gespielten Ton zu vibrieren! Das Resonanzvibrato hätte eine Modulation der Erregungsmuster des Innenohres zur Folge. Es entstünde aus der Dynamik des Bogenstrichs selbst, denn der Geigenkorpus reagiert in diesem Fall auf das Fortissimo anders als auf das Piano! Ich vermute, dahinter verbirgt sich in einem hohen Maß die eigentliche Lebendigkeit, die so häufig den neuen, furchtbar linearen, fehlerfreien Instrumenten fehlt. Der Reiz der Mikrodefekte alter Instrumente schafft – in einem geringen, aber doch hörbaren Maß – einen amplitudenabhängig reagierenden, »lebendig klingenden« Korpus. Man bezeichnet diesen Effekt als »nichtlineare Dämpfung«.

Und doch reicht diese Reife des Alters nicht aus. Ich suche die Kraft und Belastbarkeit des jungen Instrumentes und zugleich das modulierbare, sanfte Vibrieren der Resonanzspitzen des gealterten Instrumentes. Das alles begründet – um ein kleines Geheimnis zu verraten – meine Versuche der vergangenen Jahre, in denen ich durch Fasern (Flachs, Hanf, Karbon, Pergament und nun vielleicht auch Papyrus) Nichtlinearitäten zu schaffen suchte. Das Perfekte ist linear, doch es ist zu Tode langweilig. Ihm fehlen die Störstellen, durch die jene attraktiven Nichtlinearitäten entstehen, die für das Resonanzvibrato unerlässlich sind. Der Musiker soll getrost die Saite vibrieren, doch als Geigenbauer muss ich einen Corpus schaffen, dessen *Resonanzen* vibrieren.

Das gibt es noch nicht. Es wäre neu. Es wäre der Klang der menschlichen Stimme in den Händen und der Virtuosität des Geigers! Es wäre eine neue Qualität und Schönheit!

Die Lebensregel

Zurück nach Ägypten. Angeregt und inspiriert durch all die Begegnungen und guten Erfahrungen schrieb ich auf dem Heimweg von Alexandria »meine Lebensregel« auf. Sie entstand aus dem ersten, einfachen Satz: »*Lass dich führen.*« Ich hörte diesen Satz während der Rückfahrt nach Kairo fast akustisch in mir. Er war wie aus dem Nichts geboren. Alle weiteren Sätze folgten von allein. Ich brauchte sie nur einen nach dem andern aufzuschreiben, obwohl ich sie weder zuvor schon gedacht hatte noch im Moment hätte konstruieren müssen. Es war wie ein kurzes Diktat, das danach zu Ende war. Jeder Mensch mag seine Regel haben, durch die er sein Leben klärt. Für mich drücken diese zehn Punkte die wesentliche Klärung meines Lebens aus.

1. Lass dich führen.
2. Gib acht, dass dein Leben in der Anbetung bleibt.
3. Lass los, was du mit Druck erreichen willst. Nur die selbstsüchtigen Dinge kannst du erzwingen; die wesentlichen Dinge aber sollst du empfangen.
4. Sei nicht träge, das zu tun, was dir klar geworden ist.
5. Halte dich nicht für klug, sondern erlaube der Weisheit Gottes, dich zu überraschen.
6. Sei bereit, deine Wege vor Gott zu verantworten, und sage nicht, du seiest moralisch schwach. Denn du sollst aus der Vergebung deiner und deiner Mitmenschen Sünden leben.
7. Nur wer reinen Herzens ist, wird Gott schauen. Halte darum jede Bitterkeit von dir fern. Wundere dich, aber ereifere dich nicht. Halte deine Seele durch bleibendes Gebet in der Stille.

8. Bewahre Ehrfurcht vor dem Geheimnis und der Nähe Gottes, und bewahre Barmherzigkeit gegenüber dem Wesen und den Schwächen deines Nächsten.

9. Mache aus deinen Sorgen Gebetsanliegen und lass diese in Gott zur Ruhe kommen.

10. Hüte deine Zunge davor, durch Tratsch, Lüge, Gehässigkeit und Schärfe andere zu verletzen. Sprich das Böse, das du hörst, nicht weiter, sondern befehle es Gott an.

Was soll es bedeuten, eine Regel zu schreiben? Ich denke, auf eine Art sollte das jeder tun. »Jeder Mensch ist ein Theologe. Jeder Mensch ist ein Künstler« (Luther / Beuys). Was heißt es, das tatsächlich auch zu sein? Es ist der Mut, im Handeln nicht beliebig zu sein, nicht so, wie es der eigenen Befindlichkeit gerade passt. Eine Regel ist nicht objektiv und dennoch nicht beliebig. Sie ist persönlich, aber nicht individualistisch. Sie hat sich im Miteinander zu bewähren. Ich spüre meine Lebensregel am Du. Dort reibt sie sich, wird kritisiert und bestätigt, gestärkt, ergänzt oder verworfen. Geht es dabei um objektive Wahrheit?

Wahrheit

Ich glaube an die Souveränität der Wahrheit. Sie teilt sich mit. Die Bereitschaft, diese Mitteilungen auch zu hören, verstehe ich als Wahrhaftigkeit. Wichtiger also als die viel zu große Frage »Was ist Wahrheit?«, die Pontius Pilatus an Jesus richtet (Johannes 18,38), ist eine Frage, deren Ausmaß gut zu uns passt, nämlich: Bin ich bereit, das als wahr Erkannte auch zu leben? Will ich umkehren, wenn ich von dem Erkannten abgekommen bin? Oder deklariere ich meine Verirrungen und Nachlässigkeiten billig als etwas »Authentisches«? Es ist die Frage: Was bin ich für ein Mensch? Wem es um Wahrhaftigkeit geht, der wird immer mit einer Wahrheit zu schaffen haben, die sich *vor allem gegen ihn selbst* richten wird – gegen sein eigenes fragwürdiges Tun und Lassen. Er hat mit einer Wahrheit zu tun, die ihm Widerstand leistet! Tut sie das nicht – was ist sie wert? Wir brauchen Widerstand gegen uns selbst! Den Widerstand, den wir als schwache und fehlende Menschen brauchen, leistet eine Lebensregel erst dann, wenn unser Tun ihr widerspricht. Der wahrhaftige Mensch entscheidet sich in diesem Widerspruch nicht für die Selbstbeschwichtigung, sondern für die Umkehr. Nur durch Umkehr kann ein Mensch zeigen, woran er in Wahrheit glaubt. Wer das Richtige *tun will*, der wird erkennen, ob er dem Willen Gottes folgt oder seinem eigenen (vgl. Johannes 7,17). Gott ist die Wahrheit. Über ihn verfügen wir nicht. Die Wahrheit achtet unsere Wahrhaftigkeit und setzt sich nicht darüber hinweg. Das ist ihre Demut. Weil ich an die Souveränität und Demut der Wahrheit glaube, bin ich überzeugt: Gerade am Widerstand werde ich spüren, worin ich umzukehren habe, worin ich mein Verhalten zu ändern, zu hinterfragen und so durch den Weg, den ich gehe, zu reifen habe. Dass die Wahrheit sich nicht als etwas Objektives offenbart, ist ihr Respekt vor dem Subjekt, das jeder Mensch ihr gegenüber sein soll – Künstler und Theologe –, denn sie möchte auf den Menschen nicht verzichten, der sich als Suchender und Liebender bewähren soll.

Am nächsten Morgen – noch immer stark bewegt von den guten Eindrücken und Begegnungen in Alexandria – wurde mir klar, dass der erste Punkt meiner Regel (*»Lass dich führen!«*) durch die folgenden neun Punkte entfaltet wird. Sie sagen etwas über die inneren Bedingungen, die uns helfen, dass sich der erste Satz erfüllen kann.

Wem das Leben kein Geheimnis ist, das ihm Ehrfurcht einflößt, dem werden auch Regeln für das Innere und Äußere seines Daseins nichts helfen. Ohne Ehrfurcht werden wir uns keiner Wahrheit unterstellen – es sei denn, die Unterlassung tut uns weh. Vielleicht ist darum der Schmerz eine letzte Kraft, die uns die Grenze weist. Denn wo unsere Kultur versagt, da wird unsere Natur das Leben notfalls vor uns schützen. In den Regeln und Schönheiten unserer Kulturen haben wir den Umgang mit der geheimnisvollen Frucht der Erkenntnis, doch dass wir unsere Hand nicht ausstrecken und brechen auch vom Baum des Lebens, das verbieten uns die Regeln und Schmerzen unserer *Natur*. Sie werden uns als flammendes und blitzendes Schwert unerbittlich Grenze sein, wo unsere Kultur versagt.

Wie klangvolle Instrumente, die man spielen soll, sind uns die Lebensregeln in den Kulturen gegeben. Es ist wichtig zu entscheiden, welche Regeln man annehmen will – nicht etwa, weil sie uns beherrschen, sondern weil sie Instrumente sind, denen man als freier Musiker dient und deren Intonation, Farbigkeit, Dynamik und Tragfähigkeit man um der Schönheit des guten Klanges willen zu achten hat. Auch ein Musiker zeigt ja gerade darin seine wahre Größe, dass er bereit und fähig ist, eine Komposition zu begreifen und sie mit den ihm gegebenen Möglichkeiten und Gaben zu interpretieren. Die Schönheit und Fülle gelingenden Lebens ist für mich Inbegriff der Wahrheit. Doch eben dazu kommt es nicht von allein. Dass wir uns in der Wahrheit *üben*, dazu sind uns Regeln gegeben.

Es ist kein Zeugnis von Authentizität oder Freiheit, sondern von Nachlässigkeit und Dummheit, die gebotene Intonation zu missachten. Ein Zeugnis wahren Selbstbewusstseins ist es, streng mit sich zu sein, wo man die Regeln vergessen und verlassen hat. Diese Strenge ist nicht unbarmherzig. Sie heißt *Reue*, und sie ist eine heilige Kraft. Sie ist eine Kraft unserer Berufung. Einem nur von sich selbst getriebenen Menschen bleibt diese Kraft fern.

So saß ich nach all den erfüllten Tagen nun im Museumscafé in Kairo und dachte über die guten Erfahrungen in Alexandria nach, über die reichen Begegnungen mit anderen Menschen, über die gemeinsamen Ausdrucksformen in der Musik. Die Begegnungen waren freundlich, voller Wertschätzung und gegenseitiger Inspiration gewesen. Ich bin sicher, ich habe während der Stunden meiner Vorträge ein tieferes Verstehen von der klanglichen Suche und den Erfahrungen weitergegeben, aus denen ich lebe; ich habe eine Kraft weitergegeben, und doch habe ich auch viel Kraft empfangen. Es war nicht die Frage nach

Wahrheit, sondern die viel vorsichtigere Frage nach Schönheit, in der wir einander begegnet sind.

In der Frage nach religiöser und weltanschaulicher Wahrheit können wir dem anderen nur schwer begegnen. Die Frage ist oft hart und laut. Da werden wir einander in der Kraft gewaltiger Überzeugungen Anstoß sein, werden einander in unseren Empfindlichkeiten schnell verletzen, werden einander dominieren oder verzweifelt versuchen, uns zu behaupten. Vordergründig geht es um Wahrheit, tatsächlich aber so häufig um Macht. Da höre ich nicht die Anfrage, die Gott (durch den anderen!) mir stellt, sondern untermauere in dogmatischer Selbstbeschwörung die Macht meines eigenen Standpunkts. Es ist ein Kampf um Überlegenheit, und die Waffe ist die argumentative Demütigung des anderen. Vielleicht aber liegen Wahrheit und Schönheit recht verstanden weit weniger auseinander, als wir glauben. Doch um dies zu sehen, müssen wir ein tieferes geistliches Verständnis dessen entwickeln, was es mit dem Wesen der Wahrheit im Glauben eigentlich auf sich hat:

Es geht im Glauben ja nicht um den *richtigen Beweis*, sondern um das *wahrhaftige Zeugnis*. Wie das wissenschaftlich Richtige einen klugen Beweis erfordert, so erfordert das geistlich Wahre ein glaubwürdiges Zeugnis. Der Mensch *selbst* – und nicht sein bloßes Denken – wird zum Zeugnis geistlicher Wahrheit gemacht. Über *Richtigkeiten* gilt: »Experimentiere und erforsche.« Es gilt: »Denke nach und beweise.« Über *Wahrheiten* aber gilt doch eher, was Philippus zu Nathanael sagt: »Komm und sieh!« (Johannes 1,46). Es gilt, was ein Psalm an Gotteserfahrung erzählt: »Schmeckt und seht« (34,9). Ich lebe nicht allein vom Brot des Wissens, sondern ebenso von den Gewissheiten des Geistes. Ich beherrsche mein *Wissen*, aber ich erfahre *Gewissheiten*, die mich tragen. Ich bin ein *begreifender* Mensch, doch wenn ich nicht zugleich auch ein *ergriffener* Mensch bin, dann ist mein Leben in all seinem Wissen doch entwürdigend arm. Die armseligste Existenz ist die eines Menschen, dem die Gewissheit fehlt, geliebt zu sein. So ist für die Bibel die Liebe das gewaltigste Zeugnis der Wahrheit. Sie entzieht sich jedem Beweis und ist doch die Gewissheit, die das Leben des Geliebten trägt.

Darum ist es wesentlich, beides zu beherzigen und zu sehen: Richtigkeit und Wahrheit, Beweis und Zeugnis, Wissen und Gewissheit – und aus *beidem* zu leben. Was ein Mensch an geistlicher Wahrheit erkennen kann, erkennt er doch vor allem daran, dass die Wahrheit ihn (und andere) *verändert*. Mit anderen Worten: Gott *beweist* sich nicht. Er *bezeugt* sich. Die Wahrheit Gottes gießt sich nur sehr wenig in das intellektuelle Wissen menschlichen Denkens, doch sie *verkörpert sich* im menschlichen Leben. Das Zeugnis geistlicher Wahrheit ist der veränderte Mensch! Es lässt sich das alles mit dem Wort des Johannesevangeliums fassen: »Das Wort wird Fleisch.«

Als ich als dreizehnjähriger Jugendlicher – anfangs gegen den starken Widerstand meiner Eltern – zu einem ernsthaften und leidenschaftlichen Glauben an Jesus kam, sagte meine Mutter einige Zeit später: »Irgendetwas muss an diesem Glauben schon dran sein, denn man merkt, wie du an dir arbeitest. Du hast dich sehr verändert.« Ich empfand das anders, empfand es nicht als mühsam, auch nicht als Arbeit, sondern lebte schlicht aus der Freude und Nähe zu Jesus.

So ist die Wahrheit doch eine tiefschichtigere Angelegenheit als die verständliche und doch oberflächliche Frage: Was ist denn nun richtig? Die Wahrheit erschließt sich durch den Menschen selbst – durch die *Gerechtigkeit*, die *Weisheit* und die *Schönheit* seines Lebens. In diesen dreien manifestiert sich ein gelingendes und erfülltes Leben. Das gemeinsame Suchen und Fragen war das Beglückende meiner Ägyptenreise. In der Frage der *Gerechtigkeit* (d.h. den Verhältnissen) können wir einander dienen; in der Frage nach *Weisheit* einander inspirieren; in der Frage nach *Schönheit* einander Anteil geben an den innersten Werten unseres Menschseins. Diesen Sinn hat Kunst, dass wir einander Einsicht in Gestaltungskräfte geben; dass wir Leidenschaften und Ausdrucksformen teilen; dass wir einander überraschen und den Horizont des Geliebten weiten. So zeigen und bezeugen wir letztlich,

was uns trägt – und entsprechend auch: worunter wir leiden, wenn es
in unserem Leben daran empfindlich mangelt.

Die Begegnungen in Ägypten waren für mich wertvoll, weil wir
einander tatsächlich in den Fragen nach Schönheit und Berufung in
einer authentischen und leidenschaftlichen Weise begegnet sind. Wie
ist es da mit dem Religiösen? Ist der Religion diese Frage nach Schönheit nicht suspekt? Stellt sie nicht mit Recht die Frage nach Wahrheit?
Der eben formulierte Gedanke, dass Wahrheit sich nur *bezeugen*, nicht
aber *beweisen* kann, legt eine Antwort nahe, die bereits oben angeklungen ist: Je wichtiger ich eine Wahrheit nehme (und das sollte ich
tun!), desto gewaltigere Kraft soll und muss sie *gegen mich selbst* entfalten. Denn nur das wird mich im Umgang mit dem anderen barmherzig, offen, weich und nahbar machen. Es wird uns verändern. Nur so
werden wir eine Einladung sein und den innersten und heiligsten
Raum des Lebens gemeinsam betreten – den Raum, in dem Gott *selbst*
sich bezeugt. Wie viel Demut und Formbarkeit muss in einem Menschen vorausgegangen und gegenwärtig sein, dass in den seltenen Momenten der Gnade so etwas geschieht! Überzeugend zu sein, heißt für
mich, Zeuge einer Wahrheit zu sein. Dazu aber muss die Wahrheit
meine eigene Falschheit überwinden. Ohne dies ist alles nur eine Behauptung, und sie wird zur geistigen Enthauptung dessen, der meine
Wahrheit nicht teilt.

Nachdem ich diese Gedanken notiert hatte und all die Erfahrungen
und Begegnungen in mir hatte nachklingen lassen, trank ich den letzten Schluck Cappuccino und ging ins angrenzende Ägyptische Museum. Was ich aufgeschrieben hatte, fand dort unerwartet eine gewaltige Resonanz. Welch eine Eingangshalle! Das Wesen der Wahrheit
erschien mir in ihrem Charakter wie die riesenhafte Skulptur des
Herrscherpaares (König Amenophis III. und seine Frau, Königin Tyi,
18. Dynastie), die sich einem dort entgegenstellen: *freundlich, ruhig
und mächtig*. Ihre Eigenart tritt hinter dem vollkommenen Typus zurück. Das eine: Die Königin hat die gleiche Größe wie der König! Das

andere: Der rechte Arm der Königin liegt sanft, von hinten stützend, auf dem Lendenbereich des Königs. Beides ist für all die Herrscherpaarskulpturen typisch. Die Königin stützt und stärkt den König! Das erinnerte mich unwillkürlich an den hebräischen Begriff vom Heiligen Geist (*Ruach HaKodesh;* wörtlich: heiliger *Wind, Atem, Geist*), durch den Gott handelt. Der Geist Gottes hat im Hebräischen einen weiblichen Artikel. Auch Jesus redet im Johannesevangelium von diesem Geist nicht in machohaften Attributen der Macht, sondern in Attributen der Weiblichkeit, wenn er sagt, jener Geist der Wahrheit sei ein Tröster *(paraklet)*. In diesem Geist ist etwas Stützendes und Stärkendes. Die Wahrheit kommt nicht in machohaftem Getue daher. Jesus redet vom Geist der Wahrheit nicht als einem rechthaberischen Kämpfer, sondern als einem zugewandten Tröster, der den Menschen aufrichtet, ihn stützt und stärkt, ihn lehrt und führt.

Die Skulptur der Königin, die die Lenden des Königs stärkt, erinnerte mich an die neutestamentliche Briefliteratur, etwa wenn es im Epheserbrief heißt:»So steht nun fest, umgürtet an euren Lenden mit Wahrheit« (6,14). Die Hand der Königin auf den Lenden des Königs versinnbildlicht für mich etwas von dem alten Denken, für das vielfach die Lenden der Sitz der Gefühle waren. So heißt es auch im Ersten Petrusbrief:»Darum umgürtet die Lenden eures Gemüts« (1,13).

Wir sollen lernen, unseren Gefühlen die Wahrheit zu sagen. Darin zeigt sich die Reife eines Menschen, dass er spürt, wie es ihm geht, und dass er sich doch von seinen Gefühlen nicht treiben lässt. Darum soll die Wahrheit die Gefühle berühren, die uns ein starker Antrieb und eine wirksame Kraft sind, aus der wir leben. *Dort* soll die Wahrheit uns stützen, stärken und lehren! Im streitsüchtigen, religiösen Denken hat die Wahrheit ihren falschen Ort. Unsere Gedanken sollen fühlen lernen, und unsere Gefühle sollen hören lernen; sie sollen lernen, auf die Wahrheit zu hören. Dann werde ich nicht glauben, was ich fühle, sondern werde mich in das hineinfühlen, was ich glaube. Solch ein Mensch ist nicht nur reif, er ist auch stark!

Nachdem ich die gewaltige Skulptur des Königspaares so lange und innig betrachtet hatte, dass ein ägyptischer Besucher mich schon ansprach, ob ich sie schön fände, erwachte ich und ging weiter. Dann, beim Betreten des Saales mit kleinen Figuren (19. Saal, Vitrine 256), entfuhr mir unwillkürlich der leise Ausruf: »Um Gottes willen – was für eine Schönheit!« Vor Jahrtausenden geschaffen von einem Freund: Diese Figuren sprechen! So begegnete mir auch hier die Wahrheit des Menschen durch die Schönheit, die er sucht, die er schützt und die er – gleichnishaft in seiner Kunst und Liebe – schafft. Diese kleinen Figuren sind wie unsere Lebensregeln: klein und doch von einer großen Schönheit, wenn wir uns vornehmen, ihnen entsprechend zu leben.

Als ich aus Ägypten heimkehrte, hatte mir Nahla, eine Komponistin aus Kairo, bereits geschrieben und mir einen Link geschickt, durch den ich eine ihrer jüngsten Kompositionen anhören konnte. Sie fragte nach meinem klanglichen Eindruck und sagte heute schon zu, sie werde eine Komposition für meine neuen Instrumente schreiben, wenn diese eines Tages fertig seien. Tage später erhielt ich einen Brief von Ismail Serageldin, in dem er sich für meinen Besuch bedankte. Doch wer war der Beschenkte? Ich hatte so vieles gelernt, gesehen und empfangen!

Die Schönheit der Begegnung

Vielleicht ist das Wichtigste mit Blick auf den Sinn der Schönheit die Tatsache, dass es zwischen Menschen die Schönheit der Begegnung gibt. Das hat mir diese Reise deutlich gezeigt. Wenn ich mich frage, was mir auffiel oder wie die Menschen in Ägypten sind, dann würde ich sagen: Sie sind wie ich! Ganz ähnlich! Sehr, sehr ähnlich. Es sind Menschen mit den gleichen Nöten, den gleichen Leidenschaften, den gleichen Sorgen und Ängsten, der gleichen Liebe und Bedürftigkeit. Das Zweite: Sie haben ein starkes Bewusstsein für Würde und Respekt.

Es öffnen sich wie selbstverständlich Türen der Freundschaft und der Nähe, wo immer sie Achtung und Ehrerbietung spüren. Es ist wichtig, das Gute und Lehrreiche dieser Kultur zu sehen, und das fällt mir nicht schwer. Es heißt zu sehen, was ich dort lernen und durch sie neu und anders begreifen kann. Über allem ist mir wichtig, dass ich das erkenne. Gerade als Fremder kann man buchstäblich etwas »hervorheben«, über das der Einheimische achtlos hinweggeht, weil er es gar nicht mehr sieht. Man erkennt unwillkürlich das Inspirierende der fremden Kultur. Dafür ist die Papyruswerkstatt ja nur ein Gleichnis. Wo ich nur mein eigenes Holz kannte, erlebte ich dort ein neues und klangvolles Rauschen. Wenn kein waches Interesse da ist, als ein Hörender und Lernender zu kommen, ist ein Pfropf der Arroganz oder Angst im Ohr, dass man das Fremde und Neue des Klanges nicht hört. Doch es gibt die Schönheit der Begegnung. Was sie ausmacht, ist gegenseitige Wertschätzung.

Schluss
Ein neuer Anfang

Indem ich nun in vierzehn Kapiteln von meiner Arbeit als Geigenbauer berichtet habe, habe ich versucht, auf die Mahnung Hundertwassers zu antworten, von der ich in der Einleitung schrieb: »Gleichnisse zum Leben zu schaffen«. Das Gleichnis ist der Dialog zwischen dem Sichtbaren und dem Unsichtbaren. Alles Schöpferische ist ein Gleichnis, wenn wir lernen, hinzusehen und hinzuhören. In den Worten des ersten Johannesbriefes: Es ist das, »was wir gehört haben, was wir gesehen haben, was wir betrachtet haben und unsere Hände berührt haben: das Wort des Lebens« (1. Johannesbrief 1,1).

Zu einem großen jüdischen Gelehrten kam einst »ein Mann aus den Völkern«, der bat ihn, er solle ihn die ganze Thora lehren, solange er auf einem Bein stehen könne. Er stellte sich also auf ein Bein und wartete. Da sprach der Rabbi: »Du sollst deinen Nächsten lieben wie dich selbst. Das ist das ganze Gesetz. Alles andere ist Erklärung. So, und jetzt geh, und lerne.« Der Rabbi, der dies sagte, ist Hillel, der im ersten Jahrhundert v. Chr. in Babylonien geboren wurde.[178] In seiner Jugend war er nach Palästina gezogen, dort lebte er in großer Armut und ernährte sich in jungen Jahren mit schwerer Arbeit. Er verdiente täglich einen Tropaikon, von dem er die Hälfte für seinen Unterhalt, die andere Hälfte als Einlassgeld für das Lehrhaus von Schmaja und Abtalion ausgab.[179] Von ihm erzählt die folgende Geschichte:

»Hillel wollte lernen, hatte aber nicht immer das Eintrittsgeld für den Besuch des Lehrhauses. Daher kletterte er, wenn er das Geld nicht hatte, aufs Dach, um von dort den Diskussionen zuzuhören. Es war ein Wintertag, und an diesem Tag hat er dieses Eintrittsgeld eben nicht gehabt. Da ist er aufs Dach gestiegen. Es begann zu schneien. Er war aber so in das Zuhören vertieft, dass er es nicht gemerkt hat. Am nächsten Morgen bemerkte man, dass es so merkwürdig dunkel in der Lehrhalle war. Dann merkte man, dass oben ein halb erfrorener Mann den Kamin bedeckte. Man holte ihn herunter und wärmte ihn auf, und von da an durfte er unentgeltlich an den Diskussionen teilnehmen. Interessant ist auch, dass es an einem Sabbat war und die Gelehrten gesagt haben, man möge Wasser wärmen (obschon das am Sabbat verboten ist), um ihn zu waschen und ihn wieder zum Leben zu bringen.«[180]

Hillels Weitherzigkeit und Geduld sind sprichwörtlich geworden. Er gilt als Gründer einer Schule zur Auslegung der Schrift, die bis heute von wesentlicher Bedeutung vor allem für die Ethik ist.

Wird uns nicht eine wunderbare Würde zuteil, dass wir erkennen sollen, was unserm Leben geboten ist? Seine Schönheit erfährt unser Leben erst dann, wenn wir danach handeln und es tun. Hillel sagte: »So, und jetzt geh, und lerne!« Klingt das moralisch? Ich hoffe es! Denn nicht nur am Ende eines Märchens, sondern am Ende eines jeden Lebens sollte man fragen: »Was war die Moral von der Geschicht'?«

Ist es der Wahrheit Gottes gelungen, in meinem Leben etwas von dem hervorzubringen, wozu ich berufen war? War mein Glaube bereit, einzuwilligen, und war meine Liebe fähig, mich zu überwinden, wo es geboten war? Und wenn die Saiten ausklingen, werden dann die Töne Flügel haben, dass der Klang meines Lebens in Gott neu erklingt? Endlich werde ich sein Angesicht sehen, dessen Segen ein Leben lang auf mir lag. Und er wird sagen: »Ich habe dich in Christus leben und in ihm nun auch kommen sehen. Lass dich wärmen, denn die letzte Nacht war kalt. Du hast es nicht gemerkt, denn deine Leidenschaft hat es ertragen. Lass dich nun wieder zum Leben bringen. Ich kenne deine

Armut. Der ganze Eintritt ist für dich bezahlt. Tritt nun ein und erfahre die heilige Sabbatruhe. Du hättest Gründe genug gehabt, Glauben und Liebe zu verlieren. Wie vieles hast du nicht verstanden und mit Mühe nur verkraftet! Aber du hast dich den Prüfungen gestellt und das Vertrauen nicht verloren. Du hast meine Liebe bewahrt. Mein Geist ließ sich auf dir nieder; er wurde aufgeschreckt durch deinen Unglauben, nie aber durch deine Zweifel; er wurde erschreckt durch deine Hoffnungslosigkeit, nie aber durch deine Tränen; er wurde verscheucht durch deine Lieblosigkeit, nie aber durch deine Schwachheit. Denn deine Schwachheit und Verzweiflung und deine Zweifel wurden in ihm verwandelt zu einem Flehen, dem kein Gott widerstehen kann. Ich habe den Klang deines Lebens gehört. So komm und sieh und ruhe dich aus. Und dann höre und lerne, denn morgen schon taucht deine Berufung in einen neuen Tag.«

Anhang

Dank

Ich möchte einigen Leuten sehr herzlich danken: Besonderer Dank gilt meinem Freund Ulrich Eggers *(Weggemeinschaft Dünenhof Cuxhaven und Zeitschrift »Aufatmen«)*, der mich über Jahre hinweg beharrlich ermahnt und ermutigt hat, das Schnitzeisen zwischendurch gegen Stift und Notizbuch auszutauschen. Ohne die wunderbaren Begegnungen und den Austausch mit ihm wäre ich der Idee nicht treu geblieben, als Geigenbauer an einem Buch zu schnitzen. Meinem Freund Michael Buttgereit herzlichen Dank für großartige Arbeit am Design! Auch Donata Wenders ein besonderer Dank dafür, wie sie meine Arbeit erkannt und liebevoll in Bilder verwandelt hat! Winfried Nonhoff *(Kösel-Verlag)* danke ich für die enorme Ermutigung und hilfreiche Begleitung bei meinem Erstlingswerk, ebenso meinem Lektor Andreas Rode für seine behutsame und einfühlsame Arbeit.

Zu guter Letzt aber danke ich meiner Frau, Claudia, die (humorvoll und manchmal auch genervt) Phasen latent geistiger Abwesenheit ertragen hat, wenn mich mitten im Alltag wieder einmal die Arbeit am Buch allzu sehr in Beschlag genommen hat.

Anmerkungen

1   WhiteBox, Kultfabrik München. Ausstellung vom 16. Oktober 2004 – 23. Januar 2005.

2   frei nach Bonaventura, Collationes in Hexaemeron XIII, 12 (1273).

3   Jesaja sagt:»Sucht Gott, solange er zu finden ist; ruft ihn an, solange er nahe ist« (55,6). Amos:»So spricht Gott: Sucht mich, so werdet ihr leben« (5,4). Jeremia:»So spricht Gott: Ihr werdet mich suchen und finden; denn wenn ihr mich von ganzem Herzen suchen werdet, so will ich mich von euch finden lassen« (29,13).

4   Zhuangzi: Reden und Gleichnisse des Tschuang-Tse, dt. Auswahl von Martin Buber, Zürich 1951, S. 151.

5   Hermann Hesse: Bäume, Frankfurt am Main 1984, S. 9f (Zusammenstellung der Texte von Volker Michels).

6   Fulbert Steffensky: Feier des Lebens, Stuttgart 2003, S. 31, 32, 37.

7   Zu den biologischen Details zu Wachstum und Holzanatomie siehe etwa: Edlin, H. L.: Bäume, Melsungen 1983.

8   Auf den Europa-Tagen *Miteinander – wie sonst?* trafen sich in den Jahren 2004 und 2007 in Stuttgart etwa 10.000 Menschen aus über 170 verschiedenen geistlichen Gemeinschaften, die in ihren jeweiligen Kirchen wirken und leben – eine jede nach ihrer Art. In der gegenseitigen Achtung wurde bewusst, dass jede Bewegung ihre Gabe und Aufgabe für das Ganze hat. Einige dieser Gruppierungen sind lokal verwurzelt, andere haben einen weltweiten Wirkungskreis. Siehe http://www.together4europe.org/index.php/de/vorstellung/wer-ist-beteiligt.html

9   So ruft etwa der große Hymnus Veni Creator Spiritus (»Komm, Schöpfer Geist«) den Heiligen Geist mit den Worten an:»Den Sinnen zünde Lichter an«. Der Hymnus beschreibt damit das Werk des Heiligen Geistes im einzelnen Gläubigen. Er erleuchtet den Geist (vgl. Hebräerbrief 6,4; 2. Korintherbrief 4,6). Am Pfingsttag, so sagt es ein Text des orthodoxen Offiziums, erhielt die ganze Welt eine Licht-Taufe. Siehe Raniero Cantalamessa: Komm, Schöpfer Geist – Betrachtungen zum Hymnus Veni Creator Spiritus, Freiburg 1999, S. 278.

10   Umberto Eco: Die Geschichte der Schönheit, München, Wien 2004, S. 72.

11   Kanon (von griech. kanón) heißt Maßstab oder Vorschrift. *Allgemein:* Das, was als unabdingbarer Kern einer Kultur erachtet wird. *In der Kunst:* Regeln für die Proportionierung. *In der Literatur:* Zusammenstellung von Werken, die einen herausragenden Wert haben.

12   * 27. Januar 1687 in Eger; † 19. August 1753 in Würzburg. Einige seiner Bauwerke sind etwa die Basilika Vierzehnheiligen, die Residenz und die Wallfahrtskirche Käppele in Würzburg und die Basilika der Abtei Münster-

schwarzach (das Porträt Balthasar Neumanns war auf den 50-DM-Scheinen abgebildet).

13 Die Lehre von den Gegensätzen in den Dingen.

14 Man könnte das Grundprinzip als »gespiegelte Dialektik« bezeichnen, denn jedem harmonischen Gegensatz ist zugleich ein negatives, »abgestürztes« Spiegelbild zugeordnet.

15 Siehe dazu auch: Juan G. Roederer: Physikalische und psychoakustische Grundlagen der Musik, Berlin, Heidelberg, New York 1977, S. 12.

16 Ohne dies zu erlernen, könnte man als Geiger nicht »sauber spielen«. Intonation verlangt vom Musiker die Fähigkeit, den Ton vorauszuhören, den er spielt.

17 So heißt es in der neutestamentlichen Briefliteratur: »Sie werden sich selbst Lehrer aufladen, nach denen ihnen die Ohren jucken« (2. Timotheusbrief 4,3). Das heißt: Sie sind nur bereit, das zu hören, was ihre Erwartungen erfüllt.

18 Das ist der wesentliche Unterschied zu den elektrischen Geigen. Die Ansprache der Töne ist bei elektrischen Instrumenten wesentlich schneller, denn die Saitenschwingungen werden nicht von akustischen Korpusresonanzen gestört. Gerade diese fehlende »Störung« aber macht den Ton flach und banal.

19 Siehe diese Geschichten in 1. Mose/Genesis 28; 2. Mose/Exodus 3 und 20.

20 Siehe Raniero Cantalamessa: Komm, Schöpfer Geist – Betrachtungen zum Hymnus Veni Creator Spiritus, Freiburg 1999, S. 278.

21 Während des Todesverhörs antwortete Jesus dem römischen Richter: »Mein Reich ist nicht von dieser Welt. Wäre mein Reich von dieser Welt, meine Diener würden darum kämpfen« (Johannes 18,36).

22 Zur Frage, ob und inwieweit Jesus dem Judentum seiner Zeit eine neue Moral oder Weisheit brachte, siehe *aus jüdischer Sicht* etwa: David Flusser: Jesus, Reinbek bei Hamburg 2006.

23 Zitiert aus Botho Strauß: Der Aufstand gegen die sekundäre Welt. Bemerkungen zu einer Ästhetik der Anwesenheit, München 2004, S. 48.

24 Die Septuaginta (die griechische Übersetzung des Alten Testaments) und der griechische Urtext des Neuen Testaments verwenden für unser deutsches Wort *Seele* den griechischen Begriff *Psyche*. Dieser Begriff taucht noch weit häufiger in den Urtexten auf, als es die deutschen Übersetzungen vermuten lassen. An zahlreichen Stellen wurde *Psyche* im deutschen Text (etwa bei Luther) mit *Leben* übersetzt, so etwa in Lukas 17,33; Johannes 10,17.

25 Martin Buber: Ich und Du, Original: Leipzig 1923; Stuttgart 1995, S. 4.

26 Zhuangzi: Reden und Gleichnisse des Tschuang-Tse, dt. Auswahl von Martin Buber, Zürich 1951, 142.

27 Diese Spannung haben die geistlichen Väter von Anfang an gesehen. So schreibt etwa Leo Baeck: »Liebe und Gerechtigkeit, Gebendes und Gebieten-

des, sind die beiden Offenbarungen Gottes, die der Mensch erfährt. Gott ist, wie die beiden alten Benennungen, welche die Bibel besitzt, es sagen, das ewige Sein und das ewige Ziel, Jahwe und Elohim; die alten Lehrer haben es erklärt: das eine bedeutet die ewige Liebe und das andere die ewige Gerechtigkeit; in Gott hat das Leben seinen Grund und seine Richtung. Er ist der einige, einzige Gott, der sich darin kundtut, in dem einen nie ohne das andere« (Leo Baeck: Das Wesen des Judentums, Gütersloh 1998, S. 168 (Originalausgabe 1905, S. 153).

28 Max Frisch: Stiller (Roman), 1954.

29 zitiert aus: Leo Baeck: Das Wesen des Judentums, Gütersloh 1998, S. 81 (Originalausgabe 1905, S. 48).

30 Das Werk »Confessiones« ist um 400 n. Chr. entstanden. Es beschreibt in einer Art Selbstbetrachtung Phasen der eigenen geistigen Entwicklung des Augustins, der in Algerien lebte und wirkte.

31 Es sollte uns nicht unruhig machen, dass manch eine Bekehrung langsam und über Jahre geht und – wenn sie tief und echt ist – auch immer wieder der Erneuerung bedarf.

32 Frère Roger: Die Quellen von Taizé, Freiburg 2004, S. 40.

33 Als Rückstellkraft einer Schwingung bezeichnet man jene Kraft, durch die die ausgelenkte Struktur wieder in die Ruhelage zurückgebracht wird, um anschließend erneut in ihrer Schwingungsform ausgelenkt werden zu können. Wenn – im Fall der Geige – diese Rückstellkraft zu klein ist, weil das Holz zu dünn oder zu weich ausgearbeitet ist, dann sinken die Eigenfrequenzen und es entsteht ein dumpfer, topfiger Klang.

34 Zhuangzi: Reden und Gleichnisse des Tschuang-Tse, Zürich 1951, S. 41.

35 Geri Keller: Vater. Ein Blick in das Herz Gottes, Winterthur 2002, S. 33.

36 Siehe dazu Thorleif Bomann: Das hebräische Denken im Vergleich mit dem griechischen, Göttingen 1983: »Dass Gott in der Person Jesu Christi war und *sein Wesen* durch ihn offenbart hat, ist griechisch gedacht; dass er seinen Sohn gesandt hat und *seinen Willen* durch ihn verwirklicht hat, ist israelisch gedacht« (S. 169). Bomann sieht das eigentliche Skandalon des Christusverständnisses darin, dass im Neuen Testament beide Denkweisen zusammenfinden.

37 Zu den akustischen Einzelheiten siehe Martin Schleske: Speed of Sound and damping of spruce in relation to the direction of grains and rays, CAS Journal Vol.1, No. 6, (Series II), November 1990.

38 Siehe vor allem in folgenden biblischen Büchern: Sprüche Salomos (Kap. 8), Buch Hiob (Kap. 28) und Buch Weisheit (Kap. 7).

39 Im Jahr 1972 verfasste Hundertwasser sein bekanntes Manifest »Dein Fensterrecht – deine Baumpflicht«, das mit den Worten endet: »Das Verhältnis Mensch-Baum muss religiöse Ausmaße annehmen. Dann wird man auch endlich den Satz verstehen: Die gerade Linie ist gottlos.«

40 Vergleiche Hermann Cremer: Biblisch-Theologisches Wörterbuch des Neutestamentlichen Griechisch, Gotha 1923, S. 299f, und Gerhard von Rad:
Theologie des Alten Testaments – Band 1, München 1992, S. 382–383.

41 Vergleiche Leo Baeck: Das Wesen des Judentums, Gütersloh 1998, S. 249
(Originalausgabe 1905, S. 250).

42 Sanhedrin 65a. Siehe auch Irun R. Cohen: Regen und Auferstehung. Talmud
und Naturwissenschaft im Dialog mit der Welt, Göttingen 2005, S. 64.

43 Das prophetische Reden des Alten Testaments gegen Ungerechtigkeit erhält
sein inneres Feuer aus der Überzeugung:»Ich weiß, dass der Herr des Elenden Sache führt und den Armen Recht schafft!«(Psalm 140,13). Die Psalmen
und Propheten sind von diesem Brennen durchzogen, dass der»Herr des
Armen Schutz«ist (Psalm 9,10) und dass er die»Elenden nicht vergisst«
(Psalm 10,12). Ja, die Frage»Wer ist unser Herr?«(Psalm 12,5) wird geradezu daran festgemacht,»dass Gott aufsteht, dem Elenden, der Gewalt erleidet, Hilfe zu schaffen«. Dieses»Aufstehen«bedeutet Krise und Gericht. Darum ist das prophetische Wirken oft weder höflich noch harmlos:»Hört dies
Wort, ihr fetten Kühe, die ihr den Geringen Gewalt antut und schindet die
Armen ...!«(Amos 4,1ff).»Was ihr den Armen geraubt habt, ist in eurem
Hause!«(Jesaja 3,14). Die prophetischen Texte sprechen selten von»Armut
und Reichtum«, meistens dagegen von»Verarmung und Bereicherung«! Sie
erkennen und kritisieren Strukturen der Ungerechtigkeit. So begnügen sie
sich nicht mit der Frage, was wir dem Armen geben, sondern fragen, wann
wir aufhören, ihn (durch unsere Strukturen) auszurauben:»Wehe denen, die
ein Haus zum andern bringen und einen Acker an den andern rücken, bis
kein Raum mehr da ist und sie allein das Land besitzen!«(Jesaja 5,8).

44 Eine Zykloide entsteht, wenn ein Punkt auf dem Umfang eines Kreises auf
einer Geraden abrollt. Liegt dieser Punkt im Innern des Kreises, dann entsteht eine Zykloide»mit Hohlkehle«. Die italienischen Großmeister der Geigenbaukunst des 17. und 18. Jahrhunderts (allen voran A. Stradivari, J. B.
Guadagnini, G. Guarneri del Gesù, D. Montagnana) orientierten sich an der
Zykloide, um die Querwölbungen ihrer Geigen zu entwickeln. Obgleich Zy-
kloidenkurven bereits im Altertum (etwa in der Architektur Griechenlands)
angewandt worden waren, gelang es erst im 17. Jahrhundert, sie anhand einer mathematischen Formel geschlossen darzustellen. Blaise Pascal hatte zur
Lösung dieser Aufgabe im Jahr 1658 die Mathematiker Europas zu einem
Wettbewerb herausgefordert. Entsprechend beschäftigten sich im 17. Jahrhundert fast alle bedeutenden Mathematiker (darunter Descartes, Leibniz
und Newton) mit dieser Frage.

45 Vergleiche Johannes 7,17 und Johannes 14,21.23.

46 Cyrill von Jerusalem (4. Jh. n. Chr.), Katechesen, XVI, 16. Zitiert aus: Cantalamessa, Raniero: Komm, Schöpfer Geist, Freiburg 1999, S. 276.

47 ebd. S. 300.

48   Für den deutschen Begriff *Sünde* stehen im biblischen Urtext unterschiedli-
     che Begriffe. Einer der Hauptbegriffe des Alten Testaments für Sünde (hebr:
     hata't) bedeutet *das Ziel verfehlen, vom Weg abkommen, sich verirren, sich
     verlaufen.* Ein weiterer Begriff (hebr: *paes*) bedeutet *wegnehmen, abfallen,
     sich entziehen, sich rausnehmen* (vgl. Wilfried Härle: »Dogmatik«, Berlin,
     New York 2007, S. 457–459).

49   Aurelius Augustinus, Sermo 80,7.

50   Das Buch Weisheit ist ein außerkanonisches Buch des Alten Testaments, das
     um 50 v. Chr. von Juden der ägyptischen Diaspora in griechischer Sprache
     verfasst wurde. Man spürt einen deutlichen Anklang des hier zitierten Textes
     im »Hohelied der Liebe« des Apostels Paulus (1. Korintherbrief 13, etwa 55
     n. Chr.).

51   Siehe Sacharja 4,6; Jesaja 30,1–7; Matthäus 11,28–30.

52   Wo im hebräischen Urtext des Alten Testaments der Begriff *Thora* steht,
     schreiben Luther und fast alle anderen deutschen Übersetzungen den Begriff
     Gesetz. Anders in jüdischen Übersetzungen: Leopold Zunz gibt *Thora* mit
     Lehre wieder (in: Die vierundzwanzig Bücher der Heiligen Schrift, Basel
     1995) und Buber/Rosenzweig mit *Weisung* (in: Die Schrift, Erstausgabe zwi-
     schen 1925 und 1929).

53   Ausführlich dazu im 8. Kapitel (»Das Nacharbeiten der Geige – von den
     Schmerzen und Krisen des Glaubens«).

54   Auch Markus 2,27 klingt in diesem Tenor: »Und Jesus sprach zu ihnen: Der
     Sabbat ist um des Menschen willen gemacht und nicht der Mensch um des
     Sabbats willen.« David Flusser weist darauf hin, dass dieses Wort Jesu durch-
     aus nicht außerhalb des Judentums steht. Auch die Schriftgelehrten des rab-
     binischen Judentums sagten: »Euch ist der Sabbat übergeben, nicht aber ihr
     dem Sabbat.« Mechilta zu 2. Buch Mose/Exodus 31,13 (103 b). Siehe David
     Flusser: Jesus, Reinbek bei Hamburg, 2006, S. 49.

55   Aurelius Augustinus: In epistulam Ioannis ad Parthos, tractatus VII, 8.

56   Pirqe Avot 1,3 (Babylon. Talmud). Zitiert nach: Yeschaiahu Leibowitz: Über
     die Sprüche der Väter, Obertshausen 1999, S. 105.

57   Jesaja 22,13; vergleiche 1. Korintherbrief 15,32.

58   Im Gleichnis von den Arbeitern im Weinberg (Matthäus 20,1–16) provoziert
     Jesus in einer ganz ähnlichen Weise den unreifen, auf Vergeltung und Lohn
     fixierten Glauben zum Widerspruch.

59   Ich urteile damit nicht über Fragen der Wahrheit, sondern sage lediglich,
     dass nur mit den Unreifen über Lohn und Strafe geredet werden muss!

60   Spiegel Online vom 11. September 2005. Das Interview führte Jürgen Kes-
     ting für die Frankfurter Allgemeine Sonntagszeitung.

61   Zhuangzi: Reden und Gleichnisse des Tschuang-Tse, Zürich 1951, S. 223.

62   Das Buch der Wandlungen (chinesisch: I Ging) ist das älteste Buch Chinas
     und gehört unstreitig zu den wichtigsten Büchern der Weltliteratur. Im I

Ging ist die reife Weisheit von Jahrtausenden verarbeitet. Die beiden Zweige der chinesischen Philosophie, der Konfuzianismus und der Taoismus, haben hier ihre gemeinsamen Wurzeln. Für C. G. Jung ist es »das alles chinesische Denken seit Jahrtausenden durchdringende Weisheitsbuch«. Deutsche Ausgabe übersetzt von Richard Wilhelm: I-Ging. Das Buch der Wandlungen, München 2001, S. 137.

63 Babylon. Talmud Avodah Zara 3a.

64 Für die biblische Auffassung vom Weltverhältnis Gottes ist dieser Gedanke zentral. Denn Gott ist im Verständnis der Bibel nicht nur der Welt gegenüber, auch nicht nur einfach *in der Welt*. Vielmehr ist er auch *durch die Welt*. So sagt es schon der Apostel: »Ein Gott und Vater aller, der da ist über allen und *durch alle* und in allen« (Epheserbrief 4,6). Das Wort sagt: Wir sind durch ihn. Doch es sagt auch das andere: Gott ist durch uns.

65 Martin Buber: Ich und Du, Stuttgart 2006, S. 130 (Erstausgabe 1923; das Zitat stammt aus Bubers Nachwort von 1957).

66 Siehe Colin McGinn: Wie kommt der Geist in die Materie?, München 2005.

67 Zhuangzi: Reden und Gleichnisse des Tschuang-Tse, Zürich 1951, S. 134.

68 Zitiert aus: Pierre Itshak Lurçat: Rabbinische Weisheiten, München 2003, S. 15.

69 Fulbert Steffensky: Schwarzbrotspiritualität, Stuttgart 2005, S. 17.

70 Informationen siehe: http://www.jesuiten.org/jesuitenmission.ch/pdf/JHS2007_3.pdf.

71 Einige wunderbare Bilder siehe dazu in »Die Geigenkinder vom Himalaja«, VIEW-Magazin 02/07 (Michael Löwa), und im Internet unter: http://www.visum-reportagen.de/fotografen/kontaktbogen/123

72 Siehe http://www.eugen-papst-schule.de/

73 Süddeutsche Zeitung Nr. 258 vom 9. November 2007/ S. 16 (Interview: Helmut Mauró).

74 Frère Roger: Die Quellen von Taizé, Freiburg, Basel, Wien 2004, S. 12.

75 Ich hatte angenommen, es sei ein Wort des Talmuds. Doch Rabbi Baruch ben Mordechai Kogan, den ich fragte, schrieb mir: »Das sind herrliche Worte. Doch leider kenne ich diese Stelle nicht aus dem Talmud oder einer anderen Quelle und ich denke, dass dieses Zitat nicht talmudisch ist. Nach jüdischer Vorstellung ist im inneren Herzen die unvergängliche Freude verborgen, denn dort ist die künftige Welt, wo es keinen Schmerz, kein Leid und keinen Tod gibt – eben das Himmelreich in Vollendung. Allerdings bis diese Wirklichkeit enthüllt wird, verhüllt sich der Ewige wie in einem Trauerkleid« (persönliche Mitteilung, Mai 2009).

76 Siegfried Zimmer: Nachteulen-Gottesdienste, Stuttgart, Zürich 2001, S. 110.

77 So handeln beispielsweise drei der 81 Abschnitte des Tao-Te-King vom menschlichen Herzen. Im griechischen Urtext des Neuen Testaments er-

scheint Herz (*kardia*) an 148 Stellen, im Alten Testament sind es 273 Stellen, davon allein 55 in der Thora und 80 bei den Propheten (Jesaja bis Maleachi).

78 Zhuangzi: Reden und Gleichnisse des Tschuang-Tse, Zürich 1951, S. 86.

79 Satan heißt dem hebräischen Wort nach Ankläger. Er ist, wie wir vor allem in den Büchern Hiob und Sacharja sehen, in der Hebräischen Bibel der Ankläger im göttlichen Gerichtshof, der die religiöse Integrität von Menschen prüft und Sünden anklagt.

80 Die biblischen Schriften (besonders Jesaja) zeigen eine Mehrdeutigkeit des Gottesknechts. Er ist einerseits der Berufene Gottes, anderseits immer auch die berufene Gemeinschaft, Gottes Volk. Gemeinsam ist stets das eine: Es gibt keinen »leidfreien Raum«, in dem die Berufung des Gottesknechts gelebt werden kann, denn der Gottesknecht wird in einer finsteren Welt vollkommen mit der Gerechtigkeit Gottes eins. Siehe besonders: Jesaja 41,8–10; 42,1–9; 44,1–5; 49,1–6; 50,4–11; 52,13–53,12. Die letzte Stelle ist die im Neuen Testament (direkt oder indirekt) am häufigsten zitierte Stelle des Alten Testaments. Diese Stelle wird dort unmittelbar auf Jesus hin gedeutet.

81 Der Gedanke von der Selbsteinschränkung Gottes, die das Werden der Schöpfung möglich macht, ist nicht neu. Rabbi Baruch ben Mordechai Kogan machte mich darauf aufmerksam, dass der Gedanke des Leidens als Schöpfungsakt ausführlich bereits von dem berühmten Rabbi Itzchkan Luria mündlich formuliert und von dessen Schüler Chaim Vital (im 16. Jh.) aufgeschrieben wurde.

82 Griechischer Theologe und Philosoph, geb. 185 n. Chr. in Alexandria. Origenes starb im Jahre 254 in Tyros an den Folgen von Folterungen, die er während der Christenverfolgung unter Kaiser Decius erlitten hatte.

83 Zur Vertiefung verweise ich auf Raniero Cantalamessa: Das Leben in Christus. Ein Glaubenskurs der Erneuerung, Graz, Wien 1990. Siehe dort auch die Zitate des Origenes.

84 Die Unterscheidung in »aktiv« und »passiv« ist hierbei ohnehin äußerst notdürftig. Denn wer etwas verhindern kann und es nicht tut, ist mit dieser Unterlassung aktiv am Geschehen beteiligt. Die Frage, der das Gleichnis folgt, ist, was es Gott *verbietet*, das zu tun, was er tun kann.

85 Klaus Berger: Wozu ist Jesus am Kreuz gestorben?, Gütersloh 2005, S. 36.

86 81. Abschnitt des Tao Te King. Zitiert aus: Lao-Tse: Tao Te King. Das Buch des Alten vom Sinn und Leben, aus dem Chinesischen von Richard Wilhelm, Wiesbaden 2004, S. 150. Der 81. Abschnitt ist überschrieben mit den Worten »Entfaltung des Wesentlichen«.

87 Zhuangzi: Reden und Gleichnisse des Tschuang-Tse, Zürich 1951, S. 12.

88 Der Eigenname Gottes, wie ihn das hebräische Denken lehrt, geht auf die Begegnung zwischen Gott und Moses am brennenden Dornbusch in der

Wüste Sinai zurück. Gott befiehlt Moses, nach Ägypten zurückzukehren und das Volk Israel aus der Knechtschaft zu befreien. Es steht für die Knechtschaft des Menschendaseins unter der Macht der Sünde. Moses sträubt sich und stellt Gott die Frage:»Wenn das Volk mich fragt: Was ist sein Name?, was soll ich ihnen erwidern?« Gott antwortet:»Eheyeh ascher eheyeh – Ich werde sein, der ich sein werde. Sage dem Volk: Der ›Ich-werde-sein‹ wird sie aus der Knechtschaft befreien« (2. Buch Mose/Exodus 3,14).

89 Hans Jonas: Der Gottesbegriff nach Auschwitz. Eine jüdische Stimme, Suhrkamp 1987, S. 33ff.

90 Die Bibel kennt zwei unterschiedliche Begriffe für Zeit. *Chronos* ist die chronologische Zeit, man könnte sagen: das Ticken der Uhr. *Kairos* ist die erfüllte Zeit. Im Begriff *Kairos* ist Zeit keine *quantitative*, sondern eine *qualitative* Größe. Sie ist die Begegnung zwischen Mensch und Gott. Die Frage des *Kairos* ist nicht die, *wie lang* ein Leben war, sondern, *was sich darin erfüllte*. Die Frage des gelebten Glaubens wird immer auch sein, in welchem Ausmaß wir diesen ganz unterschiedlichen Zeitbegriffen in unserm Alltag Raum und Recht geben. In der griechischen Übersetzung des Alten Testaments (der Septuaginta) kommt *Kairos* – mit ca. 300 Belegen – etwa dreimal so häufig vor wie *Chronos*. Im Neuen Testament finden sich 100 Stellen der Wortgruppe *Kairos*, gegenüber 60 Stellen der Wortgruppe *Chronos*.

91 Klaus Berger: Wer war Jesus wirklich?, Gütersloh 1999, S. 73.

92 Aus dem Hebräischen nach Leopold Zunz: Die vierundzwanzig Bücher der Heiligen Schrift, Basel 1995.

93 Es ist die Art der Gegenfrage, die wir auch im Munde Jesu finden (Matthäus 21,24).

94 Der Begriff *elachistos*, den Luther hier mit»der Geringste« (siehe 1. Korintherbrief 15,9) übersetzt, hat auch die Bedeutung »der Unbedeutende«, »ganz klein, sehr unbedeutend« (s. Matthäus 5,19),»recht wertlos«,»der Allergeringste« (siehe Epheserbrief 3,8).

95 Der 61. Abschnitt ist überschrieben mit den Worten»Leben der Demut« und beginnt mit dem genannten Wort über das große Reich. Siehe Lao-Tse: Tao Te King. Das Buch des Alten vom Sinn und Leben, aus dem Chinesischen von Richard Wilhelm, Wiesbaden 2004, S. 129.

96 Einen Anklang findet dieser Gedanke bei Paulus in der Aussage, dass Christus in verborgener Weise längst wirksam war, ehe er in menschlicher Gestalt erschien: Siehe 1. Korintherbrief 10,4.9. Auch Augustinus sagte:»Das, was man jetzt als christliche Religion bezeichnet, bestand bereits bei den Alten und fehlte nie seit Anfang des Menschengeschlechts, bis Christus im Fleische erschien« (Retr. I 13,3).

97 Siehe dazu den Kulturphilosophen Heiner Mühlmann in: Jesus überlistet Darwin, Wien, New York 2007, S. 59f. (Wie sehr dies Neue auch das hebräische Denken sprengt, zeigt sich durch einen Blick in die Thora, wo es heißt:

»Ein am Holz Aufgehängter ist verflucht bei Gott«, 5. Buch Mose/Deutero-
nomium 21,23.)

98 Platon: Politeia (Der Staat). Hier nach der Übersetzung von S. Teuffel, in:
Platon, Sämtliche Werke II, Köln-Olten 1967, S. 51. Vergleiche: Ernst Benz:
Der gekreuzigte Gerechte bei Plato, im NT und in der alten Kirche. Abhand-
lungen der Mainzer Akademie 1950, Heft 12. Joseph Ratzinger (Benedikt
XVI): Einführung in das Christentum, Augsburg 2007, S. 275 (Erstausgabe
München 1968).

99 Siehe Marius Reiser: Bibelkritik und Auslegung der Heiligen Schrift, Tübingen 2007, S. 349.

100 78. Abschnitt des Tao Te King (übersetzt nach: Tao Te King. Das Buch des
Alten vom Sinn und Leben, aus dem Chinesischen von Richard Wilhelm,
Wiesbaden 2004, S. 147, und Victor von Strauss: Das Tao Te King von
Lao-Tse, Leipzig 1870).

101 Martin Luther: De servo arbitrio (1525) in: Dass der Wille nicht frei sei,
München 1975, S. 24 (Vom unfreien Willen).

102 So ist ja auch das bekannte Jesuswort aus dem Johannesevangelium (14,6)
zu verstehen: »Ich bin der Weg, die Wahrheit und das Leben.« Es ist kein
Triumph-, sondern ein Passionswort! Man muss es in seinem Zusammenhang lesen, um das zu sehen.

103 Hans Jonas: Der Gottesbegriff nach Auschwitz. Eine jüdische Stimme,
Suhrkamp 1984, S. 9.

104 So sagt das bekannte Wort des 1. Johannesbriefs:»Wer nicht liebt, der
kennt Gott nicht; denn Gott ist die Liebe« (4,8), und:»Gott ist die Liebe;
und wer in der Liebe bleibt, der bleibt in Gott und Gott in ihm« (ebd.
4,16).

105 Martin Buber: Ich und Du, Ditzingen 2006, S. 128 (Originalausgabe
1923).

106 Der Heilige Geist hat im Hebräischen (Ruach HaKodesh, wörtlich: Heiliger Atem) einen weiblichen Artikel. Graf Zinzendorf (1700–1760) sprach
daher auch vom »Mutteramt des Heiligen Geistes«. Es geht nicht um die
Frage, ob Gott »männlich« oder »weiblich« sei – denn Gott ist nicht
Mann oder Frau –, sondern um das Urgleichnis des Glaubens, dass Gott
ganz Vater und ganz Mutter ist. Es gibt Situationen und Glaubensprägun-
gen, in denen muss Gott uns mehr zur Mutter als zum Vater werden.
Nicht nur, dass wir als Kinder Gottes »aus Gott geboren« sind (Johannes
1,13; 1. Johannes 3,9), ist ein Bild der Mutterschaft. Auch die Prophetenworte offenbaren diese Wesenszüge:»Ich will euch trösten, wie einen
seine Mutter tröstet« (Jesaja 66,13; vergleiche 42,14).

107 Stephen Langton (1150–1228) zugeschrieben.

108 Hans Küng: Credo – Das Apostolische Glaubensbekenntnis Zeitgenossen
erklärt, München, Zürich 2005, S. 124 (Originalausgabe 1992).

109 Gerrit Pithan: Brief an die Mitglieder der Künstlergruppe Das Rad, August 2008, Editorial.

110 Leo Baeck: Das Wesen des Judentums, Gütersloh 1998, S. 66 (Originalausgabe 1905, S. 31).

111 Programm des Fernsehsenders 3sat vom 10. August 2005 zum 70. Geburtstag des Dalai Lama.

112 So etwa in den folgenden Briefen: Galaterbrief 3,11; Römerbrief 1,17; Hebräerbrief 10,38. Die überragende Bedeutung des Glaubens kommt auch in dem Jesuswort zum Ausdruck, das er seinen Jüngern sagt: »Wenn der Menschensohn kommen wird, meinst du, er werde Glauben finden auf Erden?« (Lukas 18,8).

113 Vergleiche Gerhard v. Rad: Theologie des Alten Testaments, Band 2, Gütersloh 1993, S. 168.

114 siehe Hebräerbrief 5,8

115 Matthäus 8,10; Markus 6,6; vergleiche Matthäus 15,24–28; Lukas 9,31; Johannes 8,28.

116 zitiert aus: Leo Baeck: Das Wesen des Judentums, Gütersloh 1998, S. 81 (Erstausgabe 1905).

117 Quelle: www.vinzentinerinnen.de

118 Aus: Conferenze ai Preti della Missione von San Vincenzo de Paoli (Conferenza 207).

119 Es mag eine Anmerkung zur Einordnung derartiger Erfahrungen nötig sein: Natürlich stellt sich für einen denkenden und reflektierenden Menschen die Frage, ob solche Erfahrungen eigentlich normal und gesund sind. Neurobiologie und Psychiatrie kennen krankhafte Phänomene des Stimmenhörens. Derartige »verbale Halluzinationen« können zu einer inneren Knechtschaft des Betroffenen oder sogar zu einer ernsten Gefahr für dessen Umwelt werden. Spätestens wenn ein Mensch nicht mehr in der Lage ist, zwischen Vision und Realität *zu unterscheiden*, stellt sich diese Frage mit großem Ernst. Inspirative Erfahrungen des Christusglaubens sind weit davon entfernt, diese Unterscheidungsfähigkeit verloren zu haben. Es wäre ein beängstigender und zynischer Gott, der uns die Fähigkeit nähme, zwischen »Realität« und »Vision« zu unterscheiden. Das äußere Hören ist nicht das Hören im Geist. Das eine ist deutlich vom andern zu unterscheiden, auch wenn beides in einer großen Klarheit erfahren werden kann. Es ist eine Gabe des Glaubens, Vorgänge und Situationen in inneren Bildern wahrzunehmen und mit den Ohren des Herzens zu hören. Diese Gabe ist keine Flucht aus der Realität, sondern im Gegenteil: Es ist eine Vertiefung und Bewusstwerdung unseres Lebens und seiner Berufung im Hier und Jetzt.

120 Bei den Midraschim handelt es sich um die Auslegung religiöser Texte im rabbinischen Judentum. Das Wort Midrasch leitet sich vom hebräischen

Verb *darasch* (suchen, fragen) ab. Es ist damit das suchende Forschen im Hinblick auf die Heilige Schrift gemeint, aber auch das Ergebnis dieses Forschens: also Schriftwerke, die Bibelauslegungen enthalten. Die größte Bedeutung erlangte der Midrasch in der Zeit des rabbinischen Judentums ab dem Jahr 70 n. Chr. Aus dieser Zeit stammen die wesentlichen schriftlichen Belege. Dabei handelt es sich um eigenständige Textsammlungen, die neben den Werken der Mischna und des Talmud entstanden. Der Entstehungsort der Midraschim ist ganz überwiegend Palästina. Vergleiche G. Stemberger, Einleitung in Talmud und Midrasch, München 1992.

121 TanB Einl p.127 §9.

122 Heidy Zimmermann: Thora und Shira – Untersuchungen zur Musikauffassung des rabbinischen Judentums, Bern, Berlin, Bruxelles, Frankfurt/Main, New York, Wien: Lang 2000, S. 340.

123 Zitat meiner Frau:»Endlich drehst du dich mal ganz um mich!«

124 Fulbert Steffensky: Wo der Glaube wohnen kann, Stuttgart 2008, S. 27.

125 In der Septuaginta ist es nicht der 45., sondern der 44. Psalm, da dort der 9. und der 10. Psalm zusammengefasst sind.

126 Die meisten Geigen Antonio Stradivaris haben ihren eigenen Namen, der ihnen im Laufe der Jahrhunderte zugesprochen wurde. Oft ist es der Name eines Musikers, der sie einmal spielte. Die»Schreiber«-Stradivari aus dem Jahr 1712 gehörte im 19. Jahrhundert einem gleichnamigen Mäzen in St. Petersburg und wurde in dieser Zeit auch von dem berühmten Komponisten Henry Wieniawski am Russischen Hof gespielt. Es gibt großartige Aufnahmen aus den 1970er-Jahren, auf denen Pinhas Zukerman mit dieser Geige zu hören ist (gemeinsam mit Jacqueline du Pré, Cello, und Daniel Barenboim, Klavier).

127 Johann Sebastian Bach: Partita II, (BWV) 1004, 5. Satz.

128 Helga Thoene: Ciaccona – Tanz oder Tombeau, Cöthener Bach-Hefte 6 (1994) und: Der verschlüsselte Lobgesang. Sonata 1 g-Moll, Cöthener Bach-Hefte 7 (1998). Christoph Poppen und das Hilliard Ensemble führten die Analysen Helga Thoenes am 12. Februar 2005 erstmals in einem Konzert auf. In die Violinstimme sind die Choralzitate eingeschrieben, die das Hilliard Ensemble in einer wunderbaren, vibratolosen Reinheit und großen Klarheit über die Violinstimme singt. Als CD erschien dazu Morimur Bach/Christoph Poppen, Hilliard Ensemble, 2001 ECM Records GmbH, New Series 1765, 461 895–2.

129 Sinnspruch des chassidischen Rabbiners Israel von Salant. Zitiert aus: Pierre Itshak Lurçat: Rabbinische Weisheiten, München 2003, S. 15.

130 Das Verb *tolerieren* wurde im 16. Jahrhundert aus dem lat. *tolerare* »tragen, ertragen, erdulden« (etymologisch verwandt mit dt. dulden) entlehnt.

131 So ist es auch mit dem Kostbarsten, das Israel empfing – die Thora. Auch sie wurde »außerhalb« gegeben. Dazu heißt es im rabbinischen Judentum: »Woher ist zu entnehmen, dass selbst ein Fremder, der sich mit der Thora befasst, dem Hohenpriester gleich sei? Es heißt: ›Und ihr sollt bewahren meine Satzungen und meine Rechte, die der Mensch üben soll, dass er in ihnen lebe.‹ Es wird da nicht gesagt: Priester, Leviten oder Israeliten, sondern der Mensch. Daraus kannst du lernen, dass selbst ein Fremder, der sich mit der Thora befasst, dem Hohenpriester gleicht. Gott will mit seiner Willenskundgabe nicht Israel allein, sondern die Menschheit erreichen: ›Sie lagerten sich in der Wüste, die Thora ward im Freiland gegeben, in aller Öffentlichkeit, an einer Stätte, die keinem gehört. Wäre sie nämlich im Land Israel gegeben worden, so hätte dieses den Völkern gesagt, dass sie keinen Anteil daran haben; darum ward sie im Freiland gegeben, in aller Öffentlichkeit, an einer Stätte, die keinem gehört. Und wer sie annehmen will, der komme und nehme sie‹« (Midrasch Mekhiltha de R. Yishmael zu 2. Buch Mose/Exodus 19,2 und 20,2).

132 Zhuangzi: Reden und Gleichnisse des Tschuang-Tse, Zürich 1951; S. 235. Martin Buber (Hrsg.) sieht die Begegnung zwischen Lao-Tse und Konfuzius als historisch an.

133 So heißt es etwa im 28. Abschnitt des Tao Te-King (Lao-Tse, 6. Jh. v. Chr.): »Ihn verlässt nicht das ewige Leben, und er kann wieder umkehren und werden wie ein Kindlein. (...) Er hat Genüge des ewigen Lebens, und er kann wieder umkehren zur Einfalt«. Aus dem Chinesischen von Richard Wilhelm: Lao-Tse, Tao Te King. Das Buch vom Sinn und Leben, Wiesbaden 2004, S. 93.)

134 Siehe Martin Buber: Der Weg des Menschen nach der chassidischen Lehre, München 2006, S. 7 (Erstausgabe 1948).

135 Siehe auch seine faszinierende Autobiografie: Gabriel Weinreich: Confessions of a Jewish Priest, Cleveland 2005.

136 Auszug aus: Musical Acoustics in the Twentieth Century, New York, 2004 (eigene Übersetzung).

137 So ist auch das Nein, das Gott zur Sünde spricht, ein Wesenszug seiner Gnade. Denn das Nein ist darin begründet, dass Gott *dem Leben Raum schaffen* will. Die Bibel nennt jenes Nein den »Zorn Gottes« (zum biblischen Begriff der Sünde siehe auch Anmerkung 48).

138 Dieser Eigenschaft verdankt Mastix seinen Namen: *mastichein* = (griech.) kauen (Kauharz der Orientalen).

139 Seinen Namen verdankt das Bernstein – in alten Lackrezepturen auch Agtstein genannt – dem mittelniederdt. *bernen* = brennen.

140 Jakob August Otto: Ueber den Bau der Bogeninstrumente, und über die Arbeiten der vorzüglichsten Instrumentenmacher, Jena 1828.

141 Watin, Jean Felix: Der Staffirmaler oder die Kunst anzustreichen, zu ver-
    golden und zu lackieren, wie solche bey Gebäuden, Meublen, Galanterie-
    wagen, Kutschen usw. auf die beste, leichteste und einfachste Art anzu-
    wenden ist., Leipzig 1774, S. 192.

142 Ebd.

143 Vergleiche Eszter Fontana, Friedemann Hellwig, Klaus Martius: Histori-
    sche Lacke und Beizen, Nürnberg: Germanisches Nationalmuseum,
    1992, S. 12.

144 So etwa das Marciana Manuscript (1550), welches das Lösen von Kie-
    fernharz und Mastix in Naphta beschreibt.

145 Watin beschreibt 1722 das Lösen von Sandarac in Alkohol.

146 Le R. P. Bonanni: Traité des vernis, 1713.

147 Johannes Kunckel: Der Neu-aufgerichteten und Vergrösserten In Sechs
    Bücher oder Theilen verfasten curieusen Kunst- und Werckschul, sehr
    verlangter nunmehr erfolgter Anderer Theil, darinnen (...). Nürnberg
    1707, 1. Buch, S. 93, Nr. 82. Zitiert aus: Eszter Fontana, Friedemann Hell-
    wig, Klaus Martius: Historische Lacke und Beizen, Nürnberg: Germani-
    sches Nationalmuseum, 1992, S. 30.

148 Das mittelhochdeutsche Kapfe wird zu Krappe = Haken. Es bezieht sich
    auf die hakenförmigen Stacheln der Krappflanze.

149 Diese Messung gibt Aufschluss über die Schwingungseigenschaften und
    damit über die Ursache des Klanges. Fachspezifische Einzelheiten siehe
    Martin Schleske: On the Acoustical Properties of Violin Varnish, Journal
    Catgut Acoustical Society Vol. 3, No.6, (Series II), November 1998.

150 Es ließen sich mühelos noch zwei Dutzend guter weiterer Lackharze
    und -öle aufzählen, »ein jegliches nach seiner Art«. So enthalten auch die
    Schriften der Bibel unzählige weitere Beschreibungen von Charismen. Es
    soll mit meiner Aufzählung keine Typologie entworfen werden, sondern
    nur die Richtung charismatischer Schönheit und Vielfalt deutlich wer-
    den, die der geistlichen Gemeinschaft verheißen ist.

151 Raniero Cantalamessa: Die Kirche lieben. Meditationen zum Epheserbrief,
    Freiburg 2005, S. 38.

152 ebd.

153 Eines der tiefgründigsten und schönsten Werke über den Heiligen Geist,
    das ich kenne, ist das Buch von Raniero Cantalamessa: Komm, Schöpfer
    Geist – Betrachtungen zum Hymnus Veni Creator Spiritus, Freiburg
    1999/2007.

154 In der Mischna (vergleiche das neuhebräische Schana: »Lehren« bzw.
    »Lernen«) erfolgt die rabbinische Feststellung und Normierung des Ge-
    setzes.

155 Jakob Neusner: Ein Rabbi spricht mit Jesus, Freiburg 2007, S. 122. Neus-
    ner bezieht sich hier auf Sota 9,14 – eine Stelle im 5. Traktat der 3. Ord-

nung –, wo von Verirrungen im Bereich des geschlechtlichen Lebens die Rede ist.

156 Einer der herausragenden Kirchenväter des 4. Jahrhunderts.

157 Fleisch *(sarx)* bedeutet nicht Leib *(soma)*. Diese Unterscheidung des Neuen Testamentes ist wichtig, denn sonst wird man zahlreiche Worte irrtümlich in Richtung eines leibfeindlichen Lebens deuten. Das »fleischliche Leben« ist das Leben des *ganzen* Menschen (samt Leib, Geist und Seele!), der sich gegen Gott verschlossen hat. »Fleischlich gesinnt sein ist Feindschaft gegen Gott« (Römerbrief 8,7).

158 Zitiert aus: Cantalamessa, Raniero: Komm, Schöpfer Geist, Freiburg 2007, S. 284 (Originalausgabe 1999).

159 ebd., S. 273.

160 Viele Geiger bestätigen, dass es sogar bei einem gut eingespielten Instrument täglich eine gute halbe Stunde braucht, bis das Instrument unter dem Spielen »aufwacht« und den Klang entfaltet, den es am Vortag hatte.

161 Babylon. Talmud, Fol.34b Berachoth V,v 155.

162 Rabbi Baruch ben Mordechai Kogan, persönliche Mitteilung November 2009.

163 Text: Berta Schmidt-Eller; Melodie: Naphtali Zwi Imber, um 1880.

164 Fulbert Steffensky: Wo der Glaube wohnen kann, Stuttgart 2008, S. 36.

165 Dem Erzbischof von Canterbury Stephen Langton (1150–1228) zugeschrieben.

166 Das *United Jazz + Rock Ensemble* – jene Jahrhundertformation um Musiker wie Albert Mangelsdorff, Wolfgang Dauner und Barbara Thompson – hat etwas von dieser Art der Einheit hörbar gemacht. Ich hatte das große Glück, sie auf ihrer letzten Tournee noch im Münchner Gärtnerplatztheater zu hören. Der Veranstalter hat das Besondere dieses Ensembles (unverkennbar gleichnishaft!) auf den Punkt gebracht: »Selten hat es in einer Bigband solch eine Zusammenballung von improvisatorischen und kompositorischen Talenten gegeben. Auch ist in diesem Ensemble die starre Rollenverteilung von Solo und Begleitung aufgehoben. Ständig findet ein virtuos-dialogischer Stimmenaustausch statt, wobei die Vollblutmusiker seismographisch aufeinander eingehen (…) Zehn Musiker von höchst unterschiedlicher Herkunft, mit höchst unterschiedlichen Neigungen und von höchst unterschiedlichem Temperament versuchen gemeinsam eine Musik zu machen, die als Ganzes überzeugt und bei der sich keiner verleugnen muss. Dass der musikalische Funke beim United Jazz + Rock Ensemble immer noch zündet, liegt nicht etwa daran, dass sich alle Beteiligten musikalisch so blendend verstehen. Ganz im Gegenteil: Es liegt eher daran, dass die Beteiligten ohne stilistische Scheuklappen musizieren. Das macht die Sache so schwierig und so spannend zugleich. Stilistische Differenzen würden jeder normalen Band das Genick brechen. Beim United

Jazz + Rock Ensemble sorgen sie für die Reibungshitze, die das Experiment in Gang hält (...) So pathetisch das klingen mag, aber darum geht es ja letztlich: um die Glücksmomente; um den kollektiven Rausch des kreativen Übermuts; um die Erfahrung, dass im Aushalten von Gegensätzen die schönsten Spannungsbögen entstehen können; um das Gefühl von Solidarität trotz Andersartigkeit« (aus dem Konzertprogramm Grande Finale. The United Jazz + Rock Ensemble. Die Farewell Tournee 2002).

167 Siehe dazu vor allem 1. Korintherbrief, Kapitel 12.

168 Der gleiche Begriff bzw. Wortstamm wird im Neuen Testament ebenso im Sinne von *Übereinkunft* (2. Korintherbrief 6,15), *zusammenpassen* (Lukas 5,36) oder *übereinstimmen* (Lukas 15,25) verwendet. Ein befreundeter, griechischer Konzertpianist, Pavlos Hatzopoulos, bestätigte auf meine Nachfrage hin die sprachliche Wurzel des Verbes *symphoneín* und ergänzte: »Es wird verwendet im Sinne von ›sich absolut identifizieren‹ mit dem anderen; ›als ein Ton klingen‹; ›zur musikalischen Harmonie beitragen‹. Das Substantiv *symphonía* bedeutet auch Harmonie mit sich und dem anderen in Denken, Sprechen und Handeln.«
Das Neue Testament verwendet den Begriff aber auch in ganz buchstäblichem Sinne von »Musik und Reigen« bzw. »Singen und Tanzen«, wie es der ältere Sohn im Gleichnis vom verlorenen Sohn hörte, als er sich, vom Felde kommend, dem Haus des Vaters näherte. Der Vater hatte dem heimgekommenen jüngeren Sohn ein Fest bereitet »mit Singen und Tanzen« (Lukas 15,25).

169 Diese Trias geht auf Helmut Nicklas, einen meiner geistlichen Väter, zurück, der mein Leben sehr geprägt hat.

170 Aus dem Hebräischen nach Leopold Zunz: Die vierundzwanzig Bücher der Heiligen Schrift, Basel 1995.

171 Wie das Klangprofil einer jeden Geige durch die oben genannten Resonanzbereiche gekennzeichnet ist, die um des Klanges willen im rechten Verhältnis zueinander stehen müssen (Helmholtzresonanz, Korpusresonanzen, Mittelresonanzen, Nasalbereich und Brillanzbereich), so spricht der Epheserbrief in einer ganz ähnlichen Weise von derartigen »Resonanzgebieten«, die dem Wohlklang der Gemeinde dienen: Es ist dort die Rede von »Aposteln, Propheten, Evangelisten, Hirten und Lehrern« (4,11). Entsprechend dieser Grundcharismen sind in der Kirchengeschichte immer wieder markante Bewegungen, Gemeinschaften und Werke entstanden. Erklingen diese aber allein oder über die Maßen dominant gegenüber anderen Gemeinschaften oder Konfessionen, dann entsteht – wie im Resonanzprofil der Geige – ein ordinärer geistlicher Klang, und das Reich Gottes büßt seine Kraft und Schönheit ein.

172 Aus der Regel von Taizé.

173 Kotowa Machida, 1. Violine Berliner Philharmoniker. Konzertprogramm des Venus Ensembles, Gauting, 21. September 2007.

174 Omnes dicimur Theologi, WA 41, 11,9–13 [Predigt zu Psalm 5 vom 17. Januar 1535], zitiert aus Oswald Bayer: Martin Luthers Theologie, Tübingen 2004, S. 15.

175 Joseph Beuys: Jeder Mensch ein Künstler, Frankfurt a. M., 1975.

176 Staatliche Kunsthalle Karlsruhe, 2009.

177 Giovanni Pico della Mirandola: Reden über die Würde des Menschen, zitiert aus: Raniero Cantalamessa: Komm, Schöpfer Geist. Betrachtungen zum Hymnus Veni Creator Spiritus, Freiburg, Basel, Wien 1999, S. 125.

178 Hillel zitierte in seiner Antwort das Wort, das in der Mitte der Thora steht: 3. Buch Mose/Levitikus 19,18.

179 Siehe Zadoq ben Ahron: Talmud Lexikon, Neu Isenburg 2006, S. 314.

180 Chaim Eisenberg, Vortrag, Wien 1985.

Grundriss der Basilika »Vierzehnheiligen«

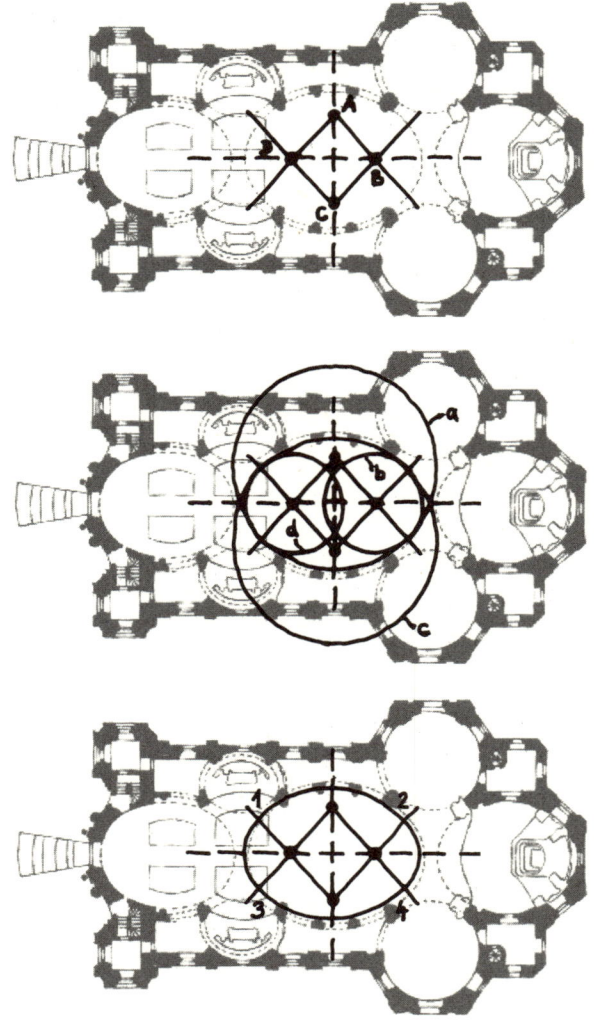

Die Konstruktionsskizze zu der von Balthasar Neumann erbauten Basilika Vierzehnheiligen zeigt: Grundlage sämtlicher Ovale bildet jeweils ein Quadrat (Ecken A,B,C,D), dessen Kanten nach rechts und links verlängert werden. Die vier Ecken des Quadrates sind zugleich die Mittelpunkte vierer Kreise (a, b, c, d). Diese Kreise bilden wiederum vier Kreissegmente, aus denen sich das Oval schlussendlich zusammensetzt. Somit entstehen vier Umbruchstellen (1, 2, 3, 4), an denen der Umriss des Ovals zwar stetig ist, dessen Krümmung aber bricht.

Personenverzeichnis

*Hinweis: Das Register berücksichtigt nur
die Namensnennungen im Textteil, nicht
aus dem Anhang und den Anmerkungen.*

Um die ganze Welt des GOLDMANN
Body, Mind & Spirit Programms
kennenzulernen, besuchen Sie uns doch
im Internet unter:

www.goldmann-verlag.de

Dort können Sie
nach weiteren interessanten Büchern *stöbern*,
Näheres über unsere *Autoren* erfahren,
in *Leseproben* blättern, alle *Termine* zu Lesungen und
Events finden und den *Newsletter* mit interessanten
Neuigkeiten, Gewinnspielen etc. abonnieren.

Ein *Gesamtverzeichnis* aller Goldmann Bücher finden
Sie dort ebenfalls.

Sehen Sie sich auch unsere *Videos* auf YouTube an und
werden Sie ein *Facebook*-Fan des Goldmann Verlags!

www.goldmann-verlag.de
www.facebook.com/goldmannverlag

GOLDMANN
Lesen erleben